suhrkamp taschenbuch
wissenschaft 2110

Schon zu Lebzeiten ein soziologischer Klassiker, hat das Werk Pierre Bourdieus bis heute nichts an Aktualität eingebüßt. Wer seine Schriften gelesen hat, sieht die Welt mit anderen Augen. Doch wie nähert man sich einem derart vielschichtigen und umfangreichen Œuvre? Hans-Peter Müllers Einführung liefert einen systematischen Überblick über das Werk und präsentiert Bourdieus begrifflichen Baukasten und seine empirischen Studien in einer Weise, die Einsteigern und Kennern einen zuverlässigen Wegweiser bietet und zugleich Lust darauf macht, von einem der großen Soziologen und kritischen Intellektuellen des 20. Jahrhunderts zu lernen.

Hans-Peter Müller ist Professor für Allgemeine Soziologie an der Humboldt-Universität zu Berlin.

Hans-Peter Müller

Pierre Bourdieu

Eine systematische Einführung

Suhrkamp

4. Auflage 2023

Erste Auflage 2014
suhrkamp taschenbuch wissenschaft 2110

Umschlag nach Entwürfen
von Willy Fleckhaus und Rolf Staudt
Druck und Bindung: C. H. Beck, Nördlingen
Printed in Germany
ISBN 978-3-518-29710-0

www.suhrkamp.de

Inhalt

Vorwort

Diese kleine Einführung in Pierre Bourdieus Denken und Forschen versucht, ein gutes Jahrzehnt nach seinem Tod, in verständlicher und systematischer Weise einen Überblick über sein Werk zu geben. Bourdieu hat nicht nur die klassische Bildung eines Philosophen genossen, sondern sich auch selbst zum Soziologen und Ethnologen weitergebildet, der zum zeitgenössischen Kritiker westlicher Gesellschaften und zu einem europäischen Intellektuellen mit globaler Ausstrahlung wurde. Er hat ein unglaublich vielfältiges und reichhaltiges Werk hinterlassen. Wir werden also nicht den »ganzen« Bourdieu abhandeln können, sondern den »charakteristischen« Bourdieu vorstellen. Er ist ein kritischer Ordnungsdenker, der die Produktion und Reproduktion des sozialen Lebens untersucht. Dabei will er die geheimsten Grundlagen der sozialen Welt aufdecken und ihre Mechanismen der Reproduktion genauer bestimmen. Diese Art von kritischer Macht-, Herrschafts- und Ungleichheitsanalyse ist in seinen Augen die vornehmste Aufgabe der Soziologie. Es ist ein Stück soziologischer Aufklärungsarbeit, die Bourdieu damit leisten will. Er und seine Forschungsgruppe haben keine theoretischen, methodischen und empirischen Mühen gescheut, um »hinter die Kulissen« des gesellschaftlichen Geschehens zu blicken. Das Resultat ist ein ganz eigen- und einzigartiges Werk: Wer Bourdieu gelesen hat, wird die Gesellschaft mit anderen Augen sehen. Es ist der genuin soziologische Blick, mit dem man plötzlich gesellschaftliche Verhältnisse viel besser verstehen kann. Was vorher natürlich und normal schien – »die Welt, so wie sie ist« –, wird nicht nur transparent, weil man plötzlich versteht, wie sie funktioniert, sondern sie erscheint mit einem Mal auch änderbar durch Kritik und politisches Handeln. Bourdieu verführt zu selbstständigem und kritischem Denken.

Gewidmet ist dieses Buch den Studierenden, mit denen ich in den letzten Jahren diese beglückende Transformationserfahrung in Vorlesungen und Seminaren machen durfte. Lena Pelull, Stephan Paetz und Florian Eyert sei für ihre Vorschläge gedankt. Henri Band, der mit gewohnter Umsicht die Gestalt und die Lesbarkeit des Textes erhöht und die Endredaktion zuverlässig betreut hat, danke ich für wichtige Kritik und Verbesserungsvorschläge.

Hans-Peter Müller, Berlin im Oktober 2013

Einführung: Leben und Werk

1. Einleitung

Schon zu Lebzeiten war Pierre Bourdieu (1930-2002) ein soziologischer Klassiker. Als Nachfolger von Raymond Aron am prestigereichen Collège de France hatte er bereits 1981 die Spitze der wissenschaftlichen Hierarchie seiner Disziplin erklommen, denn diese ruhmreiche Institution nimmt nur einen Kandidaten aus jedem Fach oder jeder Disziplin als Professor in seine heiligen Hallen auf, dann aber auf Lebenszeit – die ultimative Auszeichnung im wissenschaftlichen Feld Frankreichs. So konnte Bourdieu, distinktiv herausgehoben und für alle sichtbar, in seiner Person die ganze französische Soziologie verkörpern: »La sociologie, c'est moi!«

Von 1964 bis 1992 gab er die Buchreihe *Le sens commun* bei Les Éditions de Minuit heraus, von 1989 bis 1998 die Zeitschrift *Liber*, von 1996 bis 2002 die Buchreihe *Raisons d'agir* und von 1997 bis 2002 die Buchreihe *Liber* bei Les Éditions du Seuil. 1975 gründete er mit seiner Forschungsgruppe die Zeitschrift *Actes de la recherche en sciences sociales*, deren Geschicke er bis zu seinem Tod lenkte.

Als Intellektueller unterbreitete er soziologische Zeitdiagnosen, prangerte in *La misère du monde* mit dem bekannten französischen Priester Abbé Pierre das Elend der Pariser Vorstädte an, half verfolgten algerischen Intellektuellen, stellte sich an die Spitze der Schülerproteste in Frankreich, engagierte sich kritisch in der Globalisierungsdiskussion, diskutierte mit Hans Haacke die Situation der zeitgenössischen Kunst und war, darin Jean-Paul Sartre vergleichbar, stets da präsent, wo es brannte.

Das Werk aus vierzig Jahren Arbeit ist dementsprechend breit gefächert und umfangreich. Es umfasst 37 Bücher, und »Hyper-Bourdieu«, die Webseite von Ingo Mörth und Gerhard Fröhlich, führt unglaubliche 1800 Publikationen auf. Gisèle Sapiro und Maurizio Bustamante (2009) haben den globalen Übersetzungsbetrieb untersucht und herausgefunden, dass bis zum Jahr 2008 347 von Bourdieus Werken in 34 Sprachen und 42 Ländern übersetzt wurden. Wie kann man ein so umfangreiches Werk schaffen? Erstens muss man sehr fleißig und diszipliniert sein, viel forschen, arbeiten und sein Leben der Wissenschaft, hier: der Soziologie, widmen.

Zweitens sollte man eine große Forschungsgruppe von talentierten jungen Leuten um sich scharen, um Kollektivprodukte zu schaffen, denn so wachsen der Publikationsradius und die Sichtbarkeit des Meisters. Drittens ist es wichtig, dass die kollektiv geleistete Forschungsarbeit und deren Ergebnisse am Ende stets in eine Monographie münden. Obgleich Resultat kollektiver Forschung, trägt sie am Ende häufig nur den Namen »Bourdieu«. Viertens muss man an ein und demselben Problem immer weiterarbeiten, denn das heißt, einen Text vielfach umzuschreiben und ihn dann unter jeweils neuem Titel erscheinen zu lassen. Fünftens muss man rege in alle Sprachen der Welt übersetzt werden. Sechstens – und das ist entscheidend – muss man etwas zu sagen haben, so dass die (Fach-)Welt schon ungeduldig auf den nächsten großen Wurf wartet. Voilà, das sind die Operationsprinzipien eines *großen Œuvres*.

Bourdieus Einfluss übersteigt die Fachgrenzen der Soziologie, sein Werk ist vielfältig anschlussfähig in den Geistes- und Sozialwissenschaften, wird breit rezipiert, umfänglich diskutiert[1] und vielfach ausgezeichnet. So ist Bourdieu der erste Soziologe, der vom Centre national de la recherche scientifique (CNRS) im Jahre 1993 die Goldmedaille erhielt. Außerdem verliehen ihm die Freie Universität Berlin (1985), die Johann Wolfgang Goethe-Universität Frankfurt am Main (1996), die Universität Athen (1996) und die Universität Ioensuu (Finnland, 1998) die Ehrendoktorwürde. Die University of California in Berkeley zeichnete ihn mit dem

1 Der Zitationsindex ist ein untrügliches Barometer für den Bekanntheitsgrad eines Werkes und für die Berühmtheit seines Autors. Der Google Scholar Citation Index 2012 weist gegenwärtig 338 344 Zitationen auf, während es moderne Klassiker wie Erving Goffman und Talcott Parsons nur auf knapp die Hälfte (147 087) oder ein Drittel (94 975) bringen. Sein Hauptwerk, *La Distinction*, verzeichnet allein in der französischen Ausgabe 4443, in der deutschen Übersetzung 7032 und in der angloamerikanischen Version 30 566 Referenzen und gehört damit heute zu den meistzitierten Werken der Kultur- und Sozialwissenschaften. Ähnlich umfassend ist die Rezeption und Sekundärliteratur. Für den deutschsprachigen Raum siehe Bittlingmayer et al. (2002), Bohn (1991), Colliot-Thélène et al. (2005), Ebrecht/Hillebrandt (2002), Fröhlich/Rehbein (2009), Honneth (1984), Müller (1986, 1989, 1992, 2005) und Schwingel (1993); für den französischsprachigen Raum siehe Encrevé/Lagrave (2003), Lahire (1999), Müller/Sintomer (2006), sowie Pinto et al. (2004); für den anglo-amerikanischen Raum siehe die Arbeiten von Brubaker (1985), Calhoun/LiPuma/Postone (1993), Grenfell/Kelley (1999), Robbins (1991) und Swartz (1997). Robbins (2000, 2005) hat versucht, die globale Rezeption Bourdieus in acht Bänden zu präsentieren.

Erving-Goffman-Preis (1996) aus, die Stadt Ludwigshafen mit dem Ernst-Bloch-Preis (1997) und das Royal Anthropological Institute in London mit der Huxley Memorial Medal (2000). 2001 wurde er korrespondierendes Mitglied der Britischen Akademie. Preise, Ehren und Würdebezeigungen zuhauf. Kurz: Er war der Soziologe, Wissenschaftler und Intellektuelle schlechthin.

Das ist indes nur die eine Seite, die Hochglanzfassade des »Wissenschaftsunternehmens Bourdieu«. Die Kehrseite dieser Medaille ist die ambivalente Haltung ihm gegenüber. Bourdieu ist kontrovers: Er lässt weder kalt noch gleichgültig, sondern spaltet. Es gibt die glühenden Anhänger und die vehementen Kritiker. Wer »für Bourdieu« ist, sieht in ihm den größten und prominentesten Soziologen der zweiten Hälfte des 20. Jahrhunderts nicht nur Frankreichs, sondern weltweit. Seinem Werk hat die Soziologie entscheidende neue Impulse zu verdanken in fast allen Feldern, in denen er und seine Mitstreiter geforscht haben. Wer »gegen Bourdieu« ist, sieht in ihm und seinem Schaffen die typische Hybris der Soziologie am Werk: Für die einen ist er ein Wiedergänger von Émile Durkheim und dessen Soziologismus, der auch glaubte, alles erklären zu können. Für die anderen sind seine Arbeiten von einem überkommenen Neomarxismus in der Nachfolge von Antonio Gramsci, Georg Lukàcs und Louis Althusser inspiriert. Insgesamt wird sein autoritärer Gestus des Omniszientismus moniert, der in Politik, Gesellschaft und Öffentlichkeit einen regelrecht totalitären Zug anzunehmen geeignet ist. Bourdieus Rede verträgt keine Widerrede. Seine kritische Soziologie, der nichts heilig zu sein scheint, reagiert selbst nur sehr ungnädig auf etwaige Kritik.

Soziologismus, Neomarxismus und Omniszientismus – diese Vorwürfe markieren nur die schrillsten Töne der Kritik. Darüber hinaus sind in den letzten Jahren auch viele Einwände gegen seine Art der Theorie- und Begriffsbildung, seine Methoden und seine Analysen erhoben worden.

Kurz und gut: Bourdieu war schon zu Lebzeiten ein Klassiker, aber Person und Werk waren niemals unumstritten. Bourdieu hätte wohl in dieses Lamento eingestimmt, wenn auch mit etwas anderer Akzentsetzung. Trotz aller Aufmerksamkeit, die seiner Forschung zuteilwurde, fühlte er sich chronisch miss-, ja regelrecht falsch verstanden. Es war nicht bloße Koketterie oder gar Obsession, immer wieder zu betonen, dass niemand ihn richtig zu lesen verstehe. Um etwaige Missverständnisse abzubauen, musste der Diskurs über seine Arbeiten mit eigenen Kommentaren und Erläuterungen vorangetrieben werden. Resultat dieser interpretativen Diskursmanie: weitere und neue Fragen. Jeder Interviewband zur Klärung in erzieherischer Absicht verdichtete also den Nebel, der sein Werk mehr und mehr umhüllen sollte. Die Vorstellung von der Einheit und Bewegung seiner Forschung ging zusehends verloren. Trotz allem gab Bourdieu (1989b: 8) die Hoffnung nicht auf, dass jemand »aus meinen Ausführungen, und sei es für kurze Momente, eine zusammenfassende Sicht meines Werkes zu gewinnen vermag, das, auf der Ablehnung des schulmäßig-akademischen Systematisierens begründet, sich so leicht nicht preisgibt – nicht einmal seinem Autor selbst«.

Was tun angesichts dieser verfahrenen Situation? Labyrinthisch und unabgeschlossen, wie sein Œuvre sich präsentiert, muss jeder Überblick notwendig vereinfachend und unvollständig, aber auch jeder Versuch, seine Soziologie möglichst analytisch rein herauszuschälen, willkürlich und verzerrend ausfallen. Aus der Not eine Tugend machend, können wir nur »Probebohrungen« an seinem Werk vornehmen, in der Hoffnung, die Eigenart seines Denkens, zentrale Begriffe und Theoreme sowie einschlägige Ergebnisse und Schlussfolgerungen aus seinen Arbeiten zu gewinnen. Selbst wenn das gelingt, ist das nicht der ganze, aber vielleicht der charakteristische Bourdieu.

Nach einem Blick auf seine Biographie und die Konturen seines Werkes soll im ersten Teil dieses Buches sein soziologischer Ansatz anhand seines »analytischen Baukastens« vorgestellt werden. Das schließt seine Grundformel von »Struktur – Habitus – Praxis« ebenso ein wie die Grundbegriffe von sozialem Raum, Kapital, Klasse und Feld. Ohne eine solche theoretische und methodologische Vororientierung lässt sich sein Werk nur schwer verstehen. Im zweiten Teil sollen dann die wichtigsten empirischen Studien vorgestellt werden. Zunächst wenden wir uns seiner Bildungssoziologie zu, die vor allem das Verhältnis von Bildung und sozialer Ungleichheit untersucht. Zu diesem Zweck konsultieren wir zunächst seine frühen empirischen Studien zur *Illusion der Chancengleichheit* und zu den *Erben*, um dann seine späteren institutionellen Analysen *Homo academicus* und *La Noblesse d'Etat* zu behandeln. In einem zweiten Schritt betrachten wir seine Analysen zum sozialen

Raum und zu sozialen Klassen. Hier steht seine bahnbrechende Studie über *Die feinen Unterschiede* im Mittelpunkt. Im dritten Schritt zeichnen wir seine zentralen Analysen sozialer Felder nach: Beginnend mit dem kulturellen Feld, diskutieren wir vor allem seine Studie über die Literatur, die wohl die umfassendste Feldanalyse darstellt. Danach wenden wir uns in einem vierten Schritt dem ökonomischen Feld zu und analysieren anhand seiner Studie von Eigenheimbesitzern die sozialen Strukturen der Wirtschaft. Im fünften Schritt vollziehen wir seine Überlegungen zum politischen Feld nach, abschließend analysieren wir in einem sechsten Schritt die Rolle der Intellektuellen und die Formen der Kritik. Nacheinander betrachten wir seine politische Kritik und seine ideologiekritische Intervention gegen die neoliberale Globalisierung – »Das Modell Tietmeyer«. Danach schauen wir auf seine soziale Kritik und sein gesellschaftliches Engagement am Beispiel der großen Studie *Das Elend der Welt.* Es folgt ein Blick auf seine feministische Kritik an der männlichen Herrschaft, die mit einer Kritik am Feminismus verbunden ist. Ferner skizzieren wir seine Medienkritik anhand seiner Studie *Über das Fernsehen.* Schließlich diskutieren wir seine intellektuelle Kritik selbst, die eine Kritik der Intellektuellen einschließt. Ideologiekritik, Sozialkritik, feministische Kritik, Medienkritik und intellektuelle Kritik bezeichnen die fünf Formen der Kritik, die Bourdieu immer wieder geübt hat.

2. Leben (1930-2002)

Geboren am 1. August 1930 in dem kleinen Dorf Denguin (1936: 407; 2009: 1726 Einwohner) im Département Pyrénnées-Atlantiques, wächst Pierre Bourdieu an der südwestlichen Peripherie Frankreichs auf. Trotz seiner niedrigen sozialen Herkunft fällt schon der junge Bourdieu durch seine wache Intelligenz und seine überdurchschnittlichen schulischen Leistungen auf. Von 1941 bis 1947 besucht er deshalb als interner Schüler das Lycée Louis Barthou im 14 Kilometer entfernten Pau. Auch hier brilliert er und wird nach Paris auf das Lycée Louis-le-Grand geschickt, um von 1948 bis 1951 die Vorbereitungsklassen für die *École Normale Supérieure* an der Rue d'Ulm zu absolvieren. Von 1951 bis 1954 studiert er an dieser Elitehochschule, die nur eine kleine Zahl von Studierenden aufnimmt (32 in den Geisteswissenschaften, 25 in den Naturwissenschaften), Philosophie und schließt seine Aggregation als Jahrgangsbester ab.

Das Muster des Erfolgs und des schier unaufhaltsamen Aufstiegs durch Bildung zeichnet sich bei Bourdieu recht frühzeitig ab. Darüber darf man indes nicht den Preis für die Mühen des Aufstiegs und die Leiden auf diesem Weg übersehen. Von Beginn an macht Bourdieu Erfahrungen mit sozialer Ungleichheit, dem Leiden und der Scham im Gefolge sozialer Deklassierung. Das beginnt in Denguin. Der Vater ist Briefträger, also ein kleiner Beamter mit geringem Einkommen, dessen soziales Ansehen in einer ländlichen Gesellschaft denkbar gering ausfällt, denn auf dem Dorf zählen nur die Größe des Besitzes und die Stückzahl des Viehs. Bei jungen Männern zieht ein geringer Sozialstatus oft sogar das Schicksal lebenslangen Junggesellendaseins nach sich. Bourdieu hat diesem Los ein ergreifendes soziologisches Denkmal gesetzt: seine Untersuchung des Béarn, *Der Junggesellenball. Studien zum Niedergang der bäuerlichen Gesellschaft* (Bourdieu 2008). Bourdieus Vater, der dem republikanischen Ideal der Meritokratie (also »freie Bahn den Besten!«) anhängt und fest an den Aufstieg durch Bildung glaubt, hat seinem Sohn jedenfalls die Hochachtung vor den kleinen Leuten beigebracht und ihm jeglichen Klassenrassismus ausgetrieben.

Die zweite Ungleichheitserfahrung, die er in der Schule macht, könnte man *interne Ausgrenzung* nennen, also »Dabeisein«, ohne richtig »dazuzugehören«. Bourdieu et al. (1997) sollten später in ihrer Studie über *Das Elend der Welt* die davon Betroffenen die »intern Ausgegrenzten« nennen. Zwar schafft es der junge Pierre auf das Gymnasium in Pau, aber hier wird er ein »Interner«. Er bleibt die ganze Woche in Pau, denn 14 Kilometer sind in dieser Zeit eine unüberwindbare Entfernung für eine arme Familie ohne Auto wie die Bourdieus. Dagegen dürfen die bürgerlichen Kinder nach der Schule in ihr Elternhaus am Ort zurückkehren. Bourdieu sagt, dass er im Internat die soziale Welt kennengelernt habe. Damit ist nicht der heute in den Medien so präsente sexuelle Missbrauch gemeint, sondern das, was er in der Folgezeit *symbolische Gewalt* nennen sollte; alle diese feinen Unterschiede, Abstufungen und Inegalitäten: intern oder extern, besser oder schlechter gekleidet, mehr oder weniger Geld etc. Hinzu kamen die Herrschaftsinstrumente der Schule in Gestalt von Klassifikationen, welche die Schüler stigmatisieren und deklassieren oder aber auszeichnen. Bourdieus Erfahrung ist auch hier, dass es dabei keineswegs fair zugeht, sondern dass die schulische Klassifikation sich häufig nach dem Sozialstatus der Eltern richtet. Als Sohn armer Eltern scheint er in diesem erlauchten Kreis der Bessergestellten nur geduldet zu sein dank des staatlich administrierten Ideals des meritokratischen Republikanismus und seiner sehr guten Leistungen.

Eine dritte Form der sozialen Ungleichheit, die ebenso symbolischer Natur ist, begegnet ihm gleichfalls schon früh: die *Sprache*. Er spricht das lokale Béarnais, eine Variante des Gascognischen, muss auf dem Gymnasium indes Französisch sprechen. Auch wenn ihm das Lernen keine Mühe bereitet, eignet er sich ein Südfranzösisch an, dessen Akzent ihm in Paris noch lange zu schaffen macht. Sein Akzent ist, trotz seiner schulischen und akademischen Erfolge, eine ständige Quelle der Scham und Peinlichkeit. In Pariser Ohren klingt Südfranzösisch – und das ist alles, was südlich der Loire gesprochen wird – linkisch, unbeholfen, bäuerlich ungeschliffen und ein bisschen dumm. Hinzu kommt natürlich die Distanz zwischen Stadt und Land, Zentrum und Peripherie, Zivilisation und Barbarei. Die französische Welt außerhalb von Paris ist einfach die Provinz. Bourdieu macht also Primärerfahrungen sozialer Ungleichheit, die dann Themen für seine Studien werden sollten, am eigenen Leib. »Wenn er sich zeitlebens intensiv mit Fragen der sozialen Reproduktion, der Illusion der Chancengleichheit und Bildungselite befassen wird, so verweist dies immer auch auf diese bleibende persönliche Betroffenheit«, schreibt Franz Schultheis (2007: 29) in seiner lesenswerten Biographie *Bourdieus Wege in die Soziologie*.

Die Folgen dieses bemerkenswerten Bildungsganges sind eine tiefe Ambivalenz und das, was Bourdieu selbst einen »gespaltenen Habitus« nennt. Einerseits verdankt er der republikanischen Schule alles: sein Wissen, seinen Werdegang und seinen Aufstieg. Andererseits bleibt er immer ein »intern Ausgegrenzter«, selbst noch am Collège de France, dem Gipfelpunkt seines Aufstieges. Auch da ist er ein Fremder trotz der Vertrautheit mit der Bildungswelt. Aber gerade diese Ambivalenz, dieses Sitzen zwischen allen Stühlen, so meine These, prädestinieren Bourdieu zu einem besonders scharfsinnigen und genauen Soziologen und Beobachter wie Kritiker der Gesellschaft. Er gehört nicht mehr zur Dorfwelt seiner Jugend im

Béarn, obwohl er zeitlebens in den Sommerferien dorthin zurückkehrt. Er gehört aber auch nicht zum Pariser Staats- und Bildungsadel, den er in *Noblesse d'Etat* unnachahmlich porträtieren sollte.

Genau diesen gespaltenen Habitus, setzt er zeitlebens produktiv um. Er entgeht auf diese Weise den beiden typischen Strategien zur Vereinheitlichung des Habitus, um die Diskrepanz zwischen sozialer Herkunft, Persönlichkeit und neuem sozialen Status auszubügeln: dem *Überkonformismus* nebst dem Verleugnen der eigenen sozialen Herkunft einerseits, dem *Ressentiment* und der sozialromantischen Verklärung der Einfachheit, Anständigkeit und Geradlinigkeit der kleinen Leute andererseits.

Nach dem Studium an der *École Normale* ist es üblich, für ein Jahr an einem Gymnasium im Land zu unterrichten. Bourdieu nimmt diese Pflicht als Philosophielehrer an einem Gymnasium in Moulins (1954-1955) wahr, in der tiefsten Provinz des nördlichen Zentralmassivs. 1955 wird er zum Militärdienst einberufen. Frankreich befindet sich in diesen Jahren in Algerien in einem blutigen Kolonial- und Bürgerkrieg. Bourdieu, der als »Normalien« das Recht hat, Offizier zu werden, lehnt ab. Zudem hat er sich schon politisch gegen den Algerienkrieg exponiert. So wird er mit anderen, ungebildeten jungen Männern aus dem Südwesten Frankreichs nach Algerien an die Front geschickt. Statt die Flughäfen zu bewachen – angesichts der ständigen Gefahr algerischer Anschläge eine riskante Aufgabe –, wird er dank der Intervention eines Offiziers aus dem Béarn, eines Verwandten der Mutter, in die Schreibstube abkommandiert. Diesen glücklichen Umstand nutzt Bourdieu sogleich und beginnt, über Algerien zu schreiben. Er wird zum Autodidakten und studiert Methoden der empirischen Sozialforschung ebenso wie Max Webers berühmte Protestantismus-Studie, die er selbst übersetzt. Da er mit seinen Studien so schnell nicht fertig wird, nimmt er nach seinem Militärdienst noch für zwei Jahre eine Stelle als Assistent für Philosophie an der Universität Algier an.

Um die algerische Gesellschaft möglichst umfassend zu bestimmen und grundlegend zu verstehen, arbeitet er mit dem algerischen Intellektuellen Abdelmalek Sayad wie ein Ethnologe an qualitativen Untersuchungen und mit Vertretern des französischen Statistikamtes INSEE an quantitativen Studien. Algerien und der Kolonialkrieg machen aus dem Philosophen Bourdieu einen

Ethnologen und später dann einen Soziologen. Dieser tiefgreifende Wandel kommt einer »Initiation« gleich. Zudem legen die Algerien-Studien den Grundstock für Bourdieus Werk, denn in diesen Studien tauchen alle Themen und Probleme, Begriffe und Theoreme auf, die in späteren Werken ausgearbeitet werden. Man kann die Arbeit in Algerien deshalb zu Recht als »Kristallisationskern« (Schultheis 2007) von Bourdieus Theorie bezeichnen.

Zurück in Frankreich, kehrt er mit seinem Freund Sayad ins Béarn zurück, um die dortigen gesellschaftlichen Verhältnisse mit den neu gewonnenen Begriffen und Methoden zu untersuchen. Der posthum erschienene *Junggesellenball* (2008) legt Zeugnis ab von seinen damaligen Studien zum Niedergang der bäuerlichen Gesellschaft.

Schon während seines Algerienaufenthaltes hatte Bourdieu Kontakt zu Raymond Aron in Paris aufgenommen, der ihn als Assistent an die Sorbonne holt und 1962 zum Ko-Direktor seines *Centre de sociologie européenne* macht. Damit beginnt Bourdieus Karriere in der Soziologie. Er nimmt eine Stelle als Maître de conférence in Lille von 1961 bis 1964 an, die es ihm erlaubt, weiter in Paris zu wohnen. Die Themen, denen er sich zuwendet, entstammen allesamt der Kultur- und Bildungssoziologie, die sein gesamtes Werk prägen. Schon als die kritische Studie *Les Héritiers* 1964 erscheint, beginnt die Entfremdung von Aron, dem der radikale Ton und Gestus der Studie missfällt. Als Aron die Studentenrevolte im Mai 1968 als »Karneval« bezeichnet, kommt es zum Bruch. Das Centre wird aufgeteilt, Bourdieu leitet künftig seine eigene Forschungsgruppe. 1979 gründet er die Zeitschrift *Actes de la recherche en sciences sociales*, in der sowohl seine Arbeiten (im ersten Entwurf) wie auch die seiner Gruppe erscheinen. Die *Actes* werden sehr schnell zu einem großen Erfolg, unterscheidet sie sich doch sichtbar von klassischen professionellen Zeitschriften. Großes Format, viele Bilder, Comics und alle möglichen Text- und Datengattungen, welche die empirische Evidenz für die abgedruckten Studien verstärken können, machen *Actes* zu einem Lektüreerlebnis.

1981 wird Bourdieu nach dem Tod von Raymond Aron in das Collège de France gewählt, wo er sehr aktiv wirkt. Die 1990er Jahre sehen einen auch politisch engagierten Bourdieu, der gegen die neoliberale Globalisierung in allen ihren Formen Front macht. Als Bourdieu am 23. Januar 2002 überraschend stirbt, bleibt sein Werk unvollendet, obwohl es bereits einen gewaltigen Umfang angenommen hat. »Pierre Bourdieu ist tot«, verkündet *Le Monde* auf der Titelseite, und ein Comic rät, nun wieder Bourdieu zu lesen. Das wollen wir hier auch tun.

3. Werk

Man kann Bourdieus Werk chronologisch oder systematisch aufschlüsseln. Verfährt man *chronologisch*, kann man grob drei Werkphasen unterscheiden.

1. Die Frühphase der Formation (Paris und Algerien): In Paris wird Bourdieu zum »Normalien« ausgebildet, also zum Philosophen und Philosophielehrer; in Algerien wendet er sich unter dem Druck der kriegerischen Ereignisse der Ethnologie zu, um die Transformation der algerischen Gesellschaft zu untersuchen. 2. Die mittlere Phase der Bildungs- und Kultursoziologie: Zurück in Paris, beginnt Bourdieu in Raymond Arons *Centre de sociologie européenne* zu Themen wie Fotografie, Bildung und Museumsbesuch zu forschen. Zentrale Ereignisse dieser Phase sind die Gründung seiner eigenen Zeitschrift *Actes de la recherche en sciences sociales* 1975 auf der einen und das Erscheinen von *La Distinction* im Jahre 1979 auf der anderen Seite. *Die feinen Unterschiede*, so der deutsche Titel, markieren Höhe- und Endpunkt dieser mittleren Phase, denn mehr und mehr rückt Bourdieu vom Konzept des sozialen Raumes ab und widmet sich immer stärker der Feldanalyse. Statt des sozialen Raumes und der sozialen Klassen betrachtet er nunmehr vor allem die Beziehungen zwischen Habitus und Feld. 3. Die dritte und letzte Phase markiert die Konsolidierung und Elaborierung wichtiger Konzepte, allen voran des Feldkonzepts, das er durch die Untersuchung verschiedener Felder verfeinert. Höhepunkt dürfte hier die Studie *Les règles de l'art* sein, die eine umfassende Analyse des literarischen Feldes darstellt.

Freilich ist auch eine solche Dreiteilung des Werkes ein Stück weit arbiträr, denn sie widerspricht Bourdieus Arbeitsweise: der frühen Formulierung eines Problems und der schrittweisen Ausarbeitung und Ausweitung dieses Problems zu einem späteren Zeitpunkt. So reichen etwa seine Überlegungen zum literarischen Feld weit bis in die 1960er Jahre zurück, so dass *Die Regeln der Kunst* eher als Synthese der vergangenen Arbeiten erscheinen denn als eine originär neue Studie.

Wesentlich einleuchtender scheint vor diesem Hintergrund der Bourdieu'schen Arbeitsweise ein *systematischer* Zugriff auf sein Werk zu sein, der die Themen, Probleme und Bereiche abdeckt, mit denen sich Bourdieu beschäftigt hat. An erster Stelle ist an seine lebenslange Reflexion von Begriffen, Theorien und Methoden zu denken. Dieses ständige Nachdenken über das eigene soziologische Tun spiegelt Bourdieus Anspruch wider, über Rolle, Status und Folgen seiner kritischen Wissenschaft Rechenschaft abzulegen. An zweiter Stelle ist sein enormes Interesse für die Welt der Bildung zu nennen, die nach seinem Verständnis von symbolischer Gewalt eine zentrale kulturelle Quelle sozialer Ungleichheit darstellt. An dritter Stelle muss man auf seine Analysen zur Sozialstruktur und zur sozialen Ungleichheit hinweisen, deren prominenteste sicherlich *Die feinen Unterschiede* ist. An vierter Stelle kann man auf seine zahlreichen Feldanalysen verweisen, die vor allem das kulturelle, aber auch das ökonomische und politische Feld sowie dasjenige der Kritik betreffen. An fünfter Stelle steht sein ethnographisches Werk, wie seine Studien zu Algerien, zur Kabylei und zu Frankreich dokumentieren.

Wie sehr sich der systematische Zugriff anbietet, macht auch ein Blick auf die drei Thesen klar, die die nachfolgenden Überlegungen anleiten sollen. In *werkgeschichtlicher* Hinsicht besticht die bemerkenswerte Kontinuität in den Grundintuitionen und -ideen, die seinen Ansatz lenken. Genau genommen finden sich im Kern die zentralen Momente und Elemente seines Ansatzes allesamt schon in den Frühschriften. Häufig genug kommt es bei sozialwissenschaftlichen Autoren vor, dass sich im Lauf einer langen Forschungstätigkeit notwendig die Perspektive verschiebt oder sich ein regelrechter Bruch im theoretischen Denken ergibt. So sprechen wir etwa vom frühen und späten Marx, dem strukturellen und kulturellen Durkheim, vom soziologischen und philosophischen Simmel. Nicht so bei Bourdieu. In seinem Fall überrascht vielmehr die Kontinuität im theoretischen Kern seines Ansatzes. Ziel seiner Gesellschaftstheorie ist es, die Konstitution und Reproduktion sozialen Lebens zu verstehen und die Mechanismen, die dabei wirksam werden, aufzudecken. Ihn interessieren der *praktische Sinn* und die *praktischen Wertungen*, die der gesellschaftlichen Konstruktion der Wirklichkeit und den Strategien der individuellen wie der kollektiven Akteure zugrunde liegen. Wie und mit welchem grundbegrifflichen Instrumentarium setzt er an, um den praktischen Sinn aufzuspüren? Bourdieu entwickelt eine Strukturierungsidee, die sich auf die Grundformel »Struktur – Habitus – Praxis« bringen lässt. Abstrakt gefasst und allgemein angelegt, kann man diese Strukturierungsvorstellung als Rahmen für alle möglichen Gesellschaftstypen verwenden. Das Leitmotiv ist Marx' (1971: 339) Praxisphilosophie, die »*menschliche sinnliche Tätigkeit, Praxis*«, die er als Ökonomie der Praxis begreift. Diese ursprünglich philosophische Grundidee wird radikal soziologisiert und mit dem Gedankengut von Max Weber angereichert. Im Sinn der elementaren Interessiertheit beziehungsweise Interessengebundenheit alles menschlichen Handelns herrscht die *Ökonomie* nicht nur in der Wirtschaft, sondern durchzieht alle gesellschaftlichen Lebensbereiche, auch jene, die von interessegeleiteten Strategien und Taktiken ausgenommen zu sein scheinen. Das gilt etwa für die Religion (Bourdieu 2000b), in der es vermeintlich nur um das »Heilige« und den Glauben daran geht. Bourdieu (1987a: 37) beruft sich auf Max Weber, der »die materialistische Denkweise auf Gebiete anwendet, die der Marxismus faktisch dem Idealismus überließ«. Bourdieu macht also mit Webers Entzauberungsidee Ernst und erhebt die Aufdeckung der geheimsten Grundlagen der Sozialwelt zur vornehmsten Aufgabe der Soziologie. Kein Wunder, dass die Soziologie stets ein »*enfant terrible*« bleibt, wenn sie kritisch sein will: »*une science qui dérange*«, wie Bourdieu (1980b: 19 ff.) sagt. Eine Wissenschaft, die an- und aufregt, muss zwischen allen Stühlen sitzen und der Gesellschaft in aufklärerischer Absicht den Spiegel vor Augen halten.

Meine *werkgeschichtliche These* geht also von einer Kontinuität der Grundgedanken aus, was einzelne Verschiebungen (wie von der Klasse zum Feld) und theoretische Weiterentwicklungen nicht ausschließt. Bourdieus Ökonomie der Praxis stellt den praktischen Sinn in den Mittelpunkt, um auf diese Weise allen eingefahrenen Dualismen ein Ende zu machen, welche die »zwei Soziologien« beherrschen: Individuum und Gesellschaft, Handeln und Struktur, Voluntarismus und Determinismus, Handlungs- und Systemtheorie, Phänomenologie und Strukturalismus und so fort.

Der praktische Sinn als archimedischer Punkt alles sozialen Lebens, so die *methodologische These,* verbindet nicht einfach jene

Dualismen, er überwindet sie. Was wie die Quadratur des Kreises aussieht, ist eine neue Synthese, die im Modell von Struktur – Habitus – Praxis konkrete Gestalt annimmt.

Bourdieus Augenmerk, so die *theoretische These*, konzentriert sich auf die Zusammenhänge zwischen Sozialstruktur und Kultur. In der traditionellen Soziologie (Müller 1994, 1996) häufig auseinandergerissen – hier die Gesellschaft, dort die Kultur; hier die Basis, dort der Überbau –, werden sie bei Bourdieu in ihrem Wechselspiel analysiert. Seine Ökonomie der Praxis wird in einer doppelten, wenn auch innerlich eng verbundenen Stoßrichtung entwickelt. Zum einen studiert er die vertikale Dimension der Gesellschaft und damit das Verhältnis von sozialer Differenzierung und sozialer Ungleichheit. Auf die Zusammenhänge von Kultur, Herrschaft und sozialer Ungleichheit gerichtet, entwickelt Bourdieu eine soziokulturelle Klassentheorie, die ausführlich den Beziehungen zwischen Klassenpositionen, Bildungsbeteiligung, Kulturkonsum und Lebensstilen nachgeht. Wie man sich dieses komplexe Beziehungsgeflecht im Einzelnen vorzustellen hat, werden wir an seiner Studie *Die feinen Unterschiede* sehen. Zum anderen untersucht er die horizontale Dimension der Gesellschaft und damit das Verhältnis von sozialer Differenzierung und der Entwicklung verschiedener, relativ autonomer gesellschaftlicher Felder. Moderne Gesellschaften sind komplex und nicht nur vertikal nach einem »Oben-unten-Schema« differenziert, sondern auch horizontal nach dem Schema »arbeitsteiliger Spezialisierung«. Bourdieu untersucht alle möglichen Felder vom politischen bis zum künstlerischen, vom juristischen bis zum religiösen Feld. Sein Schwerpunkt liegt indes auf dem Verhältnis zwischen Macht- und Kulturfeld, ist folglich also auf die Zusammenhänge zwischen Ökonomie und Politik einerseits, Wissenschaft, Kunst und Literatur andererseits gerichtet.

I. Der analytische Baukasten

1. Die Grundformel des Ansatzes: Struktur, Habitus und Praxis

Das Ziel von Bourdieus Gesellschaftstheorie besteht darin, die Produktion und Reproduktion des sozialen Lebens zu verstehen und die Mechanismen aufzudecken, die dabei wirksam sind. Aber wie macht man das? Wie entwickelt man eine Ökonomie der Praxis, die dem praktischen Sinn der Akteure und der praktischen Vernunft der sozialen Welt Rechnung trägt? Oder allgemeiner: Wie entwirft man eine Theorie der sozialen Welt, die deren eigene Grundlagen und die Mechanismen ihrer Aufrechterhaltung enthüllt? Das sind die Fragen, die Bourdieu von Beginn an interessieren und die ihn sein Leben lang beschäftigen werden.

Er entwickelt zu diesem Zweck eine praxeologische Erkenntnisweise, die der gesellschaftlichen Strukturiertheit ebenso wie der Handlungsproduziertheit der sozialen Welt gerecht zu werden sucht, denn: »Der Fortschritt der Erkenntnis setzt bei den Sozialwissenschaften einen Fortschritt im Erkennen der Bedingungen der Erkenntnis voraus.« (Bourdieu 1987a: 7)

Wie setzt man diesen Fortschritt ins Werk? Bourdieu greift alle epistemologischen und theoretischen Dualismen und Dilemmata aus Philosophie und Sozialwissenschaften auf (Subjektphilosophie versus Philosophie ohne Subjekt, Individualismus versus Holismus, Subjektivismus versus Objektivismus, Handlungs- versus Systemtheorie etc.), um sie dann in einer soziologischen Synthese zu überwinden. Kurz: Er versucht, philosophische Probleme *soziologisch* zu lösen.[2]

Um seine eigene Position zu finden, setzt sich Bourdieu mit den epistemologischen, methodologischen und theoretischen Positionen seiner Zeit auseinander. »Verstehen heißt«, so Bourdieu (2002: 11) in seinem soziologischen Selbstversuch,[3] »zunächst das

2 Bourdieu schreibt sich damit in ein Programm ein, das typisch für die französische Soziologie ist. Seit ihren Anfängen bei Saint-Simon und Auguste Comte, Émile Durkheim und Marcel Mauss bis hin zu Michel Foucault und Pierre Bourdieu geht es darum, philosophische Grundprobleme soziologisch zu bearbeiten. Siehe Müller (1992: 242-259).

3 Bourdieu hat seine letzte Vorlesung am Collège de France mit dem Thema »La

Feld zu verstehen, mit dem man und gegen das man sich entwickelt«. In den 1950er Jahren, als Bourdieu seine Arbeit aufnimmt, dominieren das epistemologische Feld in Frankreich zwei unversöhnliche Positionen: die Subjektphilosophie von Jean-Paul Sartre (1993) einerseits, die eine existentialistische Handlungstheorie zur Erklärung sozialen Lebens entwickelt und die Gesellschaft aus Bourdieus Sicht in den Spontanakten von Individuen aufgehen lässt, und die Philosophie ohne Subjekt andererseits, wie im Strukturalismus von Claude Lévi-Strauss (1978) sowie im strukturellen Marxismus von Louis Althusser (1968), Maurice Godelier (1973) und Nicos Poulantzas (1968) auf der anderen Seite. Strukturaler Anthropologie und Marxismus gemeinsam ist die Vorstellung, dass das soziale Leben durch mentale Strukturen beziehungsweise durch die Strukturgesetzlichkeiten kapitalistischer Produktionsweisen bestimmt wird.

Beide Positionen markieren (wie Pole in einem epistemologischen Feld) spiegelbildliche Einseitigkeiten:[4] Der Subjektphilosophie mangelt es vor lauter Voluntarismus an einer adäquaten Vorstellung von gesellschaftlicher Struktur und deren Wirkungsweise; der Philosophie ohne Subjekt geht angesichts der Dominanz mentaler oder gesellschaftlicher Strukturen eine angemessene Vorstellung von sozialem Handeln verloren.

Dennoch zeigen gerade seine frühen Arbeiten zur Kabylei und zu Algerien den starken Einfluss des Strukturalismus; später sollte dieser freilich einer kritischen Distanz Platz machen. Doch sind es drei zentrale Momente der strukturalistischen Methode, die Bourdieu zeitlebens beibehält: erstens das Denken in Relationen; zwei-

Science de la Science« im Jahr 2000 mit einer »Auto-Analyse«, einem soziologischen Selbstversuch, enden lassen. Bourdieu (2002) spricht über »Bourdieu«, seinen Werdegang und die Prinzipien seines Ansatzes, indem er eine Methode benutzt, die er »teilnehmende Objektivierung« nennt. Das macht diesen kleinen Text zu einem geeigneten Einstieg in die Welt seines Denkens.

4 Bourdieu tut dies an vielen Stellen und zum Teil in karikaturhafter Verkürzung, so dass seine Kritik häufig nur die vorher von ihm so zurechtgestutzten Pappkameraden trifft. Neben dem genannten *Selbstversuch* siehe historisch Bourdieu und Jean Claude Passeron (1981) über *Soziologie und Philosophie in Frankreich seit 1945* und systematisch vor allem seine Studien zur Theorie der Praxis (Bourdieu 1979b, 1993a), aber auch seine *Meditationen* (ders. 2001a), in denen er seine »Kritik der scholastischen Vernunft« zusammenfasst. Hilfreich auch seine »Antworten« in *Reflexive Anthropologie* (Bourdieu/Wacquant 1996).

tens die Suche nach dichotomen Strukturen; drittens die Suche nach strukturellen Homologien zwischen verschiedenen Bereichen. Zunächst einmal erkennt Bourdieu die entscheidende Neuerung an, die mit Lévi-Strauss einsetzt:

> [D]aß mit ihm die strukturelle Methode oder einfacher das relationale Denken in die Sozialwissenschaften eingeführt wurde, das mit dem substantialistischen Denken bricht und dazu führt, jedes Element durch die Beziehungen zu anderen zu charakterisieren, die es zu den anderen Elementen innerhalb eines Systems unterhält und aus denen sich sein Sinn und seine Funktion ergeben. (Bourdieu 1987a: 12)

Alles, was der Fall ist, also jedes soziale Phänomen, das die Soziologie untersucht, muss jeweils eingebettet werden in das Feld der Relationen, in dem es steht. Jegliche isolierte Betrachtungsweise führt nicht nur in die Irre, sondern unter Umständen auch zu einer substantialistischen Sichtweise eines Phänomens, der Suche nach einer unveränderlichen Entität namens »Gesellschaft«, »Kapitalismus« oder »Arbeiterklasse«, so als ob diese abstrakten Einheiten tatsächlich handeln könnten.

Zweitens kommt man der Strukturiertheit der sozialen Welt auf die Spur, wenn man nach *Dichotomien* oder dichotomen Paaren von Strukturen sucht und ihre Beziehungen untersucht. So kann man etwa vom Alter (jung/alt) oder vom Geschlecht (männlich/weiblich) ausgehen und dann nach den Zusammenhängen zwischen diesen Strukturen fragen.

Drittens wird man nach Transformationsgesetzen suchen, welche Strukturen erster Ordnung in Strukturen zweiter bis n-ter Ordnung übersetzen. Falls erfolgreich, erlaubt es dieser Schritt, Homologien zwischen ihnen nachzuweisen und die dabei wirksamen operativen Mechanismen zu benennen und zu erklären, wie eine Struktur in eine andere transformiert wird.

Wie muss man sich das Denken in Relationen, in dichotomen Strukturen und in strukturellen Homologien konkret vorstellen? Zwei Beispiele aus seinen Studien zur Ethnographie der Kabylei und der französischen Gesellschaft sollen die strukturale Denkweise und ihre Logik illustrieren. Die soziale Ordnung archaischer Gesellschaften, wie sie die Kabylen, ein Berberstamm in Algerien, repräsentieren, wird durch Alter, Geschlecht und Verwandtschaft strukturiert. Man kann etwa vom Geschlecht ausgehen und anhand des Gegensatzes zwischen Mann und Frau die gesamte Gesellschafts- und Raumordnung in ihrer Struktur rekonstruieren. Wenn man so verfährt, ergibt sich folgendes Bild:

Der bewohnte Raum – in erster Linie das Haus – ist der bevorzugte Ort der Objektivierung der Erzeugungsschemata, und durch die Einteilungen und die Hierarchien, die es unter den Dingen, Personen und Praktiken herstellt, trichtert dieses dinggewordene Rangordnungssystem die Prinzipien der für das kulturell Willkürliche konstitutiven Klassifizierung ein und verstärkt sie unablässig. So materialisiert sich der Gegensatz zwischen dem rechten Geheiligten und dem linken Geheiligten, zwischen *nif* und *h'aram*, zwischen dem mit Schutz- und Befruchtungseigenschaften ausgestatteten Mann und der zugleich geheiligten und mit unheilbringenden Eigenschaften ausgestatteten Frau in der räumlichen Trennung zwischen dem männlichen Raum mit dem Versammlungsort, dem Markt oder den Feldern und dem weiblichen Raum von Haus und Garten als Refugium des *h'aram*; und in zweiter Linie in dem Gegensatz, der im Hausinnern selbst die Raumbereiche, Gegenstände und Tätigkeiten nach ihrer Zugehörigkeit zur männlichen Welt des Trockenen, des Feuers, des Oberen, des Gekochten oder des Tags, oder zur weiblichen Welt des Feuchten, des Wassers, des Unteren, des Rohen oder der Nacht voneinander scheidet. (Bourdieu 1987a: 141 f.)

Die geschlechtsspezifische Differenzierung von Mann und Frau und die Klassifikation »männlich/weiblich« kann als Basisdichotomie genutzt werden, um durch weitere Relationierung von Räumen, Dingen und Eigenschaften die Ordnung der sozialen Welt der Kabylei zu rekonstruieren. Archaische Gesellschaften wie die der Kabylei sind nach den Kriterien von Alter, Geschlecht und Verwandtschaft als den Differenzierungs- und Teilungsprinzipien dieser Gesellschaftsform gegliedert. Genau deshalb bieten sich diese basalen Differenzierungsprinzipien an, um von dort aus die Struktur der Gesellschaft abzuleiten. Seien es die *Räume* wie Markt und Felder für den Mann, Haus und Garten für die Frau, seien es die *Dinge* und *Eigenschaften* für die männliche und die weibliche Welt: das Trockene/das Feuchte, das Feuer/das Wasser, das Obere/das Untere, das Gekochte/das Rohe, der Tag/die Nacht.

Kurz und als allgemeines methodisches Prinzip formuliert: Die strukturale Methode erlaubt es, ausgehend von einem Gegensatzpaar (hier: männlich – weiblich) »alle möglichen praktischen Äquivalenzen zwischen den verschiedenen Teilungen der Sozialwelt« zu rekonstruieren, »also der Teilung nach Geschlechtern, Altersklassen oder gesellschaftlichen Klassen« (Bourdieu 1987a: 134).

Gleiches gilt nicht nur für archaische Gesellschaften, sondern auch für moderne Klassengesellschaften wie Frankreich. Nehmen wir als Beispiel das Groß- und Kleinbürgertum. Wenn man etwa das System objektiver Marktchancen von groß- und kleinbürgerlichen Gruppierungen ermittelt hat, kann man sich fragen, ob es zu den Markterfolgschancen Analogien in anderen Bereichen gibt, die ähnliche Homologien aufweisen, wie etwa moralische Dispositionen (tolerant/rigide), Geschmackspräferenzen (Luxusgeschmack/Bildungsbeflissenheit), Rolle der Bildung (Erwerb im Elternhaus/in der Schule) oder Umgang mit Kultur (spielerisch/bemüht). Das werden wir anhand seiner Studie über *Die feinen Unterschiede* im Einzelnen noch sehen.

Fassen wir zusammen: Denken in Relationen, dichotome Strukturen und strukturelle Homologien – alle diese zentralen Elemente der strukturalen Methode verbinden Bourdieu unzweideutig mit dem Strukturalismus. Die heuristische Fruchtbarkeit dieser Methode hat er in vielen Studien unter Beweis gestellt, und an ihren Vorzügen hält er zeit seines Lebens fest. Die Gemeinsamkeiten zwischen Strukturalismus und Praxeologie bringen Bourdieu zunächst in die Nähe des strukturalistischen Lagers. Trotz der Übernahme der strukturalen Methode vergisst er darüber jedoch nicht die drei konstitutiven Schwächen des Strukturalismus. Sie bestehen in einer mechanistischen Handlungstheorie, einem kruden Objektivismus und einem naiven Strukturrealismus.

Eine *mechanistische Handlungstheorie* modelliert das Verhältnis von Kultur und Verhalten nach dem Modell von Struktur und Ausübung. Erschöpft sich indes soziale Praxis in mechanistischer Ausübung, weil man einfach einem Regelcode folgt wie in Lévi-Strauss' Perspektive, dann verschwindet die soziale Praxis hinter der Analyse von Strukturen. Hier ist die Regel, daraus folgt automatisch das Handeln; wenn nicht, dann liegt abweichendes Verhalten vor, das eigens untersucht werden muss. Diese mechanistische Vorstellung der sozialen Welt unterschlägt all das, was die soziale Praxis ausmacht und die Soziologie als Praxeologie interessiert: die soziale Situation und der Kontext, in dem regelkonformes oder abweichendes Verhalten erfolgt; Kampf und Konflikt um Ressourcen, aber auch die Auslegung von Regeln; Macht und Herrschaft der

Akteure, sich in einer sozialen Situation und einem sozialen Kontext zu bewähren oder zu scheitern.

Letztlich beruht eine mechanistische Handlungstheorie auf einer *objektivistischen* Perspektive, denn

> der Objektivismus entwirft die soziale Welt gleich einem Schauspiel, das einem Zuschauer geboten wird, der gegenüber dem Handeln einen »Standort« einnimmt, sich, um es in Augenschein zu nehmen, zurücklehnt und, indem er am Gegenstand den Prinzipien, die seinem eigenen Verhältnis zum Gegenstand zugrunde liegen, die größte Wichtigkeit beimißt, diesen wie ein Gefüge begreift, das allein einer solchen Erkenntnis offenstehen soll, worin alle Interaktionen sich auf symbolische Tauschbeziehungen reduzieren. Dieser Gesichtspunkt verdankt sich höheren Positionen innerhalb der Sozialstruktur, von denen aus die soziale Welt sich wie eine – im Sinne der idealistischen Philosophie, aber auch der Malerei und des Theaters – Vorstellung/Repräsentation darbietet, so daß die Handlungen und Praxisformen allenfalls wie »Ausübungen«, wie Theaterrollen, wie Ausführungen einer Partitur oder wie Anwendungen eines Plans in den Blick geraten. (Bourdieu 1979b: 228)

Mechanistische Handlungstheorie und Objektivismus zusammen münden in einen *naiven Strukturrealismus.* Die Übernahme des linguistischen Strukturalismus in die strukturale Anthropologie hat Lévi-Strauss zu der Vorstellung verleitet, die Beziehung von Kultur und Verhalten analog zur Beziehung von Sprache und Sprechen als Realisierung eines Codes zu begreifen. Vor dem Hintergrund einer solchen Vorstellung erscheinen soziale Praktiken als festgegossene symbolische Tatsachen, wo es sich in Wirklichkeit doch um variationsfähige Praxisformen handelt.

Lévi-Strauss' Fokussierung auf die Struktur von Symbolsystemen verführt ihn dazu, die jeweilige *soziale Situation* und den *sozialen Kontext,* in denen die Zeichen angewendet werden, auszublenden. Das wäre nur unter zwei extremen Annahmen möglich: der Monovalenz und der Monofunktionalität von Zeichen. Aber weder bedeuten Symbolsysteme für alle Individuen und Gruppen das Gleiche (Monovalenz), noch kann man davon ausgehen, dass Symbolsysteme nur Erkenntnis- und Kommunikationsfunktionen besitzen (Monofunktionalität). Bourdieu hatte in den Studien zur Kabylei trotz strukturalistischer Annahmen herausgefunden, dass selbst die strengsten ritualistischen Regeln im Alltag virtuos von den Akteuren gehandhabt und geschickt zur Maximierung ihrer

Ehre genutzt werden. Ein strenger und intakter Regelkanon führte also, wie Bourdieus empirische Untersuchungen demonstrierten, keineswegs zu einer uniformen sozialen Praxis. Vielmehr haftet allen symbolischen Regeln stets ein Moment der *Unbestimmtheit* an, und diese Unbestimmtheit schafft einen Interpretationsspielraum, der von den Akteuren in ihrem strategischen Handeln ausgenutzt wird.[5]

Soziale Klassifikationen als kollektive Repräsentationen einer Gesellschaft symbolisieren zwar die Prinzipien und Werte einer sozialen Ordnung, aber keineswegs in objektiver, gleichsam unschuldiger Manier. Entscheidend im Alltag ist die *soziale Praxis*, das tatsächliche Handeln: Da die sozialen Klassifikationen im Alltagsgebrauch stets produziert und reproduziert werden müssen, sind sie auch permanent Gegenstand symbolischer Auseinandersetzungen zwischen rivalisierenden Akteuren und Gruppen. Kulturelle Symbolsysteme haben neben ihren Erkenntnis- und Kommunikationsfunktionen eben immer auch (und meist uneingestanden) politische und ökonomische Funktionen. Durch seine Konzentration auf die objektive Seite der Wirkungsweise von Strukturen und die Vernachlässigung der subjektiven Seite sozialer Praxis begibt sich Lévi-Strauss der Möglichkeit, die Macht- und Herrschaftsdimension im sozialen Leben zu berücksichtigen. Das meint Bourdieu mit dem Vorwurf eines naiven Strukturrealismus: die Ausblendung von sozialer Situation und sozialem Kontext, die Unterschlagung der sozialen, meist strategischen Praxis der Akteure und damit verbunden die Vernachlässigung von Macht und Herrschaft im sozialen Leben. Für Bourdieu (2002: 72) markiert diese grundsätzliche Kritik

einen sehr klaren Bruch mit dem strukturalistischen Paradigma, den Übergang von der Regel zur Strategie, von der Struktur zum Habitus, vom System zu einem sozialisierten, selbst durch die Struktur der sozialen Beziehungen beherrschten Akteur, deren Produkt er ist – als den entscheidenden Augenblick einer Umkehrung der Blickrichtung, die entsteht, wenn man

5 Insofern unterscheidet sich auch die wissenschaftliche Studie des Anthropologen von den Alltagssorgen eines kabylischen Stammesmitgliedes, es verhält sich gleichsam wie die Theorie zur Praxis. »Der Anthropologe, der eine Genealogie konstruiert, hat zur ›Verwandtschaft‹ ein Verhältnis, das nicht das geringste mit dem eines kabylischen Vaters gemein hat, der dringend ein praktisches Problem lösen muß, nämlich eine passende Frau für seinen Sohn zu finden«. (Bourdieu/Wacquant 1996: 100f.)

hinter den Verwandtschaftsregeln die Heiratsstrategien entdeckt und so das praktische Verhältnis zur Welt wieder in Sichtweite bringt.

Man könnte meinen, dass die schwerwiegenden Einwände gegen den Strukturalismus – wie die mechanistische Handlungstheorie, der Objektivismus und der naive Strukturrealismus, der Situation, Kontext, Praxis, Macht und Herrschaft gleichermaßen unterschlägt – Bourdieu am Ende auf die andere Seite des epistemologischen Feldes verschlagen hätten. Aber er widersteht nicht nur den Verlockungen der »Philosophie ohne Subjekt«, dem Strukturalismus und Objektivismus, sondern auch der »Subjektphilosophie« (Interaktionismus und dem Subjektivismus). Genauso wie Émile Durkheim und Michel Foucault vor ihm kann Bourdieu dieser Position so gut wie nichts abgewinnen. Über Sartres Existentialismus hinaus (Bourdieu 1979b: 173-177; 1980d: 385-391) schließt er in seine Kritik auch gleich alle Spielarten der mikrosoziologischen Tradition amerikanischer Provenienz mit ein, also den symbolischen Interaktionismus, die Phänomenologie und die Ethnomethodologie. Letztlich, so sein Haupteinwand, kann die mikrosoziologische Tradition keine adäquate Gesellschaftstheorie zur Produktion und Reproduktion des sozialen Lebens beitragen. Sie bietet höchstens ein euphemisiertes, wenn nicht gar verzerrtes Bild des sozialen Lebens. Was Bourdieu ihr indes bei aller scharfen Kritik zugutehält, ist ihr Augenmerk auf die soziale Praxis, auf die Individualität der Subjekte, die Formen sozialer Interaktion und Sozialisation und – ganz generell – auf die Bedeutung der sozialen Konstruktion gesellschaftlicher Wirklichkeit. Ungeachtet der Tatsache, dass sich Bourdieu auch dieser Einsichten ausgiebig bedient, fällt seine Kritik an dieser Tradition allerdings vernichtend aus.[6]

Aus drei Gründen vermag die mikrosoziologische Tradition keine adäquate Konzeptualisierung der objektiven Strukturen einer Gesellschaft zu leisten: Sie stößt an methodologische, theoretische

6 Generell gilt, dass Bourdieus Kritik umso schärfer und undifferenzierter ausfällt, je weiter die kritisierte Position von seiner eigenen Position im epistemologischen Feld entfernt ist. Deshalb trifft seine pauschale Kritik die mikrosoziologische Tradition nur zum Teil, da man Sartres Subjektphilosophie weder mit Goffmans dramaturgischem Ansatz noch mit Alfred Schütz' Phänomenologie oder dem symbolischen Interaktionismus von George Herbert Mead in einen Topf werfen kann. Trotzdem ist Bourdieus Kritik instruktiv, weil sie *ex negativo* einen Ausblick auf seine eigene praxeologische Position zu werfen gestattet.

und ideologiekritische Grenzen. Sicher ist die Lebenswelt ein zentraler Gegenstand soziologischer Analyse. Aber wenn daraus der *methodologische* Grundsatz abgeleitet wird, dass die Grenzen soziologischer Erkenntnis an die Grenzen der Sicht der Akteure auf die Sozialwelt gebunden sind, dann ist wissenschaftliches Wissen nur ein graduell raffinierteres Alltagswissen. Wie einseitig oder gar falsch eine solche Ansicht ist, zeigt die Existenz von nichtintendierten Konsequenzen individuellen Handelns. Das sind Wissenselemente, die der Common Sense gerade nicht gesehen hat. Aus der richtigen Einsicht (Lebenswelt als Gegenstand der Soziologie, die Eingebundenheit des soziologischen Forschers in die Sozialwelt) wird eine falsche methodologische Schlussfolgerung gezogen: die Unüberschreitbarkeit der Erfahrungsgrenzen der Lebenswelt und der Akteure.

Die falsche methodologische Regel hat jedoch *theoretische* Folgen. Was in der strukturalistischen oder funktionalistischen Tradition als objektive Beziehungen zwischen den Positionen innerhalb vorgegebener Strukturen erscheint, wird in der mikrosoziologischen Tradition als intersubjektive Beziehungen zwischen den Individuen verstanden. Die Transformation von strukturalen in interaktive Beziehungen verführt zu der Annahme, soziale Interaktionen entsprängen vollends dem voluntaristischen Belieben der Individuen. Die objektive Strukturierung des Handlungsfeldes, die institutionelle Ausgestaltung des sozialen Raumes erscheinen in dieser Perspektive allenfalls als *situative* Faktoren, denen die individuelle Praxis Rechnung tragen muss. Diese subjektivistische Auffassung drückt sich auch in einer *voluntaristischen Spontantheorie des Handelns* aus, welche Handeln als freien, schöpferischen Akt begreift.[7] Die exklusive Beschäftigung mit der sozialen Praxis wird erkauft mit einer fehlerhaften Repräsentation der objektiven Strukturen.

Kein Wunder, dass die Subjektphilosophie am Ende auch an *ideologiekritische Grenzen* stößt. Ein wissenschaftliches Modell, das der sozialen Konstruktion einer gesellschaftlichen Wirklichkeit, die historischer Natur ist, den Status einer natürlichen Lebenswelt verleiht, läuft Gefahr, zu einer »*Bestandsaufnahme des krud Gegebenen*«

7 Dieser Vorwurf trifft bestenfalls auf Sartre zu, aber auf keinen Fall auf Goffman, der von *Wir alle spielen Theater* (1969) bis zu seiner *Rahmen-Analyse* (1977) stets versucht hat, die mikrosoziale Struktur der sozialen Ordnung zu erforschen.

(Bourdieu 1979b: 150) zu werden. Die soziale Welt als natürlich gegebene Welt zu verstehen knüpft zwar an die Sichtweise der Akeure an, die »ihre« Gesellschaft als Lebenswelt genauso erleben, wenn sie nicht über ihre Sozialordnung in kritischer Absicht nachdenken. Folgt der Soziologe in seiner eigenen Forschung jedoch ausschließlich dieser »natürlichen« Perspektive von Welt, gerät er in die Gefahr, die Gesellschaft als historisch gewordene Natur zu (v)erklären und damit als natürlich, gut und gerecht zu legitimieren. Eine solche Vorgehensweise hieße etwa in einer Klassengesellschaft, die existierende soziale Ungleichheit zu rechtfertigen.

Wie diese scharfe Kritik an der mikrosoziologischen Tradition zeigt, nützt es nichts, an der sozialen Praxis anzusetzen, wenn man es falsch tut. Bourdieu greift daher für die Bestimmung seiner eigenen Position auf den jungen Marx (1971: 339 ff.) zurück. Dieser hatte in seinen Frühschriften einen Begriff von Praxis gefordert, der auf »die wirkliche, sinnliche Tätigkeit als solche« gerichtet ist. In seinen Schriften zur Anatomie der bürgerlichen Gesellschaft, in denen er die Gesetze der kapitalistischen Produktionsweise analysiert, benutzt Marx den Begriff der *Charaktermaske*, um den Zusammenhang zwischen Struktur und Handeln näher zu fassen. Bourdieu knüpft an diese Auffassung von gesellschaftlicher Praxis an, weil sie ihm eine Ökonomie der Praxis oder praktischer Handlungen zu entwerfen erlaubt. Praxis als Tätigkeit, die Interessengebundenheit der Tätigkeit und die soziale Strukturierung der Interessen – das sind die zentralen Einsichten, die er von Marx übernimmt.

Wie entwickelt man eine solche »Praxeologie«? Sie muss Struktur *und* Praxis zusammendenken. Aber wie könnte diese Vermittlung aussehen, die wichtige Einsichten aus den beiden konträren Positionen im epistemologischen Feld aufnimmt, ohne in ihre Fallstricke zu geraten? Gegenstand der *praxeologischen* Erkenntnisweise ist nicht nur das

> System der objektiven Relationen, sondern des weiteren die *dialektischen* Beziehungen zwischen diesen objektiven Strukturen und den strukturierten *Dispositionen*, die diese zu aktualisieren und reproduzieren trachten; ist mit anderen Worten der doppelte Prozeß der Interiorisierung der Exteriorität und der Exterritorisierung der Interiorität. (Bourdieu 1979b: 147)

2. Die Konstruktion des sozialen Habitus

Um diesen Zusammenhang näher zu bezeichnen, arbeitet Bourdieu nicht mit dem Begriff der Charaktermaske, sondern mit dem Konzept des *Habitus* als Vermittlung zwischen Struktur und Praxis. Dieser Begriff, der eine lange Tradition hat und den keineswegs nur Bourdieu benutzt,[8] spielt, ebenso wie der des Feldes, eine zentrale Rolle in seinem Ansatz. Da Bourdieu seine Grundbegriffe als Arbeitsinstrumente verstanden wissen wollte, die man im Licht der eigenen Studien stets weiterentwickeln muss, hat er am Begriff des Habitus ein Leben lang herumgefeilt. Gerade diese Omnipräsenz und Omnipotenz durch permanente Begriffsarbeit macht die Verdichtung auf einen semantischen Kern nicht gerade einfach, da Bourdieu selbst keinen seiner Begriffe endgültig definiert hat.

Um aus der Not eine Tugend zu machen, versuchen wir das Konzept über die Beantwortung von vier Fragen zu erschließen: 1. Was versteht Bourdieu unter diesem Begriff? 2. Wie entsteht der Habitus? 3. Durch welche Prozesse und Mechanismen wird er aufrechterhalten und reproduziert? 4. Wie und warum wandelt sich der Habitus?

Habitus (*lat.*) oder Hexis *(griech.)* meint wörtlich das »Gehabte« vom lateinischen *habere* (»haben«) und zielt auf die Gewohnheit oder die Disposition. Zu Beginn seiner Karriere benutzt Bourdieu auch gern den Begriff *Ethos* von Max Weber, um eine Haltung zum Ausdruck zu bringen, ähnlich wie Aristoteles das mit dem Begriff der Hexis versucht hatte. Im englischen Sprachgebrauch setzte sich mit David Hume und John Locke der Begriff *habit* als dauerhafte Disposition durch. In der Soziologie spricht Max Weber (1972b: 182) etwa vom »inneren Gesamthabitus des Puritaners«, um Ethos und Mentalität des Puritaners zusammenfassend zu charakterisieren. Norbert Elias (1987) zielt mit dem sozialen Habitus auf die Gewohnheiten von Denken, Fühlen und Handeln von Gruppen ab. Und Bourdieu?

Der Habitus ist definiert als System von Dispositionen, die im

8 Einschlägig ist Charles Camic (1986) mit seinem Artikel über »The Matter of Habit«. Zu Bourdieu selbst und seiner Verwendungsweise von Habitus siehe Bohn (1991), Bohn/Hahn (1991), Janning (1991), Fröhlich/Rehbein (2009: 110 ff.), Krais/Gebauer (2002) und Müller (1992).

Alltagsleben als Denk-, Wahrnehmungs- und Beurteilungsschemata fungieren. *Dispositionen* verweisen nicht auf die Rationalität des Akteurs, wie in den Theorien der rationalen Wahl, obwohl sie praktisch vernünftig, weil der Lebenssituation angepasst sein können. Dispositionen sind aber auch nicht das Gleiche wie Handlungen – sie leiten die Praxis an, determinieren sie aber nicht. Ansonsten würde der Habitus auf ein mechanistisches Funktionsmodell verweisen – frei nach dem Motto: »Sag mir, was dein Habitus ist, und ich sage dir, wie du handeln wirst!« Vielmehr hängt das von der sozialen Situation und dem sozialen Kontext ab, so dass gleiche Dispositionen durchaus zu unterschiedlichem Handeln führen können. Das *System von Dispositionen* verweist auf die Kohärenz des Habitus, denn die Denk-, Wahrnehmungs- und Beurteilungsschemata sind nicht erratisch strukturiert, sondern systematisch geordnet. Genau deshalb kann man Konfigurationen des Habitus wie den aristokratischen, bürgerlichen oder proletarischen Habitus nach der Klassenlage auszeichnen oder den künstlerischen, wissenschaftlichen, politischen oder ökonomischen Habitus nach der Stellung im Feld.

Wie gelangt der Mensch zu seinem Habitus? Gerade in seinen *Meditationen* räsoniert Bourdieu (2001a: 173) ganz abstrakt über den Menschen in der Welt und über sein Welt-Sein: »Die Welt umfängt einen Körper, für den es eine Welt gibt, einen Körper, der auf eine Weise in die Welt eingeschlossen ist, die sich nicht auf einen simplen, materiellen und räumlichen Modus reduzieren läßt.« Vielmehr erwirbt der Mensch in einem langwierigen Prozess der Sozialisation und Erziehung, der Konditionierung und Disziplinierung das notwendige Weltwissen, was ihm die Orientierung in und an der Welt ermöglicht. »Wir lernen durch den Körper. Durch diese permanente, mehr oder weniger dramatische, aber der Affektivität, genauer gesagt, dem affektiven Austausch mit der gesellschaftlichen Umgebung viel Platz einräumende Konfrontation dringt die Gesellschaftsordnung in die Körper ein.« (Ebd.: 181) Dieser Prozess der Einverleibung oder *Inkorporation* von gesellschaftlichen Strukturen führt zum Habitus. »Der Habitus ist die sozialisierte Subjektivität.« (Bourdieu/Wacquant 1996: 159)

Um diesen Dressurakt zu veranschaulichen, soll nochmals das Beispiel des Geschlechter-Habitus[9] bemüht werden.

9 Bourdieu (1979, 1987) hat sich oftmals mit Fragen des Geschlechts auseinandergesetzt, vor allem in seinen Studien zur Kabylei. Siehe aber auch seine Studie

> Die strengsten sozialen Befehle richten sich nicht an den Intellekt, sondern an den Körper, der dabei als »Gedächtnisstütze« behandelt wird. Männlichkeit und Weiblichkeit werden wesentlich dadurch erlernt, dass die Geschlechterdifferenz in Form einer bestimmten Weise zu gehen, zu sprechen, zu stehen, zu blicken, sich zu setzen usw. den Körpern (vor allem durch die Kleidung) eingeprägt wird. Und die Einsetzungsriten sind nur der Grenzfall all der expliziten Handlungen, mit denen Gruppen darauf hinarbeiten, die sozialen Grenzen oder, was auf dasselbe hinausläuft, die sozialen Klassifizierungen (die Trennung männlich/weiblich zum Beispiel) einzuprägen, sie in Form von in den Körpern, in der körperlichen *hexis*, in den wie unauslöschliche Tätowierungen eingebrannten Dispositionen in Naturgegebenheiten zu verwandeln – und somit auch die kollektiven Prinzipien der Sichtung und Ordnung. In der täglichen pädagogischen Praxis (»Halt dich gerade«, »Nimm dein Messer in die rechte Hand«) ebenso wie in Einsetzungsriten wird dieses psychosomatische Handeln oft durch Emotion und psychisches oder sogar körperliches Leiden eingeübt; dies namentlich, wenn der Oberfläche des Körpers selbst durch Verstümmelungen, Einritzungen oder Tätowierungen Unterscheidungsmerkmale einbeschrieben werden. (Bourdieu 2001a: 181)

Wenn die Bildung des Habitus mittels der Einverleibung von gesellschaftlichen Strukturen über Prozesse der Sozialisation und Erziehung, der Konditionierung und Disziplinierung erfolgt, wie genau muss man sich seine Funktionsweise vorstellen? Die Konstitution des Habitus erfolgt nach Maßgabe der sozialen Struktur, das heißt der sozialen Lage und Stellung des Akteurs innerhalb der Sozialstruktur, und bildet folglich in einer Klassengesellschaft klassenspezifische Dispositionen aus (strukturierte Struktur); diese Denk-, Wahrnehmungs- und Beurteilungsschemata wiederum erzeugen strukturell angepasste Praxisformen, die zur Reproduktion objektiver Strukturen (strukturierende Struktur) beitragen. Der Habitus ist also ein praktischer Operator, ein Mechanismus, der die Praxis der Struktur anpasst und damit die praktische Reproduktion der Struktur gewährleistet. Das scheint jedenfalls der Normalfall zu sein, wenn Strukturen und Praktiken durch den Habitus harmonisiert werden, so dass die Reproduktion der sozialen Ordnung gewährleistet wird.

Bourdieu fasst diesen Zusammenhang in Anlehnung an Pascal etwas philosophisch abstrakter.

über *Die männliche Herrschaft* (Bourdieu 2005a), die in diesem Band im zehnten Kapitel vorgestellt wird.

> Die menschliche Existenz, der Habitus als das Körper gewordene Soziale, ist jene Sache der Welt, für die es eine Welt gibt; Pascal hat das so ausgedrückt: *Le monde me comprend, mais je le comprends* – also etwa: Ich bin in der Welt enthalten, aber die Welt ist auch in mir enthalten. Die soziale Realität existiert sozusagen zweimal, in den Sachen und in den Köpfen, in den Feldern und in den Habitus, innerhalb und außerhalb der Akteure. Und wenn der Habitus ein Verhältnis zu einer sozialen Welt eingeht, deren Produkt er ist, dann bewegt er sich wie ein Fisch im Wasser und die Welt erscheint ihm selbstverständlich. (Bourdieu/Wacquant 1996: 161)

In Bourdieus Augen ist daher der Habitus »die Lösung des Paradoxons vom objektiven Sinn ohne subjektive Absicht« (Bourdieu et al. 1981: 170). Seine äußere Erscheinungsweise erinnert an das mechanistische Handlungsmodell, während seine innere Funktionsweise eher dem voluntaristischen Handlungsmodell ähnelt. Bourdieus Ansatz könnte man auch als *kybernetische Handlungstheorie* bezeichnen, denn sie beschreibt den »Regelkreis« zwischen Struktur und Praxis über das Gelenkstück des Habitus. Dennoch funktioniert die soziale Wirklichkeit nicht wie ein Thermostat. Bourdieu et al. (ebd.: 171 f.) warnen vor einer überzogenen »Verallgemeinerung des Modells einer quasi-zirkulären Beziehung quasi-vollkommener Reproduktion [...], das vollständig nur in den Fällen gilt, in denen die Entstehungsbedingungen des Habitus identisch oder homothetisch mit den Bedingungen sind, unter denen er wirkt«.

Soziologisch aufschlussreich sind Fälle, in denen Struktur und Habitus auseinanderfallen, wenn etwa Personen in herkunftsfremde soziale Milieus und Felder geraten oder durch raschen Strukturwandel die erworbenen Dispositionen veralten. Der deplatzierte oder veraltete Habitus passt dann nicht mehr zu der neuen Struktur – ein Phänomen, das Bourdieu als den *Hysteresis-Effekt* des Habitus bezeichnet, um das ihm innewohnende Trägheitsmoment zu markieren. Der Habitus als stabiles und dauerhaftes Dispositionssystem kann sich nicht mehr hinreichend auf die neuen Strukturbedingungen umstellen. Noch gravierender sind Konstellationen, in denen die *Spaltung des Habitus*[10] konstitutiv wird und

10 Dirk Jurich (2006: 59, im Original kursiv) hat das am unseligen Verhältnis von *Staatssozialismus und gesellschaftliche(r) Differenzierung* gezeigt mit der Folge, »dass die politisch-ideologische Hegemonisierung sozialer Felder mit heteronomen Verhaltungszumutungen einhergingen, die in der DDR nicht aufgelöst werden konnten und auf der habituellen Ebene verblieben«. Der Ingenieur im

seine Träger konfligierende Anforderungen und Erwartungen in widersprüchlichen Dispositionen auf Dauer aushalten und managen müssen. Die Spaltung und Zerrissenheit des Habitus erzeugen Stress und Leiden bei den Betroffenen.[11] In Bourdieus Augen tritt dieser pathologische Fall vornehmlich in Krisenzeiten oder bei radikalem Wandel ein – der Normalfall hingegen ist und bleibt die Reproduktion der sozialen Ordnung.

Der Habitus ist demnach stabil und dauerhaft, aber nicht starr und rigide. Er ist zwar strukturiert, aber auch ein generatives Prinzip – mithin also kein Schicksal, dem man sich fatalistisch zu fügen hätte.

> In Abhängigkeit von neuen Erfahrungen ändern die Habitus sich unaufhörlich. Die Dispositionen sind einer Art ständiger Revision unterworfen, die aber niemals radikal ist, da sie sich auf der Grundlage von Voraussetzungen vollzieht, die im früheren Zustand verankert sind. Sie zeichnen sich durch eine Verbindung von Beharren und Wechsel aus, die je nach Individuum und der ihm eigenen Flexibilität oder Rigidität schwankt. (Bourdieu 2001a: 207)[12]

Betrieb wollte seiner technischen Logik folgen, die Partei hingegen beharrte auf ihrer ideologischen Logik – das Resultat war die Spaltung des Habitus.

11 Bourdieu (2002: 113) glaubt in seiner »Selbstanalyse«, bei sich einen gespaltenen Habitus ausmachen zu können: »Diese zweifache Erfahrung [Anerkennung qua schulische Leistung, Abwertung qua Herkunft (HPM)] mußte zwangsläufig und dauerhaft die deutliche Diskrepanz zwischen der hohen schulischen Anerkennung und einer niederen gesellschaftlichen verstärken und damit einen gespaltenen, von Spannungen und Widersprüchen beherrschten Habitus. Dieses ›Zusammentreffen der Gegensätze‹ hat ganz zweifellos dazu beigetragen, eine zwiespältige, widersprüchliche Beziehung zur Schule fest zu verankern, eine Mischung aus Auflehnung und Unterwerfung, Abstand und Erwartung, die vielleicht auch den Ursprung einer ebenso zwiespältigen und widersprüchlichen Beziehung bildet: Als ob hier die Selbstbestätigung aufgrund des schulischen Erfolges durch ein weit tieferes Mißtrauen gegenüber der Instanz dieser Bestätigung als solcher, wie gegenüber einer leichtfertigen, betrügerischen Rabenmutter, schon an der Wurzel zerfressen würde.«

12 Das dokumentiert das »Schicksal« des kleinbürgerlichen Aufsteigers im Bildungssystem. Nach einem Vierteljahrhundert im Bildungssystem wird der Professor einen akademischen Habitus aufweisen, der seine kleinbürgerliche Herkunft überdeckt und tendenziell verdrängt. Vielleicht kann man sich das Bildungsmuster des Habitus als Palimpsest vorstellen, in dem die jeweils höhere Schicht die niedrigere Schicht überschreibt. Nur in Stress-, Konflikt- und Krisensituationen kann der kleinbürgerliche Habitus sich unverhofft zurückmelden, etwa durch kleinkarierte Rachsucht oder Ressentiment als Bewältigungsmodus. Dennoch

Bourdieu glaubt, mit der Formel *Struktur – Habitus – Praxis* jene Praxeologie gefunden zu haben, mit deren Hilfe sich ohne größere Verzerrungen soziologische Studien betreiben lassen. Die Theorie der Praxis als Ökonomie praktischer Handlungen manifestiert sich in der praxeologischen Erkenntnisweise und einer strukturellen Handlungstheorie, welche die Konstitution und Reproduktion gesellschaftlicher Strukturen zu erfassen erlaubt. Es ist zweifellos der Habitus, der als Vermittler zwischen Struktur und Praxis dieses Kunststück fertigbringt. Er verwebt das kollektive Geschehen mit der individuellen Geschichte: Er ist ein *generatives* Prinzip und somit »strukturierende Struktur« beziehungsweise »*modus operandi*«, insofern er sozial strukturierte Praxisformen hervorbringt, die im Lauf der Zeit durch individuelle Aneignung oder, wie Bourdieu sagt, durch »*Inkorporierung*« gesellschaftlicher Strukturen und die Ausbildung dauerhafter Dispositionen ermöglicht werden. Der Habitus ist andererseits ein *reproduktives* Prinzip und somit »strukturierte Struktur« beziehungsweise »*opus operatum*«, insofern die individuellen Praxisformen den sozial strukturierten Dispositionen gemäß gewählt werden und auf diese Weise zur Aufrechterhaltung der ursprünglichen Konstellation beitragen.

Das Konzept des Habitus, so können wir zusammenfassen, basiert auf fünf Momenten:

1. Es repräsentiert ein Stück verinnerlichter Gesellschaft, deren Strukturen über die Sozialisation einverleibt wurden (*Inkorporationsannahme*).
2. Als ein so generiertes System von Dispositionen leitet es unbewusst spezifische Praxisstrategien an (*Unbewusstheitsannahme*).
3. Obgleich unbewusst, folgen die Subjekte dabei doch nur ihren eigenen Interessen (*Strategieannahme*).
4. Diese dauerhaften, in frühkindlicher Sozialisation erworbenen Dispositionen bleiben über die Zeit hinweg weitgehend stabil und leiten die individuellen Praxisstrategien auch dann noch an, wenn sie zur Struktur einer gewandelten Umwelt gar nicht länger passen (*Stabilitätsannahme*).

gilt: Je mehr Zeit in einen Habitus investiert wird, desto nachhaltiger wird er sein. In unserem Beispiel schlägt das Bildungssystem die Familie und der Feldhabitus den Klassenhabitus.

5. Dennoch ist der Habitus kein Schicksal. Er ist dauerhaft und stabil, aber nicht starr und inflexibel. Vielmehr wandelt sich der Habitus in Abhängigkeit von neuen Erfahrungen, wenn auch nicht total und radikal (*Wandlungsannahme*).

Die Formel »Struktur – Habitus – Praxis« *und* die praxeologische Denkweise hat Bourdieu in Auseinandersetzung mit der Kabylei entwickelt, einer traditionalen Gesellschaft. Er ist so überzeugt von dieser wirklichkeitsauf- und -erschließenden Formel, dass er sie zeitlebens beibehält und umstandslos auf moderne Gesellschaften anwendet.

3. Die Konstruktion des sozialen Raums: gesellschaftliche Kapitalsorten und soziale Klassen

Bourdieu hat eine Reihe von Anläufen unternommen, um seine praxistheoretische Grundformel auszuarbeiten. Der Weg, den er zurücklegt, ist weit. Er reicht von der kabylischen Gesellschaft in Algerien bis hin zum modernen Frankreich, also von einer archaischen Kulturgemeinschaft zu einer kapitalistischen Konsumgesellschaft, von der Ethnographie der Kabylei bis zur Ethnographie Frankreichs. Wer darin nur zwei disparate Gegenstände und folglich zwei soziale Formationen sieht, die nach so unterschiedlichen Prinzipien organisiert sind, dass sie nichts miteinander zu tun haben, täuscht sich gewaltig. Bourdieu erweist sich einmal mehr als Anhänger der französischen Soziologie auf den Spuren Émile Durkheims, die nach den Keimzellen sozialen Lebens in archaischen Gesellschaften sucht, um die Funktionsweise moderner Gesellschaften besser zu verstehen.[13] In diesem Fall ergibt sich »die Brücke zwischen dem ursprünglichen und dem neuen Forschungsthema [...] aus der Hypothese, daß ebenso wie in den Stammesgesellschaften die Verwandtschaftsgruppen auch in den entwickelten Klassengesellschaften die sozialen Berufsgruppen um ihre Position in der Sozialhierarchie konkurrier(t)en« (Honneth 1984: 150). Die grundlegende Gemeinsamkeit des materiellen und symbolischen Kampfes gestattet es,[14] das gleiche Erklärungsprinzip anzuwenden und die Grundformel von Struktur, Habitus und Praxis zu nutzen.

13 Das gilt einmal für Émile Durkheims (1984, 1988) Arbeiten, der die Umrisse der zeitgenössischen Berufsorganisationen aus dem Studium der römischen bis zu den mittelalterlichen Zünften gewinnen wollte oder in seiner Erkenntnis- und Religionssoziologie nach den Ursprüngen mentaler Klassifikationsprinzipien gesucht und in archaischen Glaubenssystemen nach dem Äquivalent einer modernen säkularen Religion gefahndet hat. Es trifft auch auf Marcel Mauss› (1968, 1974/1975) Studien zu. In seinen Analysen von *Opfer* und *Gabe* hat er Altruismus- und Reziprozitätsnormen nachgespürt; in seinem Essay über Morphologie ist er dem Zusammenhang zwischen sozialstrukturellen Verteilungen und kollektiven Verhaltensweisen nachgegangen.

14 Die Idee symbolischer Kämpfe entstammt sicherlich Webers Religionssoziologie. Vgl. Bourdieus (1971a+b, 1982d, 2000a+b) Auseinandersetzungen mit Weber sowie den zusammenfassenden Band über *Religion* (ders. 2009a).

Die Konflikthaftigkeit im sozialen Leben ist das gemeinsame Band; die heterogenen Strukturprinzipien ihrer sozialen Ordnung indes trennen archaische und moderne Gesellschaft voneinander. Bourdieu macht die Unterschiede an den Modi der Reproduktion (einfach/erweitert) und der Herrschaftsausübung (über Strategien oder über Institutionen) fest. In einfachen Gesellschaften ohne ausdifferenzierte Wirtschaft, ohne Staats-, Rechts- und Bildungssystem kann Herrschaft nur über permanente individuelle *Strategien* ausgeübt werden. Es fehlen schlichtweg die Voraussetzungen, um die Herrschaftsausübung über Institutionen laufen zu lassen und damit auf Dauer zu stellen. Vereinfacht kann man sagen,

> daß in dem einen Fall sich die Herrschaftsbeziehungen innerhalb und durch die Interaktion der Handlungssubjekte bilden, auflösen und wiederherstellen, wohingegen sie in dem anderen Fall durch objektive und institutionalisierte Mechanismen vermittelt werden, die, nach Art jener, die den Wert der schulischen, monetären und Standestitel hervorbringen und absichern, den undurchdringlichen und beständigen Charakter von Dingen aufweisen und die sich gleichermaßen den Zugriffen des individuellen Bewußtseins wie der individuellen Macht entziehen. (Bourdieu 1979b: 358)

Die *Institutionalisierung* und *Objektivierung* von Herrschaft hat in der Regel drei Vorzüge: Erstens verleiht sie Dauerhaftigkeit und die Chancen zum weiteren Ausbau, ungeachtet der Wechselfälle individueller Strategien und sozialer Situationen. Zweitens wird die Verteilungsstruktur der Güter und Ressourcen selbst reproduziert, da der Nutzen aus der Existenz von Institutionen ungleich verteilt ist. Drittens wird auch die Struktur der Herrschafts- und Abhängigkeitsverhältnisse auf Dauer gestellt, weil sie wiederum auf dem differentiellen Zugang zu und der privilegierten Aneignung von Ressourcen und Gütern beruht.

Die Herrschaftsformen gehen einher mit unterschiedlichen *Teilungsprinzipien*, nach denen die Gesellschaft organisiert ist. Archaische und auch noch traditionelle Gesellschaften sind primär nach den Kriterien von Abstammung, Alter und Geschlecht differenziert. Diese Kriterien verschwinden in modernen Gesellschaften nicht einfach; sie spielen nach wie vor eine große Rolle, aber sie treten zurück hinter Prinzipien der wirtschaftlichen und sozialen Arbeitsteilung und damit hinter ökonomische, berufliche und bildungsspezifische Differenzierungslinien. Bei aller Gemeinsamkeit, welche die materielle und symbolische Statuskonkurrenz zwischen verschiedenen Gesellschaftstypen zum Ausdruck bringt, muss Bourdieu bei der Sozioanalyse moderner Verhältnisse den unterschiedlichen gesellschaftlichen Rahmenbedingungen und den institutionellen Mechanismen Rechnung tragen. In meinen Augen (Müller 1992, 2005) tut er dies auf zweierlei Weise, die analytisch trennbar, aber in der sozialen Wirklichkeit als zusammengehörig angesehen werden müssen: 1. Durch die Analyse der *vertikalen* Achse der Gesellschaft – ihrer sozialen Hierarchie und des differenzierten Klassengefüges. Das leistet seine Konstruktion des sozialen Raums und seine Klassen- und Lebensstilanalyse in seinem ersten großen Hauptwerk *Die feinen Unterschiede* (Bourdieu 1982a). 2. Durch die Betrachtung der *horizontalen* Achse der Gesellschaft – ihrer sozialen Differenzierung in verschiedene soziale Felder. Das demonstriert seine umfassende Analyse des literarischen Feldes in seinem zweiten großen Hauptwerk *Die Regeln der Kunst* (ders. 1999a). Folglich werden diese beiden zentralen Werke zweimal in diesem Band auftauchen: Einerseits zur Orientierung der Grundbegrifflichkeit von Klasse und Feld, andererseits zur ausführlichen Illustration des Paradigmas von Klassen- und Feldanalyse.

Die komplexe Architektonik moderner Gesellschaften verlangt nach Bourdieus Auffassung stets beides: Ungleichheitstheorie *und* Differenzierungstheorie. Erstere liefert ein *Lagerungsbild*, die zweite erstellt ein *Systembild* der Gesellschaft.[15] Nur im Zusammenspiel beider ergibt sich eine umfassende Gesellschaftstheorie. Das erste Erfordernis löst seine Klassen- und Lebensstilanalyse ein, das zweite Erfordernis seine Feldanalyse. Auch hier, wie in seiner sozialtheoretischen Grundformel, strebt Bourdieu die Überwindung der zwei Soziologien durch ihre Verknüpfung an:[16] Die *Ungleichheitstradition*, die mit einer Theorie kollektiver Akteure über das Lagerungsbild von Klassen, Schichten und Milieus die *differentia*

15 Diese Begrifflichkeit stammt nicht von Bourdieu, sondern von dem deutschen Soziologen Theodor Geiger (1972: 16ff.), der darüber hinaus auch noch ein Mentalitätsbild unterscheidet, dem sich Bourdieu in seiner kultursoziologischen Lebensstilanalyse nähert. Vgl. dazu ausführlicher Müller (1992: 19-23).

16 Zu dieser Problematik siehe den einschlägigen Band von Thomas Schwinn (2004) über *Differenzierung und soziale Ungleichheit*. Instruktiv zu den zwei Soziologien in Bourdieus Gesellschaftstheorie die Studie über »Felder und Klassen« von André Kieserling (2008).

specifica auch moderner Gesellschaften zu gewinnen sucht, und die *Differenzierungstradition*, die mit einer Systemtheorie über das Systembild autonomer Teilbereiche oder Funktionssysteme das Gleiche erreichen will, sollen miteinander verbunden werden. Bourdieus Syntheseversuch ist seine Theorie des sozialen Raums und überhaupt seine sozialtopologische Vorstellung von Gesellschaft.

Da es in diesem ersten Teil um die soziologische Denkweise Bourdieus am Leitfaden seiner zentralen Begriffe geht, soll zunächst seine Theorie des sozialen Raums, sodann seine Kapital- und Klassentheorie und im letzten Schritt seine Theorie sozialer Felder in Grundzügen expliziert werden. Diese verschiedenen Theoriestücke und ihre Begrifflichkeit machen Bourdieus analytischen Baukasten aus, der seine empirischen Studien anleitet.

Ausgangspunkt für seine analytische Konstruktion des sozialen Raums sind die Teilungsprinzipien gegenwärtiger Gesellschaften. Nach einer Art *Sozialtopologie* lässt sich die moderne Sozialwelt als *mehrdimensionaler Raum* begreifen, dessen einzelne Dimensionen spezifische Unterscheidungs- oder Verteilungsprinzipien und deren Eigenschaften bilden. Diese Eigenschaften bestehen vor allem aus den strategisch wichtigen Ressourcen oder, in Bourdieus Sprache, Sorten von *Kapital* oder Macht. Die relative Stellung der Akteure im sozialen Raum ergibt sich aus dem Umfang und der Zusammensetzung der Kapitalarten.

3.1 Das Modell der Kapitalsorten

Bourdieus Augenmerk ist auf die Akkumulationsweise und Transformierbarkeit von Ressourcen gerichtet. Um ihre Logik und Dynamik im Einzelnen herauszuarbeiten, lehnt er sich an Marx' Kapitalbegriff an, verallgemeinert diesen aber zugleich, um einen »Begriff des *Kapitals in allen seinen Erscheinungsformen*« zu gewinnen.

> Eine allgemeine ökonomische Praxiswissenschaft muß sich deshalb bemühen, das Kapital und den Profit in allen ihren Erscheinungsformen zu erfassen und die Gesetze zu bestimmen, nach denen die verschiedenen Arten von Kapital (oder, was auf dasselbe herauskommt, die verschiedenen Arten von Macht) gegenseitig ineinander transformiert werden. (Bourdieu 1983a: 184)

Nach dieser Maßgabe unterscheidet Bourdieu drei Haupttypen von Kapital:[17] das ökonomische, soziale und kulturelle Kapital sowie als vierte, zusammenfassende Form das symbolische Kapital.

Basis und Modell für alle Kapitalsorten ist das ökonomische Kapital, das eine »tendenzielle Dominanz des ökonomischen Feldes« (ders. 1985a: 11) begründet. Dominanz heißt jedoch nicht, dass alle anderen Kapitalsorten nur ein anderer Ausdruck für ökonomisches Kapital wären – das ist in Bourdieus Augen der Grundfehler des *Ökonomismus*. Im Gegenteil, denn die anderen Kapitalsorten funktionieren häufig nur insoweit, wie sie den Charakter des Ökonomischen erfolgreich zu verleugnen verstehen. Trotz dieser Verleugnungsarbeit sind auch sie in Grenzen in ökonomisches Kapital konvertierbar. Das setzt nicht nur ein gehöriges Stück Transformationsarbeit voraus, sondern erfordert auch einen übergreifenden, gemeinsamen *Maßstab*. »Kapital«, so Bourdieu (1983a: 183), »ist akkumulierte Arbeit, entweder in Form von Materie oder in verinnerlichter, ›inkorporierter‹ Form.« Als gemeinsamer Maßstab bietet sich daher die *Arbeitszeit* im weitesten Sinne an. Sie umfasst die in Form von Kapital akkumulierte Arbeit und die Transformationsarbeit. Auf der Grundlage dieser Annahmen analysiert Bourdieu die Kapitalsorten im Hinblick auf ihr Substrat, ihre Konvertierbarkeit, ihre Formen und ihr Schwundrisiko. Seine These lautet: »Gleich Trümpfen in einem Kartenspiel determiniert eine bestimmte Kapitalsorte die Profitchancen im entsprechenden Feld.« (Ders. 1985a: 10)

Diesen Charakter demonstriert vor allem das *ökonomische Kapital*, das jederzeit leicht in Geld konvertierbar und in Eigentumsrechten institutionalisiert ist. In allen seinen Erscheinungsformen – Besitz und Vermögen, Einkommen sowie alle anderen Einkunftsquellen – ist es eine besonders bewegliche Ressource, vor allem im

17 Tatsächlich geht Bourdieu mit der Begrifflichkeit »Kapital« recht großzügig um. In den Schriften zur Politik spricht er von politischem Kapital (Bourdieu 2010b), in seiner Kunstsoziologie von literarischem Kapital (ders. 1999a), in seinen bildungssoziologischen Schriften von schulischem oder Bildungs-Kapital (1982a) usf. Während literarisches und schulisches Kapital als Unterformen des kulturellen Kapitals verstanden werden können, lässt sich das politische Kapital nur schwer im Rahmen der drei Haupttypen verorten. Auch hier trifft zu, was für alle seine Grundbegriffe gilt – sie sind ständig in Arbeit und dadurch stets im Fluss. Die beste Darstellung seiner Kapitaltheorie liefert Bourdieu (1983a).

Zeitalter globaler Finanzmärkte. Nur in außergewöhnlichen Situationen wie Krieg, Revolution oder schweren Wirtschaftskrisen wird Geld von einem Schwundrisiko bedroht. Ökonomisches Kapital ist ein grundlegendes Medium und der Schlüssel, der Tür und Tor zu den anderen Kapitalsorten öffnet.

»Wer Geld hat, hat auch Beziehungen!«, das heißt *soziales Kapital.*

Das Sozialkapital ist die Gesamtheit der aktuellen und potentiellen Ressourcen, die mit dem Besitz eines dauerhaften Netzes von mehr oder weniger institutionalisierten *Beziehungen* gegenseitigen Kennens oder Anerkennens verbunden sind: oder, anders ausgedrückt, es handelt sich dabei um Ressourcen, die auf der *Zugehörigkeit zu einer Gruppe* beruhen.« (ders. 1983a: 190f.)

Maßgeblich für das Volumen von Sozialkapital sind die Ausdehnung des mobilisierungsfähigen Netzes und der Umfang des Sozialkapitals der Beziehungspartner. Unverzichtbar, wie es ist, muss gerade Sozialkapital als ein flüchtiges Medium gelten und bedarf zu seinem Fortbestand ständiger Pflege. Zufällige Bekanntschaften müssen, falls sie als lohnend erachtet werden, in ausgesuchte Freundschaften umgewandelt werden. Das erfordert neben Takt und Fingerspitzengefühl anhaltende Beziehungsarbeit. Diese dauerhafte Investition im ökonomischen Sinn von Zeit und Geld und im psychoanalytischen Sinn von »Besetzung« schafft stabile moralische Verpflichtungen dann und nur dann, wenn der wirtschaftliche Nutzen vollständig verschleiert wird. Gelingt das, so werden der berühmte »kleine Gefallen« oder »Freundschaftsdienste« nicht verwehrt werden, wenn sie zu einem späteren Zeitpunkt nach erfolgreicher Verschleierungsarbeit eingefordert werden. Auch wenn Sozialkapital im Normalfall so funktioniert, ist gerade diese Ressource mit erheblichen Risiken behaftet, die sie schwerer kalkulierbar machen als ökonomisches Kapital, ja schwerer noch als kulturelles Kapital.

Es lassen sich drei Risiken (vgl. Müller 1992: 271-274) unterscheiden, die man als »Beziehungsfalle«, als »Statusfalle« und als »Freundschaftsfalle« bezeichnen kann. Bewegen sich die beiden erstgenannten Fallstricke noch im Rahmen von Bourdieus Konzeption, könnte gerade die dritte Falle eine systematische Grenze dieses Ressourcentyps anzeigen. Trotz alles strategischen Geschicks wohnt der Schaffung sozialer Beziehungen stets das Risiko der *Undankbarkeit* inne. Gerade weil es sich um informelle Beziehungen handelt, die nicht formal oder gar vertraglich geregelt sind, kann es immer wieder passieren, dass die erbrachten Vorleistungen schlichtweg nicht erwidert werden. Die praktische Logik der Reziprozität, das »Do-ut-des«, also das »Ich gebe, damit du gibst«, wird einfach geleugnet. In die *Beziehungsfalle* kann jeder geraten, der auf einen unzuverlässigen Partner stößt. Je stärker auf die Verschleierung des Ökonomischen hingearbeitet wird, desto höher wird das Schwundrisiko.

Aber auch hier sind die Karten meist ungleich verteilt. Bei zwei verschieden starken Partnern ist der Statusschwächere vom Risiko der Undankbarkeit stärker bedroht als der Statusüberlegene, da der Schwächere ein höheres Interesse an der Aufrechterhaltung der Beziehung hat. Beziehungen von statusungleichen Partnern sind nicht nur dem Risiko *asymmetrischer Reziprozität* ausgesetzt, vielmehr wird der schwächere Partner leicht in die *Statusfalle* tappen und verblüfft registrieren, dass seine Vorleistungen stets bei weitem den von ihm erzielten Ertrag übersteigen. Das erklärt im Übrigen auch, warum »der Ertrag der für die Akkumulation und Unterhaltung von Sozialkapital erforderlichen Arbeit [...] um so größer [ist], je größer dieses Kapital selbst ist«. Bourdieu (1983a: 193) verdeutlicht das sehr anschaulich am Beispiel bekannter Familien: »Weil sie bekannt sind, lohnt es sich, sie zu kennen.«

Neben schlichter Undankbarkeit und asymmetrischer Reziprozität gibt es noch ein drittes Risiko: die *Unzumutbarkeit*. Ausgangspunkt ist auch hier die gelungene Verschleierungsarbeit des Ökonomischen. Wenn die positive Beziehung zwischen Verschleierung und Schwundrisiko zutrifft, dann werden erst das Ausmaß und die Schwierigkeit, eine gelungene Freundschaft in eine Geschäftsbeziehung zurückzuverwandeln, deutlich. Vermutlich liegt hier eine systematische Grenze, jenseits deren es keinen Weg zurück aus der Freundschaft in die Welt des schnöden ökonomischen Kalküls gibt. So wird man einem »echten Freund« nicht zumuten können, für eine halbseidene ökonomische Transaktion, an deren Nutzen einem sehr viel liegt, selbst Kopf und Kragen, sprich: Beruf und Karriere, zu riskieren. Das ist dann, wie es umgangssprachlich so schön heißt, einfach »zu viel verlangt«. In dieser Konstellation begründet die Unzumutbarkeit eine *Freundschaftsfalle*, in die gerät, wer den Balanceakt zwischen praktischem Geschäftssinn und echter Freundschaft nicht zu meistern vermag.

Beziehungsfalle, Statusfalle und Freundschaftsfalle machen die Risiken dieser Ressource deutlich (siehe *Abbildung 1*). Anfälligkeit und Schwundrisiko bei gleichzeitiger Unverzichtbarkeit haben immer wieder Versuche motiviert, Sozialkapital in institutionalisierte Bahnen zu lenken. In traditionalen Gesellschaften wurde dieses Problem über die Bildung von Ständen, die Verleihung und Vererbung von Adelstiteln, die Schaffung eines Ehrenkodexes und eine entsprechende Lebensführung gelöst. Max Webers (1972a) Analyse ständischer Lebensführung mit den Regeln des Heiratsverhaltens (*connubium*) und der Gastfreundschaft (Kommensalität) wie auch Norbert Elias' (2002) Untersuchung der *höfischen Gesellschaft* als Herrschaftskonfiguration einer absolutistischen Gesellschaft sind die soziologisch bekanntesten Beispiele für diese Versuche. Auch in modernen Gesellschaften finden sich Reste ständischer Lebensführung: moderne Berufsstände und Professionen oder die anhaltende Attraktivität klangvoller Adelstitel oder beeindruckender Amtstitel. Ferner reißen auch die Versuche nicht ab, ständische Elemente wiederzubeleben, sei es durch gezieltes Heiratsverhalten, sei es durch strategisches Geselligkeitsverhalten in exklusiven Clubs, Vereinen und sonstigen ausgesuchten Kreisen. Schließlich finden sich ideologisch verbrämte Versuche, Werte und Normen »anständiger Lebensführung« zu proklamieren, wie die Rede von der »neuen Bürgerlichkeit« (Bude et al. 2010) anzeigt. Generell gilt jedoch, dass allzu sichtbare oder offensichtliche Versuche der »ständischen Schließung« von Verkehrskreisen in der gesellschaftlichen Öffentlichkeit auf Ablehnung stoßen, während eine »offenen Gesellschaft« eher Anklang findet.

Ein Grund dafür ist sicherlich die Öffnung des traditionell den herrschenden Klassen vorbehaltenen »Reservats«: der Welt der Kultur, des Wissens und der Bildung. Zwar zeigt Bourdieu in seinen frühen bildungssoziologischen Arbeiten den Prozess der Vererbung von *kulturellem Kapital* in den Ober- und höheren Mittelschichten auf, wie wir im fünften Kapitel genauer sehen werden. Indes steht außer Frage, dass die Öffnung der Schulen und Universitäten immer mehr Menschen mit der Welt der Bildung in Berührung bringt.

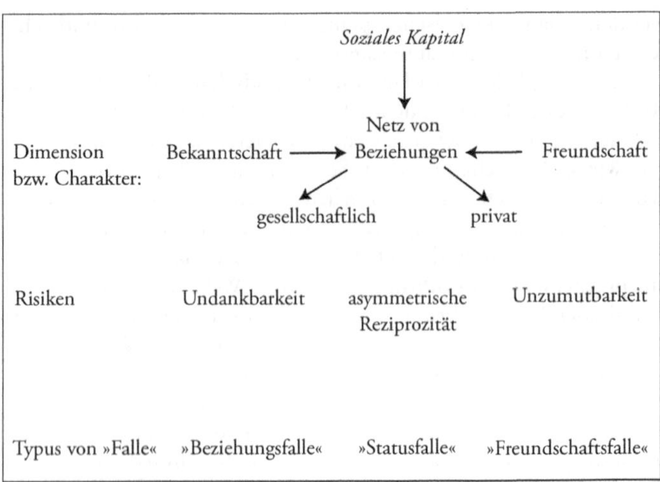

Abb. 1: Soziales Kapital (Quelle: Müller 1992: 275)

Um diesen Strukturwandel von Kultur und Bildung erfassen zu können, trifft Bourdieu eine Reihe von begrifflichen Unterscheidungen. Vereinfacht gesagt, Kulturkapital ist einfach Bildungskapital, operationalisiert über den Grad des Schulabschlusses. In dieser Version kommt das Kulturkapital dem bildungsökonomischen Ansatz der Humankapitalschule recht nahe.[18] Zwar lassen sich so die Zusammenhänge zwischen Bildungsinvestitionen und ökonomischen Investitionen eruieren, doch wird die Reduktion von Kultur- auf Bildungskapital mit vier Nachteilen erkauft. Erstens werden nur die monetären Investitionen erfasst, also die Kosten der Ausbildung oder ihr zukünftiger Ertrag, die »Bildungsrendite« aus der angestrebten Berufstätigkeit; zweitens wird die unterschiedliche Bedeutung von Bildung für die verschiedenen Klassen ignoriert; drittens wird kein Zusammenhang zwischen den schulischen Bildungsinvestitionen und den übrigen Reproduktionsstrategien hergestellt, der erst den Sinn der Bildungspartizipation erhellen könnte. Viertens fällt die am besten verschleierte Übertragung von Kapital unter den Tisch: der Transfer von Kulturkapital in der

18 Das klassische Werk zu diesem Ansatz ist Gary Beckers (1984) Studie *Human Capital.*

Familie. Wie wir sehen werden, behauptet Bourdieu, dass Familie und Schule gleichsam wie zwei Märkte operieren, die unterschiedliche Modalitäten des Bildungserwerbs und unterschiedliche Habitus von »Gebildetheit« hervorbringen.

Um den Restriktionen der Bildungsökonomie zu entgehen, unterscheidet Bourdieu drei Erscheinungsformen kulturellen Kapitals: den inkorporierten Zustand, in dem Kulturkapital zur dauerhaften Disposition der Person wird, den objektivierten Zustand, in dem Kulturkapital als Ensemble von Kulturgütern erscheint, und schließlich den institutionalisierten Zustand, der das zeitgenössische Bildungssystem bezeichnet.

Inkorporiertes Kulturkapital wird im Prozess der Sozialisation in Familie und Schule erworben. Das Resultat dieses Prozesses ist ein verinnerlichtes, körpergebundenes und in Dispositionen verfestigtes Potential einer Person. Es kommt im *kognitiven* Sinn als Kompetenz zum Ausdruck, im *evaluativen* Sinn als Moral, im *ästhetischen* Sinn als Geschmack und im *expressiven* Sinn als Lebensstil. »Inkorporiertes Kapital ist ein Besitztum, das zu einem festen Bestandteil der ›Person‹, zum Habitus geworden ist; aus ›Haben‹ ist ›Sein‹ geworden.« (Bourdieu 1983a: 187) Es ist dadurch inflexibel und somit eine nichtkonvertierbare Ressource, deren Schwundrisiko im Veralten des erworbenen Habitus und des damit verbundenen Geschmacks liegt. So ist zum Beispiel der Gentleman in einer kapitalistischen Gesellschaft genauso fehl am Platz wie die Figur des asketisch-sparsamen Puritaners in einer Konsumgesellschaft.

Objektiviertes Kulturkapital verweist auf Kulturgüter und Wissen, das in modernen Gesellschaften extrem differenziert und spezialisiert ist, was zur Folge hat, dass der moderne Mensch sich nicht mehr das gesamte Wissen der Menschheit aneignen kann. Angesichts von Technologien (angefangen bei der Schrift bis hin zum Computer), mit deren Hilfe Kultur auf Dauer konserviert werden kann, gibt es im Prinzip kein Schwundrisiko für kulturelle Güter. Die bloße Existenz von Kultur und Wissen indes schließt nicht aus, dass ganze Gesellschaften kollektiv regredieren und bewusst ihre kulturellen Errungenschaften ignorieren können.

Rückt der Produktions- und Akkumulationsaspekt objektiviertes Kulturkapital auch in die Nähe von ökonomischem Kapital, so gibt es doch einen bezeichnenden Unterschied. Objektiviertes Kulturkapital ist zwar ohne weiteres materiell übertragbar, die symbolische Genussfähigkeit hingegen nicht. Man kann zwar einen Picasso kaufen (materielle Aneignung), den vollendeten Kunstgenuss hingegen wird man ohne intimere Kenntnisse der modernen Malerei (symbolische Aneignung) so kaum erfahren. Die symbolische Genussfähigkeit ist primär eine Frage der Zeit, sich die notwendige Bildung anzueignen, und erst sekundär eine Frage des Geldes.

Neben Geld und Zeit existiert noch eine weitere Bedingung für den Erwerb von kulturellen Gütern: die Offenheit oder Geschlossenheit des Zugangs zur Welt von Bildung und Kultur. *Institutionalisiertes Bildungskapital* als dritte Erscheinungsform verweist darauf, dass moderne Gesellschaften mit autonomer Kulturproduktion und -akkumulation eigenständiger Bildungsinstitutionen bedürfen, die über die Wissensvermittlung die kulturellen Errungenschaften reproduzieren und Individuen mit Bildungsqualifikationen versehen. Das Bildungssystem erfüllt somit eine *technische* Reproduktionsfunktion, insoweit es Titel als rechtliche Kompetenzbürgschaft verleiht, und eine *soziale* Reproduktionsfunktion, insoweit es Anwartschaften auf privilegierte Berufspositionen eröffnet. Wie wir im fünften Kapitel über »Bildung und Ungleichheit« sehen werden, besteht jedoch eine stets prekäre Beziehung zwischen Titel und Stelle (Bourdieu et al. 1981). Wie die Bildungsexpansion demonstriert hat, führt die wünschenswerte demokratische Öffnung des Zugangs zu höheren Bildungseinrichtungen zur Inflationierung von Bildungstiteln und zur Entkoppelung von Titel und Stelle.

Als Kürzel für den Gesamtumfang der Kapitalsorten schlägt Bourdieu den Begriff *symbolisches Kapital* vor, der gleichsam »auf einen Blick« Rolle, Gewicht und Bedeutsamkeit eines Akteurs oder einer Gruppe anhand des Umfangs von ökonomischem, sozialem und kulturellem Kapital zu taxieren erlaubt. Das symbolische Kapital erteilt verbindlich Auskunft über Status und Stellung eines Akteurs in der Gesellschaft. Es ist die Visitenkarte eines Menschen, die seinen Wert angibt.[19] Gängigere Begriffe in Soziologie und Alltagswelt sind Prestige (Wegener 1985), Ansehen und – vor allem in künstlerischen und wissenschaftlichen Kreisen – Renommé und

19 Deshalb erfüllt eine Einrichtung wie das »*Who's who*« nicht nur eine Informationsfunktion, sondern auch eine Geltungsfunktion für den Kreis der eingetragenen Personen, die für ihren Eintrag sogar noch Geld bezahlen, um sagen zu können: »Hurra, ich bin wer!«

Reputation, während der ältere Begriff von Ehre (Vogt 1994) besser auf traditionale Gesellschaften passt.

Am Ende seiner Karriere kommt Bourdieu (2001a: 309 f.) auf dieses Kürzel für Existenzberechtigung und Anerkennung, das gleichsam eine Art von Grundgesetz des sozialen Lebens ausdrückt, nochmals zurück.

Die soziale Welt vergibt das seltenste Gut überhaupt: Anerkennung, Ansehen, das heißt ganz einfach Daseinsberechtigung. Sie ist imstande, dem Leben Sinn zu verleihen und, indem sie ihn zum höchsten Opfer weiht, selbst noch dem Tod. Weniges ist so ungleich und wohl nichts grausamer verteilt als symbolisches Kapital, das heißt die soziale Bedeutung und die Lebensberechtigung. [...] In der Hierarchie der Würden und Entwürdigungen, die sich nie völlig mit der Hierarchie von Reichtum und Armut deckt, steht der Adlige sei es traditioneller, sei es moderner Prägung (letztere bezeichne ich als den Staatsadel) dem stigmatisierten Paria gegenüber, der – wie der Jude zur Zeit Kafkas oder heute der Schwarze in den Ghettos oder der Araber oder Türke in den Arbeitervierteln der europäischen Städte – mit dem Fluch eines negativen symbolischen Kapitals geschlagen ist. Alle Bezeugungen sozialer Anerkennung, die das symbolische Kapital ausmachen, alle Formen des Wahrgenommenwerdens, aus denen das bekannte, sichtbare (durch *visibility* ausgezeichnete), berühmte (oder gerühmte), bewunderte, zitierte, geliebte usw. soziale Sein sich zusammensetzt, sind Bezeugungen der Gnade (*charisma*), die diejenigen, denen sie zuteil wird, von dem Elend einer nicht gerechtfertigten Existenz befreit und ihnen nicht nur (wie es die Religion nach Max Weber tut) eine »Theodizee ihres Privilegs« verleiht – was gar nicht so wenig wäre – , sondern auch eine Theodizee ihrer Existenz.

Wenn man Bourdieus Systematik der Kapitalsorten nochmals auf einen Blick zusammenfasst, ergibt sich folgendes Bild:

			Kriterien				
Kapital-sorten	Sub-strat	Objekti-vierung	Institutionalisieung	Inkorpo-rierung	Konvertier-barkeit	Schwundrisiko	Verlustkategorie
ökono-misches Kapital	Geld	Kapital	Eigentumsrechte	– – –	hoch	soziale Umwälzungen (Kriege, Revolutionen, Wirtschaftskrisen)	(1) Inflation (2) Enteignung
soziales Kapital	Bezie-hungen	Netz-werke	(1) Adels- und Amts-titel als individuelle Prädikate (2) Stand, Berufsstand, Profession als kollektive Muster	– – –	gering und riskant aber: notwendig	(1) Undankbarkeit (2) asymmetrische Reziprozität (3) Unzumutbarkeit	(1) Beziehungsfalle (2) Statusfalle (3) Freundschafts-falle
kulturelles Kapital	Wissen	Kultur-güter und Wissen	Bildungstitel als individuelle Prädikate	Bildung Geschmack Distink-tion	mittel, abh. von (1) Situation von Bildung und Beschäftigung (2) übrigem Kapitalvolumen	(1) Bildungsinflation (2) Veralten des Wissens	Antiquiertheit des Habitus
symbolisches Kapital			Soziale Wahrnehmung der Kapitalsorten: »Prestige«				

Abb. 2: Logik der Kapitalsorten (Müller 1992: 283)

Darüber hinaus verwendet Bourdieu häufig genug synonym noch Begriffe wie *symbolische Macht*, *symbolische Herrschaft* und *symbolische Gewalt*. Wie das Attribut »symbolisch« anzeigt, existiert neben der realen Macht, Herrschaft und Gewalt auch noch eine symbolische Dimension, die den Druck, Zwang und Terror gleichsam verdoppelt und rechtfertigt. Die Doppelstruktur dieser Asymmetrien steigert nicht nur die »Leistung« dieser Ressourcen, sondern sorgt damit gleichzeitig für deren Legitimität. Je besser die Rechtfertigung gelingt, desto leichter fällt die Anerkennung dieser gesellschaftlichen Verhältnisse. Die bestehende Gesellschaft wird gleichsam zur »zweiten Natur« (v)erklärt und als natürliche Lebenswelt (v)erkannt. Was als normal, natürlich und evident erlebt wird, kann nicht mehr hinterfragt werden. Das darf, will und muss es auch nicht, denn wer will schon gegen den »gesunden Menschenverstand« verstoßen? Wer das tut, gilt leicht als »verrückt«.

Diese unheimliche Doppelstruktur verkörpert wie kein anderer Begriff die *symbolische Gewalt*, wirkt sie doch besonders durch ihr *Alter Ego*, denn im Gegensatz zum physischen Zwang realisiert sie sich als eine sanfte, gleichsam »gewaltlose Gewalt«, weil sie auf das Einverständnis der Betroffenen rechnen kann.

> Das Konzept der symbolischen Gewalt, ein Oxymoron, das die Grenzen zwischen materiell und geistig, Gewalt und Recht, Körper und Geist verwischt, gilt für alle »sanften« Formen von Herrschaft, die sich dieses Einverständnisses der Beherrschten zu versichern verstehen: »sanft« im Vergleich zu den brutalen, auf körperlicher oder bewaffneter Gewalt beruhenden Formen (obwohl die physische Gewalt immer auch symbolisch ist); »Gewalt«, weil diese Formen bei aller »Sanftheit« eine nicht minder echte Gewalt über diejenigen ausüben, die ihr unterliegen und auf sie mit Scham über sich und ihresgleichen, mit Selbsterniedrigung, Selbstzensur oder Selbstausgrenzung reagieren; »symbolisch«, weil sie in der Sphäre der Bedeutungen oder, genauer gesagt, des Sinns ausgeübt wird, den die Beherrschten der sozialen Welt und ihrem Platz in dieser Welt geben. (Mauger 2005: 216)

Diese Doppelnatur von sozialer und symbolischer Wirklichkeit betrifft so gut wie alle zentralen Begriffe von Bourdieus analytischem Baukasten, sie kehrt auch in der Klassenbegrifflichkeit mit der Unterscheidung von realem und symbolischem Klassen- oder Klassifikationskampf wieder.

3.2 Die Logik der Klassenanalyse und das Modell der Klassen

Ähnlich wie bei seiner Konzeptualisierung der Kapitalsorten greift Bourdieu auch in Fragen der Klassenanalyse auf Marx zurück. Aber wie dort verallgemeinert er dessen materialistischen Ansatz, indem er ihn strukturalistisch erweitert. Diese Erweiterung umfasst vier Punkte: 1. die Berücksichtigung von Lage *und* Stellung in der Klassenanalyse; 2. die Genese der Stellung; 3. die funktionale Gewichtigkeit der Klassen; 4. den Zusammenhang von Klasse und Klassifikation.

1. *Lage und Stellung*: Marx hatte als zentrales Kriterium der Zugehörigkeit zu einer Klasse ökonomisches Kapital angesetzt, genauer gesagt: nicht jede Form von Eigentum oder Besitz, sondern nur das produktiv genutzte. Das bedeutet sein Kriterium »Stellung zu den Produktionsmitteln«. Und die Schlüsselfrage lautet dann: Besitz (dann spricht er von der Bourgeoisie) oder Nichtbesitz (dann spricht er vom Proletariat). Dieses einfache und dominante Kriterium der »Stellung zu den Produktionsmitteln« konstruiert eine dichotome, also zweigeteilte Klassenstruktur, auch wenn die soziale Wirklichkeit natürlich komplexer ist: Besitz (Bourgeoisie/Reichtum/Herrschende) und Nichtbesitz (Proletariat/Armut/Beherrschte).

In Bourdieus Augen ist dieses Kriterium jedoch nicht eindeutig, da lage- und stellungsspezifische Eigenschaften ungetrennt in die Begriffsbildung eingehen. Die materiale Lage von Bourgeoisie (Reichtum) und Proletariat (Armut) spiegelt die jeweilige Stellung (Herrscher/Beherrschte) wider und erzeugt einen bürgerlichen oder proletarischen Lebensstil. Im Normalfall werden Lage und Stellung zusammenfallen. Es sind jedoch Situationen denkbar, in denen sie das nicht tun, und dann, so Bourdieu, hat man ein Erklärungsproblem beziehungsweise gibt darauf eine unzutreffende Antwort wie »falsches Klassenbewusstsein«. Marx (1852 bzw. 1978: 198 ff.) war in seinem *18. Brumaire* ja selbst auf das widerspenstige Phänomen der *Parzellenbauern* gestoßen. Ihrer armseligen materiellen Lage nach – die Parzelle ernährte kaum ihren Bauern – gehörten sie aus seiner Sicht auf die Seite des städtischen Proletariats. An sich hätten sich diese »besseren Landarbeiter« mit den städtischen Arbeitern solidarisieren müssen. Ihrer sozialen Stellung als »Besitzer« von Grund

und Boden nach bleiben sie einem traditionalistischen politischen Bewusstsein verhaftet. Statt für eine sozialistische Revolution einzutreten, die unter Umständen die Produktionsmittel vergesellschaftet und ihre Parzelle kollektiviert, wählen sie einen konservativen Führer wie Napoleon, der ihre Eigentumsrechte respektiert und ihnen die Verbesserung ihrer bäuerlichen Lage verspricht.

Wie interpretiert Marx das Schicksal der Parzellenbauern? Wie erklärt er sich diese Kluft zwischen Lage (= Landarbeiter) und Stellung (= Eigentümer)? Trotz seiner zutreffenden historischen Charakterisierung ihres Loses, so Bourdieu, zieht Marx eine falsche theoretische Schlussfolgerung, indem er den Fall der Parzellenbauern auf das Konto von objektiver und subjektiver Klasse, materieller Klassenlage und Klassenbewusstsein, »Klasse an sich« und »Klasse für sich selbst« bucht. Kurz: Die Parzellenbauern haben ein falsches Klassenbewusstsein. Marx' Fehler liege in der mangelnden Berücksichtigung der unterschiedlichen Stellungen innerhalb der Sozialstruktur und ihres eigenständigen Einflusses, den man gewinnt, wenn man die Gesellschaft als sozialen Raum begreift.

Für Bourdieu (1974: 43 f.) ergeben sich aus Marx' »Kurzschluss« eine methodologische und eine theoretische Konsequenz. Auch wenn sich »lage- und stellungsspezifische Eigenschaften nur durch künstliche methodologische Trennung« unterscheiden lassen, muss eine *realistische* Klassenanalyse, die Beziehungen zwischen den Lagen verschiedener Gruppen untersucht, stets um eine *strukturelle* Analyse ergänzt werden, die die Verbindungen zwischen homologen Positionen und deren spezifischen Merkmalen eruiert. Den Lageaspekt illustriert zum Beispiel die geringe Solidarität des so genannten Lumpenproletariats mit dem Proletariat aufgrund seiner existentiellen Unsicherheit. Den Stellungsaspekt unterstreichen etwa die gespaltene Mentalität und der gespaltene Habitus des Kleinbürgertums mit seiner Mittelposition innerhalb der Sozialstruktur, nämlich die Aufstiegsorientierung (»Prätention«) zur Oberschicht und die rigorose Abgrenzung zur Unterschicht (»Ressentiment«).

2. *Genese der Stellung*: Die Berücksichtigung von Lage- und Stellungsaspekt in der Klassenanalyse macht es darüber hinaus *theoretisch* unmöglich, »die Stellung eines Individuums oder einer Gruppe in der Sozialstruktur jemals unter einem, in striktem Sinne, statischen Gesichtspunkt vollständig, d.h. als relative (höhere,

mittlere oder niedrige) Stellung in gegebener Struktur bei gegebenem Zeitpunkt zu analysieren« (ebd.: 48). Vielmehr gilt es, neben Lage und Stellung auch noch den dynamischen Gesichtspunkt der *Genese der Stellung* zu berücksichtigen, da eine identische Position innerhalb der Sozialstruktur eine gänzlich andere Bedeutung für die betroffenen Individuen und Gruppen gewinnt, je nachdem, ob sie erstens als momentane Durchgangsstation auf dem Weg nach oben, wie etwa im Fall der Aufstiegsmobilität der »*climbers*«, begriffen wird; oder ob sie zweitens wohl oder übel die lebenslange Stellung bedeutet, wie bei den vergeblich auf Aufstieg hoffenden »*strainers*«; oder ob sie, drittens, nur eine vorübergehende Auffangstation bietet, wie etwa für die in Abstiegsmobilität begriffenen »*skidders*«. Die unterschiedlichen Bedeutungen, welche die Genese der Stellung und damit das Entwicklungsmuster der Berufsbiographie für die einzelnen Akteure besitzen, sind besonders wichtig für das politische Bewusstsein und die soziokulturellen Wertorientierungen. Wird dagegen umstandslos von gleicher sozialstruktureller Lage und Stellung auf identische Mentalität und identischen Habitus geschlossen, können empirische Abweichungen von der proklamierten Eins-zu-eins-Beziehung zwischen Sozialstruktur und Kultur nur als »falsches Bewusstsein« deklariert werden – ein Dilemma, vor das sich schlichtere Spielarten der marxistischen Klassentheorie regelmäßig gestellt sehen.

3. *Funktionelle Gewichtigkeit von Klassen*: Nicht alle Klassen sind gleich und vor allem gleich wichtig – das soll die funktionelle Gewichtigkeit einer Klasse ausdrücken. »Diese Gewichtigkeit selbst entspricht dem Beitrag, den die Klassen zur Bildung dieser Struktur beisteuern, hängt also nicht nur von ihrer numerischen Größe ab« (ebd.: 55). In einer Industriegesellschaft sind sicherlich Bürgertum und Arbeiterschaft, in einer Agrargesellschaft Adel und Bauern strukturbestimmende Gruppierungen. Jedoch müssen sich die zentralen Trägergruppen weder stets in antagonistischer Dichotomie gegenüberstehen, noch ist theoretisch von vornherein klar, welche Gruppen strukturdominant sind. So nimmt etwa die Anzahl von Ingenieuren und Technikern in einer Informationsgesellschaft rasch zu. Was diese Entwicklung für die gesellschaftliche Stellung dieser Gruppierung oder gar ihren Klassencharakter bedeutet, ist jedoch Gegenstand anhaltender Diskussionen.

4. *Der Zusammenhang von Klasse und Klassifikation*: Die haupt-

sächliche Bruchstelle mit dem Marx'schen Denken bezeichnet Bourdieus Weiterentwicklung von Max Webers Unterscheidung von Klasse und Stand. Marx hatte ein Paradigma von Produktions- und Lebensweise vertreten: »Sag mir, wie du produzierst, und ich sage dir, wie du lebst!« Weber hingegen sprengt diesen engen Konnex zwischen Produktions- und Lebensweise auf, indem er analytisch strikt zwischen Klasse und Stand als zwei Formen der Gemeinschaft unterscheidet. In idealtypischer Feststellung konstatiert er (1972a: 538), dass sich »›Klassen‹ [...] nach den Beziehungen zur Produktion und zum Erwerb der Güter, ›Stände‹ nach den Prinzipien ihres Güterkonsums, in Gestalt spezifischer Arten der ›Lebensführung‹« gliedern. In Webers Augen stehen sich auf der einen Seite »Klasse – Produktion – Markt«, auf der anderen Seite »Stand – Konsum – Lebensführung« gegenüber.

Was Marx zu engführt, nämlich Produktionsweise und Lebensweise, reißt Weber mit Klasse und Stand zu sehr auseinander. Bourdieu hingegen unterstreicht, dass der Klassencharakter sich vor allem in unterschiedlichen Lebensstilen ausdrückt. »Zeig mir deinen Lebensstil, und ich sage dir, welcher Klasse du angehörst!« Die Klasse wird erst dann sichtbar, wenn ökonomische Unterschiede symbolisch übersetzt werden in soziale Klassifikationen und nach Prestige differenzierte Lebensstile. Wie Ralf Dahrendorf (1974: 352 ff.) überzeugend dargelegt hat, beginnt Ungleichheit in einem soziologisch präzisen Sinne erst da, wo aus sozialer Ungleich*artigkeit* oder Heterogenität über einen Bewertungsprozess soziale Ungleich*wertigkeit* oder kurz: Ungleichheit entsteht. Bewertete soziale Unterschiede sind soziale Ungleichheit. Erst dieser Bewertungsprozess macht aus objektiven Unterschieden, dem alternativen »so oder so«, soziale Unterscheidungen, das hierarchisierte »besser oder schlechter«. Bourdieu untersucht daher, wie im symbolischen Klassifikationsprozess aus sozio-ökonomischen Unterschieden in der Ressourcen- und Kapitalausstattung sozialkulturell differenzierte Lebensstile unterschiedlicher Vornehmheit und Distinktion werden.

Daher besitzen von allen Unterscheidungen diejenigen das größte Prestige, die am deutlichsten die Stellung in der Sozialstruktur symbolisieren, wie etwa Kleidung, Sprache oder Akzent und vor allem die »Manieren«, Geschmack und Bildung. Denn sie geben sich den Anschein, als handelte es sich um Wesenseigenschaften einer Person, ein aus dem Haben nicht ableitbares Sein, eine *Natur*, die paradoxerweise zu Bildung, eine Bildung, die zu Natur, zu einer Begnadung und einer Gabe geworden seien. Der Einsatz in diesem Spiel um öffentliche Verbreitung und Distinktion ist, wie man sieht, nichts anderes als jenes Streben nach Auszeichnung, das nun einmal jede Gesellschaft als ein Zeichen von »Bildung« zu würdigen pflegt. (Bourdieu 1974: 60f.)

Was Webers idealtypisch geschultem Blick als zwei prinzipiell unterschiedliche Differenzierungs- und Gruppenbildungsprinzipien erscheint, Klassenlage und ständische Lage, ist in Bourdieus Augen ein unaufhörlicher Klassifikations- und Distinktionsprozess, der in allen Gesellschaften mit einem bestimmten Differenzierungs- und Wohlstandsniveau einsetzt. Zum ökonomischen Klassenkampf tritt noch ein *symbolischer Klassenkampf* hinzu Es wird also nicht nur um die Verteilung von Ressourcen gerungen, sondern auch um die richtigen Werte, die legitimen Standards und die distinktiven Lebensstile.

Man kann daher mit einem gewissen Recht den materiellen Klassenkampf vom symbolischen Klassenkampf unterscheiden. Dennoch sind beide keineswegs völlig unabhängig voneinander, und es lässt sich auch keiner einfach auf den anderen zurückführen. Ähnlich wie Weber unterstreicht Bourdieu die relative Autonomie der symbolischen Ordnung. *Relative Autonomie* bedeutet zwar, dass man die symbolischen Auseinandersetzungen um die Klassifikation und Repräsentation des sozialen Lebens und damit ja auch den Anspruch auf die legitime und moralisch verbindliche Interpretation der Sozialwelt entsprechend ernst nimmt. Es heißt jedoch nicht, aus der symbolischen Ordnung eine eigenständige Kultursphäre zu machen. Denn die ökonomische Ordnung und eine relativ privilegierte Stellung in ihr bleiben stets die *conditio sine qua non* für die Teilnahme am soziokulturellen Wettbewerb um einen exklusiven Lebensstil. Das wird sehr schnell deutlich, wenn man vom Zentrum dieses Geschehens und den symbolischen Kämpfen der verschiedenen Gruppen der arrivierten Mittelschichten hinüberwechselt zur »Peripherie« der randständigen Gruppen einer Gesellschaft.

In der Tat erscheinen die unter ökonomischem Gesichtspunkt unterprivilegiertesten und am härtesten betroffenen Klassen in diesem Spiel von Verbreitung und Distinktion, das das eigentlich kulturelle Spiel ist und sich objektiv nach der Klassenstruktur organisiert, nur als Kontrastmittel, d.h. als der zur Hervorhebung der anderen notwendige Gegensatz, beziehungsweise als *Natur*. Das Spiel der symbolischen Unterscheidungen spielt sich also innerhalb des engen Raumes ab, dessen Grenzen die ökonomischen Zwänge diktieren, und bleibt, von daher gesehen, ein Spiel der Privilegierten privilegierter Gesellschaften, die es sich leisten können, sich die wahren Gegensätze, nämlich die von Herrschaft, unter Gegensätzen der Manier zu verschleiern. (Ebd.: 72f.)

Die vorangegangenen Überlegungen zur strukturalistischen Klassentheorie lassen sich daher systematisch in dem in Abbildung 3 dargestellten Schema zusammenfassen.

Lässt man nochmals die vier Erfordernisse einer zeitgemäßen Klassenanalyse – die Differenzierung von Lage *und* Stellung, die Genese der Stellung, die funktionale Gewichtigkeit und den Zusammenhang von Klasse und Klassifikation – Revue passieren, so werden die vier Bruchstellen zur Marx'schen Klassentheorie besonders deutlich. Es handelt sich bei diesen 1. um Marx' Intellektualismus; 2. seinen Substantialismus; 3. seinen Ökonomismus; und 4. um seinen Objektivismus.

1. *Intellektualismus*: Zunächst wird die Marx'sche Idee, man könne mit *einem* zentralen Kriterium die Klassenzugehörigkeit eindeutig festlegen, durch Bourdieus Vorstellung eines mehrdimensionalen Raums strukturierender Faktoren endgültig verabschiedet. Dieses Verfahren entwirft eine analytisch konstruierte Klasse, bildet jedoch keine realen Klassen mit politischem Bewusstsein und ideologischer Kampfmoral ab. Vielmehr »lassen sich *Klassen* im Sinne der Logik herauspräpieren, das heißt Ensembles von Akteuren mit ähnlichen Stellungen, [...] die, da ähnlichen Konditionen und Konditionierungen unterworfen, aller Voraussicht nach ähnliche Dispositionen und Interessen aufweisen, folglich auch ähnliche Praktiken und politisch-ideologische Positionen« (Bourdieu 1985a: 12). Was von Marx' (je nach Interpretation deterministischer oder voluntaristischer) Vorstellung der Übersetzung von Klassenlage in politisches Bewusstsein und ideologische Wertorientierung übrig bleibt, ist die Wahrscheinlichkeit, dass eine ähnliche Stellung im sozialen Raum die Solidarisierung begünstigt, räumliche Distanz sie hingegen behindert. Es liegt im Wesen einer mehrdimensional differenzierten Gesellschaft, dass ein Akteur nicht an allen Orten einer Sozialstruktur zugleich sein und die Solidarisierung mit distanzierten Positionen nur um den Preis des Wechsels und der Umorientierung vornehmen kann. Denn der soziale Raum

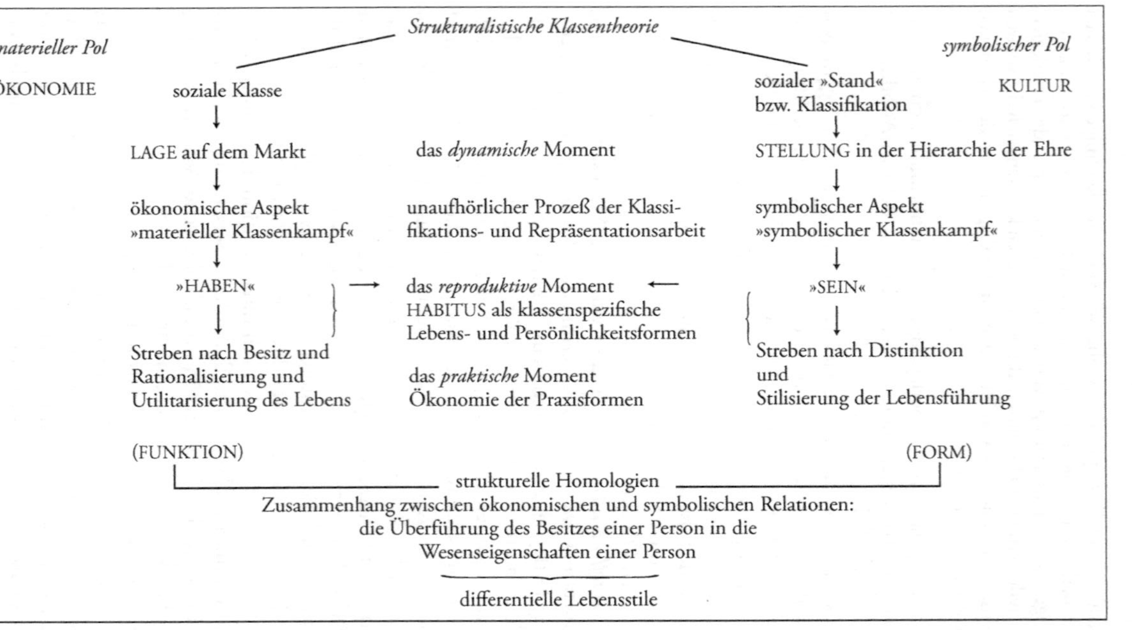

Abb. 3: Strukturalistische Klassentheorie (Müller 1992: 290)

ist ein *Raum von Beziehungen*, ebenso wirklich wie der geographische, worin Stellenwechsel und Ortsveränderungen nur um den Preis von Arbeit, Anstrengungen und vor allem Zeit zu haben sind (dem *Aufsteiger* sieht man die Kletterei an). Entfernung bemißt sich hier auch in Zeit (des Aufstiegs oder der Umstellung zum Beispiel). [...] Sozialer Raum: das meint, daß man nicht jeden mit jedem zusammenbringen kann – unter Mißachtung der grundlegenden, zumal ökonomischen und kulturellen Unterschiede. (Ebd.: 13 f.)

2. *Substantialismus*: Dem mehrdimensionalen Raum fällt auch die zweite zentrale theoretische Idee von Marx zum Opfer: den dominanten gesellschaftlichen Systemkonflikt – den kapitalistischen Akkumulationsprozess mit seinen Entfremdungs- und Verelendungswirkungen – in einen eindeutig prognostizierbaren Handlungs- beziehungsweise Klassenkonflikt zu übersetzen, nämlich den revolutionär-dynamischen Antagonismus zwischen Bourgeoisie und Proletariat. Zwar teilt Bourdieu die Annahme, dass der Kapitalismus der zentrale Systemkonflikt sei, doch dieser Systemkonflikt selbst ist vielschichtig und generiert daher mehrdimensionale und multikausal gerichtete Konflikte und Spannungen. Bourdieu lehnt Marx' substantialistische Denkweise ab und tritt stattdessen für die Analyse der komplexen Klassenrelationen ein. Als Marx'sches Erbe übrig bleibt die Vorstellung der funktionellen Gewichtigkeit von Klassen, ohne indes eindeutige politische und ideologische Implikationen mit ihr zu verbinden.

3. *Ökonomismus*: Marx' ökonomistische Identifikation von Klassen führt dazu, die Bedeutung des sozialen Feldes zu unterschlagen, die Mobilitätsprozesse von Berufsgruppen und Klassenfraktionen zu ignorieren und die dynamischen Umschichtungsprozesse in der Gesellschaft zu vernachlässigen. Wer die Klassendynamik jedoch erfassen will, muss die sozialen Mobilitätsprozesse berücksichtigen.

4. *Objektivismus*: Marx' objektivistischer Ansatz hat in Bourdieus Augen zur Konsequenz, das Herzstück der Klassenanalyse, den Zusammenhang zwischen Klassen und Klassifikationen, auszublenden. Die Beschäftigung mit symbolischen Auseinandersetzungen scheint sich dann zu erübrigen, wenn man davon ausgeht, dass die herrschenden Werte diejenigen der herrschenden Klasse sind. Dann braucht man nur die Werteverteilung in Analogie zur Güter- und Machtverteilung zu betrachten, um die ideologischen Verhältnisse zu ermitteln. Geht man jedoch wie Bourdieu von ei-

ner differenzierten Klassengesellschaft aus, so werden die ständige Klassifikations- und Repräsentationsarbeit der Klassenfraktionen und ihre damit verbundenen Ambitionen und Ansprüche zu einem Gradmesser der gesellschaftlichen Kräfteverhältnisse.

Bourdieus strukturalistische Klassentheorie, die auf den Zusammenhang von Klasse und Klassifikation gerichtet ist, definiert *soziale Klasse* anhand von drei Dimensionen:

1. Das *Volumen* beziehungsweise der Umfang des Kapitals;
2. die *Struktur* beziehungsweise die Zusammensetzung des Kapitals;
3. die *soziale Laufbahn* beziehungsweise der Werdegang einzelner Berufsgruppen.

Das erste Element, das Volumen des Kapitals beziehungsweise der einzelnen Kapitalsorten, repräsentiert die Dimension von Armut und Reichtum mit den Polen von »nichts oder wenig« bis »viel oder alles«. Wer hat was und wie viel? Angesichts von Bourdieus Annahme einer tendenziellen Dominanz des ökonomischen Feldes (vgl. ebd.: 11) und der Geltung des Matthäusprinzips in der sozialen Welt (»Wer hat, dem wird gegeben!«) heißt das im Klartext: Wer kein Geld hat, dürfte auch wenige soziale Beziehungen haben und in aller Regel wenig kulturelles Kapital. Umgekehrt gilt: Wer viel Geld hat, hat auch soziale Beziehungen oder wird von anderen in sozialen Beziehungen begehrt, eben weil er viel Geld hat. Und spätestens in der Generationenfolge wird auch das notwendige Bildungskapital erwirtschaftet, und man stattet sich mit »Kultur« aus. Diese erste und primäre Dimension von Bourdieus Kapitalbegriff entscheidet im sozialen Raum über *oben* oder *unten*. Trotz der Dominanz des ökonomischen Kapitals, so Bourdieus zentraler Einwand gegen Marx, ist Geld nicht alles; in zweiter Linie ist stets auch die Zusammensetzung der Kapitalsorten entscheidend.

Die zweite Dimension seines Klassenbegriffs repräsentiert daher die *Zusammensetzung* der Kapitalsorten: Wer hat von welcher Kapitalsorte wie viel und warum? Die Struktur des Kapitals ist in Bourdieus Augen nicht zufällig verteilt. Vielmehr registriert er in seinen Studien zwei Pole mit einer inversen Kapitalzusammensetzung: Auf der einen Seite den *ökonomischen Pol*, an dem eine hohe ökonomische Kapitalausstattung einhergeht mit vergleichsweise geringem kulturellen Kapital: »Viel Geld, wenig Bildung«; auf der anderen Seite den *kulturellen Pol*, an dem das hohe Bildungskapital mit einer geringen ökonomischen Kapitalausstattung korrespondiert: »Viel Bildung, wenig Geld«. Wie wir sehen werden, ist diese chiastische Struktur das zentrale Erklärungsprinzip für die Verteilung der Lebensstile mit ihren unterschiedlichen Präferenzen und Geschmäckern. Im sozialen Raum repräsentiert die Kombination »hohes ökonomisches und geringes kulturelles Kapital« die rechte Seite, die Kombination »hohes kulturelles Kapital und wenig ökonomisches Kapital« die linke Seite. Was zunächst der Wahl der graphischen Darstellung geschuldet ist, korrespondiert auch mit politischen Präferenzen: Wer »viel Geld, wenig Bildung« hat, ist eher »rechts«, wer die umgekehrte Kapitalkombination aufweist, ist eher »links« eingestellt.

Die dritte Dimension repräsentiert die *soziale Laufbahn*. Gerade weil Bourdieu Klassen nicht als starre Gebilde, sondern in dynamischen Prozesskategorien relational denkt, ist es wichtig, den Werdegang von Klassen oder Teilen von Klassen zu betrachten. Ist eine Klasse kollektiv »auf dem absteigenden Ast«, wie die Arbeiterklasse, weil durch Rationalisierung, Mechanisierung und Computerisierung der Anteil manueller Arbeit abnimmt und wegen der Globalisierung auch ihr Wert sinkt, so hat das für Stärke, funktionelles Gewicht und Bedeutung dieser Klasse dramatische Konsequenzen. Von Marx einst als die Klasse ausgezeichnet, welche ihre historische Mission und Vision durch eine sozialistische Revolution krönt, die in modernen Gesellschaften das »Reich der Freiheit« ankündigt, bangt die Arbeiterklasse heute um ihren Platz in der Gesellschaft. Umgekehrt gilt: Eine Klassenfraktion wie die der Techniker, Ingenieure und Informatiker befindet sich auf einem aufsteigenden Ast der Informations- und Wissensgesellschaft. Um diese Dynamik zu erfassen, analysiert Bourdieu weniger ganze Klassen, sondern Klassenfraktionen und ihre sozialen Laufbahnen. In der Repräsentation des sozialen Raums markiert das die *dynamischen Bewegungen* (in der Vertikalen: *auf* oder *ab*; in der Horizontalen: *transversal*, also von links nach rechts oder rechts nach links im sozialen Raum) und symbolisiert die Umschichtungen in der Klassenstruktur einer Gesellschaft.

Auf der Grundlage dieser Konzeption können wir Bourdieus Modell von Klassen in drei Punkten resümieren:

1. Ein adäquater Begriff von sozialer Klasse hat *mehrdimensio-*

nal, relational und analytisch zu sein. Die so konstruierte soziale Klasse beruht also nicht nur auf *einem* Merkmal, einer *Summe von Merkmalen* (wie Einkommen, Bildung und Beruf in der Schichtungsforschung) oder einer *Kette* von Merkmalen, die von einem dominanten Merkmal (wie der Stellung innerhalb der Produktionsverhältnisse) abgeleitet ist. »Eine soziale Klasse ist vielmehr definiert durch die Struktur der Beziehungen zwischen allen relevanten Merkmalen, die jeder derselben wie den Wirkungen, welche sie auf die Praxisformen ausübt, ihren spezifischen Wert verleiht.« (Bourdieu 1982a: 182) Ausgehend von dem Raum der Positionen existieren Klassen als Klassifikationen des Soziologen zunächst nur auf dem Papier und in der Theorie. Denn diese »analytische Klasse« spiegelt nur die Positionen mit ihren unterschiedlichen Kapitalkombinationen wider, also die objektiven Differenzen im sozialen Raum mit ihren Unterschieden und Unterscheidungen oder Merkmalen und Eigenschaften. »Eben diese Trennschärfe der Klassifikation aber birgt die Gefahr, daß man theoretische Klassen, fiktive Gruppierungen, die nur *auf dem Papier* bestehen, kraft einer im Kopfe gefällten Wissenschaftlerentscheidung als *reale* Klassen wahrnimmt, als reale, in der Realität als solche bestehende Gruppen.« (Ders. 1998a: 23) Real wird diese »wahrscheinliche Klasse« nur in dem Maße, wie es gelingt, diesen Raum der Positionen empirisch im Raum der Dispositionen und Lebensstile wiederzufinden. Die sozialen Praktiken der Akteure müssen sich so signifikant unterscheiden, dass sie sich in unterschiedlichen Lebensstilen ausdrücken. Das ist der Grund, weshalb Bourdieu (1982a: 18) »Geschmack als bevorzugtes Merkmal von ›Klasse‹« verwendet, um im Raum der Lebensstile die theoretisch postulierte analytische Konstruktion von Klassen empirisch zu bestätigen. Wie er diese Homologie zwischen dem Raum der Positionen und dem Raum der Lebensstile beschreibt, werden wir im Kapitel über »Soziale Klassen und Lebensstile« anhand seiner Studie *Die feinen Unterschiede* genauer sehen.

2. *Klassen: Dreiteilung statt Zweiteilung*. Das Kernmodell von Marx sah eine dichotome Klassenstruktur vor, so dass der Gegensatz zwischen Kapital und Arbeit in der Konfrontation zwischen Bourgeoisie und Proletariat zum Ausdruck kam. Bourdieu hingegen zieht eine Dreiteilung von »Oben – Mitte – Unten« vor und unterscheidet ganz formal Ober-, Mittel- und Unterklasse. In *Die feinen Unterschiede* identifiziert er die Dreiteilung mit der Bour-

geoisie, dem Kleinbürgertum und den volkstümlichen Klassen der Arbeiterschaft. Diese Dreiteilung ist mehr als eine numerische Änderung, weil sie die Semantik der Klassensprache systematisch von Revolution zu Reform verändert. Marx hatte die zugespitzte Dichotomie als welthistorischen Kampf zwischen Bourgeoisie und Proletariat konzipiert, um dann ein für alle Mal Klassen und Klassenherrschaft im Kommunismus abzuschaffen. Bei Bourdieu kämpfen die Gruppierungen um Selbsterhaltung und Auf- oder Abstieg im Rahmen einer Klassengesellschaft. Das erklärt Bourdieus starkes Augenmerk auf Prozesse der Mobilität, und es verdeutlicht auch, warum er horizontal zwischen drei Klassenfraktionen zumindest bei Ober- und Mittelklasse unterscheidet. Der Marx'sche Klassenkampf wird so tendenziell zum »Statuskampf« zwischen individuellen und kollektiven Akteuren.

3. *Die »Realität« von Klassen*: In Bourdieus Theorie existieren »Klassen« dreifach. Marx hatte nur zwischen objektiver und subjektiver Klasse, »Klasse an sich« und »Klasse für sich selbst« unterschieden. Die objektive Klasse ist die Klasse, die existiert, aber um diese Existenz vielleicht nicht weiß: Die Arbeiterschaft weiß (noch) nicht, dass sie das Proletariat ist. Das geschieht über politische Mobilisierung, die aus einer objektiven »Klasse an sich« eine subjektive »Klasse für sich selbst« fabriziert. Das Klassenbewusstsein macht aus einer objektiven Klasse eine selbstbewusste Klasse, die politisch handlungs- und konfliktfähig wird. Bourdieu hingegen unterscheidet drei Zustände von »Klasse«: 1. Die *analytische Klasse*: Sie ist theoretisch konstruiert, steht erst einmal nur auf dem Papier des Soziologen und hat eine »strukturelle Realität« durch die Konstruktion des sozialen Raumes mit seinen Positionen gemäß der Kapitalausstattung. Sie ist virtuell, also eine mögliche oder wahrscheinliche Klasse, weil die Theorie behauptet, dass Menschen mit ähnlichem Platz und ähnlicher Platzierung im sozialen Raum ähnliche Habitus aufweisen werden, die sie zu ähnlichem Handeln disponieren. 2. Die »*Lebensstil-Klasse*«: Die Überlegungen aus 1. müssen sich bewähren, indem die so konstruierte Klasse in der Imagination des Soziologen sich empirisch äußert in einem entsprechenden Lebensstil und Geschmack – also einem Ensemble von Praktiken, das sich von anderen Praktiken und deren sozialen Gebrauchsweisen unterscheidet. Erst wenn der Raum der Positionen sich im Raum der Lebensstile widerspiegelt, wird die theoreti-

sche Klasse zur empirischen Klasse. Klassen werden bei Bourdieu nur real und empirisch sichtbar als Ensemble von Lebensstilen. Im Vergleich zum objektivistischen Begriff von Klasse bei Marx ist das ein schwacher Klassenbegriff.

Es existieren keine sozialen Klassen (auch wenn die an der Theorie von Marx orientierte politische Arbeit in bestimmten Fällen dazu beigetragen haben mag, ihnen eine Existenz zumindest in Gestalt von Mobilisierungsinstanzen und Mandatsträgern zu geben). Was existiert, ist ein sozialer Raum, ein Raum von Unterschieden, in denen die Klassen gewissermaßen virtuell existieren, unterschwellig, nicht als gegebene, sondern als *herzustellende*. (Bourdieu 1998a: 26)

3. Die *politische Klasse*: Tatsächlich sind Bourdieus »Lebensstilklassen« zunächst einmal rein *passiv*, denn ihre Gemeinsamkeit besteht in einer ähnlichen Stellung im sozialen Raum, ähnlichen Dispositionen und Habitus und vergleichbaren Geschmäckern und Lebensstilen. Gemeinsamkeit heißt nicht Gemeinschaft. Damit eine Klasse eine politische Gemeinschaft werden kann, muss sie eigens politisch mobilisiert werden, um *aktiv* zu werden. Das hat aber zunächst mit der Sozialstruktur und den Lebensstilen nichts zu tun, auch wenn gemeinsamer Habitus und vergleichbare Lebensführung gute Anknüpfungspunkte zur politischen Kampfvergemeinschaftung abgeben mögen.

Von der nur auf dem Papier existierenden Klasse zur »realen« Klasse kommt man nur um den Preis einer politischen Mobilisierungsarbeit: Die »reale« Klasse, sofern überhaupt jemals eine Klasse »real« existiert hat, ist immer nur die realisierte, das heißt mobilisierte Klasse, Ergebnis des *Klassifizierungskampfes* als eines genuin symbolischen (und politischen) Kampfes um die Durchsetzung einer Sicht der sozialen Welt oder besser einer Art und Weise ihrer Konstruktion in der Wahrnehmung und in der Realität und einer Konstruktion der Klassen, in die sie zu unterteilen ist. (Ebd.: 25)

In diesen skeptischen Äußerungen zur »realen Existenz« von Klassen offenbart sich, warum Bourdieu neben dem materiellen Klassenkampf den *symbolischen Klassenkampf* für so entscheidend hält. Denn es ist dieses Feld, auf dem über die Existenz und politische Wirkmächtigkeit von Klassen entschieden wird. In letzter Instanz ist das auch der Grund, warum er unverdrossen am Begriff der Klasse festhält. »Leugnet man die Existenz der Klassen, wie es die konservative Tradition so hartnäckig und mit Argumenten getan hat, die keinesfalls alle und immer absurd waren (jede unvoreingenommene Forschung muß auf sie stoßen), leugnet man letzten Endes die Existenz von Unterschieden und Unterscheidungsprinzipien überhaupt.« (Ebd.: 25) Es sind aber die Unterschiede, die einen Unterschied machen, und sie in ihrem Macht-, Herrschafts- und Ungleichheitscharakter zu erforschen, darauf kann eine kritische Soziologie nicht verzichten.

4. Die Konstruktion der sozialen Felder

4.1 Der Begriff des Feldes

Wie wir gesehen haben, arbeitet Bourdieu mit der Grundformel »Struktur, Habitus und Praxis«. Diese Produktions- und Reproduktionsformel von Gesellschaft markiert den Kern seines Ansatzes. Dennoch spielt sich gerade in modernen Gesellschaften das Hauptgeschehen in und auf Feldern ab. »Die Theorie der Felder beruht auf der Feststellung [...], daß in der sozialen Welt ein fortschreitender Differenzierungsprozeß stattfindet.« (Bourdieu 1998b: 148) Je größer, komplexer und arbeitsteiliger eine Gesellschaft wird, desto mehr Bereiche entstehen, und desto autonomer werden diese in der Regel. Eine quantitative Ausdehnung – vom Raum zu den Feldern – geht also einher mit einer qualitativen Spezifizierung und Spezialisierung von Interessen und Positionen, Dispositionen und Kapitalkombinationen.

Bourdieu nennt diese differenzierten, spezialisierten und relativ autonomen Bereiche »soziale Felder«.[20] Woher kommt dieser Begriff des Feldes? Wie hat Bourdieu ihn entwickelt? Was ist ein soziales Feld? Der Feldbegriff[21] ist keine Neuschöpfung von Pierre Bourdieu, sondern stammt aus der Physik, wo er von Newtons Mechanik über Einsteins Relativitätstheorie bis zur heutigen Quantenmechanik eine zentrale Rolle spielt. Es dürfte das Verdienst des Philosophen Ernst Cassirer (2000) sein, diesen Begriff aus den Natur- in die Geisteswissenschaften übertragen zu haben. In sei-

20 Bourdieu hat an diesem Begriff ständig gearbeitet, so dass man ihn im späteren Werk fast überall findet. Begriffliche Klärungen finden sich schon früh in seinem Aufsatz »Über einige Eigenschaften von Feldern« (Bourdieu 1993a: 107-114), im Kapitel »Die Logik der Felder« (Bourdieu/Wacquant 1996: 124-147) und in seinen *Regeln der Kunst* (Bourdieu 1999a: 340-445). In der Sekundärliteratur siehe Bohn/Hahn (1999), Fröhlich/Rehbein (2009: 99-103), Jurt (1995), Kieserling (2008), Kneer (2004), Krais/Gebauer (2002: 53-60), Müller (1992: 263-281), Schwingel (1995).

21 Einen guten Einblick in die »Begriffswelt der Feldtheorie« verschafft Adolf J. Schwab (2002); die Relevanz für die Soziologie zeigt grundlegend Martin (2003) auf. Zum Verhältnis von Lewin und Bourdieu vergleiche schon Kretschmar (1991). Wie das Feldkonzept die Basis für Bourdieus Theorie der Moderne abgibt, entwickelt Bongaerts (2008).

nem Werk *Substanzbegriff und Funktionsbegriff* zeigt er auf, dass die Wirklichkeit relational strukturiert ist und man deshalb Relationsbegriffe statt Substanzbegriffe braucht. Kurt Lewin (1963) überträgt diese philosophischen Einsichten Cassirers auf die Sozialwissenschaften, indem er eine feldtheoretisch angelegte Psychologie entwickelt, die die Persönlichkeit des Menschen über seine Position in einem topologischen Raum zu verstehen sucht. Bourdieu (Bourdieu/Wacquant 1996: 126-147) erkennt diese Einflüsse auf sein Denken an, nennt aber zusätzlich noch eine ganze Reihe von Autoren, die ihn ebenfalls im »Feld-Denken« bestärkt haben: den russischen Formalisten Jurij Tynjanow, den Soziologen Norbert Elias, den Kunsthistoriker Erwin Panofsky (vgl. Bourdieu 1974: 159-201), die Sprachforscher Edward Sapir und Roman Jacobson, aber auch George Dumézil und Claude Lévi-Strauss. Aus all diesen Quellen schöpft Bourdieu, um seine Vorstellung von Feldern als Magnet-, Kraft- und Spielfeldern allmählich zu entwickeln.

Tatsächlich taucht der Begriff des Feldes schon sehr früh in seinem Werk auf, als er 1966 einen Aufsatz mit dem Titel »Künstlerische Konzeption und intellektuelles Kräftefeld« (ebd.: 75 ff.) verfasst. »Das *intellektuelle Kräftefeld*«, so definiert Bourdieu (ebd.: 76),

> ist mehr als nur ein simples Aggregat isolierter Kräfte, ein Nebeneinander bloß zusammengereihter Elemente. Es bildet vielmehr nach Art eines magnetischen Feldes ein System von Kraftlinien: Die in ihm wirkenden Mächte beziehungsweise deren Wirkungsgruppen lassen sich als ebenso viele Kräfte beschreiben, die dem Feld zu einem beliebigen Zeitpunkt kraft ihrer jeweiligen Stellung, gegeneinander und miteinander, seine spezifische Struktur verleihen. Andererseits determiniert die Zugehörigkeit zu diesem Feld selbst auch jede dieser Kräfte: jede verdankt nämlich der besonderen Stellung, die sie in diesem Feld einnimmt, neben *Positionseigenschaften*, die aus ihrer rein immanenten Beschaffenheit nicht abzuleiten sind, einen besonderen Typus, der die Art ihrer Verbindung mit dem *kulturellen Kräftefeld*, einem System von Themen- und Problembeziehungen, bestimmt.

Wie diese Definition andeutet, gewinnt Bourdieu also recht früh eine strukturalistisch gefärbte Vorstellung von dem, was ein Feld in erster Linie ausmacht: Da gibt es unterschiedliche Positionen und ihre Eigenschaften; da existiert eine Geschichte des Feldes, was Bourdieu in Anlehnung an Sigmund Freud das »kulturell Unbewusste« nennt, das die Künstler unwillkürlich nutzen und worauf sie in ihren eigenen Werken aufbauen. Da definiert das Feld – einem Rahmen gleich – den Möglichkeitsraum von Themen und Problemstellungen. Obgleich Bourdieu (ebd.: 102 ff.) bereits in diesem Artikel Webers (1972a: 259 ff.) berühmte Unterscheidung von »Propheten, Priester[n], Zauberer[n]« benutzt, gelangt er zu einem Begriff des religiösen Feldes erst in seiner Auseinandersetzung mit Webers Ansatz und seinem eigenen Versuch, eine »Ökonomie des Heilsgeschehens« zu entwickeln.[22]

Auch wenn die Begrifflichkeit in ihrem Ursprung bis in die 1960er Jahre zurückreicht und ihre erste Ausarbeitung in der Auseinandersetzung mit Weber 1971 erhält, gewinnt der Feldbegriff Bedeutung und Zentralität in Bourdieus Werk erst in der zweiten Hälfte der 1970er Jahre. Das Modell des sozialen Raumes, mit dem er in der vertikalen Dimension den Stand der gesellschaftlichen Differenzierung über seine Klassen- und Lebensstilanalyse zu bestimmen versuchte, wird zunehmend durch die horizontale Vorstellung relativ autonomer sozialer Felder ergänzt, auf denen sich das soziale Leben hauptsächlich abspielt. Dennoch behält er auch in der Folgezeit beide Begriffe bei, ohne deren Verhältnis genauer aufzuklären. Am ehesten scheint die Logik der Unterscheidung von Ganzem und Teil seiner Vorstellung zu entsprechen. Der soziale Raum drückt topologisch das »Ganze« der Gesellschaft aus, während einzelne Felder spezifische Welten und Mikrokosmen im Makrokosmos der Gesellschaft darstellen.

Wie alle Theoretiker, die die gesellschaftliche Entwicklung als Differenzierungsprozess begreifen, muss auch Bourdieu die Logik und Dynamik der »Teile«, aus denen sich fortgeschrittene Gesellschaften zusammensetzen, näher bestimmen.

Im Laufe ihrer Entwicklung bilden die Gesellschaften Universen aus (das, was ich Felder nenne), die eigene Gesetze haben und autonom sind. Ihre Grundgesetze sind oft Tautologien. Das Grundgesetz des ökonomischen Felds, das von den utilitaristischen Philosophen entwickelt wurde, lautet: Geschäft ist Geschäft; das des künstlerischen Felds, das explizit von der Schule des sogenannten L'art pour l'art aufgestellt wurde, heißt: Der Zweck

22 Diese Texte sind jetzt versammelt in dem Band *Das religiöse Feld* (Bourdieu 2000b), mit einem instruktiven Interview zu seiner Weber-Rezeption und der Entwicklung des Feldbegriffs sowie einem Nachwort von Eggers et al. Im Rahmen der Gesamtausgabe existiert ein eigenständiger Band über *Religion* (ders. 2009a) mit allen relevanten Texten als Bd. 5 der Schriften zur Kultursoziologie.

der Kunst ist die Kunst, die Kunst hat keinen anderen Zweck als die Kunst; usw. (Bourdieu 1998b: 148)

Zum besseren Verständnis von Eigensinn und Eigenart der Begrifflichkeit mag es hilfreich sein, sich zunächst klarzumachen, was er darunter *nicht* verstanden wissen will, um vor diesem Hintergrund seine Definition nebst Eigenschaften des Feldes nachzuvollziehen. Bourdieu grenzt seinen Feldbegriff gegen die Vorstellung von sozialen Systemen, sozialen Milieus, Märkten sowie Wertsphären und Lebensordnungen ab. Die Rede von sozialen *Systemen* ist ihm zu *objektivistisch*,[23] nährt sie doch die Vorstellung, Funktionsgesetzlichkeiten zwischen verschiedenen sozialen Positionen und Relationen liefen fast automatisch ab, gleichsam ohne Zutun oder doch nur durch passive Anpassung der betroffenen Akteure. Seine Theorie der Praxis hingegen betont die Aktivität der Akteure und ihre Strategien. In ähnlicher Weise erscheint ihm die Rede von sozialen *Milieus* zu *normativistisch*,[24] suggeriert sie doch, dass die Werte und Regeln des Feldes auch mit den Normen der beteiligten Akteure übereinstimmen. Insoweit wird dann, wie im Werk von Émile Durkheim, vom logischen Konformismus (Orientierung an den geltenden Regeln) auf den sozialen Konformismus (Befolgung von Normen) geschlossen. System wie Milieu blenden die Rolle von Macht, Herrschaft und Ungleichheit aus und unterschätzen folglich systematisch Spannungen und Konflikte im Alltag. Sie vermögen nicht, das soziale Feld als Kräftefeld zu begreifen, auf dem soziale Akteure strategisch um begehrte Positionen und Ressourcen kämpfen.

Eher kommt diese Vorstellung schon dem Begriff des *Marktes* nahe,[25] den Bourdieu ja selbst häufig verwendet, denn meist beruht

23 In diesem Sinne lehnt Bourdieu die Systemtheorie von Talcott Parsons ebenso ab wie die autopoietische Systemtheorie von Niklas Luhmann. Das schließt Ähnlichkeiten und Parallelen im Theorieprogramm zwischen System- und Feldtheorie keineswegs aus. Siehe etwa den Theorievergleich von *Bourdieu und Luhmann* (Nassehi/Nollmann 2004).

24 Bourdieu hegt, wie fast alle französischen Soziologen, eine tiefe Ambivalenz gegenüber dem Gründervater der französischen Soziologie, Émile Durkheim, der den Begriff verwendet: Sie äußert sich in *Attraktion* einerseits, wie viele Parallelen in Themen und Fragestellungen zeigen, und in *Abneigung* gegen diese Art von szientistischer Soziologie andererseits, die suggeriert, dass die Soziologie eines Tages eine Naturwissenschaft werden könnte. Vgl. dazu Müller (1999).

25 Bourdieu, dem selbst häufig der Vorwurf des »Ökonomismus« gemacht wor-

ein etabliertes Feld auf einem Verhältnis von Angebot und Nachfrage. Insofern kennt auch die moderne Kunst, die sich autonom dünkt, einen Markt, auf dem die Kunstwerke gehandelt werden. Dennoch ist die Rede vom Markt zu *ökonomistisch*, auch wenn Bourdieu die Rolle von Tauschprozessen, Investition und Preisbildung, Kauf und Verkauf, Deflation und Inflation in den jeweiligen Feldern keineswegs verkennt. Was hier aber verloren geht, ist die soziale Begleitmusik, die mindestens ebenso wichtig ist wie die Gesetzmäßigkeiten des Marktgeschehens. So wird etwa die Investitionsneigung auf die Gewinnerwartung statt erst einmal auf die Investitions*fähigkeit* zurückgeführt oder die Kaufneigung auf Präferenzen statt auf die *Ressourcenausstattung*. Es entsteht durch die einseitige Konzentration auf ökonomische Prozesse und die mangelnde Berücksichtigung sozialer Prozesse ein tendenziell verzerrtes Bild, denn die Kräfteverteilung innerhalb eines sozialen Feldes entscheidet über die objektiven Positionen, die ein Akteur einnehmen, und über die Strategien, die er verfolgen kann.[26]

Am ehesten scheint der Feldbegriff Webers Vorstellung von *Wertsphären* und *Lebensordnungen* zu entsprechen,[27] zumal Bourdieu die Logik und Dynamik von Feldern in der Auseinandersetzung mit Webers Religionssoziologie klargeworden ist. Weber unterscheidet in seinem Werk meist zwischen ökonomischer, politischer und religiöser Sphäre.[28] In modernen Gesellschaften, in de-

den ist, hat sich zeit seines Lebens explizit und implizit mit der neoklassischen Ökonomie und deren »Ökonomismus« auseinandergesetzt. Siehe Bourdieu et al. 2002, Kap. 8, über »Das ökonomische Feld«.

26 Das wird in Bourdieus Studie über den Häusermarkt von Eigenheimen sehr schön deutlich. Siehe Kap. 8 in diesem Band.

27 Max Webers Einfluss auf Bourdieu ist zentral, zumal er ein Leben lang bestanden hat. Der junge Bourdieu in Algerien übersetzt Webers *Protestantische Ethik*, um die traditionelle Ökonomie im kapitalistischen Umbruch besser verstehen zu können. Er entwickelt seine Feldtheorie im Anschluss an Webers systematische Religionssoziologie. Einer meiner Studenten aus den 1990er Jahren, der in Berlin und Paris studiert und die Vorlesungen von Bourdieu am Collège de France besucht hat, berichtete mir, dass Bourdieu selten zitierte, aber wenn, dann Max Weber.

28 Webers Theorie der Wertsphären und Lebensordnungen steckt in seiner »Zwischenbetrachtung« im ersten Band der *Gesammelten Aufsätze zur Religionssoziologie* (Weber 1972b: 536-573). Vgl. historisch und systematisch grundlegend dazu Schluchter (1988); siehe auch Müller (2007: 248-260) und Schwinn (1998: 270-319, bes. 316).

nen die Religion aufgrund von Säkularisierung und Entzauberung an Einfluss verliert, tritt neben die Religion eine ausdifferenzierte Kultur mit einer ästhetischen (Kunst), einer erotischen (Liebe) und einer intellektuellen Sphäre (Wissenschaft). Diese unterschiedlichen Wertsphären und Lebensordnungen sind so autonom und heterogen, dass sich die Werte einer Sphäre nicht mehr ohne weiteres in andere Bereiche übersetzen lassen. Ein Beispiel: Wo der erotische Maßstab der reinen Liebe angelegt wird, ist die rationale Kalkulation von Gewinnerwartung und Rentabilität fehl am Platz. Wo das dennoch geschieht, sprechen wir nicht von Liebe, sondern von Prostitution (»Liebesdienste« gegen Geld) beziehungsweise im bürgerlichen Leben von der »Vernunftheirat« (»Liebe« gegen Versorgung). Für Weber ist der unausweichliche Wertekonflikt und mithin die Unmöglichkeit, die Werte der einen Sphäre in eine andere zu übertragen, *das* Kennzeichen der Moderne. Wo Geld politische Entscheidungen kauft, herrscht dann eben Korruption und nicht demokratische Politik. Diese These eines fundamentalen Werteantagonismus und der Nichttransferierbarkeit der Werte ist Bourdieu zu *radikal*, denn er entwickelt gerade seine Kapitaltheorie, um diese Transfers zwischen den Feldern zu untersuchen. Daher die Anknüpfung an Marxens Kapitalbegriff und die Absicht, das Kapital in all seinen Erscheinungsformen und Kombinationsmöglichkeiten zu untersuchen.

Wenn »System« zu objektivistisch, »Milieu« zu normativistisch, »Markt« zu ökonomistisch und die Behauptung von unversöhnlichen Wertsphären und Lebensordnungen in Bourdieus Augen zu radikal ausfällt, wie muss ein Feld dann verstanden werden? Was macht ein Feld im Allgemeinen aus, und wie lässt es sich definieren? Was macht, in anderen Worten, ein Feld zum Feld? Welche typischen Gemeinsamkeiten machen die Rede von Feldern möglich und legitimieren sie? Bourdieus Ausgangspunkt ist einmal mehr die soziale Wirklichkeit, die *relational* verfasst ist.

Was in der sozialen Welt existiert, sind Relationen – nicht Interaktionen oder intersubjektive Beziehungen zwischen Akteuren, sondern objektive Relationen, die »unabhängig vom Bewußtsein und Willen der Individuen« bestehen, wie Marx gesagt hat. Analytisch gesprochen wäre ein Feld als ein Netz oder eine Konfiguration von objektiven Relationen zwischen Positionen zu definieren. Diese Positionen sind in ihrer Existenz und auch in den Determinierungen, denen die auf ihnen befindlichen Akteure oder Institutionen unterliegen, objektiv definiert, und zwar durch ihre aktuelle und potentielle Situation (*situs*) in der Struktur der Distribution der verschiedenen Arten von Macht (oder Kapital), deren Besitz über den Zugang zu den in diesem Feld auf dem Spiel stehenden spezifischen Profiten entscheidet, und damit auch durch ihre objektiven Relationen zu anderen Positionen (herrschend, abhängig, homolog usw.). (Bourdieu/Wacquant 1996: 127)

Dieses kompliziert klingende Zitat umschreibt die allgemeine Logik und Dynamik von sozialen Feldern recht gut. Diese lassen sich in zehn Punkten erläutern:

1. Wenn die soziale Wirklichkeit *relational* strukturiert ist, dann umfasst der Gegenstand der Soziologie die Positionen in einer Gesellschaft und deren Relationen. Positionen und Relationen sind es, die in erster Linie interessieren, nicht Interaktionen und soziale Beziehungen zwischen Akteuren – also das, worauf die neuere Netzwerkforschung vornehmlich ihr Augenmerk richtet. Dennoch gilt auch hier, dass Positionen und Relationen – genau wie die Klassen – zwar objektiv existieren mögen; intersubjektiv erfahr- und sichtbar werden sie aber nur durch die sozialen Beziehungen, über deren Realität man auf die dahinter stehenden Positionen und Relationen zurückschließen kann.

2. Ein Feld ist dann nichts anderes als die »Konfiguration von objektiven Relationen zwischen Positionen«. Das Feld wird also ausschließlich strukturell gefasst und strukturalistisch definiert.

3. Ein Feld grenzt sich von anderen Feldern und der übrigen Gesellschaft dadurch ab, dass es in ihm stets um etwas geht, eine spezifische und spezielle *Sache*, um und für die nach einer eigenen Logik gekämpft und gestritten wird. Ein Feld hat seinen »Nomos«, sein eigenes Grundgesetz, wie »Geschäft ist Geschäft« in der Ökonomie, wie »Kunst um der Kunst willen« in der Kunst.

4. Dieses Grundgesetz ist Ausdruck der »Auto-Nomie«, also der »Selbstgesetzgebung« des Feldes, die gleichwohl immer nur eine *relative* ist. Kein Feld, selbst das ökonomische Feld oder das Subfeld der globalen Finanzmärkte, operiert vollkommen autark, auch wenn die Funktionsweise von Finanzmärkten diesen Anschein eines Naturgeschehens oder im Krisenfalle gar einer »Naturkatastrophe« vermittelt. Der Grad der Autonomie bemisst sich an der »Brechung« oder dem »Brechungswinkel« der allgemeinen Kräfte des sozialen Raumes. Damit ist gemeint, dass alle externen Ereignisse nach der Logik und den Regeln des Feldes selbst bearbeitet werden.

Je stärker die Brechung ausfällt, desto autonomer ist das Feld. Und umgekehrt: Wenn externe Anstöße zum Umbau der Institutionen und zur Umorientierung der Akteure führen, wird es um die Autonomie des Feldes schlecht bestellt sein.

5. Bestimmt wird diese Konfiguration durch den aktuellen *Kräftestand* in einem Feld. Dieser Kräftestand bemisst sich jeweils an den Strategien und Praktiken der interessierten Akteure und ihrer Kapitalausstattung im Zusammenspiel mit den geltenden Spielregeln der Institutionen in einem Feld.

6. Die interne Ausgestaltung eines Feldes folgt meist einer »chiastischen Struktur« mit zwei entgegengesetzten Polen und einer entsprechenden Akteurs- und Kapitalstruktur: Orthodoxie versus Heterodoxie, Etablierte gegen Nachrücker, Alt gegen Jung, Männer gegen Frauen und so fort. In Kapitalkombinationen ausgedrückt, stehen sich hohes ökonomisches Kapital bei geringem kulturellen Kapital (also »viel Geld, wenig Bildung«) einerseits und hohes kulturelles Kapital bei geringem ökonomischen Kapital (also »viel Bildung, wenig Geld«) andererseits gegenüber.

7. Felder, so Bourdieus Metaphorik, sind *Magnetfelder*, *Kräftefelder*, *Spielfelder*. Wie diese Analogien andeuten, definieren Felder soziale Gravitationszentren, in denen sich Energie, Zeit, Stärke, Macht, Kapital, Aufmerksamkeit und Einsatz konzentrieren. Felder sind wichtig, stehen doch zentrale Interessen auf dem Spiel, da Felder verbunden sind mit dem Feld der Macht und der Hegemonie der Finanz- und Wirtschaftsfelder.

8. In einem Feld herrscht stets *Kampf*: Kampf um Anerkennung, Kampf um eine Position, Kampf um Ressourcen, Kampf um die Durchsetzung einer Klassifikation beziehungsweise richtigen Sichtweise. Es geht also um Legitimität, Autorität, Kapital und symbolisches Kapital beziehungsweise Klassifikationskapital, auch Konsekration genannt. Konsekration oder Weihe spielt auf den Prozess der Anerkennung und Nobilitierung einer Position oder Ressource an. Im Bildungs- und Berufssystem sind zum Beispiel »Titel« und geschützte Berufsbezeichnungen eine legitime Währung zur Bestätigung eines gewissen Bildungsgrades und einer spezifischen Fachkompetenz und verschaffen dem Besitzer insofern Anerkennung.

9. Feld bedeutet auch *Spiel* – also auch Spieler, Einsatz (*enjeu*) sowie Durchsetzungs- und Gewinnstrategien. Keiner kann auf Dauer mitspielen, dem es am rechten Glauben (*croyance*) an

das Spiel fehlt. Das ist keine Frage von Lust oder Unlust, sondern vonVerehrung der »*illusio*«, einem Gefühl der Hingabe, Attraktion und Bewährung. Auch hier finden wir die übliche Doppelstruktur: Zum einen geht es in den Spielen um die Distribution der Positionen und Ressourcen im Feld (*materielles Verteilungsspiel*) nach dem Muster »Wer bekommt was, wie, wie viel, wie lange und warum?« Zum anderen geht es um das Spiel und seine Regeln selbst (*kulturelles Definitions- und Klassifikationsspiel*) nach dem Muster »Wer definiert welche Regeln, wie und warum?«. Fußball kann als Beispiel für ein typisches Spiel gelten, in dem auch die Logik eines ganzen Feldes – des Feldes des modernen Sports – auf dem Spiel steht. Einerseits ist Fußball nur ein Spiel, also Sport, Spannung und Freizeit. Man nimmt es ernst, aber nicht zu ernst. Andererseits ist Fußball nicht nur das halbe, sondern für manche Menschen – Spieler, Trainer, Fans und Medien – das ganze Leben. Wohl und Wehe, ja das Lebensglück und vielleicht die ganze Existenz hängen an diesem Sport – oder manchmal auch an einem einzigen Schlüsselspiel. Der Einsatz, der Glaube und die Illusion, es gehe um Leben oder Tod, binden den Einzelnen an das Spiel, lassen ihn nicht los und verlangen fortgesetzt diese Mischung aus Einsatz, Glauben und Illusion, wenn man weiter mitspielen und mitfiebern will. Wer diese Leidenschaft nicht mehr aufbringt, gehört nicht mehr zum Feld.

10. Ähnlich wie die Autonomie des Feldes stets relativ bleibt und umstritten ist, so sind auch die *Grenzen* eines Feldes offen und stets umkämpft. Das gilt sowohl für die Akteure, denn Neuankömmlinge müssen um die Zugehörigkeit zum Feld und um die Anerkennung als Vollmitglieder durch die etablierten Akteure kämpfen. Das gilt auch für die Institutionen und ihre Spielregeln, um die ebenfalls gerungen wird. Hier wie dort wird ein neuer Akteur oder eine neue Spielregel auf die Trägheit des Feldes stoßen, auf die Privilegierung des Status quo und den Widerstand gegen allzu weitreichende Innovationen und Änderungen. Das gilt nicht nur für die Grenzen *nach außen*, sondern auch für die Grenzen *nach innen*. Ein Feld kann sich intern weiter in *Subfelder* und Sub-Subfelder ausdifferenzieren, die bestimmte Aktivitäten in Eigenregie übernehmen, aber auch das muss meist gegen Widerstände der Etablierten und ihre Interessen durchgesetzt werden.

4.2 Die Konfiguration der Felder

Welche und, vor allem, wie viele Felder differenziert Bourdieu? Er unterscheidet im Lauf der Zeit eine ganze Reihe von Feldern und Subfeldern, ohne indes jemals eine definitive Kodifikation ihrer Art und Anzahl zu geben. Sein letztes Buch sollte den Titel *Das soziale Feld* tragen und seine Überlegungen zusammenfassen und systematisieren. Zu nennen wären (ohne Anspruch auf Vollständigkeit) das ökonomische, das politische und das religiöse Feld, ferner die Felder der Bildung, des Rechts, der Wissenschaft, der Kunst, der Medien sowie das Feld des Sports. Eine Art von Metastatus hat das Feld der Macht (das »Machtfeld«) inne, in dem sich Macht und Herrschaft so konzentrieren, dass hier nicht nur die wichtigsten Entscheidungen für eine Gesellschaft fallen, sondern auch über den Wert der Währungen und Kapitalsorten, die Durchsetzung und Anerkennung versprechen, befunden wird. Bourdieu macht dies an der ambivalenten Entwicklung des Kulturkapitals deutlich. Einerseits wird dieses im Sinne von zertifizierten Bildungstiteln immer wichtiger (quantitative Zunahme von qualifizierten Bildungsabschlüssen); andererseits sinkt der Wert humanistischer Bildung (qualitative Abnahme), wie Bourdieu am Einflussverlust der ENS gegenüber der ENA gezeigt hat. Insofern ist das Machtfeld auch der Hort von symbolischem Kapital, symbolischer Herrschaft und symbolischer Gewalt.

Die soziale Welt der modernen Gesellschaft, wie Bourdieu sie entwirft, muss man sich also ungefähr wie folgt vorstellen: Die drei wichtigsten institutionellen Komplexe sind Markt, Staat und Medien, um die herum sich die einzelnen Felder gruppieren. Die Kirche tritt in der Rangordnung an vierter Stelle hinzu. Bourdieu scheint in seiner Konfiguration von Feldern von einem impliziten Zentrum-Peripherie-Modell auszugehen. Am wichtigsten ist das Machtfeld, denn jeder, der Ideen verwirklichen will, muss zunächst die Macht erobern, um sie durchzusetzen. Insofern konzentrieren sich die Kämpfe hinsichtlich Dichte und Heftigkeit um das und im Machtfeld. Es ist das Zentrum einer Gesellschaft, in dem um die Prinzipien der legitimen Sichtweise (Vision) und der Teilungen (Division) und damit um das Meta-Kapital gerungen wird. Die andere zentrale Konfliktlinie markieren Wirtschaft und Politik, Markt und Staat. Hier ist das bürokratische Feld angesiedelt, das

Akteure, Verwaltungsinstitutionen und Spielregeln umfasst. Das juristische Feld nimmt eine Zwischenstellung ein. In dem Maß, in dem es allgemein für Recht und Gerechtigkeit zuständig ist, gehört es eher zum autonomen kulturellen Pol. Wenn es in der Rechtspraxis aber eher um die spezifische Durchsetzung der Herrschaftspraktiken von dominanten Akteuren und Gruppen geht, etwa um die Verbesserung der »Investitionsbedingungen« von Unternehmen, dann gehört es zum heteronomen Pol. Bürokratisches und juristisches Feld werden häufig auch als »Staatsapparat« bezeichnet. Da es sich dabei um staatliche Funktionäre und Beamte handelt, trennt Bourdieu das bürokratische und juristische vom eigentlichen politischen Feld ab, auf dem sich der politische Betrieb der Demokratie abspielt.

Dem steht das mit dem Markt verwandte ökonomische Feld gegenüber, in dem sich die Produktion von Gütern und Dienstleistungen abspielt. Das Artikulations-, Kommunikations- und Verbreitungsfeld *par excellence* in einer demokratischen Gesellschaft sind die Medien und hier, was den politischen Betrieb angeht, vor allem das journalistische Feld. Heute müsste man natürlich noch das Internet mit seinen multiplen Formaten hinzurechnen.

Obgleich Bourdieu der Religion[29] im Anschluss an Max Weber eine zentrale Rolle für seine eigene Begriffs- und Theoriebildung zumisst und eine Studie über »Die heilige Familie«, also den französischen Episkopat im Feld der Macht, vorgelegt hat, spielt sie in seiner Konfiguration der Felder eine untergeordnete Rolle. Das hat zwei Gründe: 1. Die institutionalisierten Religionen, also die *oratores*, haben meist Arrangements mit der politischen Herrschaft getroffen, welche ihnen die eigene politisch-religiöse Herrschaft erleichtern. Das gilt vor allem für den Katholizismus in Frankreich, weshalb in der Französischen Revolution die Trennung von Staat und Kirche gefordert und endgültig in der Dritten Republik eine strikt laizistische Gesellschaft durchgesetzt wurde. Von nun gilt eine religiös inspirierte Lebensführung als Privatsache. 2. Die »Auflösung des Religiösen«, denn die Grenzen des religiösen Feldes werden porös.

29 Bourdieus (2000b) Auseinandersetzung mit Weber findet sich in einem Band über *Das religiöse Feld*, darunter auch das Interview mit Bourdieu: »Mit Weber gegen Weber« (111-129). Seine gesammelten Arbeiten zur Religion (Bourdieu 2009a) sind als Band 5 der Schriften zur Kultursoziologie erschienen. Zu seiner Religionssoziologie vgl. Egger/Pfeuffer/Schultheis (2000) und Egger (2009).

Heutzutage besteht also ein unmerklicher Übergang von den Geistlichen alten Schlags (innerhalb deren ein Kontinuum vorliegt) zu Mitgliedern von Sekten, Psychoanalytikern, Psychologen, Medizinern (Psychosomatiker, Heilpraktiker), Sexologen, Lehrern diverser Formen des körperlichen Ausdrucks und asiatischer Kampfsportarten, Lebensberatern, Sozialarbeitern. Alle sind Teil eines neuen Feldes von Auseinandersetzungen um die symbolische Manipulation des Verhaltens im Privatleben und die Orientierung der Weltsicht, und alle setzen sie in ihrer Praktik konkurrierende, antagonistische Definitionen der Gesundheit, der Heilung, der Kur von Leib und Seele um. (Bourdieu 2009a: 245).

Das religiöse Feld auf seinem Höhepunkt war Teil des heteronomen Machtfeldes. Aber in dem Maß, in dem ihm auf dem erweiterten Feld der symbolischen Manipulation Konkurrenz erwächst in Gestalt von professionellen Therapeuten, Coaches und Beratern, wandelt sich die Stellung des Priesters von einer dominanten zu einer dominierten Figur, und das schrumpfende religiöse Feld rückt demutsvoll auf den reinen kulturellen Pol. Dem klassischen Geistlichen bleibt nur noch die Rolle des Zeremonienmeisters in Ritualen wie der Taufe, der Hochzeit und der Beerdigung.

Die Logik der Felder lässt sich wie folgt darstellen (siehe *Abbildung 4*): Im Zentrum stehen sicherlich die vier großen Institutionen oder institutionellen Komplexe Staat, Markt, Medien und Kirche – deshalb sind sie im Schaubild in Großbuchstaben aufgeführt. Sie – also Politik, Wirtschaft, Massenkommunikation und Religion – machen unter sich das Machtfeld aus. Am linken Pol befinden sich das kulturelle Feld und seine Komponenten – das intellektuelle Feld, das künstlerische Feld und das Feld der Bildung als Basis. Am rechten Pol finden sich die Medien mit ihren jeweiligen Teil- oder Subfeldern wie dem journalistischen Feld und dem Fernsehen bzw. Internet sowie das religiöse und das rechtliche Feld. Im Zentrum stehen das politische und das ökonomische Feld, da Wirtschaft und Politik das Schicksal moderner Gesellschaften maßgeblich bestimmen, wenn auch vermittelt durch die Medien. Diese Konfiguration der Felder ist weder vollständig – es fehlt zum Beispiel das Feld des Sports – noch von Bourdieu so vorgenommen worden. Sie ist ein Interpretationsvorschlag und der Versuch einer systematischen Anordnung, die hauptsächlich zur besseren Veranschaulichung der Logik der Felder dienen soll, ohne Gewähr, dass Bourdieu die Systematik der Felder in dieser Weise gedacht hätte.

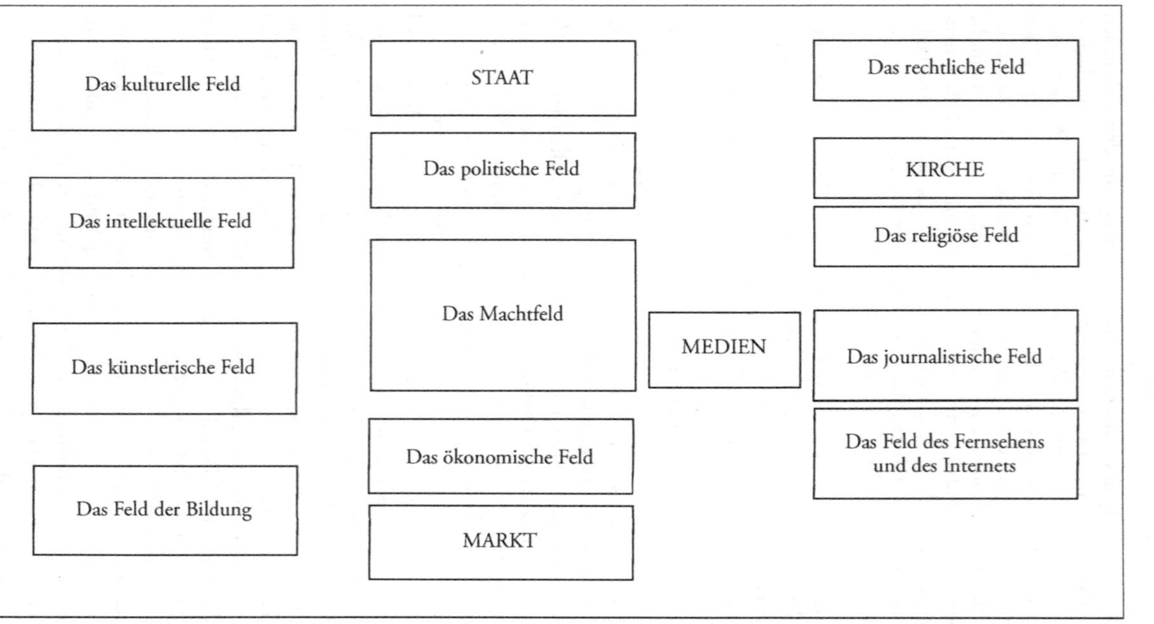

Abb. 4: Die Konfiguration der Felder (im Anschluss an Bourdieu)

Felder wären indes nicht Felder, wenn sie neben ihren Beziehungen und manchen Gemeinsamkeiten nicht auch *Unterschiede* aufwiesen. Diese Differenzen ergeben sich ja als Folge der sozialen Differenzierung, der Spezialisierung und der Verselbstständigung von Lebensbereichen. Lässt sich darüber etwas Allgemeines für die Begriffsbildung sagen, oder ist die Verschiedenheit so fundamental, dass man ihrer Eigenart und Einzigartigkeit nur durch eine historisch-empirische Feldanalyse selbst ansichtig werden kann? Letztere Position vertritt Max Weber. Bourdieu hingegen sieht auch hier wieder eine »chiastische Struktur« am Werk. Wie fasst er die beiden unversöhnlichen Pole der Feldbildung? Es gibt solche *und* solche Felder. Auf der einen Seite stehen die *materiellen* und *weltlichen* Felder, in denen es um materielle Interessen geht und wo die Dinge beim Namen genannt werden dürfen. In der Wirtschaft geht es um Profit, also um immer mehr ökonomisches Kapital. In der Politik geht es um Macht, also um immer mehr politisches Kapital. Interessen, Strategien und Institutionen (Markt beziehungsweise Staat) können direkt adressiert werden, ohne irgendwelche Motive, hintergründige Interessen und Strategien vor der Öffentlichkeit verbergen zu müssen. »Geschäft ist Geschäft« und »Entscheidung ist Entscheidung«. Auf der anderen Seite stehen die *symbolischen* und *heiligen* Felder der kulturellen Produktion. An diesem Pol regiert eine »umgekehrte Ökonomie«. Es ist das »Interesse an der Interesselosigkeit«, das vorherrscht und das Ringen um die heiligsten Güter einer Gesellschaft anzeigt. Das Paradebeispiel für diese »ver-rückte Welt« einer »*économie renversée*« ist die Religion. Das Christentum betont, dass sein Reich nicht von dieser Welt ist, weil es eben Gottes Reich im Himmel oder Jenseits betreffen soll. Es geht um das Heil und nicht um weltliche »Glücks«-Werte wie Geld, Macht, Ehre oder Ruhm. Das hat die katholische Kirche und ihr Oberhaupt, den Papst, jahrhundertelang nicht davon abgehalten, Politik zu betreiben und höchst weltliche, vor allem materielle Interessen zu verfolgen. In der reinen Form der Religion indes geht es, wie in der Wissenschaft, der Moral, der bildenden Kunst, der Malerei oder der Literatur, in erster Linie um das Werk und die Werkvollkommenheit. Ausdruck dieser reinen Form ist der echte Glaube, »das Wahre, Gute und Schöne«. Erst dann und danach folgt die Frage nach der Entlohnung und der Bezahlung. Wie man sich dieses »Interesse an der Interesselosigkeit« und diese verkehrte

Ökonomie vorzustellen hat, werden wir im siebten Kapitel anhand des literarischen Feldes genauer sehen. Auf jeden Fall führt diese Unterscheidung – »das Interesse am Interesse« und »das Interesse an der Interesselosigkeit« – zwei Typen oder Klassen von Feldern ein, je nachdem, ob man sich am weltlichen oder am heiligen Pol der Gesellschaft befindet.

Dennoch gilt: Auch wenn es diese beiden diametral unterschiedenen Typen von Feldern gibt, bleiben Felder eben Felder, die es je einzeln und in ihrer Konstellation zu untersuchen gilt. Es ist diese Feldanalyse, die Bourdieus Soziologie so attraktiv und anschlussfähig macht.

4.3 Feld und Feldanalyse

Ein Grund, warum der Begriff des Feldes in Bourdieus Werk im Lauf der Zeit eine immer zentralere Bedeutung gewinnt, ist die *Methode der Feldanalyse*. Denn der Begriff des Feldes gehört nicht nur zum Kernrepertoire von Bourdieus analytischem Baukasten, sondern avanciert in Kombination mit der Korrespondenzanalyse sogar zum Königsweg seiner soziologischen Analyse. Warum passt die Korrespondenzanalyse so kongenial zum Feldbegriff? Bourdieu selbst gibt einen Hinweis im Gespräch mit Beate Krais:

> Wenn ich zum Beispiel die Korrespondenzanalyse viel verwende, dann weil ich meine, daß diese ein im wesentlichen relationales Verfahren ist, dessen Philosophie völlig dem entspricht, was meiner Ansicht nach die soziale Realität ausmacht. Es ist ein Verfahren, das in Relationen »denkt«, so wie ich es mit dem Begriff Feld zu tun versuche. (Bourdieu 1991b: 277)

Es ist also die *relationale Denkweise*, die das analytische Konstrukt des Feldes mit der Methode der Korrespondenzanalyse verbindet. Die Korrespondenzanalyse wurde in den 1960er Jahren von Jean-Paul Benzécri entwickelt, den Bourdieu aus gemeinsamen Studienzeiten in den 1950er Jahren an der *École Normale Supérieure* kannte. Statistisch gesehen kann die Korrespondenzanalyse oder geometrische Datenanalyse, wie sie heute genannt wird, »als Hauptkomponentenanalyse mit nominalen Daten bezeichnet werden. Ähnlich wie bei der Hauptkomponentenanalyse werden mit Hilfe eines (verallgemeinerten) Kleinste-Quadrate-Schätzers

Achsen bestimmt, mit denen ein latenter Raum aufgespannt wird.« (Blasius 2010: 367) Die Korrespondenzanalyse ist vor allem ein deskriptives Verfahren zur Visualisierung von Daten – gleichsam »auf einen Blick« bekommt man einen räumlichen Eindruck von der Struktur und der Strukturiertheit eines Feldes. Zum ersten Mal hat Bourdieu zusammen mit Monique de Saint Martin (Bourdieu/Saint Martin 1978) dieses Verfahren in den 1970er Jahren zu einer Analyse der französischen Spitzenunternehmerschaft benutzt.

Technisch gesprochen werden aus einem biographischen Datensatz aktive Merkmale ausgewählt, die die unterschiedlichen Kapitalformen definieren, um die in diesem bestimmten sozialen Raum gekämpft wird. Die Merkmale werden unter verschiedenen »Überschriften« gruppiert, wobei sich eine bedeutende Anzahl von Merkmalen auf grundlegende soziale Eigenschaften (von demographischen Charakteristika bis hin zur Bildungslaufbahn) und eine kleinere Anzahl von Merkmalen auf speziellere Ressourcen des ökonomischen Feldes (Vorstands- und Aufsichtsratsposten, symbolische Auszeichnungen etc.) bezieht. (Lebaron 2012: 127)

Das Feld der Spitzenunternehmerschaft wird als zweidimensionaler Raum interpretiert. Auf der ersten Achse stehen sich öffentliche, also staatsnahe, und private Unternehmer gegenüber. Es dominieren die Unternehmer, die aus der *École polytechnique* oder der *École nationale d'administration* hervorgegangen sind. Die zweite, temporale Achse hingegen konfrontiert Etablierte und Aufsteiger, wobei ein Großteil der jüngeren Fraktion der Aufsteiger so genannte *Business Schools* besucht hat. Bourdieu erachtete diese Studie über »*Le patronat*« für so wichtig, dass er sie in überarbeiteter Form in sein Buch über den *Staatsadel* aufnahm.[30] Die multiple Korrespondenzanalyse oder geometrische Datenanalyse als kongeniales Instrument der Raum- und Feldanalyse ist in der deutschen Soziologie erst durch Bourdieus Studie über *Die feinen Unterschiede* bekannt geworden (vgl. Blasius/Winkler 1989). Bourdieu und seine Mitarbeiter sollten in der Folgezeit noch eine ganze Reihe von Feldanalysen vorlegen, die sich allesamt der Korrespondenzanalyse bedienten. Bourdieus (1999b) letzte Feldstudie betraf eine Art »konservative Revolution« im französischen Verlagswesen.

30 Wir kommen auf diese Studie im neunten Kapitel über das politische Feld zurück, in dem Bourdieu vor allem das Machtfeld genauer zu charakterisieren versucht.

Rainer Diaz-Bone (2006: 47; 2012: 107) hat den Versuch gemacht, die Schritte einer Feldanalyse auf der Basis der Methode der Korrespondenzanalyse zu systematisieren. Sein Schema oder sein *Format der Feldanalyse* sieht wie folgt aus:

(a) Auswahl eines Sets von Akteuren/Institutionen. Suche nach Indikatoren, die geeignet erscheinen, die Differenzierung im Feld (auch nach Kapitalarten) zu erfassen.

(b) Korrespondenzanalyse der objektiven Feldstruktur: faktorielle Analyse und Interpretation der wichtigsten (Struktur-)Dimensionen und Oppositionen des Feldes.

(c) Analyse der verschiedenen Feldpositionen hinsichtlich typischer Habitusformen und Strategien (Kapitalakkumulation und Kapitaltransformationen), ergänzender Einsatz ethnographischer Verfahren.

(d) Analyse der Felddynamik, Einbeziehung externer Faktoren (zum Beispiel Entwicklung der Gesamtkonjunktur, das Aufkommen neuer Technologien), Einbeziehung der Formen von »agency« (insbesondere Strategieänderungen).

(e) Analyse der Organisationen (der Unternehmen) als Subfelder im Feld: organisationsinterne Veränderungen werden auf Felddynamiken zurückgeführt, andererseits werden Felddynamiken durch das Auftreten neuer Organisationen oder neuer Organisationsformen erklärt.

4.4 Der analytische Baukasten – kritisch betrachtet

Am Ende dieses ersten großen Teils, der Bourdieus Grundbegriffen gewidmet war, muss man die enorme Anschlussfähigkeit aller seiner Begriffe unterstreichen. Der Begriff *Habitus* hat nicht nur zwischen Objektivismus und Subjektivismus vermittelt, sondern einen praxeologischen Weg aufgezeigt, wie man Handeln und Struktur erfolgversprechend in Beziehung setzen kann. Als Alternative zu Subjekt und Subjektivierung, aber auch zu Person und Persönlichkeit hat Bourdieu Wege aufgezeigt, das sozialisierte und individualisierte Individuum als Akteur zu denken. Seine Vorstellungen zum *sozialen Raum*, den *Kapitalsorten* und den *sozialen Klassen* hat die soziale Ungleichheitsforschung enorm beflügelt. Klassen-, Milieu- und Lebensstilanalysen sind eigentlich erst mit seinem neuartigem analytischen Baukasten auf neue Gleise geführt wurden. Ähnliches gilt für seine Überlegungen zum Begriff des *Feldes*, der die Differenzierungstheorie, aber auch den neuen Institutionalismus maßgeblich inspiriert hat. Inzwischen gibt es Versuche, Produktionsfelder, Organisationsfelder, aber auch institutionelle Felder (Bernhard/Schmidt-Wellenburg 2012a + b) im Geist Bourdieus empirisch zu untersuchen.

Dieser großen Fruchtbarkeit seiner Grundbegriffe und ihrer Anschlussfähigkeit stehen einige offene Fragen gegenüber, welche die Begriffe selbst, aber auch ihre Beziehung untereinander betreffen. Abschließend sei nur auf fünf solcher »Baustellen« hingewiesen:

1. *Raum und Feld*: Wir hatten schon oben auf die problematische Beziehung zwischen den beiden Grundbegriffen hingewiesen. Wie stehen Raum und Feld zueinander? Während der soziale Raum eine vertikale Logik nahelegt, motiviert die Rede von Feldern eine horizontale Logik. Repräsentieren sie zwei unterschiedliche topologische Modelle? Oder passen sie zusammen? Wer »sozialer Raum« sagt, meint Klassen. Wer »Feld« sagt, verweist auf Akteure und Institutionen. Selbst die naheliegende Lösung vom Ganzen (Raum) und seinen Teilen (Feldern) wirft die Frage auf, wie man sich die Situierung der Felder im Raum genau vorzustellen hat.

2. *Klasse – Habitus – Feld*: Mit der ersten Frage hängt die zweite eng zusammen. Wer oder was prägt den Habitus – der soziale Raum und die soziale Klasse oder das Feld? Sicher: klassen- und feldspezifischer Habitus können zusammenfallen wie im Fall der französischen Eliten von Wirtschaft, Politik, Verwaltung und Wissenschaft, wie Bourdieu in seinen bildungssoziologischen Schriften *Homo academicus* und *Der Staatsadel* nachweist. Das muss aber nicht der Fall sein. Wie verhalten sich dann Klassen- und Feld-Habitus zueinander? Wenn man Wissenschaftler sein will, sind dann die soziale Herkunft und die Herkunftsklasse wichtiger als die Werte und Normen des akademischen Feldes? Wenn man professioneller Fußballspieler werden will, was wird ausschlaggebend sein – die soziale Herkunft oder die Welt des Profifußballs? Bourdieu hat folgende Lösung angeboten: Der »Bildungsaufsteiger«, der mit einem niedrigen Klassenhabitus die heiligen Hallen der Kultur betritt, wird nach anfänglichem »Fremdeln« bei akademischem Erfolg mit der Zeit – Bourdieu rechnet mit 25 bis 30 Jahren – die Werte und Normen des Wissenschaftlers übernehmen und zum

»Homo academicus« werden. Auf lange Sicht scheint also das Feld die Klasse zu schlagen und der Beruf die Herkunftsfamilie, wie er am eigenen Leib erfahren durfte.

3. *Feld*: Was genau konstituiert ein Feld? Und wie steht es um das Verhältnis von Feld und Kapital? In allgemeinster Form, also wenn es um die Struktur geht, unterscheidet Bourdieu Positionen und deren Relationen. In konkreten Analysen indes weist er einerseits auf Akteure und deren Interessen und Strategien hin sowie andererseits auf die etablierten Spielregeln und Konsekrationsinstanzen wie Institutionen und Organisationen. Ähnlich doppeldeutig beantwortet er die zweite Frage. Einerseits soll jedes Feld seine eigene Kapitalsorte haben. Das leuchtet etwa beim dominanten ökonomischen Feld sofort ein, das durch Geld beziehungsweise ökonomisches Kapital vollständig beherrscht wird. Auf der anderen Seite soll ein Feld sich stets durch eine besondere Konfiguration von Kapitalien auszeichnen. So vereinigt das wissenschaftliche Feld in aller Regel viel kulturelles Kapital auf sich, aber vergleichsweise wenig ökonomisches Kapital, wenn man es mit Wirtschaft und Politik vergleicht.

4. *Gesellschaft – Feld*: Zerfällt die Gesellschaft in ein Ensemble von autonomen Feldern, oder gibt es eine Art von Metafeld, das als oberster Souverän oder Schiedsrichter über die anderen Felder obwaltet? Die Rede von Universen legt die erste Lesart nahe, die Rede von Mikrokosmen, die ja immer noch in einen Makrokosmos eingebettet gedacht werden müssen, die zweite Lesart. Es scheint, dass der späte Bourdieu letzterer zuneigt, wie seine Überlegungen zum Machtfeld andeuten.

5. *Autonomie versus Hegemonie*: Bourdieu steht dem Differenzierungs- und Verselbstständigungsprozess der Felder durchaus positiv gegenüber, garantiert er doch deren relative Autonomie und damit ihre Entwicklung nach ihren eigenen Werten und Standards. Erst unter dem Schutz der Autonomie eines künstlerischen Feldes konnten ein Baudelaire und ein Flaubert die Vorstellungen ihrer Kunst des »L'art pour l'art« entwickeln und ausleben. Dennoch ist Autonomie immer nur relativ, und Bourdieu konstatiert, dass externe Faktoren und Abhängigkeiten so stark werden können, dass sie die Autonomie eines Feldes untergraben. Wie passt dieses Bild eines Ensembles autonomer Felder zu der neoliberalen Hegemonie des Kapitalismus, die er zeitdiagnostisch feststellt? Droht die Öko-

nomisierung aller Felder deren Autonomie zu vernichten, oder wie muss man sich die Dominanz des ökonomischen Feldes vorstellen, wenn es plötzlich hegemonial wird? Auf diese Frage werden wir im letzten Kapitel, »Die Intellektuellen und die Kritik«, zurückkommen.

II. Die empirischen Studien

5. Bildung und soziale Ungleichheit

5.1 Einleitung

»Bildung- und Geschmackskultur-Schranken sind die innerlichsten und unübersteigbarsten aller ständischen Unterschiede.« (Weber 1972b: 568)

»Dem Spiel der Kultur und Bildung entrinnt keiner!« (Bourdieu 1982a: 32)

Kultur und Bildung sind und waren für die Reproduktion sozialer Ungleichheit zentral. Wer über das notwendige Wissen (militärisches, ökonomisches, politisches, juristisches und medizinisches) verfügt, die richtigen Sprachen spricht (im Europa des späten Mittelalters und der Neuzeit Latein und Französisch) und die entsprechenden Manieren besitzt (etwa ein »*honnête homme*« ist), was vom richtigen Gebrauch von Messer und Gabel bis hin zum souveränen Auftritt in der Öffentlichkeit reicht, dem öffnen sich Tür und Tor zu den höheren Rängen der sozialen Hierarchie. Wissen, Sprache, Auftreten oder – in der Sprache der Persönlichkeitspsychologie – Bildung, Gewandtheit und Natürlichkeit waren und sind die notwendigen Bedingungen der Eligibilität für die höchsten Positionen in der Sozialstruktur. Kulturelle Bildung verleiht Distinktion und Distanz – sie hebt heraus und adelt die Person. Aus plumpem »Haben« wird »Sein«, aus Besitz, Macht und Bildung wird eine vornehme Persönlichkeit.

Das war mehr oder minder schon immer so. Indes – noch nie waren Kultur und Bildung, symbolisiert durch Bildungsabschlüsse und höhere Qualifikationen, so wichtig wie heute. Schon Mitte der 1950er Jahre hatte Helmut Schelsky (1957: 17) die Rolle der Schule als »zentraler sozialer Dirigierungsstelle« von Lebenschancen herausgestellt. Zu seiner Zeit war diese Behauptung leicht übertrieben, weil beruflicher Aufstieg – also das Vorankommen im Beruf durch individuelle Tüchtigkeit und nicht durch beglaubigte Bildungspatente – noch möglich war. Gerade die Aufbaugeneration der alten Bundesrepublik, aber auch die der alten Deutschen Demokratischen Republik waren aus heutiger Sicht nicht sonderlich gebildet, aber fleißig und diszipliniert. Heute hingegen muss das »Können« in Form von Bildungspatenten beglaubigt werden. Die Fähigkeiten und Fertigkeiten, neudeutsch: die Kompetenzen müssen zertifiziert werden. Es scheint fast so, als ob der Mensch heute beim »Homo academicus« (Müller 2013) anfängt. David Rothkopf (2008), der die »Super-Class« untersucht hat, also jene 6000 Personen, die die sieben Milliarden Menschen dieser Welt beherrschen, notiert überrascht, dass 47% dieser globalen Eliten einen Doktortitel besitzen. Insofern scheint der Volksmund in gewisser Weise recht zu haben: »Ohne Bildungsabschluss biste nix, kannste nix und wirste nix!«

Warum ist Bildung so wichtig geworden? Auf Anhieb lassen sich drei Gründe nennen: 1. der Strukturwandel von Wirtschaft und Arbeitsmarkt; 2. die Bildungsexpansion; 3. die so genannte Individualisierung.

Strukturwandel: Mit dem Übergang von der klassischen Industriegesellschaft zur heutigen Dienstleistungs-, Informations- und Wissensgesellschaft werden die Anforderungen an Arbeit, Beruf und Job immer größer und wandlungsanfälliger. Daraus ergibt sich die Notwendigkeit zu lebenslangem Lernen, und das heißt grundsätzlich, dass man das Lernen selbst erst einmal gelernt haben muss. Ohne diese Kompetenz-Kompetenz ist die Einsatz- und Verwendungsfähigkeit eines Menschen von vornherein stark eingeschränkt.

Bildungsexpansion: Die in den 1960er Jahren unter dem Eindruck einer heraufziehenden »Bildungskatastrophe« (Picht 1965) und der Gefahr ökonomischer Randständigkeit laut werdenden politischen Forderungen nach einer Öffnung und Demokratisierung von Schule und Hochschule haben zu einer größeren Bildungsteilnahme von breiten Bevölkerungskreisen geführt. Schließlich hat dies auch zu einer Neueinschätzung von Bildung geführt: »Bildung ist Bürgerrecht!« (Dahrendorf 1965) – aber eben nicht nur.

Individualisierung: Im Zuge dieses Prozesses wird die Bildung immer mehr von einer Lebenschance zu einem Lebensstil. Bildung ist konstitutiver Bestandteil der so genannten postadoleszenten Phase, die ein psycho-soziales Moratorium für junge Erwachsene darstellt. Wer studiert, muss sich noch nicht beruflich festlegen und arbeiten, er würde allerdings ohne einen Studienabschluss auch keine lukrative Arbeitsstelle erhalten. Deshalb schwingt bei fast allen Studenten der Wunsch und die Hoffnung mit, sich über höhere Bildungsabschlüsse den Eintritt in den Arbeitsmarkt zu erleichtern *und* den Anspruch auf eine bessere, sprich höhere Berufsposition zu begründen. So lockt der Akademikerstatus mit vergleichsweise problemlosem Zugang zum Arbeitsmarkt, verspricht eine gehobene Position und stellt einen höheren Schutz vor Arbeitslosigkeit in Aussicht. Die international geringeren Raten von Akademikerarbeitslosigkeit im Vergleich zu anderen Berufs- und Bildungsgruppen bestätigen dieses Versprechen.

5.2 Bildung und soziale Reproduktion

Bildung ist ein Scharnier zwischen verschiedenen Welten: dem Mikrokosmos der Familie, der Welt der Schule und Universität, der Welt von Arbeit und Beruf sowie der Welt des Wissens und der Kultur. Pierre Bourdieu hat zeit seines Lebens diese verschiedenen Welten studiert und unermüdlich die vielfältigen Zusammenhänge von Bildung und sozialer Ungleichheit untersucht.

Bildung spielt bei Bourdieu in mindestens dreifacher Hinsicht eine wichtige Rolle:

1. als *kulturelles Kapital*: Obgleich in den frühen bildungssoziologischen Schriften das Konzept noch nicht ausgearbeitet vorliegt, spielt das Kulturkapital der Sache nach eine Rolle, wenn Bourdieu die verschiedenen Funktionen der Bildung und des Bildungssystems untersucht.

2. als *kumulative Dynamik von Bildungsprozessen*: Bourdieu verfolgt die Verbindung von kulturellem Kapital und Familie, Schule und Universität, Klasse und Lebensstil, Bildung und Beschäftigung, kurz: *Titel und Stelle*. Er arbeitet dabei mit einem *Modell der Reproduktion sozialer Ungleichheit*, welches den Nachweis erbringen soll, dass *mit* Bildung und *durch* das Bildungssystem die bestehende Klassenstruktur der modernen Gesellschaft ständig neu produziert und legitimiert wird. Familie, Schule und Arbeitsmarkt wirken über die scheinbar neutralen Funktionsmechanismen Sozialisation, Qualifikation und Verwertung an der Differenzierung, der Selektion und der Reproduktion von sozialer Ungleichheit mit – und das auf der Grundlage von formaler Gleichheit im Sinne von Chancengleichheit.

3. als *kulturelles Mysterium*: »*Tout se passe comme si*« – die Lieb-

lingsformulierung Bourdieus: Alles geschieht so, als ob eine riesige Verschwörungsmaschinerie am Werk wäre, die soziale Ungleichheit immer wieder herstellt. In Wirklichkeit wirken Akteure und individuelle Strategien, Institutionen und kollektive Strategien, Stellungen und Stellungnahmen so nahtlos zusammen, dass »die ewige Wiederkehr des Gleichen« (Nietzsche 1988: 270-277) gewährleistet ist. Eine zentrale Planungsagentur, so scheint es Bourdieu, könnte nicht besser ins Werk setzen, was dem Zusammenspiel von Habitus, Feld und Praxis scheinbar mühelos gelingt: die Reproduktion sozialer Ungleichheit bei strikter formaler Gleichheit. Das jedenfalls scheint ihm den *Normalfall* zu markieren. Gerade weil Bildung zu einem der wichtigsten Mittel im Lebenskampf um Statuserhalt oder Aufstieg geworden ist, legen die Akteure so großen Wert darauf, in diesem Rennen zumindest nicht den Kürzeren zu ziehen. *Ausnahmen* bestätigen die Regel. Es bedurfte schon einer Krise wie der der *Revolution* von Mai 1968, um den Prozess der sozialen Reproduktion auszusetzen und gesellschaftlichen *Wandel* möglich zu machen. Die damit einhergehende Bildungsexpansion setzte einen verschärften Statuswettbewerb mit durchaus ambivalenten Folgen in Gang: Immer mehr höhere Bildungsabschlüsse führten zur Titelinflation und zu einer verstärkten Abschließung der Elitepositionen, wenn man so will: einer sozialen Reproduktion *auf höherer Stufenleiter*, wie Bourdieus Studien zum *Homo academicus* und zum *Staatsadel* zeigen werden.

5.3 Akteure und Institutionen sozialer Ungleichheit

Bourdieu ist natürlich nicht der einzige Soziologe, der die Reproduktionsthese verficht. Was ihn auszeichnet, ist die Virtuosität und Detailliertheit, mit der er diesen Prozess untersucht. Zunächst wendet er sich der Aneignung von Bildung zu. Bourdieu unterscheidet zwei *Erwerbsmodi*: Familie und Schule. Familiale oder schulische Sozialisation führen zu einer unterschiedlichen Einstellung zu und Vertrautheit mit Bildung und Kultur. Bourdieu wird diese Einsicht in seiner Studie *Die feinen Unterschiede* zu einem regelrechten Gegensatz zweier grundverschiedener Habitus stilisieren: der »Mann von Welt«, der seine Bildung über Elternhaus und Familie erfahren hat, *versus* den Gelehrten, der seine Bildung vor allem den schulischen Institutionen verdankt. Sodann spielt die Zeitdauer eine wichtige Rolle, ja die Zeit im Bildungssystem selbst prägt den Menschen. Je länger sich jemand in der Welt von Schule und Universität oder einem bildungsnahen Milieu aufhält, umso nachhaltiger prägen sich Bildung und akademische Kultur in Körper und Geist des Menschen ein. Hexis und Habitus, Körperschema und Mentalität werden den »Homo academicus« über die Zeit so prägen, dass die ursprüngliche Welt der Familie abgeschliffen wird. Hier wie dort bedeutet dieser »Habitusschliff« jedoch durchaus Unterschiedliches: Leute aus bildungsfernen Schichten, deren soziale Herkunft unter Umständen ein lebenslanges Problem bleibt, gewinnen eine Art akademischen »Ersatzhabitus«, den sie als »Bildungserfolg« vorzeigen können; die Eliten hingegen erhalten in der Welt der universitären Bildung ihren »Feinschliff«, der sie neben der Haltung natürlicher Gewandtheit mit einem intellektuellen Stil versorgt. Gänzlich ablegen lässt sich die soziale Herkunft am Ende wohl nicht. Bourdieu scheint sich die Formation des Habitus wie ein Palimpsest vorzustellen:[31] Die erste Schicht beschreiben Familie und Herkunft, dann beginnen Schule und Universität, den ursprünglichen Habitus zu überschreiben. Erwerbsmodus (Familie/Schule) und Zeitdauer sind die beiden zentralen abstrakten Mechanismen, die Umfang und Charakter des inkorporierten Kulturkapitals bestimmen.

Überdies interessiert sich Bourdieu nicht nur für die Sozialisationsfunktion im Allgemeinen, sondern er bettet diese beiden Mechanismen ein in eine klassenspezifische Betrachtungsweise. Familiale und schulische Sozialisation folgen einer rekonstruierbaren Klassenlogik, die sich in Geschmack und Lebensstilen als expressive Bildungsungleichheit äußert. »Der Mann von Welt« kommt meist aus der Oberschicht, also der Bourgeoisie, während der »Gelehrte« vorzugsweise der Mittelschicht, dem Kleinbürgertum, entstammt.

Über die Akteurs- und Klassenanalyse hinaus studiert Bourdieu das System der Bildungsinstitutionen in Frankreich, das eine wichtige Rolle bei der Reproduktion von sozialer Ungleichheit spielt.

31 Ein Palimpsest nennt man ein altes Schriftstück, bei dem die ursprüngliche Schrift abgekratzt wurde, um es daraufhin neu beschreiben zu können. Auf unser Beispiel übertragen: Obgleich die Oberfläche (die Welt der Bildung) neu ist und im Glanz der Gebildetheit erstrahlt, kann darunter – mit etwas Mühe freilich – die ursprüngliche Eintragung (die Welt der Familie) entziffert werden.

Die drei Säulen des universitären Feldes – die Universitäten, die *Grandes Écoles* und die freien Einrichtungen vom *Collège de France* bis zur *École des hautes études en sciences sociales* – tragen auf je spezifische Weise zur Strukturierung sozialer Ungleichheit bei, indem sie über die notwendige Selektion die Studenten auf eine Bildungs- und Berufslaufbahn bringen. Den markanten Unterschieden von Universitäten und *Grandes Écoles* geht er in zwei großen Studien nach: *Homo academicus* (1984a, dt. 1988a) und *La Noblesse d'Etat* (1989a, dt. 2004a).

Am Ende entscheidet – fünftens – nicht allein das Bildungssystem über die Berufskarriere, sondern das Beschäftigungssystem auf der Basis von Angebot und Nachfrage, also der Arbeitsmarkt, sowie das soziale Kapital der Absolventen und ihrer Familien, also das, was man volkstümlich »Vitamin B« nennt. Das Bildungssystem hat eine Sozialisations-, Qualifikations- und Selektionsfunktion, aber die endgültige Allokationsfunktion – also wer gelangt mit welcher Qualifikation auf welche Position? – kommt dem Arbeitsmarkt zu. Daraus ergibt sich ein stets spannungsgeladenes Verhältnis zwischen *Titel und Stelle* (vgl. Bourdieu et al. 1981).

Bourdieu und seine Forschungsgruppe untersuchen also die beiden Seiten des Bildungsprozesses, indem sie jeweils das Wechselspiel von Akteuren und Institutionen betrachten: Zum einen geht es um Bildung als *Sozialisation*, denn die nachwachsenden Generationen müssen stets in den gesellschaftlichen Kulturhaushalt eines Landes eingeführt werden. Das geschieht über und durch Familie, Schule und Universität. Es geht um Bildung als Prozess des Erwerbs von Wissen, Qualifikation und Abschlüssen. Die Schlüsselfrage hier lautet: Wer erwirbt wie und warum welche Bildungsqualifikation in welcher Höhe? Zum anderen geht es um Bildung als *Institution*, denn die Bildungsentscheidungen von Jugendlichen werden beeinflusst von Eltern, Geschwistern, Peers, Lehrern und anderen Erziehern, die ihrerseits institutionell eingebettet sind in Familie, Schule, Universität und Berufswelt. Diese Institutionen haben durch ihre Logik und Funktionsweise einen erheblichen Einfluss auf den Verlauf von Bildungskarrieren. Die Schlüsselfrage hier lautet: Was vermag die Bildungsprozesse von Kindern und Jugendlichen im Lebensverlauf wie zu beeinflussen? Gibt es so etwas wie eingebaute Bildungsbarrieren oder gar ein Bildungssyndrom, das »institutionelle Diskriminierung« heißt und bestimmte Statusgruppen benachteiligt? Und wenn ja, warum, wie und wodurch geschieht das?

Sozialisation und Institution sind natürlich nicht unabhängig voneinander, sondern eng verzahnt, aber die soziologische Betrachtung unterscheidet sich in ihrem Fokus: Im ersten Fall stehen *Klasse und Sozialisation* im Mittelpunkt, im zweiten Fall die Struktur und Funktionsweise der Institutionen selbst, also *Klasse und Institution.*

Bevor wir uns den Studien dazu im Einzelnen zuwenden – *Die Illusion der Chancengleichheit* (1971), *Die Erben* (2007), *Titel und Stelle* (1981) sowie *Homo academicus* (1984) und *Der Staatsadel* (2004) –, soll ein Blick auf die Eigenart des französischen Bildungssystem geworfen werden.

5.4 Das französische Bildungssystem und die Institutionen höherer Bildung

Die nationalen Bildungssysteme haben sich im Zuge der Modernisierung und Ausdifferenzierung zumindest in Europa einander angenähert. Seit den so genannten Bolognareformen, die einheitliche Bildungsabschlüsse (BA/MA/PhD) und ihre Anerkennung in ganz Europa anstreben, kann man sogar von einem weiteren Konvergenzprozess zur Schaffung einer europäischen Informations- und Wissensgesellschaft sprechen. Bei näherem Hinsehen erweist sich jedoch, dass nationale Unterschiede nach wie vor bestehen, die mit der Geschichte des jeweiligen Landes und seiner politischen wie gesellschaftlichen Struktur zusammenhängen. Diese »Pfadabhängigkeit« ist es, die den genuinen Charakter eines Bildungssystems, seine Eigenart wie Einzigartigkeit erklärt.

Frankreich wurde schon sehr früh zu einem stolzen Nationalstaat mit imperialen Ansprüchen. Folgerichtig wurde schon im 17. Jahrhundert die Pflege der französischen Sprache einer eigens dafür gegründeten Akademie übertragen. Die Académie française, von Ludwig XIV. im Jahre 1635 ins Leben gerufen, war die erste von sieben Akademien (die weiteren waren für Malerei und Skulptur (1648), Tanz (1661), Inschriften und schöne Schriften (1663), Wissenschaft (1666), Musik (1669) und Architektur (1671) zuständig). Neben dem Anspruch, die bedeutendste Kulturnation

Europas zu werden, sorgten die Bildungs- und Qualifikationsbedürfnisse des zentralistischen Staates für die Schaffung von Universitäten, deren bekannteste die Sorbonne ist (die bereits Anfang des 13. Jahrhunderts gegründet wurde). Seit dem 19. Jahrhundert kam die Etablierung so genannter Großer Schulen (*Grandes Écoles*) hinzu, die seither den Elitenachwuchs für Staat und Wirtschaft bereitstellen. Die Struktur des französischen Bildungssystems ist somit schon recht alt, was natürlich eine Fülle von Reformen und Modifikationen in der Folgezeit nicht ausschloss, die aber den Rahmen des Systems unangetastet ließen. Grundlegend ist die Trennung von Universitäten und *Grandes Écoles*, die ungefähr der Unterscheidung zwischen Massen- und Elitenbildung entspricht. Wie wir noch sehen werden, wirken die großen Schulen nicht nur durch das kulturelle Kapital ihrer spezifischen Wissensvermittlung, sondern mehr noch über das soziale Kapital ihrer Netzwerkbildung. Jede neue Generation begabter Studenten lernt sich schon in jungen Jahren kennen. Man lernt und lebt zusammen, und diese intime schulische Sozialisation in kleinen Gruppen begründet lebenslange Freundschaftsnetzwerke, die dann von unschätzbarem Wert sein werden, wenn man in den verschiedensten Spitzenämtern der höheren Institutionen und Organisationen von Staat und Wirtschaft »dient« oder besser gesagt: herrscht. Jeder hat also in fast allen wichtigen Institutionen und Organisationen jemanden, den er aus Studienzeiten kennt.

Spätestens seit der Dritten Republik nach dem Krieg von 1870/71 glaubt man in Frankreich aber, ein republikanisches, laizistisches und egalitäres Bildungssystem unter dem Motto »La carrière ouverte aux talents« eingeführt zu haben. *Republikanisch*, insofern die Bildungsziele und -ideale auf die Schaffung einer demokratischen Republik gerichtet sind, wie Émile Durkheim in seinen soziologischen und pädagogischen Schriften nicht müde wurde zu betonen; *laizistisch*, weil jeder kirchliche, also katholische Einfluss im Unterricht zurückgedrängt und Erziehung und Religion vollkommen getrennt wurden; *egalitär*, weil im Prinzip jeder Bürger (*citoyen*) und jede Bürgerin (*citoyenne*) mit entsprechendem Talent und Fleiß die gleichen Chancen haben sollte, sich im französischen Unterrichtssystem zu bilden und weiterzubilden, ungeachtet seiner beziehungsweise ihrer sozialen Herkunft und finanziellen Mittel. Dieses System scheint also fast gänzlich dem Ideal der »Meritokratie«, also der Chancengleichheit und der Herrschaft von Leistung und Verdienst zu entsprechen.[32]

5.5 Die Illusion der Chancengleichheit

»Wie der Blitz aus heiterem Himmel«, so Christian Baudelot (2005: 167), schlug die Veröffentlichung von *Les Héritiers* (dt: *Die Erben*) im Jahr 1964 ein. Bis dahin hatte der Mythos der republikanischen Schule erfolgreich gegolten, intergenerationelle Mobilität und sozialer Aufstieg war für möglich gehalten worden. »Das republikanische Imaginäre«, so nochmals Baudelot (2005: 165),

> war voller Beispiele für soziale Mobilität innerhalb von drei Generationen: die Großeltern Bauern, die Eltern Dorfschullehrer, der Sohn großer Intellektueller (vorzugsweise Schriftsteller), hohe Führungskraft, ja, Präsident der Republik: so zum Beispiel Georges Pompidou, aufgewachsen in einem kleinen Dorf des Cantal, die Eltern Dorfschullehrer, die Großeltern Bauern. Ließ die Mobilität zu wünschen übrig, hatte das quantitative Gründe: Politische und gewerkschaftliche Organisationen forderten mehr Mittel (»Papier, Radiergummis, Bleistifte ...«) und mehr Stipendien, damit die Schule ihre republikanische Mission voll wahrnehmen könne.

Das Buch *Die Illusion der Chancengleichheit*, das 1971 auf Deutsch erschien und die beiden Studien *Les Héritiers* von 1964 und *La Reproduction* von 1971 zusammenfasste, räumte mit diesem Mythos auf. Bourdieu und Passeron verfolgten die Fragestellung, wie Bildung und soziale Ungleichheit zusammenhängen und wie man diesen Zusammenhang anhand von Daten zur Bildungspartizipation verdeutlichen kann. Ihre zentrale Antwort lautete (entgegen dem meritokratischen Ansatz, der die Individualisierung von Bildungspartizipation je nach Talent und Begabung behauptet): *Reproduktion.* Die Reproduktionsthese beansprucht zu zeigen, wie Bildung sozial vererbt und damit die soziale Ordnung aufrechterhalten wird. Der methodische Ansatz ist einer kritischen Schule verpflichtet, welche die geheimen Grundlagen der Reproduktion sozialer Ungleichheit durch Bildung aufdecken möchte. Als Gegner sehen sie eine pseudorevolutionäre und reformerische Richtung, die mit

32 Zum französischen Hochschulsystem siehe etwa weiterführend Bernd Schwibs' Erläuterungen in Bourdieu (1988a: 437-455).

einem »Gewissen ohne Wissenschaft«, (also radikal, aber folgenlos, weil nicht wissenschaftlich untermauert) kritisiert, ebenso wie die neopositivistische Schule, die eine »Wissenschaft ohne Gewissen« betreibt, also neutrales Wissen über das Bildungssystem bereitstellt und damit dessen Status quo unkritisch anerkennt.

> Der erkenntnistheoretische Bruch mit den – ob apologetisch oder kritisch gearteten – Vorwegkonstruktionen der Spontansoziologie impliziert den Bruch mit der ethischen Alternative zwischen Wissenschaft ohne Gewissen und Gewissen ohne Wissenschaft. Wenn es Wissenschaft nur vom Verborgenen gibt, ist die Wissenschaft von der Gesellschaft per se kritisch. [...] Die Enthüllung des Verborgenen hat deshalb immer einen kritischen Effekt, weil in der Gesellschaft das Verborgene immer ein Geheimnis ist, vorzüglich gehütet, auch wenn niemand ausdrücklich damit beauftragt ist. Das Geheimnis trägt zum Fortbestand einer auf Tarnung ihrer stärksten Selbsterhaltungsmechanismen angewiesenen Sozialordnung bei und dient den Interessen derer, die auf Erhaltung dieser Ordnung bedacht sind. Die wissenschaftliche Funktion des Soziologen besteht also darin, die Gesellschaft in Frage zu stellen und sie dadurch zu zwingen, sich selbst zu verraten. [...] Wenn man die Mechanismen offenbart, mit deren Hilfe das Bildungswesen die Kinder verschiedener sozialer Klassen ungleich stark eliminiert, wird die Ideologie von der Befreiungsfunktion des Bildungswesens brutal dementiert. Es zeigt sich, daß diese Ideologie der Gesellschaftsordnung dient, indem sie die sozial konservative Funktion des Bildungswesens, des besten Instruments zur Vererbung des kulturellen Kapitals und zu deren Legitimierung, verschleiert. Die Forschung kann das System der verborgenen Relationen zwischen dem Bildungssystem und dem System der sozialen Klassen durch Berechnung der Bildungschancen für die verschiedenen sozialen Klassen untersuchen, ohne daß der Soziologe sich dabei persönlich für irgendeine Vorstellung von Chancengleichheit entscheiden müßte [...]. (Bourdieu/Passeron 1971: 14 f.)

Dieses lange Zitat ist aus mehreren Gründen aufschlussreich, da es den kritischen Reproduktionsansatz sehr anschaulich charakterisiert:

1. Die *kritische* Funktion: Die Aufgabe der Soziologie besteht in der Aufklärung der Gesellschaft über die geheimen Grundlagen ihrer Sozialordnung und darüber, wem diese geheime institutionelle Infrastruktur von Bildung nutzt.

2. Die *wissenschaftliche* Funktion: Der Reproduktionsansatz ist darauf gerichtet, die Mechanismen aufzudecken, welche die selektiven Bildungschancen zu erklären vermögen.

3. Die *konzeptuelle* Innovation: Die entscheidende begriffliche Neuerung ist das Konzept des kulturellen Kapitals, das über den unterschiedlichen Schulerfolg bei gleicher materieller Ausstattung entscheidet. Dieses Konzept wurde dann für die Klassen- und Lebensstilanalyse zentral, wie wir noch sehen werden. Außerdem hat es bis heute nichts an Aktualität eingebüßt, denn das Problem der in- und ausländischen Unterklassen in Europa ist dank des europäischen Sozialmodells nicht in erster Linie materielle Armut, sondern Bildungsarmut, also fehlendes kulturelles Kapital.

4. Die *politische* Vorsicht: Trotz revolutionärer Rhetorik und der Verachtung für eine positivistische und neutrale Soziologie halten letztlich auch Bourdieu und Passeron am methodischen Ideal der Werturteilsfreiheit fest.[33] Die normativen Maßstäbe, die sie in ihrer Kritik am republikanischen Bildungssystem anlegen, sind dem »französischen Mythos« entlehnt: das Leistungsprinzip und die Chancengleichheit. Keineswegs machen sie Anstalten, einen eigenen normativen »Großansatz« zu entwickeln, der aufzeigen könnte, wie dieses System zu reformieren wäre. Diese rein immanent verfahrende Kritik ist aufschlussreich, weil es offenkundig zur Meritokratie (ähnlich wie zu Kapitalismus, Demokratie und Individualismus als den ökonomischen, politischen und kulturellen Systemcharakteristika moderner Gesellschaften) kaum eine Alternative zu geben scheint. Was, wenn nicht das meritokratische Prinzip, wie unvollkommen und inegalitär auch immer es realisiert sein mag, könnte Bildungsunterschiede und Belohnungsungleichheiten in unseren Leistungs-, Berufs- und Erwerbsgesellschaften rechtfertigen? Dieser Punkt ist deshalb so wichtig, weil gerade Bildungsgleichheit in einem emphatischen Sinne kaum jemals vollständig und wahrscheinlich nicht einmal annähernd hergestellt zu werden vermag, wie die Eingangszitate von Weber und Bourdieu verdeutlichen.

Ausgangspunkt ihrer Analyse zu »Bildungsprivileg und Bildungschancen« ist die Feststellung, dass die ungleiche Repräsentation von Klassen im Bildungssystem Ausdruck der Tatsache ist,

33 Freilich variiert Bourdieus Haltung über die Zeit: der frühe Bourdieu nimmt zwar stets eine herrschaftskritische Haltung ein, bemüht sich in seinen Studien indes um Objektivität, Validität und Reliabilität seiner Analysen. Dem späten, intellektuellen Bourdieu erscheint Wertfreiheit wie eine Fessel, die verhindert, dass die Sozialwissenschaften ihrer kritischen Funktion nachkommen.

dass es insgesamt eine bürgerliche Institution darstellt. So studieren in den 1960er Jahren nur 6% aller Arbeiterkinder, während Kinder von höheren Angestellten und Selbstständigen eine ungleich größere Chance haben zu studieren. Wie lässt sich dieser Tatbestand erklären? Bourdieu und Passeron entwickeln vier Thesen, um diesem Zusammenhang auf die Spur zu kommen.

1. Die *Repräsentationsthese* besagt, dass die Ungleichheit der Bildungschancen nur die ungleiche Vertretung der sozialen Klassen in Schule und Universität widerspiegelt.

2. Die *Restriktionsthese* zeigt auf, wie die Einschränkung der Studienwahl soziodemographisch nach Geschlecht und Herkunft verteilt ist. Bei gleicher Herkunft finden die Autoren, dass Jungen sich bevorzugt auf naturwissenschaftliche Fächer konzentrieren, Mädchen sich hingegen auf die Geisteswissenschaften an den philosophischen Fakultäten. Die klassenspezifischen Muster kommen darin zum Ausdruck, dass die Restriktionen desto größer werden, je niedriger die soziale Herkunft und damit die Klasse des Studierenden ist.

3. Die *Zeitthese* spezifiziert eine der Restriktionen, insofern die Verlängerung der Studienzeiten in den unteren sozialen Kreisen konzentriert ist.

4. Die *Gewichtungsthese* besagt, dass die soziale Herkunft von allen Variablen die wichtigste ist, wichtiger noch als Alter und Geschlecht.

Ihr Fazit lautet:

> Die soziale Herkunft ist mit den durch sie bedingten unterschiedlichen Chancen, Lebens- und Arbeitsverhältnissen unter allen Determinanten die einzige, deren Einfluss sich auf alle Bereiche und Ebenen der studentischen Erfahrung erstreckt, in erster Linie aber auf die Lebensbedingungen. Die Wohnverhältnisse und die Lebensführung, die damit verbunden ist, die finanziellen Mittel und ihre Verteilung auf verschiedene Haushaltsposten, Stärke und Art des Abhängigkeitsgefühls, das sich je nach Herkunft der finanziellen Mittel ändert, die gesamte Natur dieser Erfahrungen und die mit ihrem Erwerb verbunden Wertvorstellungen stehen in unmittelbarer und engster Abhängigkeit von der sozialen Herkunft, während sie zur gleichen Zeit ihren Einfluss übertragen. (Bourdieu/Passeron 2007: 20f., siehe auch *Abbildung 5*)

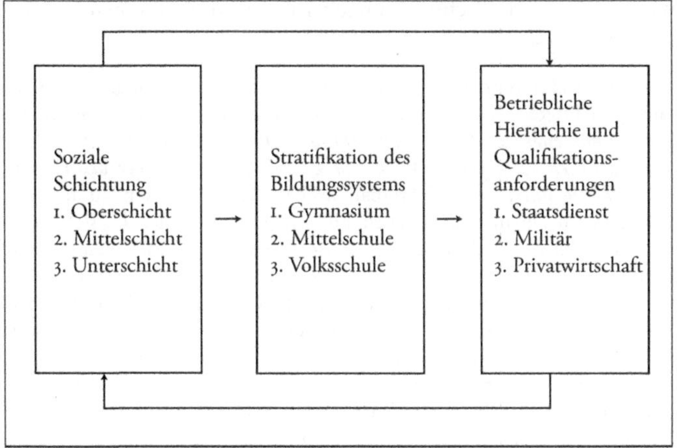

Abb. 5: Reproduktion sozialer Ungleichheit durch Bildung (Becker/Lauterbach 2007: 26)

Was kann man gegen den ewigen Reproduktionskreislauf sozialer Ungleichheit durch Bildung tun? Würde ein System von Stipendien und Studienbeihilfen helfen, Chancengleichheit herzustellen, indem alle Studenten unabhängig vom Elternhaus einander gleichgestellt würden? Oder müssen Schule und Universität grundlegend reformiert werden mittels einer tiefgreifenden Demokratisierung und einer rationalen Pädagogik? Bourdieu und Passeron warnen vor der Illusion, allein durch ökonomischen Ausgleich könnte die soziale Reproduktion durch Bildung ausgehebelt werden. Im Gegenteil, es würde die Legitimität durch Meritokratie erhöhen und gleichzeitig die soziale Ungleichheit wirkungsvoll wiederherstellen. Denn

> die Wirksamkeit der Faktoren sozialer Ungleichheit ist derart, dass selbst bei einer Angleichung der ökonomischen Mittel die Universität nicht ablassen würde, diese Ungleichheiten zu legitimieren, indem sie soziale Privilegien in individuelle Begabung oder persönlichen Verdienst umdeutet. Oder besser noch: Wäre die formelle Chancengleichheit erreicht, könnte das Bildungswesen allen Anschein von Legitimität in den Dienst der Legitimation dieser Privilegien stellen. (Bourdieu/Passeron 2007: 41)

Was bleibt, ist eine echte Demokratisierung und eine neue, rationale Pädagogik:

> Wenn man einräumt, dass ein echt demokratisches Bildungswesen sich zum unbedingten Ziel setzen muss, *einer möglichst großen Zahl von Menschen in kürzester Zeit Gelegenheit zum möglichst vollständigen Erwerb einer größtmöglichen Zahl jener Fähigkeiten zu geben, die zu einer bestimmten Zeit Bildung ausmachen*, sieht man leicht, wie sehr dies nicht nur im Gegensatz zu einem traditionellen Bildungswesen stünde, das sich nach der Ausbildung und Auslese einer Elite besserer Herkunft richtet, sondern auch zu einem technokratischen Bildungswesen, das auf einer Art Serienproduktion von Fachmenschen nach Maß abzielt. Es reicht aber nicht, sich die tatsächliche Demokratisierung des Bildungswesens zum Ziel zu setzen. Weil eine rationale Pädagogik fehlt, die vom Kindergarten bis hin zur Universität methodisch und kontinuierlich den Einfluss der gesellschaftlichen Faktoren kultureller Ungleichheit neutralisiert, kann der bloße politische Wille, alle mit den gleichen Bildungschancen auszustatten, die tatsächlichen bestehenden Ungleichheiten selbst dann nicht überwinden, wenn er all seine institutionellen und ökonomischen Mittel in Bewegung setzt. Umgekehrt kann eine wirklich rationale Pädagogik, die auf einer Soziologie kultureller Ungleichheit beruht, sicher dazu beitragen, die Ungleichheiten im Hinblick auf Bildung und Kultur zu verringern, aber sie lässt sich nur dann verwirklichen, wenn alle Bedingungen einer wirklichen Demokratisierung der Auslese von Professoren und Studenten gegeben sind. (Ebd.: 105)

Bourdieu und Passeron haben zwar den Reproduktionsansatz populär gemacht und die Bildungsforschung nicht nur in Frankreich, sondern auch in Deutschland beflügelt. Trotz ihrer Prominenz sind gleichwohl in der Folgezeit viele Soziologen mit ihren Erklärungsansätzen und empirischen Untersuchungen andere Wege gegangen. Raymond Boudon (1974) hat aus einer handlungstheoretischen Perspektive rationaler Wahl das Muster von Bildungsentscheidungen rekonstruiert, um die soziale Ungleichheit zu erklären. Wichtig für die weitere Forschung wurde die Unterscheidung von primären und sekundären Herkunftseffekten, denn neben den Schulleistungen sind es vor allem die Bildungsentscheidungen der Eltern, welche die Weichen für deren Kinder stellen. Ein halbes Jahrhundert Bildungsforschung hat vertiefte Erkenntnisse über die konkreten Mechanismen und Prozesse in Elternhaus und Familie zutage gefördert, wenn es um Bildungsentscheidungen und -karrieren geht. Ähnliches gilt für die institutionelle Perspektive. So zeigen nicht nur Bourdieu und seine Forschungsgruppe die Spaltung des französischen Bildungssystems in Massen- und Elitenbildung auf, wie sie sich in der Zweigleisigkeit von Universitäten und *Grandes Écoles* zeigt. Die konkrete Struktur und die institutionelle Ausgestaltung eines Bildungssystems haben massive Auswirkungen auf die Bildungswege und -karrieren verschiedener Gruppierungen innerhalb dieses Systems.

Anhand der vorangegangenen Überlegungen zu Bildung und sozialer Ungleichheit hat sich gezeigt, dass Bourdieu stets mit zwei Perspektiven in diesem Bereich arbeitet. Erstens mit der *sozialisatorischen* – Bildung und soziale Ungleichheit – und zweitens mit der *institutionellen* – a) *Titel und Stelle*; b) die großen Studien über die französischen Universitäten (*Homo academicus*) und die *Grandes Écoles* (*Der Staatsadel*).

Diese institutionellen Analysen, die die sozialisatorische Perspektive kongenial ergänzen, sollen in drei Schritten entfaltet werden: Im ersten Schritt soll die Beziehung zwischen Bildungs- und Beschäftigungssystem eruiert werden – *Titel und Stelle*; im zweiten Schritt wenden wir uns Bourdieus Universitätsstudie zu – *Homo academicus*; im dritten Schritt soll schließlich seine Untersuchung der *Grandes Écoles* nachgezeichnet werden – *Der Staatsadel*.

5.6 *Titel und Stelle*

In der Studie *Titel und Stelle* machen sich Pierre Bourdieu und Luc Boltanski (Bourdieu et al: 1981) daran, das Verhältnis der titelgebenden Begriffe allgemein, und das heißt: strukturell zu charakterisieren. Das Verhältnis zwischen Bildungs- und Beschäftigungssystem wird anhand von Abbildung 6 erläutert.

Sie gehen von der Annahme *relativer Autonomie* aus, das heißt, Bildungs- und Beschäftigungssystem sind nicht ein- oder wechselseitig determiniert: Weder ist das Bildungssystem der willige Helfer bei der Bereitstellung von Arbeitskräften für das Beschäftigungssystem, noch ist dieses direkt abhängig vom Bildungssystem. Vielmehr verfügt das Bildungssystem über eine relative Autonomie, die im Alltag indes für strukturelle Spannungen sorgt. Ausgehend von dieser Annahme stellen Bourdieu und Boltanski sechs Thesen vor,

TITEL		STELLE
BILDUNGSSYSTEM (Familie und Schule)	*Relative Autonomie und strukturelle Spannung:* ← Dominanz Unabhängigkeit →	ÖKONOMISCHES SYSTEM (Arbeitsmarkt und Beruf)
Produktion von Arbeitsplätzen 1. Technische Reproduktionsfunktion: *Qualifikation* 2. Soziale Reproduktionsfunktion: *Stellung der Arbeitskräfte in der Sozialstruktur*		Struktur der Arbeitsplätze

Abb. 6: Titel und Stelle

die das Verhältnis der Teilsysteme sowie der Akteure zueinander charakterisieren sollen. Gehen wir sie der Reihe nach durch:

1. *Bildungssystem – Produktion oder Reproduktion*: Relative Autonomie heißt, dass das Bildungssystem seinem eigenen Entwicklungsrhythmus unterliegt. Das schafft nicht nur Spannungen, sondern führt tendenziell zu einer Entkoppelung der beiden Systeme. »Die Doppelrolle des Bildungssystems hat zur Folge, dass es *weniger direkt von den Erfordernissen des Produktionssystems als von denen der Reproduktion der jeweiligen Herkunftsgruppe abhängt.*« (Bourdieu et al. 1981: 91) Die Statusreproduktion rangiert also vor der ökonomischen Produktion von gut ausgebildeten Arbeitskräften.

2. *Bildungskapital als Kulturkapital*: Da Titel eine Qualifikationsverbürgung von Rechts wegen darstellen (wenn auch faktisch höchstens der Verleiher des Titels sicher sein kann, dass der so Ausgezeichnete tatsächlich kann, was ihm attestiert wurde), versuchen Bourdieu und Boltanski den spezifischen Effekt herauszuarbeiten, den die schulische »Berechtigung« auf den Arbeitsmarkt ausübt.

In diesem Interaktionsprozess haben die Arbeitskraftverkäufer eine umso größere Macht, je bedeutender ihr Bildungskapital ist; dieses bildet gewissermaßen ein verkörpertes kulturelles Kapital, das die Bestätigung durch die Schule erfahren hat und dadurch juristisch garantiert ist. (Ebd.: 95)

3. *Titel und Stelle*: Je genauer die Beziehung zwischen Titel und Stelle kodifiziert ist, desto mehr hängt der Wert der Arbeitskraft allein vom Bildungskapital ab. Und umgekehrt: Je loser die Beziehung, desto größer ist der Spielraum für Täuschungsmanöver und Bluffs, und umso mehr kann – neben Bildungskapital – auch soziales Kapital genutzt werden.

4. *Individuelle und kollektive Strategien*: Beide Typen von Strategien werden von den Akteuren verfolgt. Die Unternehmer möchten am liebsten die relative Autonomie des Bildungssystems beseitigen, um Titel und Stelle möglichst passfähig zu machen. Das Bildungssystem und die Arbeitskräfte hingegen plädieren beide für eine unabhängige Titelvergabe – das Bildungssystem, um seine relative Autonomie, die Arbeitskräfte, um Verhandlungsspielräume gegenüber den Unternehmern zu bewahren.

5. *Zusammenhang zwischen Titel und Macht*: Der Wert eines Titels steigt mit seiner Seltenheit bzw. Exklusivität:

> Die Absolventen der *Grandes Écoles* sind das Musterbeispiel einer kleinen Gruppe, die ihre Macht dem bedeutenden sozialen Kapital verdankt, das ihre Mitglieder gerade aus ihrer geringen Anzahl, mit anderen Worten: ihrer Seltenheit, aber auch ihrer Solidarität ziehen, denn vereinigt können sie das Kapital, über das sie individuell verfügen, symbolisch und oft real noch besser nutzen. (Ebd.: 100)

6. *Zusammenhang zwischen Berechtigungswesen und Reproduktion der herrschenden Klasse über Bildung*: Wie verhindert man den Aufstieg der unteren Klassen? Das ist die Gretchenfrage für jede Oberschicht und herrschende Klasse. Die Antwort lautet: durch Differenzierung der Bildungsinstitutionen sowie der Zugangswege zu diesen. Auf der einen Seite schafft man private Bildungsinstitutionen, Ausbildungsunternehmen, Privatuniversitäten und so fort, die möglichst hohe Gebühren nehmen. Selbst wenn man Stipendien für ökonomisch schwache Bewerber vergibt, hält das den Andrang der unteren Klassen auf einem vertretbaren Niveau, denn dort ist die Angst, sich für den eigenen Bildungsprozess so hoch verschulden zu müssen, dass die ersten Berufsjahre von der Rückzahlung der Bildungskredite überschattet werden, sehr verbreitet. Zudem können die kooptierten Studenten aus den unteren Klassen als erfolgreiche »Bildungsaufsteiger« der Öffentlichkeit präsentiert werden. Freilich ist das nur der berühmte Tropfen auf den heißen

Stein. Martin Luther King (1964) nannte dieses Phänomen in seinem Buch *Why we can't wait* den »Tokenism-Effekt«. »Tokenism« ist reine Alibipolitik, denn die »*happy few*«, die wenigen schwarzen Aufsteiger, werden von den Weißen als Beweis dafür angeführt, dass es in Amerika jeder, also auch ein Schwarzer, schaffen kann, aus eigener Kraft aufzusteigen. Obwohl von verschwindend geringer Zahl, tragen diese wenigen schwarzen Bildungsaufsteiger nicht unwesentlich zur Stärkung der Legitimationsbasis der Meritokratie bei. Insgesamt erfüllt diese Struktur des Bildungssystems eine dreifache Kanalisierungsfunktion: a) die *Grandes Écoles* sind für die Reproduktion der herrschenden Klasse zuständig; b) das berufliche Schulwesen, das durch die Wirtschaft kontrolliert wird, ist für die Reproduktion der Arbeitskräfte verantwortlich; c) die Universitäten übernehmen die Reproduktion des akademischen Nachwuchses.

Die sechs Thesen demonstrieren, dass neben dem Wettbewerb um die Bildungstitel stets auch noch ein Definitionskampf um die Bedingungen und Bedeutungen von Bildung tobt. Zu dem Klassenkampf, so Bourdieu und Boltanski, muss also auch immer der Klassifikationskampf gezählt werden. Dessen Produkt wie Gegenstand sind die sozialen Taxonomien, welche die Wertigkeiten und Abstufungen der Bildungstitel festlegen.

> So ist der Kampf um die Klassifizierung eine Dimension im Klassenkampf, aber ohne Zweifel die am besten verborgene. Es gibt keine Taxonomie, nicht einmal im Falle der Kategorien zur Beurteilung von Kunstwerken, die nicht letzten Endes auf den Gegensatz zwischen den Klassen verwiese; doch diese Beziehung von Klassenkampf und Klassifizierung tritt umso weniger hervor, je autonomer der Bereich ist, aus dem die entsprechenden Klassifizierungssysteme stammen. (Bourdieu et al. 1981: 106)

5.7 *Homo academicus*

Wenn *Die feinen Unterschiede* und *Die Regeln der Kunst* in gewisser Weise Bourdieus wichtigste Bücher sind, weil sie jeweils paradigmatisch Klassen- und Feldanalyse vorführen, so ist *Homo academicus* sein persönlichstes Buch. Hier setzt er sich am intensivsten mit der akademischen Welt der Universität auseinander, die ihm, als Sohn eines Postbeamten aus dem Béarn, denkbar fernlag. Sehr langsam und – wie seine Autobiographie *Ein soziologischer Selbstversuch* und die *Meditationen* zeigen – auch sehr schmerzhaft eignet er sich diese »scholastische Welt« der Bildung an, ohne in ihr jemals vollends heimisch zu werden oder sie als seine ureigenste Lebenswelt annehmen zu können. Stanley Hoffmann (1986: 48) hat das Bourdieu'sche »Fremdeln« auf den Punkt gebracht: »he has the penetrating view of the insider that only an outsider can have when he becomes an insider«. Bourdieu mag sich wie ein Ethnologe gefühlt haben, der einen unbekannten wilden Stamm besucht. Nur, dass hier der Fall gerade umgekehrt lag, der »Barbar« aus dem Béarn erkundete staunend die zivilisierte Wissenschaftswelt von Paris, diesen nervösen Mikrokosmos aus Intrige und Distinktion. Keine deutsche Bildungsinstitution verfügt über den Nimbus, der etwa an der *École Normale Supérieure* gepflegt wird. Intellektueller Snobismus oder ein verspielter akademischer Habitus, der vor allem selbstreferentiell funktioniert und nur für Insider verständlich ist, wodurch sich die Outsider in diesem Spiel umso ausgeschlossener vorkommen, sind zwei der furcht- oder respekteinflößenden Strategien und Taktiken, welcher sich die Angehörigen dieser akademischen Welt bedienen. Bourdieu dürfte sich recht häufig wie ein »armes Würstchen« vorgekommen sein – Prädikat ungenügend. Wer es wie er, dem Magister Ludi aus Hermann Hesses *Glasperlenspiel* gleich, am Ende an die Spitze der Hierarchie dieser Welt geschafft hat, der hat für sich und alle anderen, denen es vielleicht ähnlich ergangen ist, noch etwas gutzumachen und mit denen, die auf ihn herabgeschaut haben, noch eine Rechnung offen.

Bourdieu versucht, gerade weil er persönlich betroffen ist, objektiv zu bleiben und soziologische Aufklärung zu betreiben. Sein Ziel ist eine Sozioanalyse der französischen Universität. Der Begriff *Sozioanalyse* stellt nicht zufällig eine Analogie zu Freuds Psychoanalyse her. Wie bei Freuds Aufdeckung des Unbewussten im Menschen geht es hier um das kollektiv Unbewusste in der Gesellschaft beziehungsweise der Universität. Bourdieus Ziel ist es, den *Homo academicus*, »diesen Klassifizierer unter Klassifizierenden« (Bourdieu 1988a: 9), den eigenen Wertungen zu unterwerfen. Seine Methode ist nicht zufällig die Ethnographie, also die Exotisierung des Heimischen, das Fremdmachen der eigenen Welt, um durch diese Differenzoperation die Eigenarten des sozialen Phänomens besser herausarbeiten zu können. Das zentrale Problem betrifft die Institution der Universität. »Die Welt der Universität einer wissenschaftlichen Analyse zu unterziehen bedeutet, sich eine Institution zum Gegenstand zu nehmen, der gesellschaftlich das Recht zuerkannt wird, eine den Anspruch auf Universalität erhebende Objektivierung durchzuführen.« Insofern ist das universitäre Feld eine »Stätte permanenter Konkurrenz um Wahrheit«. (Ebd.: 11) Diesen privilegierten Ort der Wahrheitsfindung und wissenschaftlichen Erkenntnisproduktion einer kritischen Sozioanalyse zu unterziehen heißt, sich auf vermintes Gelände zu begeben und sich selbst im Zentrum des symbolischen Kampfes zu positionieren. Denn: »Beim symbolischen Kampf geht es um das Monopol auf die legitime Benennung, den herrschenden Standpunkt, der dadurch, daß er als legitim anerkannt wird, in seiner Wahrheit als besonderer, nach Ort und Zeit lokalisierter, verkannt wird.« (Ebd.: 68)

Bourdieu versucht, Struktur und Dynamik des universitären Feldes in den 1960er Jahren zu bestimmen, um vor diesem Hintergrund seine originelle Interpretation des »Mais 1968« in Frankreich bzw. der Studentenrevolten zu geben (wir werden darauf noch zurückkommen). Um ein Bild des universitären Feldes zu gewinnen, nimmt er drei miteinander verschränkte Perspektiven ein, die wir uns nacheinander ansehen werden: 1. die Klassifikationsanalyse; 2. die institutionelle Analyse; 3. die historisch-empirische Analyse der Ereignisse im Mai 1968.

Die Klassifikationsanalyse

Wie generieren Wissenschaftler und Intellektuelle, Spezialisten des Universellen, ihre spezifischen Wertstandards von Wissen? Wie wird wissenschaftliche Autorität erzeugt und universitäre Macht erhalten oder ausgebaut? Welche Geheimnisse bergen die *Kategorien des professoralen Verstehens*? Diesem Gesamtkomplex geht Bourdieu im ersten Teil und in der Nachschrift von *Homo academicus* nach. Zwei Thesen sind seinen Analysen im ersten Teil zu entnehmen:

1. Die *theoretische* These: Es existiert eine Homologie zwischen Stellungen (*positions*) und Stellungnahmen (*prise de positions*). Jeder Position, so die Vorstellung, entspricht eine Positionierung.

2. Die *methodische* These: Mit Hilfe der Korrespondenzanaly-

sen soll eine »systematische Totalisierung« des universitären Raums gelingen,

> die beim gegebenen Stand der Erkenntnismittel und um den Preis einer so umfassend wie möglichen Objektivierung des historischen Datenmaterials wie auch der Totalisierungsarbeit zu erreichen ist. Damit markiert sie einen wirklichen Punkt auf der Linie, die zu dem *focus imaginarius* hinführt, von dem Kant sprach, das heißt zu jenem imaginären Zentrum, von dem aus sich das vollendete *System* darböte und das die eigentliche wissenschaftliche Intention doch lediglich als Ideal (oder regulative Idee) einer Praxis zu denken vermag, die sich ihm stetig zu nähern nur deshalb hoffen darf, weil sie den Anspruch aufgegeben hat, es hier und jetzt zu besetzen. (Ebd.: 76)

Der Kantische »*focus imaginarius*«, also jener totale Standpunkt, von dem aus sich die Struktur des universitären Raums vollkommen transparent darbietet, ist natürlich nur ein Ideal. Bourdieu glaubt, in der Korrespondenzanalyse eine Methode gefunden zu haben, die diesem Ideal einer Erschließung der Totaliät aber recht nahekommt.

Die institutionelle Analyse des universitären Feldes

Diese Analyse beschäftigt sich mit dem universitären Feld und seinen Regionen. Bourdieu geht es dabei in erster Linie um die Bestimmung von »Macht und Einfluß in den philosophischen und humanwissenschaftlichen Fakultäten im Jahre 1967« (ebd.: 39) durch eine empirische Studie über einflussreiche Pariser Professoren. Dieses Vorgehen impliziert vier Untersuchungsschritte:

1. die Analyse der Struktur des Machtfeldes und dessen Beziehung zum universitären Feld;
2. die Bestimmung der Position der verschiedenen Fakultäten im universitären Feld;
3. die Untersuchung der Struktur jeder einzelnen Fakultät und die jeweilige Position der verschiedenen Disziplinen in ihr;
4. die Beantwortung der Frage nach den Grundlagen und Formen der Macht in den philosophischen Fakultäten am Vorabend des Mais 1968.

Die empirische Basis seiner Studie bilden Daten zu 405 Professoren im Raum von Paris, die er dem *Annuaire de l'Éducation*

Nationale entnimmt. Die Daten operationalisiert er so, dass er acht Indikatoren gewinnt (ebd.: 88 f.):

1) die sozialen Determinanten der Zugangschancen zur jeweiligen Position;

2) die bildungsspezifischen Determinanten: öffentliche oder private Schule;

3) das universitären Machtkapital: Positionen wie Dekan oder Direktor;

4) das Kapital an wissenschaftlicher Macht: Leiter einer Forschungseinrichtung;

5) das Kapital an wissenschaftlichem Prestige: Übersetzungen und *citation index*;

6) das Kapital an intellektueller Prominenz: Mitglied der *Académie française*, Fernsehauftritte etc.;

7) das Kapital an politischer und ökonomischer Macht: Nennung im *Who's Who*;

8) »politische« Einstellungen im weiteren Sinn: Unterzeichnung von Petitionen.

Bourdieu betätigt sich hier als Evaluationsforscher *avant la lettre*, denn heute werden mittels solcher Indikatoren Professoren und Institute beurteilt, Rankings erstellt und der Geld- und Studentenfluss geregelt.

Die wichtigsten Ergebnisse der empirischen Datenanalyse lassen sich in sechs Punkten zusammenfassen:

1. Die *Homologiethese*: Tatsächlich reproduziert das universitäre Feld in sich selbst, also in seiner Verfassung und seinen Hierarchien, die Struktur des Machtfeldes. Diese Homologie liest Bourdieu an der Stellung der Fakultäten innerhalb der Universität ab, wobei er zwei Pole ausmacht: a) zum einen die »weltlich« dominierten, aber wissenschaftlich dominanten Fakultäten wie die Naturwissenschaften und in geringerem Umfang die Philosophie; b) zum anderen die gesellschaftlich dominanten, aber wissenschaftlich dominierten Fakultäten wie Medizin und Jura. Zusammengenommen reproduzieren sie den Gegensatz innerhalb des Machtfeldes zwischen beherrschter und herrschender Fraktion (ebd.: 90 f.). Dieser Gegensatz spiegelt sich in der Professorenschicht wider:

Fast die gleiche Rangfolge – naturwissenschaftliche, philosophische, juristische, medizinische Fakultät –, die sich bei der Verteilung der Professoren der verschiedenen Fakultäten entsprechend ihrer sozialen Herkunft (erfaßt anhand des Berufs des Vaters) beobachten läßt (der Anteil der Professoren, die aus der herrschenden Klasse stammen, beträgt je nach Fakultät in der oben genannten Reihenfolge: 57,8 %; 60 %; 77 %; 85,6 %), findet sich – bis auf eine Umkehrung der Stellung von Jura und Medizin – auch dann wieder, wenn andere Indikatoren der sozialen Position herangezogen werden, zum Beispiel Besuch einer privaten Bildungsanstalt (9,5 %; 12,5 %; 29,9 %; 22,9 %). [...] Die Indikatoren für ökonomisches beziehungsweise soziales Kapital, über das die Angehörigen der verschiedenen Fakultäten zum fraglichen Zeitpunkt verfügen, weisen eine gleiche Verteilungsstruktur auf, ob es sich um den Wohnsitz in einem feineren Pariser Viertel handelt – 7., 8., 16., 17. Arrondissement, Neuilly (6,4 %; 13,4 %; 36,9 %; 58,6 %) –, um die Nennung im *Bottin mondain* (1,6 %; 1,7 %; 12,6 %; 37,1 %) oder den Besitz einer Familie mit drei und vier Kindern (46,3 %; 48,4 %; 53,2 %; 57,6 %). (Ebd.: 91 und 99)

Bourdieus Analyse erinnert an Immanuel Kants (1983b) berühmte Studie *Der Streit der Fakultäten*. Dort hatte Kant zwischen der unteren Fakultät – der Philosophie, die nur der Wahrheit verpflichtet ist –, und den drei oberen Fakultäten – der Theologie, der Medizin und der Jurisprudenz – unterschieden, die dem Prinzip der Nützlichkeit folgen und von der Regierung und dem Staat dominiert werden.

2. Die *These von den zwei Hierarchisierungsprinzipien*: Angesichts dieser statistischen Verteilungsrelationen und ihrer chiastischen Struktur stellt Bourdieu fest,

daß das universitäre Feld nach zwei gegensätzlichen Hierarchisierungsprinzipien organisiert ist: Auf der einen Seite befindet sich die soziale Hierarchie entsprechend ererbtem Kapital und aktuellem Besitz von politischem und ökonomischem Kapital; auf der anderen die spezifische, genuin kulturelle Hierarchie nach Maßgabe von Kapital an wissenschaftlicher Autorität beziehungsweise intellektueller Prominenz. (Ebd.: 100)

Es gibt also zum einen eine *gesellschaftliche* Hierarchie innerhalb der Universität entsprechend dem ererbten – ökonomischen, sozialen und politischen – Kapital der Professoren. Das ist die strukturelle Situation in der Medizin und der Rechtswissenschaft. Zum anderen gibt es eine *kulturelle* Hierarchie nach Maßgabe von wissenschaftlicher Reputation und intellektueller Exzellenz, die sich brillanten wissenschaftlichen Leistungen und starker öffentlicher Resonanz verdanken. Das ist die strukturelle Situation in der Philosophie und den Naturwissenschaften.

3. Die *Übersetzung der Gegensätze in differente Lebensstile*: Wie lassen sich diese beiden unterschiedlichen Lebensstile der Akademikerfraktionen charakterisieren?

Was den unter »weltlichen« Aspekten herrschenden Pol des universitären Feldes angeht, wären das beispielsweise: kinderreiche Familien und *Légion d'honneur*, Wahl einer rechten Partei und Lehrstuhl für Recht, Katholizismus und Besuch privater Bildungsanstalten, schickes Wohnviertel und Erwähnung im *Bottin mondain*, Studium an *Sciences Po* oder an der *ENA* und Lehrveranstaltungen an den *Écoles du pouvoir*, bürgerliche Herkunft und Mitarbeit in öffentlichen Organen oder Planungskommissionen; was die vielfältigen, mit dem beherrschten Pol assoziierten Indizien anbetrifft, die allerdings – da vor allem negativ bestimmt – viel schwieriger zu bewältigen sind: linke Überzeugungen und Absolvent der *École normale supérieure*, jüdische Identität oder Status eines Ganz-der-Schule-Ergebenen. (Ebd.: 102)

4. *Die chiastische Struktur und die Vorstellung von Wissenschaft*:

Wenn man weiß, daß die Verteilungsstruktur der verschiedenen Fakultäten eine chiastische Gestalt aufweist und der Struktur des Machtfeldes homolog ist, und zwar mit dem wissenschaftlich dominanten, aber gesellschaftlich dominierten Fakultäten an dem einen, den wissenschaftlich dominierten, aber gesellschaftlich dominanten Fakultäten an dem anderen Pol, dann wird verständlich, daß der Hauptgegensatz sich um den Stellenwert und die Bedeutung dreht, welche die verschiedenen Kategorien von Professoren praktisch (und zunächst einmal in ihrem Zeitbudget) wissenschaftlicher Tätigkeit zumessen, im weiteren auch, welche Vorstellung von Wissenschaft sie überhaupt besitzen. (Ebd.: 107)

Was für den gesellschaftlich dominanten Pol vor allem zählt, ist der »Corpsgeist« und die soziale Vererbung von Fächern und Positionen. Wie man sich diese *Heredität* vorstellen muss, verdeutlicht die Rhetorik eines Pariser Medizinprofessors:

Um mich herum, in meiner Familie gibt es überall Ärzte. Wir sind wirklich eine große Medizinerfamilie. Also mein Vater war Arzt; von den vier Onkeln, die ich hatte, waren drei Ärzte. Von den acht Vettern, die ich habe, sind wenigstens vier oder fünf Ärzte, ich habe nicht nachgerechnet. Mein Bruder ist kein Mediziner, aber Dentist, Professor an der *École dentaire* in Paris. Wirklich, wenn ein Familienessen stattfindet, *ähnelt das einem Fakultätsrat*. (Ebd.: 111)

5. *Die philosophische Fakultät*: Sie ist zwischen dem gesellschaftlichen Pol von Jura und Medizin einerseits und dem wissenschaftlichen Pol der Naturwissenschaften andererseits angesiedelt. Inhaltlich

orientiert sie sich eher am gesellschaftlichen, ihrem Wissenschaftsverständnis nach agiert sie eher am wissenschaftlichen Pol.

6. *Die Machtformen im universitären Feld*: Bourdieu arbeitet hier zwei Paare von Gegensätzen heraus. Das erste Gegensatzpaar bilden zwei Arten von Macht: zum einen die eigentliche universitäre Macht, welche die Herrschaft über die Instrumente zur Reproduktion der Körperschaft meint (wie die *jury d'agrégation, comité consultatif des Universités*), und zum anderen ein ganzes Ensemble anderer Machtarten wie 1) wissenschaftliche Macht oder Autorität; 2) wissenschaftliches Prestige; 3) intellektuelle Prominenz; 4) Großmedien. Das zweite Gegensatzpaar besteht zwischen den älteren, institutionell etablierten Professoren einerseits und den jüngeren Professoren andererseits, wobei die älteren Professoren viel stärker an universitärer Anerkennung interessiert sind als die jüngeren und Letztere nur über mindere Formen universitärer Macht verfügen.

Wir können Bourdieus verschlungene Analyse wie folgt grob zusammenfassen: Das universitäre Feld reproduziert in sich die Strukturen des Machtfeldes. Am weltlichen Pol, wissenschaftlich dominiert, aber gesellschaftlich dominant, befinden sich Jura und Medizin, am wissenschaftlichen Pol, wissenschaftlich dominant, aber gesellschaftlich dominiert, sind die Naturwissenschaften angesiedelt. Die philosophische Fakultät nimmt eine Zwischen- und Zwitterstellung ein: inhaltlich eher gesellschaftlich, ihrem Wissenschaftsverständnis nach eher wissenschaftlich ausgerichtet. Der Homologie zwischen dem Feld der Macht und der Universität entspricht der Status der Professoren: In Jura und Medizin trifft man gehäuft auf die Sprösslinge der Pariser Großbourgeoisie, während in den Geisteswissenschaften der Lehrernachwuchs dominiert. Aufgrund der Homologie zwischen Stellungen und Stellungnahmen ergibt sich eine weitgehende gesellschaftliche Selbstreproduktion des Personals an Universitäten. Sie variiert ausgehend von der höchsten Rate in Jura und Medizin über die Philosophie bis hin zu den Naturwissenschaften. So wie die Institutionen die richtigen Studenten auswählen, so kooptieren sie auch das richtige Personal aus alteingesessenen universitätsnahen Sozialmilieus und der herrschenden Klasse.

Lässt man Bourdieus Analyse bis zu diesem Punkt Revue passieren, dann vermag man sich kaum vorzustellen, wie dieses System fein abgestimmter gesellschaftlicher und wissenschaftlicher Reproduktion im universitären Feld jemals ins Wanken, geschweige denn in eine Krise hat geraten können. Der »Mai 68« hätte doch in diesem perfekten Reproduktionsszenario gar nicht vorkommen dürfen.

Was genau ist also im universitären Feld passiert? Welche Logik und Sozio-Logik steht hinter den Ereignissen? Hätte man diese voraussehen können? Bourdieus Antwort läuft auf eine Dechiffrierung des historisch entscheidenden *kritischen Moments* hinaus. Was ist damit gemeint? Sein Erklärungsversuch besteht darin, verschiedene krisenhafte Entwicklungen nachzuzeichnen, die sich an einem bestimmten Punkt auf der historischen Zeitachse schicksalhaft schneiden. Durch die Synchronisation der verschiedenen Entwicklungen entsteht der kritische Moment als zündender Funke, der aus einer Krise eine Rebellion macht.

Bourdieu (1988a: 232 ff.) begreift den »Mai 68« zunächst als *Krise der Nachfolgeordnung* innerhalb des universitären Feldes. Versucht man in seiner komplexen und zuweilen verschlungen-verspielten Argumentation den roten Faden zu finden, ergibt sich folgendes Bild (siehe auch *Abbildung 7*): Der externe Anstoß für die krisenhafte Entwicklung geht morphologisch vom demographischen Wandel aus. Eine immer größere Population von studierwilligen jungen Leuten drängt in die höheren Bildungsinstitutionen. Diese quantitative Zunahme und die qualitativ heterogene Sozialstruktur der Studentenpopulation – befinden sich unter ihnen doch auch solche aus bildungsfernen Elternhäusern – wird gemäß der Hierarchie der Bildungseinrichtungen gefiltert. Die *Grandes Écoles* behalten ihre streng elitären Rekrutierungsmuster bei, die weiterhin für eine kleine Zahl handverlesener Studenten sorgen. Die Universitäten kanalisieren die studierwillige Population gemäß der internen Hierarchie ihrer Fakultäten mit der Konsequenz, dass Jura und Medizin die geringsten, die Sozialwissenschaften und die Philosophie die höchsten Studentenzahlen aufweisen.

Um diesem Andrang Herr zu werden, stellt man kurzfristig sehr viel mehr Universitätspersonal auf unterer Stufe ein – die so genannten *maîtres-assistants*. Diese kurzfristige Maßnahme erweist

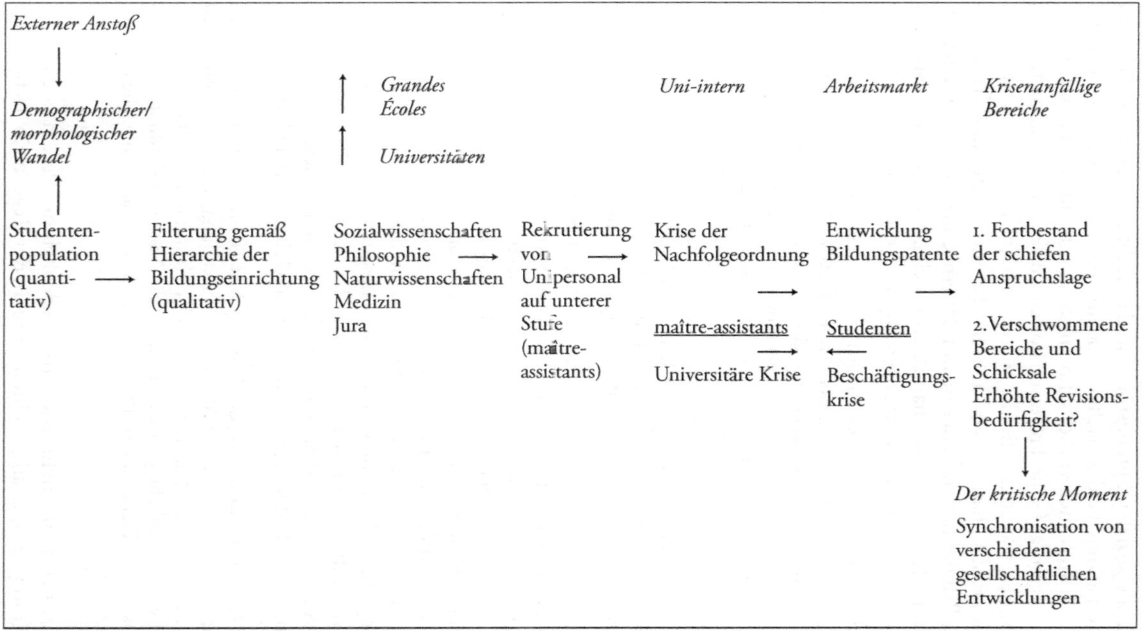

Externer Anstoß

↓

Demographischer/ morphologischer Wandel

↑

Studentenpopulation (quantitativ) ⟶ Filterung gemäß Hierarchie der Bildungseinrichtung (qualitativ)

↑ *Grandes Écoles*

↑ *Universitäten*

Sozialwissenschaften Philosophie ⟶ Naturwissenschaften Medizin Jura

Rekrutierung von ⟶ Unipersonal auf unterer Stufe (maître-assistants)

Uni-intern

Krise der Nachfolgeordnung ⟶

maître-assistants ⟶

Universitäre Krise

Arbeitsmarkt

Entwicklung Bildungspatente ⟶

Studenten ⟵

Beschäftigungskrise

Krisenanfällige Bereiche

1. Fortbestand der schiefen Anspruchslage

2. Verschwommene Bereiche und Schicksale Erhöhte Revisionsbedürfigkeit?

↓

Der kritische Moment

Synchronisation von verschiedenen gesellschaftlichen Entwicklungen

Abb. 7: Mai 1968: Der Homo academicus in der Krise

sich als sozialer Sprengstoff für das etablierte Gleichgewicht im universitären Feld zwischen Rekrutierungs- und Karrierenormen. Zwar hatten auch vorher schon nicht alle im universitären Feld Beschäftigten auf eine Professur hoffen dürfen. Aber man hatte stets Personen rekrutiert, die die Werte und Spielregeln der Universität verinnerlicht hatten. Sie kannten also ihren Platz und hatten einen Platzierungssinn, der sie mit der erreichten Position versöhnen konnte. Jetzt aber hatte man Personen eingestellt, deren Ansprüche von den legitimen Erwartungen abgekoppelt waren.

Damit waren alle Voraussetzungen dafür geschaffen, daß die Neueingestellten, denen am weitestgehenden die Eigenschaften und Dispositionen fehlten, die früher fast allen, die einmal an der Hochschule Fuß gefaßt hatten, die garantierte Karriere garantierten – daß also die mit 35 Jahren zur Assistentin ernannte *agrégée de grammaire* wie der mit 28 Jahren zum Assistenten ernannte Diplomsoziologe über kurz oder lang entdeckten, daß die Aufrechterhaltung der *Karrierenormen* (wie sie durch die Eigenschaften der ordentlichen Professoren an den Pariser Universitäten zur Zeit der Untersuchung attestiert werden) die Überschreitung der *Rekrutierungsnormen*, von der sie profitiert hatten, fiktiv werden ließ. (Bourdieu 1988a: 235)

Dieses Ungleichgewicht führte zur Spaltung der Dozentenschaft auf der unteren Rangstufe und schuf zwei im Lichte des vorangegangenen Rekrutierungsmodus benachteiligte Gruppen: Zum einen die nach dem alten Rekrutierungsmodus eingestellten Personen, die nunmehr feststellen mussten, dass die alten Karriereversprechen auf ihrer Position illusorisch geworden waren; zum anderen Personen, denen es an den meisten Bildungsvoraussetzungen mangelte und die »den Genuß eines falschen Aufstiegs« (ebd.: 234) in die Welt der Universität mit einer dauerhaft subalternen Position als Assistent auf Lebenszeit bezahlen mussten. Diese Spaltung am unteren Ende der universitären Karriereleiter hatte Folgen.

Die (begrenzte) Erhöhung der Aufstiegschancen und vor allem der Wandel in den Dispositionen der Akteure in Verbindung mit einer veränderten Rekrutierung haben die unmittelbare Übereinstimmung von Erwartungen und wahrscheinlichen Laufbahnen, die die Nachfolge-Ordnung als etwas Selbstverständliches anerkennen ließ, in sich zusammenbrechen lassen. (Ebd.: 251)

Natürlich führt nicht jede Unzufriedenheit des Personals einer Institution zu einer allgemeinen Krise. In der Regel bleibt es bei einer

Haltung der Frustration und des Ressentiments, der berühmten »geballten Faust in der Tasche«, die eben aber in der Tasche bleibt. Bourdieu muss also im nächsten Schritt erklären, wie die Faust sich zum Protest erhebt und wie aus einer lokalen Krise des universitären Feldes eine gesellschaftliche werden kann. Zu diesem Zweck entwickelt er sein *Modell des kritischen Moments*, das die Effekte und Folgen der Bildungsexpansion erklären können soll.

Die Wahrscheinlichkeit, daß die strukturellen Faktoren, die innerhalb eines spezifischen Feldes krisenhaften Spannungen zugrunde liegen, eine Krisensituation erzeugen, die das Auftreten außergewöhnlicher Ereignisse begünstigt, die im normalen Funktionsablauf als undenkbar oder doch als »Ausnahmen« und »Zufälle« gelten und damit als sozial folgenlos und bedeutungslos eingestuft werden, ist dann am höchsten, wenn es zu einer *Koinzidenz* der Auswirkungen einer Vielzahl latenter Krisen maximaler Stärke kommt. Von daher stellen sich die Fragen: Welche besonderen Gründe sind für das Zusammentreffen der lokalen Krisen und damit für die allgemeine Krise als Integration – und nicht bloß als Addition – synchronisierter Krisen verantwortlich? Und weiter: Worin besteht die eigentliche Wirkung dieser Synchronisierung verschiedener Felder, die das historische Ereignis als epochemachendes und die Situation der allgemeinen Krise als einen Vorgang definiert, in dem verschiedene Felder zu Phasen einer Entwicklung werden? Paradoxerweise dürfte das Besondere der Krisensituation, ihr eigentümlicher Charakter, wenn nicht als »Schöpfung unvorhersehbar Neuem«, so doch als Auftauchen der Möglichkeit des Neuen – kurz, als offene Zeit, in der alle Zukünfte möglich scheinen und es gerade insofern teilweise auch sind –, nur dann verstehbar werden, wenn die kritischen Momente erneut in die Reihe zurückversetzt werden, in denen das Prinzip ihres gedanklichen Nachvollzugs gründet, und damit gerade wieder aufgehoben wird, was ihre Einzigartigkeit ausmacht. (Ebd.: 258)

Ausgangspunkt seiner Erklärung ist auch hier der Anstieg der Bildungspopulation, die zwei Effekte zeitigt: Erstens eine *strukturelle Deklassierung*, denn die Bildungstitel werden entwertet; die Inflationierung der Bildungsabschlüsse hat zur Folge, dass die Statusansprüche, die mit dem Erwerb des Titels verbunden wurden, sich auf dem Arbeitsmarkt nicht realisieren lassen; das Verhältnis zwischen Titel und Stelle klafft auseinander. Zweitens ergeben sich, wie wir gesehen haben, Störungen im Funktionsablauf des Bildungssystems durch die neuen Rekrutierungsmuster wissenschaftlichen Nachwuchses. Bourdieu weist darauf hin, dass die Verschlechterung der Bildungsrendite die Absolventen nicht gleichermaßen, sondern klassenspezifisch trifft. Mitgliedern der höheren Klasse vermögen dank des sozialen Kapitals der Familie nämlich auch entwertete Bildungstitel erfolgreiche Berufskarrieren zu eröffnen; Mitglieder niederer Klassen trifft die Deklassierung härter, da sie über kein soziales Kapital verfügen, dass die böse Überraschung der Bildungsinflation wettmachen könnte. Um aus den unterschiedlichen Reaktionen der Verlierer im Bildungs- und Statuserwerbsspiel auf die Ausweitung der Krise schließen zu können, formuliert Bourdieu (ebd.: 267) zwei Hypothesen:

[E]rstens, die offene Krise war überall dort am stärksten, wo ein Fortbestehen der schiefen Anspruchslage begünstigt wird; zweitens, derartige Unangepaßtheit fördernde und damit dramatischen Revisionen ausgesetzte Bereiche sind genau solche, die aufgrund der Verschwommenheit des sozialen Schicksals, das sie verheißen, Personen mit verqueren Erwartungen und Ansprüchen anziehen, denen sie es wiederum ermöglichen, an dem schiefen Charakter ihrer Erwartungen tendenziell festzuhalten.

Diese beiden Hypothesen führen Bourdieu zur These des Aufstiegs dieser neuen, »verqueren« Fächer (vor allem der *Soziologie*). Als Disziplinen mit niedrigem Status und unbestimmter Karriere zogen sie genau den Typus eines »*Homo academicus novus*« an, der entweder bildungsfernen Schichten entstammte oder zwar aus der herrschenden Klasse kam, aber meist nur mäßigen schulischen Erfolg vorzuweisen hatte. Da es sich um Massenfächer handelte, trafen diese Studierenden dort auf jene subalternen Lehrkräfte, die sich aufgrund der Krise der Nachfolgeordnung um ihre Karriere geprellt sahen. Lehrende und Lernende saßen »im selben Boot«, was die Solidarisierung vor allem gegen das akademische Establishment der ordentlichen Professoren alter Prägung erleichterte. Bourdieu (ebd.: 273 f.) erkennt in dieser explosiven Gemengelage die Umrisse für »ein allgemeines Modell revolutionärer Prozesse«, wenn Menschen, die eben noch mit ihrer Karriere beschäftigt waren, aus dem Konkurrenzkampf ausscheiden, um das ganze Spiel in Frage zu stellen.

Der objektive Zusammenbruch des Kreislaufs von Hoffnungen und Aussichten führt einen gewichtigen Teil derjenigen, die in einem eingeschränkten und nicht totalen Sinn zur Gruppe der Beherrschten gehören (hier der »Mittelbau«, woanders das Kleinbürgertum), dazu, aus dem Rennen überhaupt auszusteigen, das heißt aus einem Konkurrenzkampf, der die

Anerkennung des »Spiels« und dessen voraussetzt, worum es – nach Setzung der Herrschenden – darin geht, und statt dessen in einen Kampf einzutreten, der als revolutionär insofern zu bezeichnen ist, als er darauf abzielt, neue Ziele und Einsätze festzulegen und auf diese Weise das »Spiel« sowie die darin geltenden Trümpfe mehr oder minder neu zu definieren.

Es ist diese Situation – das Umschalten von *Karriere* auf *Revolution* –, die Studenten und Assistenten der Soziologie im politischen Kampf zusammenführt. Bourdieu (ebd.: 274) zieht daraus eine weitreichende Schlussfolgerung.

Studenten und Assistenten der Soziologie verkörpern mithin einen Fall der *Koinzidenz* zwischen den Dispositionen und Interessen von Akteuren mit homologen Positionen in unterschiedlichen Feldern – und diese Koinzidenz hat über die *Synchronisierung* der latenten Krisen in den einzelnen Feldern die Krise als verallgemeinerte möglich gemacht.

Diese *Koinzidenzthese*, also das Zusammentreffen oder die Korrespondenz homologer Positionen in verschiedenen Feldern, bildet die sozialstrukturelle Basis der Bourdieu'schen Erklärung von revolutionären Prozessen, die alles Weitere erst möglich macht: sei es die »*spontaneistische* Thematik« als vereinigendes Moment der ›Ideen des Mai‹« (ebd.: 278), in der die antiinstitutionelle Stimmung und der Affekt gegenüber der Universität als Hort repressiver Herrschaft der Mandarine, die neuen Formen des Protests (*teach-ins*, *sit-ins*, Manifeste, Programme, Unterschriftenaktionen, Demonstrationen und Versammlungen) und das Lebensgefühl der jungen Generation überhaupt zum Ausdruck kommen; sei es die *Politisierung* selbst als »genau der Prozeß, in dem das politische Prinzip der Sicht und Gliederung der sozialen Welt tendenziell gegenüber allen anderen Prinzipien obsiegt, dabei Personen zusammenführt, die sich nach den vormaligen Kriterien sehr fern standen, und andere auseinandertreibt, die sich einst in ihren Wertungen und Entscheidungen ganz nahe standen« (ebd.: 294). Oder sei es schließlich die *Lagerbildung*, denn von einem bestimmten Moment an, in dem der revolutionäre Protest die politische Agenda bestimmt, muss man sich öffentlich positionieren und erklären, ob man »dafür« (progressiv) oder »dagegen« (konservativ) ist.

Bourdieu (ebd.: 280) geht sogar noch weiter und erklärt auch die *Expansion* der Krise aus der Koinzidenzthese.

Auch die Ausweitung der Krise über das universitäre und die anderen direkt verwandten Felder hinaus ist noch dem Einfluß der Solidaritäten und Verbundenheiten zuschreibbar, die auf den strukturellen Homologien zwischen den Inhabern untergeordneter Positionen in den verschiedenen Feldern gründen und zudem nicht selten an die Erfahrung struktureller Deklassierung gebunden sind.

Hier haben wir den Fall, dass in der Krise der Einfluss des sozialen Raums den des Feldes schlägt. Zwar betont Bourdieu stets die relative Autonomie der Felder, aber da jedes Feld um die Pole »herrschend/beherrscht« aufgebaut ist, kann es in Krisenzeiten zur feldübergreifenden Solidarisierung zwischen den jeweiligen Akteursgruppen auf beherrschten Positionen kommen. Dies wurde unter anderem durch die Gewerkschaften erleichtert, die in den Mobilisierungsprozessen als Katalysator gewirkt haben, was zum solidarischen Schulterschluss zwischen jungen Arbeitern und Studenten geführt hat.

Wenn es erst einmal so weit gekommen ist und aus der Krise der Universität eine *Krise der Gesellschaft* geworden ist, wenn etwa Staatspräsident de Gaulle zur »Kur« nach Baden-Baden flieht, weil er einen Staatsstreich befürchtet, dann tut die Krise ihr revolutionäres Werk. Sie befreit von den Zwängen der sozialen Wirklichkeit und eröffnet der Zukunft die rosigsten Aussichten, in der prinzipiell nichts mehr unmöglich erscheint.

Die Krise: das ist der *kritische Moment*, in dem – gegen die alltägliche Erfahrung der Zeit als bloßer Weiterführung der Vergangenheit oder einer im Vergangenen angelegten Zukunft – alles möglich wird (oder doch scheint), in dem die Zukunft wirklich kontingent, das Kommende wirklich unbestimmt, der Augenblick als solcher erscheint – in der Schwebe, abgehoben, ohne vorgesehene noch vorhersehbare Folge. (Ebd.: 287)

Es sind diese Phasen, in denen den Akteuren die Wandelbarkeit der Gesellschaft plötzlich vor Augen steht und die kühnsten Visionen und Missionen der Gestaltbarkeit der Zukunft als durchaus machbar erscheinen. »Die in die objektive Wirklichkeit selbst eingeführte Ungewißheit der Zukunft bewirkt, daß sich bei allen der Glaube festsetzen kann, die Reproduktionsprozesse seien für einen Moment aufgehoben und alles sei für alle möglich.« (Ebd.: 287)

Meist sind diese kritischen Momente von kurzer Dauer, und die soziale Wirklichkeit hält mit aller Macht und Polizeigewalt wieder

Einzug. De Gaulle brach seinen Aufenthalt in Baden-Baden denn auch ab, nachdem er sich von der Harmlosigkeit der studentischen Revolutionäre überzeugt hatte. Mit seiner Rückkehr nach Paris beendete die Polizei die studentische Revolte mit Waffengewalt. Dennoch sieht Bourdieu den nachhaltigsten Effekt einer Krise der Bildungswelt in einer

> symbolischen Revolution als tiefgreifender Veränderung der Denk- und Lebensweisen und, genauer, der umfassenden symbolischen Dimension der Alltagsexistenz. Als gleichsam kollektives Ritual des Bruchs mit den gewöhnlichen Routinen und Bindungen, das zugleich zur *Metanoia*, zur geistigen Umkehr führen soll, erzeugt die Krise zahllose simultane Bekehrungen, die sich wechselseitig bestärken und stützen. [...] Und es bedürfte schon Verfahren des *Bildungsromans*, um zu veranschaulichen, wie kollektive und persönliche Krisen ineinandergreifen, wie die politische Revision mit der Erneuerung der Person einhergeht, die sich im Wechsel der Symbolik von Kleidung und Aufmachung dokumentiert – einem Wechsel, mit dem das totale Engagement für eine ethisch-politische Vision der sozialen Welt besiegelt wird, die zum Prinzip der gesamten, Privates wie Öffentliches umgreifenden Lebensführung erhoben wird. (Ebd.: 302 f.)

Bourdieu, der das fünfte Kapitel über den kritischen Moment mit Zitaten aus Gustave Flauberts *Lehrjahre des Herzens* eingeleitet hat, wird dieses Verfahren eines Bildungsromans in seinen *Regeln der Kunst* aufnehmen, um Flaubert im literarischen Feld zu verorten, wie wir im siebten Kapitel sehen werden.

Sein Porträt des universitären Feldes am Vorabend des »Mai 68« versucht also, beides – Reproduktion und Wandel – aufzuzeigen. Zum einen demonstriert er überzeugend, warum gerade in der universitären Bildungswelt alle Zeichen auf Reproduktion gestellt sind. Zum anderen illustriert er, wie auch ein scheinbar perfektes System der Reproduktion in die Krise geraten kann. Er skizziert die strukturellen Bedingungen der Möglichkeit für die Entstehung der Studentenbewegung – den »kritischen Moment«, der die Zeichen auf Wandel stellt. Plötzlich erscheint alles möglich – die Zukunft ist offen und gestaltbar. Für Bourdieu ist der »Mai 68« eine symbolische Revolution, die ihre Protagonisten – die Generation der 68er – offenkundig nachhaltiger verändert hat als die Struktur des Bildungssystems selbst. Genau das offenbart seine Studie über den *Staatsadel*.

5.8 *Der Staatsadel*

Während Bourdieu im *Homo academicus* den gelehrten Menschen im Umfeld französischer Universitäten charakterisiert, studiert er in *La Noblesse d'Etat* von 1989 die *Grandes Écoles* und das Feld der Macht, indem er die Funktions- und Wirkungsweise der großen Schulen als Elitenerzeuger untersucht. Auch hier hat er ein »Input-Output-Modell« wie bei *Titel und Stelle* vor Augen, denn er richtet sein Augenmerk zum einen auf das Zusammenwirken von familialem (soziale Herkunft) und schulischem Kapital – der *Input* –, zum anderen beleuchtet er das Zusammenwirken der großen Schulen mit dem Feld der Macht – das ist gewissermaßen der *Output*.

Bevor wir seine Thesen betrachten, ein Wort zu den synonym verwendeten Begriffen »Feld der Macht« und »Machtfeld«. Diese Begriffe gebraucht er oft, aber nur sehr vage. Zum einen soll das strukturelle Beziehungsgeflecht der Machtkonzentration und der Machtkämpfe an der Spitze der Gesellschaft verdeutlicht werden, was ihm in der Redeweise von »Eliten« oder »herrschender Klasse« zu wenig betont wird, denn hier liegt das Augenmerk auf den Populationen von Akteuren mit Entscheidungsmacht, nicht auf den Strukturen der Herrschaft. Zum anderen ist das Machtfeld nicht identisch mit dem politischen Feld oder dem Staat. Das politische Feld macht einen Teil des Machtfeldes aus. Der Staat ist »ein Ensemble von Machtfeldern, in denen sich Kämpfe abspielen, deren Objekt [...] das *Monopol auf die legitime symbolische Gewalt* ist« (Bourdieu/Wacquant 1996: 143), das, einmal erobert, eine Art Meta-Kapital darstellt. Insofern kommt ihm eine zentrale Stellung in der Gesellschaft zu.

Diese Art Meta-Kapital, mit dem sich Macht über die anderen Kapitalsorten ausüben lässt, insbesondere über ihre Wechselkurse untereinander (und damit zugleich auch über die Machtverhältnisse zwischen ihren Besitzern), macht die eigentliche staatliche Macht aus. Daraus folgt, dass die Konstruktion des Staates Hand in Hand geht mit der Konstruktion des Feldes der Macht, verstanden als der Spiel-Raum, in dem Besitzer von Kapital (verschiedener Sorten) *vor allem* um die Macht über den Staat kämpfen, das heißt über das staatliche Kapital, das Macht über die verschiedenen Kapitalsorten und ihre (vor allem über das Bildungssystem vermittelte) Reproduktion verleiht. (Ebd.: 146 f.).

Drei Thesen leiten seine Studie an – die Struktur-, die Reproduktions- und die Bifurkationsthese. Die *Strukturthese* behauptet eine Homologie zwischen den großen Schulen, die auf die Stellen der Macht in Wirtschaft, Gesellschaft und Staat vorbereiten, und dem Feld der Macht. Die *Reproduktionsthese* zielt einerseits auf die Reproduktion der Eliten über die Vererbung der Herrschaft. Andererseits ist sie auch auf die Reproduktion des Systems von Unterschieden und Abständen gerichtet, um die Eliten und ihre interne Gliederung herauszuarbeiten. Es geht Bourdieu also auch um die Arbeitsteilung innerhalb der Herrschaft. Seine *Bifurkationsthese* behandelt die chiastische Struktur, also die Differenzierung nach den beiden Polen des Machtfeldes: dem Kapital mit ökonomischer Dominanz, wie sie die HEC (*École des Hautes Études Commerciales*) verkörpert, die den Managementnachwuchs bereitstellt, und dem Kapital mit kultureller Dominanz, das exemplarisch durch die ENS (*École Normale Supérieure*) verkörpert wird, die den Wissenschaftlernachwuchs liefert. Im Zentrum zwischen den beiden Polen ist die ENA (*École Nationale d'Administration*) angesiedelt, die vor allem den Nachwuchs für die hohe Beamtenschaft bereitstellt.

Die empirische Grundlage der Studie sind alle 84 Einrichtungen, die im weitesten Sinn zu den *Grandes Écoles* gezählt werden können und das gesamte Feld ausmachen; für die Feinanalyse beschränken sich die Autoren auf eine Stichprobe von 15 Schulen, die den Regionen des Machtfeldes entsprechen. Durchgeführt hat Bourdieu die erste Studie mit Monique de Saint Martin in den Jahren 1965-1966 und 1968-1969; die Nachfolgestudie für das Jahr 1984/85 wurde von der statistischen Abteilung des Erziehungsministeriums erstellt.

Ähnlich wie im *Homo academicus* besteht die Studie aus fünf Teilen, welche die mentalen und sozialen Strukturen der *Grandes Écoles* herausarbeiten sollen: Die ersten beiden Teile sind den *mentalen* Strukturen gewidmet, wobei Bourdieu die schulischen Formen der Klassifikation und die Ordination untersucht. Wie die Begriffswahl andeutet, handelt es sich um einen quasi sakralen oder gar magischen Akt, in dem die »Oblaten« (so nennt er die Schulgläubigen) sich wie in einer Weihe den Habitus anverwandeln, der von ihnen erwartet wird und der sie zu legitimen Anwärtern auf die Spitzenpositionen der Gesellschaft macht. Das Ergebnis ist die Produktion eines Adels, einer Klasse oder eines Standes von Menschen, die sich legitimerweise für erwählt halten, weil die Schule sie gewählt hat, die ein natürliches Selbstbewusstsein und Überlegenheitsgefühl an den Tag legen, in der sicheren Erwartung, eines Tages selbst zu führen.

In den restlichen drei Teilen erfolgt die strukturelle Analyse: Zunächst wird das Feld der großen Schulen und sein Wandel untersucht; sodann das Feld der Macht und sein Wandel; schließlich die Macht des Staates und die Macht über den Staat; hier skizziert Bourdieu eine Geschichte der Macht und des Machtfeldes. Da die letzten beiden Teile der Sache nach eher zum politischen und ökonomischen Feld gehören, werden die wichtigsten Argumente in den Kapitel 8 und 9 wieder aufgenommen. Hier konzentrieren wir uns auf die Ergebnisse dieser ganz besonderen Studie, die dem Verhältnis von Bildung und Macht gewidmet ist.

Die mentalen Strukturen: Klassifikation und Ordination

Nirgendwo wird die *symbolische Gewalt* der Schule deutlicher als bei den *Grandes Écoles*. Denn sie wählen die bereits erwählten jungen Menschen aus, die, aus gutem Hause stammend, die Nachfolge ihrer Eltern antreten. Es sind diese Schulen der Macht, Herrschaft und Führung, die den Elitenachwuchs für die Gesellschaft bereitstellen, indem sie mentale und soziale Strukturen aufeinander abstimmen. Genau das bedeutet symbolische Gewalt.

> Die symbolische Gewalt ist diese besondere Form von Zwang, die nur mit der aktiven – was nicht heißt willentlichen oder bewußten – Komplizenschaft derer wirksam werden kann, die ihr unterworfen und doch nur in dem Maße determiniert sind, wie sie sich der Möglichkeit einer auf Bewußtwerdung beruhenden Freiheit begeben. Dieser stillschweigend gebilligte Zwang wird unweigerlich immer dann wirksam, wenn die objektiven Strukturen auf mentale Strukturen treffen, die auf sie abgestimmt sind. (Bourdieu 2004a: 17)

Bourdieu bezeichnet diese Koinzidenz von mentalen und sozialen Strukturen auf Seiten der Schülerschaft der *Grandes Écoles* auch als »freiwillige Knechtschaft«:

> In dem Maße, und nur in dem Maße, wie ihre mentalen Strukturen [der Schüler beziehungsweise der Akteure im universitären Feld allgemein (HPM)] objektiv auf die sozialen Strukturen des Mikrokosmos abgestimmt sind, in dem sie und auf den sie sich – in und durch die Übereinstimmung – bilden und richten, tragen sie, ohne sich dessen bewußt zu sein, zur Ausübung der symbolischen Herrschaft bei, die über sie, das heißt über ihr Unbewußtes, ausgeübt wird. (ebd.: 17)

Aber wie untersucht man symbolische Gewalt, wie kommt man ihr soziologisch auf die Spur?

> Man mußte erst Abschied nehmen vom Mythos der »befreienden Schule«, dem Garanten des Triumphes des *achievement* über die *ascription*, dessen, was man erworben, über das, was man mitbekommen hat, der Taten über die Herkunft, des Verdienstes und des Talentes über das Erbe und den Nepotismus, um in der schulischen Institution, ihren gesellschaftlichen Gebrauchsweisen entsprechend, eines der Fundamente der Herrschaft und der Legitimierung der Herrschaft zu sehen. (Ebd.: 18)

Man muss die *schulischen Formen der Klassifizierung* untersuchen, um der symbolischen Gewalt, der Herrschaft und ihrer Legitimierung auf den Grund zu kommen.

Bourdieu und seine Forschungsgruppe haben die Preisträger des »*Concours général*«, jenes seit 1747 bestehenden landesweiten Wettbewerbs zur Auszeichnung der besten Schüler Frankreichs, aus den Jahren 1966-1968 befragt und diese Befragung 1986 wiederholt. Es handelt sich hierbei um die »Besten«, die dem »Idealbild der schulischen ›Elite‹« (ebd.: 23) am ehesten entsprechen. Im Verlauf von zwanzig Jahren hatte sich die Struktur der Population nicht verändert, sieht man von der einer kleinen Verschiebung nach oben in der sozialen Herkunftsverteilung aufgrund verschärfter Konkurrenz einmal ab. Die These, die sie aufstellen, widerspricht dem Ideal der »befreienden Schule« völlig, denn statt einer meritokratischen Auslese, wie es das Ideal der »befreienden Schule« vorsieht, findet ein Prozess der Auswahl nach sozialer Herkunft statt.

> Die Aussichten, daß die scheinbar unaussprechlichsten Prinzipien der nicht formulierten und nicht formulierbaren Definition schulischer Exzellenz erkennbar werden, sind nirgends größer als bei den mehr oder weniger institutionalisierten Ausleseprozessen, die in Wirklichkeit von einem praktischen Sinn für Wahlverwandtschaften gesteuerte Kooptationsverfahren sind. (Ebd.: 23)

Um den Nachweis für die *Kooptationsthese* zu führen, haben die Autoren die schulischen Formen der Klassifizierung bei den Preisträgern wie bei den Lehrern, die in den *Concours* tätig sind, zu erfassen versucht. Bei den Schülern finden sie eine chiastische Struktur der Urteile, die mit den so genannten Fleißfächern (Geographie und Naturwissenschaften) am einen Pol und den so genannten Talentfächern (Philosophie und Französisch) am anderen Pol korrespondieren. Eine Zwischenstellung nehmen Fächer wie Geschichte und alte oder neue Fremdsprachen ein. Für die Fleißfächer benötigt man Gewissen- und Ernsthaftigkeit; für die Talentfächer dagegen Begabung und Brillanz. Diese Unterschiede, so Bourdieu, korrespondieren wiederum mit der Haltung zur Kultur. Wer auf Fleiß setzt, verdankt sein kulturelles Kapital vorwiegend der Schule; wer über Talent verfügt, hat viel sozial ererbtes Kulturkapital von der Familie mitbekommen.

So bringt die Analyse der systematischen, die Schüler der »Talentfächer« von den Schülern der »Fleißfächer« trennenden Unterschiede in aller Klarheit das System der Gegensätze antagonistischer und komplementärer Eigenschaften oder Qualitäten zum Vorschein, welches die Urteile strukturiert. So, daß man nun die *Tafel der Kategorien* aufstellen kann, die in den verborgensten Tiefen der Köpfe der Lehrer und der (guten) Schüler eingeschrieben, auf jede schulische und schulisch denkbare (im übrigen selbst nach diesen Prinzipien objektiv strukturierte) Realität angewendet werden, das heißt auf Personen, Lehrer oder Schüler, wie auf deren Produktionen, Kurse, Arbeiten, Ideen, Gedanken, Diskurse: brillant / unscheinbar; mühelos / mühselig; herausragend / gewöhnlich; kultiviert /schulmäßig; eigenständig / banal; originell / alltäglich; lebhaft / nichtssagend; fein / grobschlächtig; bemerkenswert / belanglos; rasch / langsam; lebendig / schwerfällig; elegant / linkisch etc. (Ebd.: 32)

Um die kognitiven Strukturen der Lehrerurteile zu erfassen, haben Bourdieu und seine Forschungsgruppe die Klassifikationen der Lehrer mit der sozialen Herkunft der beurteilten Schülerinnen und Schüler (gemessen an Beruf und Wohnort – Paris oder Provinz – der Eltern) zueinander ins Verhältnis gesetzt. Das Resultat ist wenig überraschend, aber eindeutig: Die schulische Taxonomie entspricht der gesellschaftlichen Stellung der Beurteilten.

Die daraus resultierende Rangfolge verläuft von den Schülerinnen aus den mittleren Positionen (die Kinder von Bauern, Arbeitern und kleinen Angestellten sind auf dieser Stufe des *cursus* praktisch nicht mehr vertreten) bis zu den Schülerinnen aus den herrschenden Positionen, und innerhalb dieser von den an kulturellem Kapital relativ ärmsten (den Industriellen und Managern) bis zu den reichsten (den Universitätsprofessoren). Eine Zwischenstellung nehmen die freien Berufe ein. [...] Man sieht auf den ersten Blick, daß die positivsten Attribute desto häufiger auftauchen, je höher die soziale Herkunft der Schüler und je besser (von wenigen Ausnahmen abgesehen) ihre Noten. Zudem scheint alles darauf hinzudeuten, daß es von Vorteil ist, aus Paris zu kommen, da die aus der Hauptstadt stammenden Schüler bei gleicher sozialer Herkunft einen etwas höheren Anteil an seltenen Attributen erreichen, und das, obgleich die aus der Provinz stammenden Schülerinnen auf dieser Stufe des *cursus* und in einer der schulischen Elite vorbehaltenen Khâgne mehr als überausgelesen sind. (Ebd.: 49 f.)

Die Korrespondenz von schulischen und gesellschaftlichen Taxonomien deutet darauf hin, dass die Schule wie eine »kognitive Maschine« funktioniert, die aus einer unterschiedlichen Ressourcenverteilung der Herkunftsfamilie Talent- und Begabungsunterschiede der Schüler macht. Aus dem »Haben« vor allem von ökonomischem, sozialem und kulturellem Kapital wird das »Sein« des betitelten Absolventen.

In Bourdieus Augen ist es kein Zufall, dass die sozialkulturellen Taxonomien den sozialstrukturellen entsprechen: es herrscht *die perfekte Harmonie von mentalen Klassifikationen und sozialen Klassen.*

Die Taxonomie, welche die schulische Wahrnehmung praktisch strukturiert und ihr Ausdruck verleiht, ist eine neutralisierte und unkenntliche, d.h. euphemisierte Form der herrschenden Taxonomie. Sie ist der Hierarchie der Eigenschaften entsprechend organisiert, die gemeinhin den Beherrschten (»den einfachen Leuten«), den Inhabern der mittleren (»kleinbürgerlichen«) Positionen und den Herrschenden zugeschrieben werden: Unterwürfigkeit, Schlichtheit, Schwerfälligkeit, Langsamkeit, Dürftigkeit etc. – Kleinlichkeit, Engstirnigkeit, Mittelmäßigkeit, Korrektheit, Ernsthaftigkeit etc. – Aufrichtigkeit, Großzügigkeit, Reichtum, Leichtigkeit, Gewandtheit, Treffsicherheit, Ingeniosität, Subtilität, Intelligenz, Kultur etc. Ein System von Visions- und Divisionsprinzipien in praktischer Form, beruht die schulische Taxonomie auf einer impliziten Definition von »exzellent«, die, indem sie diejenigen Eigenschaften als die hervorragenden konstituiert, welche gesellschaftlich den gesellschaftlich Herrschenden zuteil werden, deren Seinsweise und Stand weiht. (Ebd.: 54)

Diesen »magischen« Prozess nennt Bourdieu in Anlehnung an die klerikale Begrifflichkeit die »*Ordination*«, entsprechend der weihevollen Einsetzung einer Person in Amt und Würden, meist als Priester oder Pfarrer. Um diesen Prozess soziologisch genauer fassen zu können, haben Bourdieu, Yvette Delsaut und Monique de Saint Martin die Vorbereitungsklassen für die *Grandes Écoles* im Jahr 1968 untersucht. Diese exklusiven Gymnasien (die meisten davon in Paris, einige auch in der Provinz) bereiten die ausgewählten Schüler und Schülerinnen auf den *Concours général* vor, der bei Erfolg zum Eintritt in eine *Grande École* berechtigt.

Als wahrhaft totale Institutionen, die aus dem Jesuitenkolleg und der napoleonischen Universität hervorgegangen sind, vereinen die Vorbereitungsklassen zu den Grandes Écoles in räumlich abgetrennter Form Heranwachsende, die einander in vielen schulischen, aber auch sozialen Merkmalen ähnlich sind. Diese gewollte Einschließung führt zur Herausbildung einer sehr homogenen Gruppe, deren Gleichförmigkeit durch die gegenseitige Sozialisation als Ergebnis des ständigen und andauernden Kontakts zwischen Mitschülern noch verstärkt wird [...]. Sie begrenzt dadurch den sozialen Bereich möglicher Begegnungen und beschränkt damit dauerhaft die Eventualität möglicher *Mesalliancen* (im weitesten Sinn), weil aufgrund der affektiven Bande, die sich gerade während der Adoleszenz besonders stark herausbilden, die nachfolgenden Kooptationsakte bereits im voraus bestimmt werden. (Ebd.: 95 u. 100)

Eine ganze Reihe von *Mechanismen* sorgt für die Produktion eines Korpsgeistes, der in einem gemeinsamen Habitus – der »Normalien«, der »Enarch«, der »Polytechnicien«, wie die Absolventen der *École Normale Supérieure*, der *École Nationale d'Administration* und der *École Polytechnique* genannt werden – zum Ausdruck kommt. Zunächst wird um den Lehrplan und die Fülle des Stoffes eine *Atmosphäre permanenter Dringlichkeit* erzeugt, und über Drillen und Pauken wie in den Jesuitenkollegs wird auf die große Prüfung, den *Concours*, vorbereitet. Diese gewollte Überforderung züchtet eine enorme *Produktivität*, die aber eher Oberflächlichkeit, Schnelligkeit, Härte und den Anschein von Originalität erzeugt als etwa Gewissen- und Ernsthaftigkeit. Anders wären die enormen Lektüre-, Lern- und Schreibpflichten – zu allem und jedem muss ein »Essay« verfasst werden – auch nicht zu bewältigen. Es geht also in erster Linie um selbstsichere »Allgemeinbildung«, die dazu befähigen soll zu führen, und nicht um gründliche Wissenschaft, die ein Problem zu durchdringen und analytisch, methodisch und empirisch zu bearbeiten vermitteln soll. Diese *Haltung der Überlegenheit*, eine Art von Selbstbewusstsein auf der Basis soliden Halbwissens, kommt den Erfordernissen von Wirtschaft und Staat sehr entgegen: »Sie erwarten von einer Institution der Ausbildung von ›Eliten‹, daß sie in intellektuelle Dinge einführt, ohne Intellektuelle zu machen, daß sie ›formt, ohne zu deformieren‹, daß sie konditioniert, ohne zu ›kontaminieren‹, wie es vor allem nach 68 oft zu lesen und zu hören war.« (Ebd. 2004a: 109)

Mehr noch als der Aufenthalt in den internatsähnlichen Vorbereitungsgymnasien führt der Konkurrenz- und Examensdruck zu einer Art *symbolischen Einschließung*, so dass die Verleihung der Selbstgewissheit bei gleichzeitiger Angst vor der großen Prüfung am Ende in diesem »Treibhaus« etwas gekünstelte und frühreife Intelligenzen heranzüchtet. Das beliebteste pädagogische Mittel ist die Vorlesung, straff in drei Punkte gegliedert und gemäß den Mitteln der klassischen Rhetorik angelegt. »Diese autoritäre und dogmatische Pädagogik, deren Willkür den Schülern ganz selten klar wird, weil sie funktionell mit dem Concours und dessen ganz spezifischen Erfordernissen verbunden ist, hat die ausdrückliche Funktion, eher *eigene Lektüreerlebnisse und eigene Studien zu beschränken*, als dazu anzuregen.« (Ebd.: 117)[34]

Schließlich steht am Ende dieses Transformationsprozesses eine *geweihte Elite*, so dass Bourdieu diese Umwandlung in Anlehnung an den »Initiationsritus« auch als »*Institutionsritual*« charakterisiert.

Die Auslese ist auch »Auswahl«, das Examen »Prüfung«, die Ausbildung »Askese«, die Abgeschiedenheit initiierende Zurückgezogenheit und die technische Kompetenz eine charismatische Befähigung. Der Transformationsprozeß, der sich in den »Eliteschulen« aufgrund der magischen Operationen von *Separation* und *Aggregation* und entsprechend dem Ritus des Übergangs nach Arnold van Gennep vollzieht, führt tendenziell zur Produktion einer *geweihten* Elite, das heißt einer Elite, die nicht nur anders

34 Ein Schelm, wer bei diesen Mechanismen an die Art der Einführung der Bologna-Reformen an deutschen Universitäten denkt: Dringlichkeit, Zeitdruck, Oberflächlichkeit, Schnelligkeit (»Je schneller, desto besser, weil umso jünger!«), Halbwissen und hypertrophiertes Selbstbewusstsein (»Jeder ist oder soll zumindest ›Elite‹ sein oder sich so fühlen«) etc. Der »Schönheitsfehler«: Hier verleihen Massenuniversitäten diese Titel, ohne dass die Exklusivität garantiert werden kann, die erst ihre Verwertbarkeit für Führungspositionen sichern könnte.

und abgesondert ist, sondern darin auch als solche anerkannt wird und diese Anerkennung für wohlberechtigt hält. (Ebd.: 125)

Die Ordination und die Herstellung eines »Schuladels« beruhen auf einer doppelten Kompetenz: Der *Titel* verbürgt die *technische* Kompetenz, seine *Seltenheit* verbirgt die *soziale* Kompetenz, denn neben der Anerkennung der technischen Kompetenz wird die damit einhergehende soziale Würde und der Zugang zu den Stellen der Macht verkannt. Gerade diese kongeniale Kopplung von technischer und sozialer Kompetenz, von offiziell »anerkannter« Fähigkeit und inoffizieller, weil »verkannter« Würde, ebnet den Weg zur legitimen Machtausübung. Die Absolventen halten sich für *berechtigt* zu führen und dieser Führungsanspruch wird gesellschaftlich anerkannt dank der »Exzellenz« der verleihenden Bildungseinrichtung.

Das Feld der *Grandes Écoles* und sein Wandel

Während Bourdieu in den ersten beiden Teilen seiner Studie das Wechselspiel von mentalen und sozialen Strukturen untersucht hat, liegt sein Augenmerk in den übrigen drei Teilen auf den *institutionellen Mechanismen* der Funktionsweise der *Grandes Écoles*. Es geht ihm darum, »das Feld der *Grandes Écoles* als solches zu erfassen, als ein Feld, dessen Funktionsweise als Struktur zur Reproduktion der Struktur des sozialen Raumes und zur Struktur des Machtfeldes beiträgt« (Bourdieu 2004a: 164). Sein Modell unterscheidet zwei Dimensionen: Die erste Dimension gliedert das Feld der großen Schulen nach der *Höhe des Sozialprestiges* mit den bekanntesten *Grandes Écoles*, die zu den höchsten Führungsämtern berechtigen, an der Spitze, bis hin zu den kleineren Einrichtungen in der Provinz, die zu mittleren Führungspositionen verhelfen. In der zweiten Dimension nach Maßgabe des *schulischen Kapitals* ergibt sich eine chiastische Struktur mit zwei Polen: Am *wissenschaftlich-intellektuellen* befinden sich die Geistes- und Naturwissenschaften an der *École Normale Supérieure* (ENS). Sie ist zwar schulisch dominant, wird aber ökonomisch und sozial dominiert. Am anderen Pol, dem *administrativ-ökonomischen*, sind die beiden sozial und ökonomisch dominanten, aber schulisch dominierten Einrichtungen angesiedelt: die *École Nationale d'Administration* (ENA) und die *École des Hautes Études Commerciales* (HEC).

Das Feld der Hochschulausbildung und darin das Unterfeld der *Grandes Écoles* funktioniert gemäß einer *doppelten strukturellen Homologie*: die erste Homologie beruht auf dem Gegensatz zwischen *Grandes Écoles* einerseits und den *Petites Écoles* bzw. den Universitäten andererseits; sie trennt das Großbürgertum vom Kleinbürgertum, Tätigkeiten der Führung von denen der Ausführung. Um diese strikt getrennten Karrierewege zu markieren, spricht Bourdieu (ebd.: 163) auch von »*Grande Porte*« und »*Petite Porte*«. Die »große Tür« öffnet den Weg zu einer großartigen Führungskarriere in Wirtschaft, Staat und Verwaltung. Die »kleine Tür« ebnet den Weg zu einer Karriere, die bestenfalls ins mittlere Management oder in mittlere Verwaltungspositionen führt. Will man dennoch in höhere Führungspositionen einrücken, ist der Aufstieg mit sehr viel mehr Zeitaufwand verbunden.

Die zweite Homologie beruht auf dem Gegensatz im Feld der *Grandes Écoles* selbst, die die intellektuellen Schulen von den Schulen der Macht trennt, und auf dem Gegensatz innerhalb des Machtfeldes, der zwischen dem intellektuellen und künstlerischen Pol auf der einen und dem ökonomischen und politischen Pol auf der anderen Seite differenziert. Es ist das Feld selbst, das durch die Funktionsweise seiner Struktur dazu beiträgt, die schulischen Unterschiede des Schulsystems in soziale Unterschiede der Gesellschaft zu übersetzen. In Bourdieus Augen (ebd.: 172) operiert das Schulsystem deshalb wie ein »objektivierter *Klassifizierungsalgorithmus*«:

> Es verteilt die ihm angebotenen Individuen auf Klassen, die im Hinblick auf bestimmte relevante Kriterien nach innen möglichst homogen und zugleich untereinander möglichst verschieden sind. Da es dazu tendiert, ein Maximum an Abstand zwischen in sich möglichst homogenen Klassen herzustellen, leistet es einen Beitrag zur Herstellung und Legitimation der Abstände, die zu jedem Zeitpunkt die soziale Struktur bilden.

Diese Sortierungs-, Selektions- und Klassifikationsfunktionen des französischen Bildungssystems führen dazu,

> daß sie innerhalb der Schülerpopulation zwei große Einschnitte durchführen: den ersten zwischen den Schülern der Petites Écoles und den Schülern der Grandes Écoles, den zweiten zwischen den Schülern der verschiedenen Grandes Écoles selbst, denen gemeinsam ist, daß sie erwählt und als »Elite« eingesetzt worden sind, deren Exzellenz sozial garantiert ist. Dies geschieht, indem zugleich konkurrierende und komplementäre *soziale Identitäten* und

damit *Korps* (die »Grands Corps«) geschaffen und vor allem konsekriert werden, die trotz ihrer Konkurrenz innerhalb des Machtfeldes durch eine wahrhaft organische Solidarität miteinander verbunden sind. (Ebd.: 172)

Mit Hilfe einer Reihe von Korrespondenzanalysen vermag Bourdieu (ebd.: 168 ff.) seine Thesen zu bestätigen. Der behauptete Gegensatz zwischen *Grande Porte* und *Petite Porte* existiert ebenso wie eine chiastische Struktur im Raum der *Grandes Écoles*. Schließlich korrespondiert diese chiastische Struktur der *Grandes Écoles* mit der chiastischen Struktur im Machtfeld selbst.

Im nächsten Schritt seiner Untersuchung fragt Bourdieu, ob sich diese Konfiguration auch zwanzig Jahre später wieder finden lässt, ob also die Struktur von 1967 der von 1987 entspricht. Die Antwort ist überraschend: Trotz des großen Einschnitts von 1968 hat sich die Globalstruktur im Großen und Ganzen nicht verändert. »Damit haben sich die Hauptgegensätze von den sechziger bis in die achtziger Jahre aufrechterhalten, trotz der jähen Erschütterung von 1968, die, weit davon entfernt, die Strukturen des Feldes der Hochschuleinrichtungen zu revolutionieren, eher individuelle und kollektive Reaktionen gefördert hat, die sie verstärkten.« (Ebd.: 231)

Bourdieu diskutiert den gleichwohl beobachtbaren Wandel in der »strukturellen Geschichte« der *Grandes Écoles* auf zwei Ebenen: der Ebene der Akteure und der der Institutionen. Tatsächlich hat die wachsende Bildungspartizipation dazu geführt, dass die Konkurrenz und der Wettbewerb um Schullaufbahnen und Titel eher zugenommen hat – entgegen den mit der Bildungsexpansion verbundenen demokratisierenden und egalisierenden Hoffnungen. Da die *Grandes Écoles* ihre restriktive Rekrutierungspolitik kaum verändert haben, hat der Kampf um deren Plätze stark zugenommen. Zugleich wurde die Masse des studierwilligen Nachwuchses in die Universitäten umgeleitet, die noch mehr als bisher den Charakter einer »Masseneinrichtung« angenommen haben. Die Folge: Die Kluft im Wert der schulischen Titel von *Grande* und *Petite Porte* ist noch größer geworden. Zugleich beobachtet Bourdieu eine stärkere Konzentration der herrschenden Klasse an der Spitze.

Der Anteil von Schülern aus den jeweils entsprechenden Positionen im Machtfeld hat sich in jeder Schule erhöht, der von Söhnen von Lehrkräften an der ENS, von Ingenieuren und Führungskräften an der Polytechnique, von hohen Beamten an der ENA sowie von Industrie- und Handelsunternehmern an der HEC, wodurch die Homogenität und Exklusivität der verschiedenen Schulen verstärkt wird. (Ebd.: 235)

Trotz der Konstanz der Globalstruktur im Feld der großen Schulen haben sich auf der Ebene der Institutionen zwei bemerkenswerte Veränderungen ereignet, die aus der Bildungsexpansion samt verschärftem Wettbewerb und dem Wandel im ökonomischen Feld resultieren: 1. der Aufstieg der ENA an die Spitze der *Grandes Écoles* und der parallele Abstieg der ENS; 2. die zunehmende Zahl von Managementschulen, die Bourdieu als »Zufluchtsschulen« bezeichnet.

Unter dem Stichwort der »Palastkriege« diskutiert Bourdieu (ebd.: 238-258) die Geschichte und den Erfolg der verschiedenen *Grandes Écoles*. Der Aufstieg der ENA zum *primus inter pares* ist ein langwieriger Prozess; die individuellen und kollektiven Strategien der Akteure, so Bourdieu, müssten im Detail untersucht werden. Er nennt aber zwei hervorstechende Gründe: die von Beginn an gegebene Nähe zur Macht und die Technokratisierung der Politik.

In den Kämpfen, in denen das symbolische Kapital sowohl Mittel als auch Instrument ist und in denen es wie in diesem Fall darum geht, die Vorstellungen einer Hierarchie durchzusetzen, verfügt die École nationale d'administration seit Anbeginn über einen beachtlichen Vorteil: Alles, was ihre Konkurrenten nur durch eine Art legitimer Usurpation anbieten können, nämlich die Aussicht auf Machtpositionen, [...] gehört zum offiziellen Programm und erklärten Ziel einer Institution, die auf höchste Staatsämter vorbereiten soll. (Ebd.: 242)

Indem es die ENA schafft, sich als Königsweg zu den Schaltstellen der Macht zu etablieren und dies auch durch die Karrieren erfolgreicher Absolventen auszuweisen vermag, steigert sie ihre Attraktivität als Bildungsinstitution. Vor allem in Zeiten eines verschärften Bildungswettbewerbs wird sie Absolventen anziehen, die nicht nur an schulischem Kapital, sondern auch an Macht und politischem Einfluss interessiert sind.

Der Vorteil, den der Effekt der *Konzentration des symbolischen Kapitals* für die Schüler liefert, aufgrund der Durchsetzung eines einheitlichen Namens (der Abkürzung ENA), der eine bekannte und anerkannte, untereinander durch Teilhabe am gleichen symbolischen Kapital verbundene Gruppe erzeugt, vergrößert sich noch, zumal in einer Zeit »technokratischer« Neudefinition der Politik, aufgrund des praktischen Vorteils der Nähe zum politischen Feld (konkret im Durchlaufen der Ministerialkabinette der

Fünften Republik) sowie durch das in Korpsgeist verwandelte Zusammengehörigkeitsgefühl der Mitglieder der Pariser Bourgeoisie, die traditionellerweise eine enge Verbindung zu Profiten und Prestige haben, die aus der Herrschaft über den Staat erwachsen. (Ebd.: 242)

Diese faktische Vorrangstellung der ENA im Feld der großen Schulen wird durch die Kritik und das Ressentiment, das ihr entgegenschlägt, eher noch gestärkt als geschwächt.

Das Wort »Prätention«, das so oft in den Urteilen über die ENA und ihre Produkte vorkommt, gibt das Gefühl von Usurpation recht genau wieder, das die sich ständig ausweitende Herrschaft dieser Institution über die Positionen der Macht bei ihren Konkurrenten und weit darüber hinaus hervorruft, ohne wie die École normale oder die Polytechnique schulische Garantien liefern zu können, die zu den unbestrittensten Legitimationsinstrumenten geworden sind. (Ebd.: 249)

Neben der Vorrangstellung der ENA ist das *Wachstum der Managementschulen* die zweite wichtigste Veränderung im französischen Bildungssystem. Bourdieu (ebd.: 261) bezeichnet sie als »Zufluchtsschulen«, weil sie all jenen Sprösslingen der Bourgeoisie eine zweite Chance einräumen, die in den staatlichen Institutionen wie Sciences Po, HEC oder ENA gescheitert sind.

Das Nebenfeld der Managementschulen befindet sich insgesamt in den schulisch mittleren oder unteren Bereichen des Feldes der Hochschuleinrichtungen und ist sehr abhängig von der Nachfrage; gewöhnlich verwandelt sich dies in eine bewußte Unterwerfung unter ökonomische Forderungen und wird um so größer, je tiefer man in der Hierarchie der Einrichtungen hinabsteigt. (Ebd.: 268)

Am Beispiel der »European Business School« schildert Bourdieu die Charakteristika dieser »antischulischen Schulen«: Was zählt, ist die Persönlichkeit des Bewerbers, nicht seine vorherigen Leistungen; da sie keine staatlichen Titel verleihen kann, bekommt die Schule keine staatlichen Subventionen, sondern muss sich über Studiengebühren von Unternehmen und Schulgeld von Familien finanzieren; der Schulleiter versteht sich nicht als Direktor, sondern als Unternehmer oder Manager; die Professoren sind keine Lehrer, sondern Praktiker aus der Wirtschaft; was inhaltlich zählt, sind nicht Theorie und Analyse, sondern Praxis und Fallbeispiele; die Schule baut auf das soziale Kapital der Eltern, um die Platzierung der Absolventen zu gewährleisten. Kurzum: Diese Institutionen der Management-Schulung sind Schulen, die keine Schulen sein wollen. Sie ähneln eher einem Unternehmen, das als Produkt das Training von angehenden Managern verkauft. Zugleich eignen sie sich dann doch scholastische Weihen an, indem sie schulisches Kapital in Gestalt von Praxiswissen und Titeln vertreiben. Ihr starkes Wachstum ist eine Folge des Strukturwandels des ökonomischen Feldes selbst, wie wir in Kapitel 8 noch sehen werden.

5.9 Fazit: Bildung und Gesellschaft

Wie dieses Kapitel zeigt, ist es kein Wunder, dass Bourdieu in der Soziologie und den Erziehungswissenschaften vor allem als Bildungsforscher wahrgenommen wurde. Sein Reproduktionsansatz gilt als eine der wichtigsten Theorien in diesem Bereich. Bourdieu und seine Forschungsgruppe untersuchen virtuos und minutiös alle Aspekte und Facetten des Bildungsprozesses, um zu zeigen, warum unser meritokratisches Ideal (»Aufstieg durch Bildung«) empirisch eher die Ausnahme als die Regel darstellt. Bourdieu selbst war ein Aufsteiger, der um die Mühen des Aufstiegs wusste. Die Tatsache, dass seine drei Söhne allesamt erfolgreich die ENS durchlaufen haben, was soziologisch gesprochen für eine hundertprozentige Statusreproduktion in der Generationenfolge sorgt, hat ihn stets mit Stolz erfüllt. Während Bourdieu sich selbst und seine Familie wohl als Ausnahme von der Regel betrachtet hat, demonstrieren seine Untersuchungen zur Bildungsmobilität im Großen und Ganzen die *Illusion der Chancengleichheit*. Seine institutionellen Analysen der französischen Universitäten und *Grandes Écoles* zeigen auf, wie hochgradig stratifiziert das französische Bildungssystem ist, so dass die Volksklassen, das Kleinbürgertum und die Bourgeoisie über die Bildungswege in die hierarchisch differenzierten beruflichen Laufbahnen kanalisiert werden. Zugleich hat die soziale Reproduktion über die Schule den Vorzug, die soziale Vererbung von Privilegien als meritokratischen Prozess der Auslese, der Eignung und der individuellen Leistung erscheinen zu lassen. Auf diese Weise erheischt die Klassen- und Ungleichheitsstruktur der Gesellschaft ihre Legitimität. Wie in seinen anderen Arbeiten geht es Bourdieu auch hier um radikale soziologische Aufklärung mit dem Ziel, diese Strukturen aufzubrechen.

Es ist dieser in einer fetischistischen Verblendung wurzelnde Fanatismus, dem die Sozialwissenschaft spontan entgegenwirkt, wenn sie, hier wie andernorts, ihrer Bestimmung der Denaturalisierung und Defatalisierung nachkommend, die geschichtlichen und gesellschaftlichen Determinanten der Hierarchisierungs- und Evaluierungsprinzipien aufdeckt, die ihre symbolische Wirksamkeit, wie sie insbesondere am Schicksalseffekt der Schulurteile wahrnehmbar wird, dem Umstand verdanken, daß sie als absolut, universell und ewig durchgesetzt und erfahren werden. (Ebd.: 19)

6. Soziale Klassen und Lebensstile

6.1 Einleitung

War Bourdieu dank seiner bisher vorgestellten Schriften hierzulande vor allem Erziehungswissenschaftlern bekannt, so änderte sich das schlagartig mit dem Erscheinen seiner Studie *La Distinction* (*Die feinen Unterschiede*) im Jahr 1982, die sofort zu einem der wichtigsten Ansätze in der Sozialstruktur- und sozialen Ungleichheitsforschung avancierte. Warum? Während der 1980er Jahre wurde eine heftige Diskussion zwischen klassischen Schichtungs- und Mobilitätsforschern auf der einen Seite und den Vertretern der so genannten Individualisierungsthese auf der anderen Seite geführt. Ulrich Beck (1983, 1986) zufolge haben sich im Zuge des Nachkriegswohlstands in Westdeutschland die Schichten und Klassen aufgelöst und trotz fortbestehender sozialer Ungleichheitsverhältnisse individualisierte Modelle der Lebensführung herausgebildet. Von daher mache es wenig Sinn, wenn die Soziologie weiter mit Vorstellungen von Klasse und Schicht arbeite, da jene aufgrund der fortgeschrittenen Individualisierung die soziale Wirklichkeit der Menschen in der alten Bundesrepublik nicht mehr repräsentierten. Dagegen wiesen die klassischen Schichtungsforscher (Geißler 1996, Haller 1983) nicht nur auf die noch immer bestehenden sozialen Ungleichheitsverhältnisse hin – das hatte Beck ja selbst konzediert. Vielmehr suchten sie aufzuzeigen, dass es nach wie vor strukturierte Muster der Klassenbildung und Mobilität trotz gestiegenem Wohlstand gebe. Nur weil in der Bevölkerung kaum noch ein subjektives Klassenbewusstsein empirisch festzustellen sei, müsse die objektive Klassenstrukturierung der sozialen Ungleichheit ja nicht verschwunden sein.

Mitten in diese Diskussion hinein platzte Bourdieu mit seiner Analyse,[35] die eine Brücke zwischen klassischen Schichtungsfor-

35 Zu dieser Diskussion siehe die Arbeiten von Berger (1986, 1987), Berger/Hradil (1990), Dangschat/Blasius (1994), Geißler (1996), Hradil (1987), Kreckel (1983, 1992), Müller (1986, 1992), Otte (2008), Rössel (2005), Schulze (1992) sowie Vester et al. (2001). Solga et al. (2009) versammeln in ihrem Band *Soziale Ungleichheit* die einschlägigen Texte, Berger/Hitzler (2010) dokumentieren die neuere Auseinandersetzung um *Individualisierungen*. Müller (2012a) gibt mit »Werte,

schern und Individualisierungsdiagnostikern zu schlagen erlaubte. Einerseits operierte Bourdieu weiter mit einem Klassenbegriff, der zwar mit dem klassischen Begriff von Marx nur noch wenig gemein hatte, aber anschlussfähig für die Sozialstrukturanalyse blieb; andererseits unterfütterte er seine Klassendiagnose mit einem ausgefeilten Ansatz zum Studium von Geschmackskulturen und Lebensstilen, der einer »Kulturalisierung« der Ungleichheitsforschung Vorschub leisten sollte. Bourdieu stützt seine Gesellschaftstheorie vornehmlich auf eine soziokulturelle Klassentheorie, die den Zusammenhang zwischen Klassenstruktur, Bildungspartizipation, Kulturkonsum und Lebensstilen zum Gegenstand hat. Er begreift dabei Kultur weder als Sphäre ewiger geistiger Schöpfungen (Werte, Ideen, Ideale) noch als individualistisches Modell rationaler Wahl. Vielmehr besitzt Kultur zwar relative Autonomie, aber sie gewinnt nur in dem Maße materielle und symbolische Wirksamkeit, wie sie in die Auseinandersetzungen und Kämpfe der Sozialwelt verstrickt ist. »Ein umfassendes Verständnis des kulturellen Konsums«, so Bourdieu (1982a: 17), »ist [...] erst dann gewährleistet, wenn ›Kultur‹ im eingeschränkten und normativen Sinn von ›Bildung‹ dem globaleren ethnologischen Begriff von ›Kultur‹ eingefügt und noch der raffinierteste Geschmack für erlesenste Objekte wieder mit dem elementaren Schmecken von Zunge und Gaumen verknüpft wird.« Dieser ethnologische Kulturbegriff erweist sich für seine Zwecke als besonders geeignet, da er das Augenmerk *kognitiv* auf die unterschiedlichen *Klassifikations- und Repräsentationsweisen* von Statusgruppen, *evaluativ* auf das in soziokulturellen Geschmacksnormen verkörperte *Klassenethos* und *expressiv* auf unterschiedliche *Lebensstile* richtet.

Von nun an verschob sich die Rezeption Bourdieus in Deutschland von Bildung und Ungleichheit zu Klassen und Lebensstilen und von der Pädagogik zur Soziologie, obgleich die Resultate seiner Bildungsforschung breiten Eingang in seine Sozialstruktur- und Klassenanalyse fanden.

Das berühmteste Buch Bourdieus ist jedoch alles andere als leicht verständlich oder zugänglich. Es ist lang (878 Seiten auf Deutsch, 670 Seiten auf Französisch), schwierig geschrieben und locker gegliedert. Das ist auf Anhieb nicht erkennbar, denn die

Milieus, Lebensstile« einen Überblick über die Diskussion. Rössel/Otte (2011) präsentieren die aktuelle Lebensstilforschung.

offizielle Struktur des Bandes folgt dem klassischen französischen dreiteiligen Aufbau: Im ersten Teil liefert Bourdieu (ebd.: 31-167) eine »gesellschaftliche Kritik des Geschmacksurteils«, die sich mit dem Zusammenhang von Bildung, Geschmack und Lebensstil beschäftigt; im zweiten Teil legt er (ebd.: 171-399) »Die Ökonomie der Praxisformen« dar, die das Verhältnis zwischen dem Raum der Positionen und dem Raum der Lebensstile behandelt; im dritten Teil präsentiert er (ebd.: 405-726) die empirischen Ergebnisse seiner klassenspezifischen Lebensstilanalyse und hängt noch ein großes Kapitel über »Politik und Bildung« an, das uns im Zusammenhang mit dem politischen Feld beschäftigen wird. Darüber hinaus findet sich in der Nachschrift zu seiner Studie eine Auseinandersetzung mit Kants *Kritik der Urteilskraft* und dessen Theorie des Geschmacks, und der üppige Anhang gibt Auskunft zu der Methode, den Quellen und dem Fragebogen, aber auch zu einem »Gesellschaftsspiel«, in dem Bourdieu eine Umfrage über Politiker und deren Images einer soziologischen Analyse unterzieht.

Bourdieus *La Distinction* ist also eine Modellstudie zu Klassen und Lebensstilen, aber auch ein (über-)reiches Arbeitsbuch, in das die unterschiedlichsten Forschungen eingeflossen sind. Es ist diesem Überfluss an Argumenten und Daten geschuldet, dass der Argumentation oft nur schwer zu folgen ist. Als roter Faden soll im Folgenden die Verhältnisbestimmung von Klassen und Lebensstilen dienen.[36] Ausgehend von Bourdieus Klassenbegriff werden die einzelnen Teile seiner Klassenanalyse vorgestellt, vor allem seine Soziologie der Erkenntnis und der Ästhetik. Erst diese einzelnen Stücke verdeutlichen, warum und vor allem wie Bourdieu einen solch engen Zusammenhang zwischen Klasse und Klassifikation annehmen kann. Auf dieser Grundlage lassen sich dann die empirischen Ergebnisse seiner Lebensstilanalyse im Frankreich der 1960er Jahre nachvollziehen, die die drei Geschmacksvarianten »Distinktion, »Prätention und »Notwendigkeit« herauspräpariert.

36 Ich knüpfe im Folgenden an Überlegungen aus Müller (1986: 171 ff., 1992: 293 ff.) an.

6.2 Klasse und Klassifikation

Im dritten Kapitel hatten wir gesehen, dass Bourdieu auf der Basis seiner Kapitaltheorie mit einem dreidimensionalen Klassenbegriff operiert. Die drei Dimensionen sind 1. das *Volumen* des Kapitals; 2. die *Struktur* des Kapitals; 3. die *sozialen Laufbahn*. Das strukturalistische Credo, das dabei zum Ausdruck kommt, ist mit drei wichtigen Implikationen verbunden: Erstens sind die Dimensionen ihrem *funktionellen Gewicht* nach hierarchisch geordnet. Primär sind die materiellen Existenzbedingungen, also Volumen und Struktur des Kapitals. Unter den Kapitalsorten besitzt das ökonomische Kapital das größte funktionelle Gewicht. An die materiellen Existenzbedingungen schließt sich ein Netz sekundärer Merkmale an, worunter Bourdieu Alter, Geschlecht und Nationalität versteht. Zweitens muss man sich die Wirkungsweise der Klassenzugehörigkeit wie die *»strukturelle Kausalität eines Faktorengeflechts«* (Ebd.: 184) vorstellen. Er meint damit, dass eine »Vielzahl von Determinierungen« existiert, aber eben so, dass sich in jedem einzelnen Faktor die Wirkung aller anderen Faktoren niederschlägt. Das führt nicht etwa zu kausaler Unterbestimmung, sondern in seinen Augen zu einer regelrechten »Überdeterminierung«. Das gilt vor allem für den Fall der Statuskonsistenz, weil sich hier das strukturelle Faktorengeflecht noch verstärkt. Im Falle eine Statusinkonsistenz bleiben die materiellen Faktoren dominant. Drittens sieht er auch geschlechts- und altersspezifische Verteilungen oder die zeitliche Entwicklung als Ausdruck der Klassenteilung an.

Im Licht dieser Bestimmungen unterscheidet Bourdieu drei Klassen: Ober-, Mittel- und Unterklasse. Die beste Kapitalausstattung hat die *Oberklasse*. Hinsichtlich ihrer Kapitalstruktur trennt Bourdieu zwischen Besitz- und Bildungsbürgertum und grenzt davon als dritte Klassenfraktion die »neue Bourgeoisie« ab, die er als *»taste-makers«* bezeichnet. Aber allesamt folgen sie in ihren Geschmacksurteilen einem *Sinn für Distinktion*. Die *Mittelklasse* verfügt über eine durchschnittliche Kapitalausstattung. Nach der Zeit- beziehungsweise kollektiven Laufbahnachse unterscheidet Bourdieu drei Fraktionen des Kleinbürgertums: das absteigende, das exekutive und das neue Kleinbürgertum. Je nach Richtung der Mobilität, Auf- oder Abstieg, zeichnet Bourdieu die Muster von *Prätention* und *Ressentiment* nach. Während er Ober- und Mittelklasse je nach Klassenstellung im sozialen Raum in drei Fraktionen unterteilt, die sich trotz gleicher Klassenzugehörigkeit zum Teil erheblich in Geschmack und Lebensstil unterscheiden, weist er der *Unterklasse* oder, wie Bourdieu sagt: den Volksklassen (»*classes populaires*«) ohne weitere interne Differenzierung einen gemeinsamen Geschmacks- und Lebensstil zu, den er als »*Diktat der Notwendigkeit*« bezeichnet.

Bourdieu verwendet einen weiten, ethnographischen Klassenbegriff in seiner kultursoziologischen Analyse. Er versteht unter *Klasse* demnach Alters-, Geschlechts- und Gesellschaftsklassen und studiert im Einzelnen die kulturellen Präferenzen von Klassenfraktionen beziehungsweise von Berufsgruppen. Um den Zusammenhang zwischen Kultur, Herrschaft und Ungleichheit aufzudecken, muss der angedeutete Zusammenhang zwischen Klasse und Klassifikation vertieft werden. Erst diese Vertiefung lässt uns Bourdieus genuinen Beitrag zur Integration von Sozialstrukturanalyse und Kultursoziologie verstehen, der seine Studie schon kurz nach Erscheinen weltweit zu einem klassischen Werk gemacht hat.

Die Art und Weise, wie Bourdieu die Beziehung zwischen dem sozialen Raum und dem Raum der Lebensstile denkt, lässt sich dem folgenden Schema (*Abbildung 8*) entnehmen, das seinen theoretischen Ansatz resümiert. In den *Feinen Unterschieden* bringt Bourdieu also seinen allgemeinen Ansatz – Struktur, Habitus und Praxis – mit seinen Überlegungen zu Klassen, Klassifikationen und Lebensstilen zusammen, welche die soziale Ungleichheit in fortgeschrittenen Klassen- und Konsumgesellschaften zu studieren erlauben.

Auf der Grundlage dieses Schemas lassen sich die beiden erforderlichen Vertiefungsschritte vornehmen: die Soziologie der Erkenntnis und die Soziologie der Ästhetik. Zusammen helfen sie, die empirischen Ergebnisse zu verstehen, die im dritten und letzten Schritt rekonstruiert werden.

6.3 Soziologie der Erkenntnis: Doxa, Orthodoxie und Heterodoxie

Wir hatten bereits bei der Behandlung des Klassenbegriffs gesehen, dass Bourdieu bei »Klasse« immer auch an »Klassifikation« denkt. Neben dem materiellen Klassenkampf, also dem Kampf um knap-

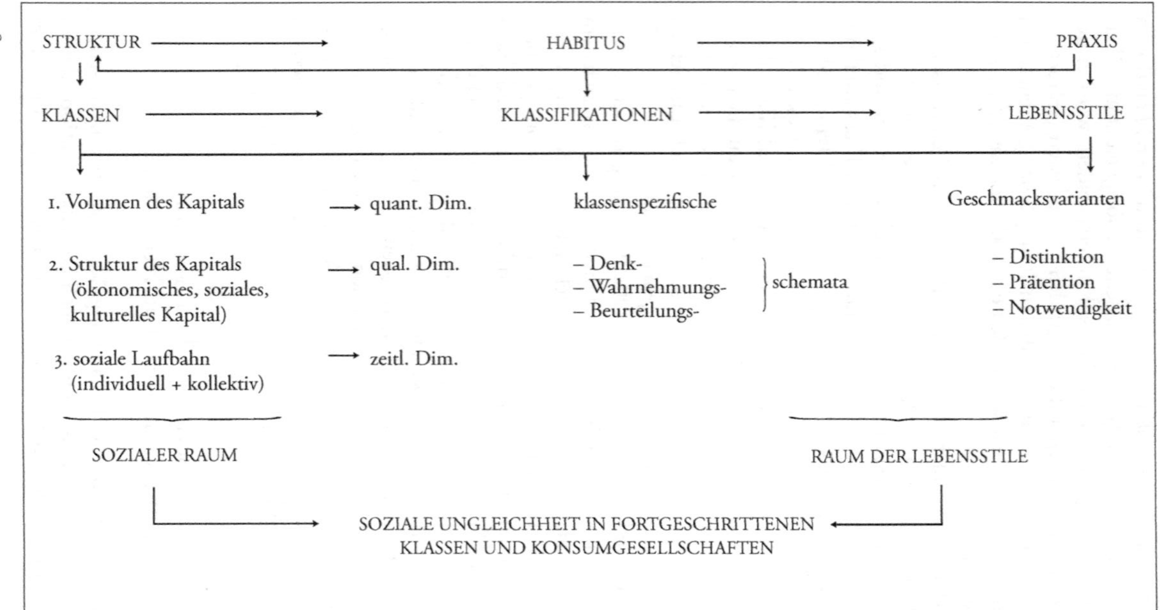

Abb. 8: Der theoretische Ansatz von Pierre Bourdieu (Müller 1992: 297)

pe Ressourcen und Positionen, muss man stets auch den symbolischen Klassifikationskampf, also den Kampf um Sichtweisen und Positionierungen, betrachten. Gerade weil Stellung und Stellungnahme, Position und Positionierung so eng zusammengehören, darf die Soziologie nicht auf Klassen- und Klassifikationsanalysen verzichten, wenn sie die Prozesslogiken der gesellschaftlichen Ordnungskämpfe aufdecken will. So verkündet Bourdieu (1985a: 53, Hervorhebung HPM) in seiner Antrittsvorlesung am *Collège de France* im Jahre 1982:

> Will Soziologie mit dem aller Mythologie eigenen Anspruch brechen, den willkürlichen Unterteilungen der gesellschaftlichen Ordnung, insbesondere der Arbeitsteilung, eine vernunftmäßige Begründung zu geben und damit das Problem der Klassifizierung und Rangordnung der Menschen logisch oder kosmologisch zu lösen, hat sie den *Kampf um das Monopol auf legitime Repräsentation der Sozialwelt*, jenen Kampf der und um Klassifikationssysteme, der Teil jeder Form von Klassenkampf ist (zwischen Alters- und Geschlechts- wie Gesellschaftsklassen), zu ihrem *ureigensten Gegenstand* zu erheben – statt nur blind als Objekt darin verstrickt zu sein.

In den *Feinen Unterschieden* nimmt Bourdieu (1982a: 14) diese Aufgabe in Angriff, indem er

> auf die überlieferten Probleme der Kantschen Kritik der Urteilskraft wissenschaftlich zu antworten und in der Struktur der sozialen Klassen das Fundament der Klassifikationssysteme auszumachen [versucht], welche die Wahrnehmung der sozialen Welt strukturieren und die Gegenstände des ästhetischen »Wohlgefallens« bezeichnen.

Aber wie macht man das? Wie kann man zeigen, dass das »Fundament der Klassifikationssysteme« in der »Struktur der sozialen Klassen« verankert ist? Bourdieu folgt der französischen Tradition der Durkheim-Schule und betrachtet die soziale Konstitution von Erkenntnis und Ästhetik. Wie wird Wissen und Geschmack gesellschaftlich erzeugt? Émile Durkheim und Marcel Mauss (1987) hatten sich vor allem für die »primitive[n] Formen von Klassifikation« in archaischen Gesellschaften interessiert, um zu zeigen, dass die Klassifikation der Dinge nur die Klassifikation von Menschen reproduziert. Neben der sozialen Integration über gemeinsame Werte und Normen gibt es also auch eine »logische Integration«, weil Wahrnehmen, Denken und Sprache über das gemeinsame

Kollektivbewusstsein (»*conscience collective*«) geregelt sind. Begriffe und Kategorien sind demnach »ein Werk der Kollektivität, was ihren Ursprung angeht, und Ausdruck von sozialen Phänomenen, was ihren Inhalt anbetrifft: Die Gattung verweist auf die menschliche Gruppe, die Zeit auf den Rhythmus des sozialen Lebens, der Raum auf den gesellschaftlichen Raum beziehungsweise das Territorium und die Kausalität auf die kollektive Kraft, das *mana.*« (Müller 1999: 164) Gerade weil Durkheim jedoch annimmt, dass auch in modernen Gesellschaften Begriffe und Kategorien, Wissen und Geschmack, kurz: alle Klassifikationsformen ein Werk der Kollektivität sind und insofern gesellschaftliches Gemeingut, kann er die strategische Interessenverfolgung von Gruppen im Kampf um Positionen und Positionierungen, also um Verteilungs- und Symbolisierungserfolg, nicht denken.

Bourdieu hält an dem französischen Programm der Erkenntnissoziologie und damit am Interesse für Klassifikationen fest, realisiert dieses Programm aber im Rahmen von Max Webers Religionssoziologie.[37] Er hatte schon seinen ersten Studien in Algerien und hier vor allem zur Kabylei als Übergangsgesellschaft Webers *Protestantische Ethik* zugrunde gelegt. Nun wendet er sich in *Wirtschaft und Gesellschaft* der systematischen Religionssoziologie zu und wird fündig. Weber hatte nämlich entdeckt, dass ab einem bestimmten Differenzierungsniveau eine Schicht von *Priestern* auftritt, welche die Religion in einer dogmatischen Lehre systematisieren und zugleich eine »rationale« Erklärung für das Problem der Theodizee anbieten.[38] Wo diese Systematisierung erfolgt, ist eine *Orthodoxie* auf expliziter Begründungsbasis entstanden. Da sie explizit ist, kann sie jederzeit angegriffen werden – durch *Heterodoxien* von der Seite von *Propheten* nach dem Muster: »Es steht geschrieben, ich aber sage euch!«

Für Weber wie für Bourdieu ist entscheidend, dass nunmehr ein Riss durch die soziale Welt geht. An die Stelle des einheitlichen

37 Bourdieus Auseinandersetzung mit Webers Religionssoziologie liegt gesammelt vor in dem Band *Das religiöse Feld* (Bourdieu 2000a) und jetzt auch unter dem Titel *Religion* als Band 5 der Gesamtausgabe (ders. 2009a). Wer Weber liest, merkt, wie viel Bourdieu ihm verdankt.

38 Das Problem der Theodizee ist das der Gerechtigkeit oder Rechtfertigung Gottes angesichts der Verteilung von Leiden auf der Welt. Wie kann Gott, der allmächtig und allwissend ist, so viel Übel auf der Welt zulassen?

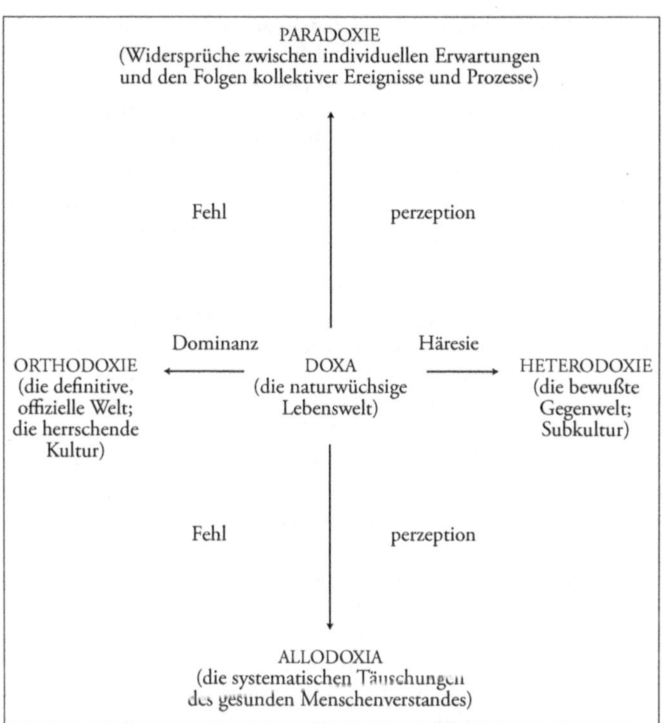

Abb. 9: Die Struktur der Wahrnehmungsweisen
im sozialen Leben (Müller 1992: 303)

und gemeinsamen Kollektivbewusstseins, das in »natürlicher« Weise, gleichsam als *Doxa* gilt, sind Lehre (*Orthodoxie*) und Gegenlehre (*Heterodoxie*) getreten. Die eine Klassifikation beziehungsweise Weltdeutung steht der anderen unversöhnlich gegenüber. Diese Differenzierung und Pluralisierung des Kollektivbewusstseins öffnet in der Folge *gruppenspezifischen Interpretationen* Tür und Tor – im Fall der Religion sind es etwa Sekten, die der Kirche Konkurrenz machen.

Bourdieu verallgemeinert Webers Einsichten in alltägliche, begründete und gegenbegründete Denk- und Wahrnehmungsweisen. Er begreift Erkenntnis als Feld mit bestimmten Positionen, Relationen und Dynamiken und geht davon aus, dass sich diese abstrakten Strukturen in allen gesellschaftlichen Lebensbereichen – von der Ökonomie bis zur Kultur – durchsetzen.

Die alltäglichen Denk-, Wahrnehmungs- und Beurteilungsschemata des Habitus bezeichnet Bourdieu als »*Doxa*«. Charakteristisch für die Doxa ist, dass sie die sozial definierten Regeln der Gesellschaft in die Natürlichkeit der Lebenswelt überführen. Alle gesellschaftlichen Konventionen wie Sitten, Bräuche, Werte und Normen werden als selbstverständliche, unhinterfragte und unhinterfragbare Regeln des Zusammenlebens wahrgenommen. Gerade weil die Doxa so wirkungsmächtig sind und dafür sorgen, dass wir uns in unserer sozialen Welt im Alltag so gut zurechtfinden, sitzt der »gesunde Menschenverstand«, mit dem man die Doxa auch identifizieren könnte, so leicht objektiven Täuschungen auf. Wenn das passiert, dann wird das durch den Common Sense gesteuerte Erkennen zum Verkennen. Aus den Doxa wird die *Allodoxia*. Bourdieu versteht darunter so etwas wie eine fehlerhafte Repräsentation, die durch die Erkenntnisgrenzen der Doxa heraufbeschworen wird. Der »Allodoxia-Effekt« ergibt sich häufig in Situationen der Befragung, in der ein Spezialwissen benötigt wird, das nicht vorhanden ist. Die Antwort auf Basis der Doxa führt dann systematisch in die Irre der Allodoxia. So wird etwa in Unkenntnis ökonomischer und politischer Zusammenhänge auf die Frage nach dem Einfluss der Wirtschaft auf die Politik häufig keine Meinung geäußert oder geantwortet, »der Einfluß sei zu gering« (vgl. Bourdieu 1982a: 672 f.). Der Versuch, die Doxa auf einen Kontext anzuwenden, der der eigenen Lebenswelt fremd ist, führt unweigerlich zu solchen Allodoxia-Effekten.

Anders sieht es bei einer weiteren Form von Fehlwahrnehmungen aus: den *Paradoxien*. Paradoxien als scheinbar oder tatsächlich unauflösbare Widersprüche nehmen im gesellschaftlichen Leben eine eigentümliche Stellung ein, denn sie beruhen in der Regel auf der Enttäuschung individueller Intentionen und Erwartungen durch unwillentliche oder unvorhergesehene kollektive Ereignisse und Prozesse. So wird der Aufstiegswille der Arbeitertochter oder des Migrantensohns, der sich unter finanziellen Entbehrungen auf ein langes Studium einlässt, gerade dann nicht belohnt, wenn die Mehrheit seiner Generation den gleichen Entschluss fasst. Im fünften Kapitel über Bildung hatten wir gesehen, dass im Fall einer

»Bildungsinflation« auch das Verhältnis von »Titel« und »Stelle« aus den Fugen gerät und Bildung sich nicht mehr in dem Maße »lohnt« wie ursprünglich angenommen.

Bourdieu interessiert sich indes nicht nur für Fehlwahrnehmungen, sondern auch für die Ausdifferenzierung von Doxa, Orthodoxie und Heterodoxie. »Orthodoxie« bezeichnet die definierte, offizielle Welt oder auch die herrschende Kultur. Sie verfügt über einen so hohen Grad an Systematisierung zu einer Lehre oder Ideologie, dass sie eine vollständige *Soziodizee* (etwa: »Jeder ist seines Glückes Schmied«) – die säkulare Spielart der Theodizee – enthält. Die Heterodoxie hingegen umfasst die bewusst gewählte Gegenwelt, vielfach auch die beherrschte oder gar unterdrückte Kultur und bisweilen daher auch Subkultur(en).

Diese Unterscheidungsreihe, die aus Bourdieus Soziologie der Erkenntnis hervorgeht, enthält zwar die Strukturen der gesellschaftlichen Wahrnehmungsweisen, also das, was man »Perzeption« und »Apperzeption« nennen kann, sagt aber noch nichts über deren klassenspezifische Verteilung. Was haben die Doxa und ihre Spielarten (Orthodoxie, Heterodoxie, Paradoxie und Allodoxia) mit sozialer Ungleichheit zu tun? Diese Frage stellt sich mit besonderer Hartnäckigkeit, da wir alle im Alltag meist den Doxa verhaftet bleiben. Genau deshalb legt Bourdieu so viel Wert auf den Habitus, wie wir im zweiten Kapitel gesehen haben. Dennoch variiert, so Bourdieus These, die Fähigkeit, orthodoxe und heterodoxe Urteile überhaupt fällen zu können, systematisch mit dem Niveau an Erkenntnis und Wissen, also dem Bildungs- oder kulturellen Kapital. Das heißt aber auch, dass Erkenntnis und Wissen in der Gesellschaft ungleich verteilt sind und mit der Klassenzugehörigkeit zusammenhängen. Soziokulturelles Milieu, Geld und Zeit sind daher zugleich kognitive *und* klassenspezifische Kriterien für die unterschiedliche Verteilung von Erkenntnisfähigkeiten und Wahrnehmungsweisen. Wie wir sehen werden, sind es auch die wesentlichen Determinanten des ästhetischen Urteilsvermögens.

6.4 Soziologie der Ästhetik: Klasse und Geschmack

Bourdieus kühner Versuch, mit der Charakterisierung der Klassenstruktur Frankreichs zugleich eine *Kritik der gesellschaftlichen Urteilskraft* vorzulegen,[39] zwingt ihn dazu, mit der herkömmlichen, meist idealistischen Ästhetik zu brechen und eine eigene soziologische Ästhetik zu entwickeln. Er (1982a: 756-783) holt in seiner Nachschrift zu einer »›Vulgärkritik‹ der reinen Kritiken« aus und setzt dabei an Kants (1983a: 236ff.) *Kritik der Urteilskraft* (1790) an. Die Richtung seiner Überlegungen ist klar:[40] Bourdieu will zeigen, dass auch noch das raffinierteste ästhetische Urteilsvermögen gesellschaftlich erzeugt wird und nicht als Naturgabe des Genies (v)erklärt werden darf. Kant (ebd.: 293ff.) hatte zwischen »Reflexionsgeschmack« und »Sinnengeschmack« einen dicken Trennstrich gezogen, um das »Wohlgefallen« vom »Genuss«, das »Schöne« vom »Angenehmen«, die interesselose Ästhetik von der interessierten »*aisthesis*«, dem Vergnügen der Sinne, zu unterscheiden. Der reine Geschmack lehnt alle grob sinnlichen Reize ab, kultiviert den Ekel vor dem Leichten und verdammt alles Vulgäre und auf unmittelbare Befriedigung erpichte seichte Vergnügen. Dieses interesselose Geschmacksvermögen ist dem Menschen in die Wiege gelegt – oder auch nicht: Wer das »Auge« hat, der erkennt; wer den »reinen Blick« hat, der sieht; und wer das »empfindliche Ohr« besitzt, der

39 Auffällig ist, dass Bourdieu, der sich in seinem Werk an Kants drei Kritiken abarbeitet, zwar eine Soziologie der Erkenntnis und eine Soziologie der Ästhetik entwickelt, aber keine Soziologie der Moral. Sicher wollte er dem Moralismus der Durkheim-Schule entgehen. Dennoch kennt Bourdieu ein »Interesse an Moral«, wie er es dem Kleinbürgertum zuschreibt. Aber hier geht es nicht um die Achtung vor Regeln, sondern um eine Waffe des Asketen im Kampf um den Aufstieg oder um das Ressentiment im Falle des Abstieges. Das werden wir weiter unten sehen.

40 Tatsächlich trifft Bourdieus soziologische Kritik Kants (1983a: 303) philosophisches Anliegen, die ästhetische Urteilskraft zu charakterisieren, nur teilweise, unterscheidet Kant doch selbst zwischen empirischen und reinen ästhetischen Urteilen. Kant interessiert sich *philosophisch* für die Eigenart dieser *reinen* Urteile. Er (ebd.: 288) definiert folgerichtig: »*Geschmack* ist das Beurteilungsvermögen eines Gegenstandes oder einer Vorstellungsart durch ein Wohlgefallen, oder Mißfallen, *ohne alles Interesse*. Der Gegenstand eines solchen Wohlgefallens heißt *schön*.« Bourdieu hingegen ist *soziologisch* mit *empirischen* Urteilen und deren gesellschaftlicher Basis befasst, und diese Urteile weisen Muster auf, die weder zufällig noch von den Akteuren frei gewählt sind.

vernimmt. In allen diesen Fällen ist von Geburt an die Fähigkeit, sich in den höheren Sphären der Kultur wie »zu Hause zu fühlen«, vorhanden oder nicht; und da angeboren, ist das »Auge« oder »der Blick« zugleich einzigartiger Ausweis von Individualität und Vornehmheit der Persönlichkeit, die über den reinen Geschmack verfügt.

Eine *Soziologie der Ästhetik* muss den Boden der klassischen Philosophie verlassen und ihr Augenmerk auf die *Logik der kulturellen Güter und des kulturellen Konsums* richten. Das *Programm einer antikantianischen Ästhetik* zielt *theoretisch* auf die Wahlverwandtschaft zwischen sozialen Klassen, Bildungsniveaus und Geschmacksarten. In *empirischer* Hinsicht sucht Bourdieu den Nachweis für zwei Thesen zu führen: 1. den Nachweis, wie Bildungsniveaus und kulturelle Kompetenz (die Geschmacks*fähigkeit*) zusammenhängen; 2. den Nachweis, wie die Aneignungsweisen von Bildung und kultureller Kompetenz – Familie versus Schule – mit entsprechenden Geschmacksstilen (Arten der Geschmacks*ausprägung*) korrespondieren.

Was Kant als reines Geschmacksvermögen ohne weiteres unterstellt, fasst Bourdieu als *kulturelle* oder *ästhetische Kompetenz*. Darunter versteht er jene erworbenen Fähigkeiten und Fertigkeiten, die zur Dechiffrierung oder *Decodierung* eines Kunstwerks notwendig sind. In Anlehnung an den Kunsthistoriker Erwin Panofsky unterscheidet Bourdieu (1974: 127-129) im Prozess der Decodierung zwei Ebenen: den Phänomensinn und den Bedeutungssinn. Die primäre oder alltägliche Sinnschicht bezeichnet die Ebene, in der wir unseren alltagsweltlichen *Phänomensinn* zur Identifizierung der oberflächlich wahrnehmbaren Eigenheiten des Werkes einsetzen. Die sekundäre oder konventionelle Sinnschicht hingegen ist die tiefere Ebene, die erst ein umfassendes Verständnis des Werkes eröffnet, weil wir dort auf die Region des *Bedeutungssinns* stoßen, der den Schlüssel zum Werk liefert. In dem Maße nämlich, in dem Kultur und Kunst generell nicht mehr Allgemeingut der Gesellschaft sind,[41] sondern eine ausdifferenzierte, autonome Sphäre mit Spezialisten, verschiedenen Schulen und Stilen bilden, ist Verstehen nur über das Wissen um die dort geltenden Regeln und ihre Bedeutung zu erlangen. Eine operationale Definition von kultureller Kompe-

41 Was das für das Feld der Kunst im Einzelnen heißt, wird uns im siebten Kapitel anhand des literarischen Feldes beschäftigen.

tenz zielt daher auf die *sozialen Gebrauchsweisen* der Kunst: auf die *Art der konsumierten Güter* und die *Art der Konsumtionsweise* selbst.

Bourdieu (1982a: 33ff.) stellt zwei Hypothesen zur klassenspezifischen Verteilung kultureller Kompetenz auf. Die *erste* These ist auf die ästhetischen Unterschiede *zwischen* Klassen gerichtet und behauptet eine starke Beziehung zwischen Bildungskapital (Indikator: Schulabschluss) sowie sozialer Herkunft (Indikator: Beruf des Vaters) und kulturellen Praktiken. Die *zweite* These zielt auf ästhetische Unterschiede *innerhalb* der herrschenden Klasse und unterstellt eine starke Beziehung zwischen sozialer Herkunft und kulturellen Praktiken bei *gleichem* Bildungskapital. Bourdieu (ebd.: 34) behauptet: Je größer die Distanz zur legitimen Kultur ausfällt, desto stärker erklärt bei konstantem Bildungskapital die *soziale Herkunft* die Präferenzen für kulturelle Praktiken. Und umgekehrt: »Je klarer die gemessenen Kompetenzen durch die Institution Schule anerkannt sind und je stärker die dabei verwendeten Meßtechniken schulischen Kriterien genügen, um so höher ist die Korrelation zwischen ›Bildungstitel‹ und Performanz.«

Zum Nachweis der *ersten* These wendet sich Bourdieu (ebd.: 40f., 806, 820f.) zunächst der *klassischen Musik* zu, dem Herzstück der legitimen Kultur. Auf die Frage nach der Bekanntheit von klassischen Musikstücken kristallisiert sich eine klassenspezifische kulturelle *Wissens*verteilung heraus: Die unteren Klassen kennen nur zu 4%, die mittleren Klassen immerhin zu 30% und die oberen Klassen zu 63% jeweils 7 bis 11 oder auch mehr Komponisten. Auch die *ästhetische Präferenzverteilung* für einzelne Musikstücke ist klassenspezifisch differenziert: die unteren Klassen bevorzugen Strauß' *An der schönen blauen Donau*, was von den oberen Klassen betont abgelehnt wird; die Mittelklasse wählt Gershwins *Rhapsody in Blue*, gleichermaßen von Unter- und Oberklasse zurückgewiesen, während die Oberklasse Bachs *Wohltemperiertes Klavier* vorzieht, was von der unteren Klasse betont abgelehnt wird. Ein solches Ergebnis – die klassenspezifisch variierenden kognitiven, evaluativen und expressiven Verteilungen von Geschmack – ist in einem »elitären« Gebiet wie dem der klassischen Musik kaum anders zu erwarten. Bourdieu untersucht daher auch den *Kinobesuch* sowie die Kenntnis von Regisseuren und Filmstars. Interessanterweise variiert die Häufigkeit des Kinobesuchs eher nach soziodemographischen und regionalen (Alter, Groß- versus Kleinstadt und Kinodichte) als nach klassenspezifischen Merkmalen; die Kenntnis von Regisseuren hingegen hängt systematisch mit der Höhe des Bildungskapitals zusammen, nicht jedoch die Kenntnis von Filmstars. Kino bedeutet hier wie dort scheinbar etwas völlig Unterschiedliches: Kultfilme in Studiokinos (»Ästhetik«) versus Actionreißer in Kinopalästen (»*aisthesis*«).

Im Licht dieser empirischen Unterschiede betrachtet Bourdieu die Funktionsweise von Bildungstiteln und die Herausbildung einer ästhetischen Einstellung. Wie schon im fünften Kapitel demonstriert, wirkt der Bildungstitel wie ein *Adelsprädikat* mit drei Vorzügen: einer gewissen Ausbildung, einer bestimmten Art, die Dinge zu sehen, die häufig mit höheren Statuspositionen einhergeht, also »Manieren« im französischen Sinne, und einer qua Bildung zugeschriebenen Kompetenzvermutung, die, da lizenziert, nicht mehr eigens nachgeprüft wird.

Das institutionell vermittelte Bildungskapital fördert nicht nur Selbstbewusstsein und Anspruchsdenken ihrer Absolventen, sondern auch die Ausbildung einer *ästhetischen Einstellung* als genuines Produkt der Bildungswelt in zeitlicher, sachlicher und sozialer Hinsicht: Entlastet von den materiellen Zwängen, wird die Adoleszenzphase bewusst verlängert und der Bildung gewidmet, die sich aus der utilitaristischen Perspektive wie überflüssiger Zierrat ausnimmt. Und das in einer schulischen Umwelt, die zwar auch häufig als dumpfe Hierarchie empfunden wird, sich aber dennoch stark von Zwang und Druck der Status- beziehungsweise Amtshierarchie von Betrieb oder Behörde unterscheidet. Dieser zeitliche, sachliche und soziale Rahmen vermittelt eine ästhetische Einstellung, die überhaupt erst das *kognitive* Klassifikationsvermögen aufgrund der kulturellen Vermittlung von Kunst, Malerei, Literatur verschafft und zugleich die sprachlichen Ausdrucksfähigkeiten bereitstellt, die genuin ästhetische Erfahrungen angemessen zu formulieren erlauben; gleichzeitig werden jene *evaluativen* Standards gestiftet, die von der Ästhetik gern als »richtiges Auge« verherrlicht werden. In Wirklichkeit gestatten sie es, die Entschlüsselungsarbeit zu leisten. Sie besteht darin, schulisch gelernte Kriterien der Kunstwahrnehmung auf einschlägige Werke anzuwenden und über den Phänomensinn hinaus den Bedeutungssinn zu entdecken. Das setzt die erworbene Fähigkeit voraus, Funktion und Form des Werkes voneinander zu trennen und die Bedeutung nicht über den Inhalt, sondern über stilistische Eigentümlichkeiten zu ermitteln. Schließlich erlegt die ästhetische Einstellung eine *expressive* Haltung auf, die gleich weit entfernt ist von der doxischen Alltagserfahrung der Unterschichten, die spontan auf den Sach- oder Ausdruckssinn reagiert (»Das ist eine Landschaft!« oder »Das ist schön!«), wie auch von der orthodoxen Ethik des Kleinbürgertums, welche die gesellschafts- und zeitgebundenen klassischen kulturellen Normen als universale Wertmaßstäbe missversteht und daher auf anders- oder neuartige Kunst meist mit Ressentiment und Ablehnung reagiert. Die beiden expressiven Haltungen – die doxische Spontaneität wie die orthodoxe Rigidität – sind viel zu direkte und starke Reaktionsweisen. Die ästhetische Einstellung zeichnet sich nämlich durch »*detachement*« aus, durch Distanz zu Künstler und Kunstwerk, die tatsächlich zugleich eine Distanz zum Leben und seinen materiellen Zwängen widerspiegelt, von einer anderen Warte als regelrecht gespielte Gleichgültigkeit erscheint und in etwa dem entspricht, was Kant als die »Interesselosigkeit« des reinen Geschmacks charakterisiert hat. Die ästhetische Einstellung, diese generelle Disposition, die im kognitiven Klassifikationsvermögen, den evaluativen Beurteilungsstandards und der expressiv-distanzierten Haltung zum Ausdruck kommt, hat in habitualisierter Form die konstitutive Eigenschaft, sich auf alle Lebensbereiche auszudehnen und somit eine umfassende »Stilisierung des Lebens« (Max Weber) zu ermöglichen.[42]

Die *zweite* These von Bourdieu zielt auf den symbolischen Kampf *innerhalb* der oberen Klasse, denn bei *gleichem* Bildungskapital verschärft sich noch der Distinktionswettstreit unter den Privilegierten, um sich aus der »Masse« der herrschenden Klasse herauszuheben. Die beiden wichtigsten Kriterien klasseninterner Differenzierung sind zum einen das Prinzip der *Anciennität* (Dauer der Zugehörigkeit zur Oberschicht) zum anderen die zwei entgegengesetzten Erwerbsmodi von Kultur: *Familie* und *Schule*. Die Unterschiede der sozialen Herkunft bei gleichem Bildungskapital schlagen um so stärker durch, »je weniger [...] eine enge und streng kontrollierbare Kompetenz gefordert ist und mehr eine Art Vertrautheit mit Kultur und Bildung und je mehr man sich [...]

42 Das Ergebnis ist *Die Erlebnisgesellschaft*, wenn diese Haltung sich breitenwirksam in kapitalistischen Konsumgesellschaften durchsetzt. Vgl. die gleichnamige Studie von Gerhard Schulze (1992) und meine Rezension (Müller 1993).

von den ›verschultesten‹, den ›klassischsten‹ Sphären weg begibt in Richtung weniger legitimer, ›riskanter‹ Regionen der so genannten ›freien‹ Bildung« (Bourdieu 1982a: 115 f.). Empirisch zeigt sich das etwa bei der Kenntnis von Regisseuren, bei der Malerei, der klassischen Musik und vor allem beim Jazz und der Avantgardekunst. Bourdieu unterscheidet daher zwischen zwei Habitus, dem »Mann von Welt« (natürlich, mondän, vornehm) und dem »Gelehrten« (gekünstelt, pedantisch, prätentiös).

Aus beiden Thesen lassen sich nunmehr die theoretischen Implikationen für Bourdieus Soziologie der Ästhetik ableiten: die *Logik der Verfeinerung und Distinktion*. Der Gradmesser »guten Geschmacks« und mithin die Abgrenzung des reinen vom barbarischen Geschmack bezeichnet das Ausmaß, in welchem sich die *Form* (das »Wie«) von der *Funktion* (das »Was«) gelöst, ja verselbstständigt hat. Je größer der Abstand zwischen Form und Funktion, desto höher der Grad der Raffinesse, die ästhetische Sublimierung und die moralische Vollkommenheit der Person, welche die Verfeinerung vornimmt. Dahinter verbirgt sich die alltagsweltliche Unterstellung, dass das ästhetische Differenzierungsvermögen als Ausweis kultureller Kompetenz gleichzeitig ein Zeichen ethischer Vervollkommnung ist. Der großbürgerliche Habitus, der in Toleranz, Liberalität, *detachement* und Reflexivität zum Ausdruck kommt, hebt sich bezeichnend ab von dem moralischen Rigorismus des stets in Aufstieg (»Prätention«) oder Abstieg (»Ressentiment«) begriffenen Kleinbürgertums. Dem Ästheten, ohnehin in die ferne, abgehobene »heilige« Sphäre der legitimen Kultur entrückt, gerät die materielle und moralische Distanz zur ethischen Vornehmheit (»Distinktion«).

Nach Bourdieus Distinktionslogik gibt es zwei grundlegende ästhetische Stile, den »barbarischen« und den »reinen« Geschmack. Was Kant (1983a: 291 f.) phänomenologisch richtig als »Sinnengeschmack« und »Reflexionsgeschmack« beschrieben, aber als allgemeines Produkt menschlicher Evolution verstanden hat, akzeptiert Bourdieu als Geschmacksvarianten, die historisches Produkt unterschiedlicher Sozialisation und Erziehung, unterschiedlichen Bildungskapitals und mithin einer unterschiedlichen Stellung innerhalb der Sozialstruktur sind. Gemäß seinem relationalen Ansatz im Feld der Geschmacksproduktion verteilen sich diese Geschmäcker auf unterschiedliche Klassen. Er scheint tatsächlich der Auffassung zu sein, dass sich der barbarische Geschmack vorzugsweise in den unteren Klassen wiederfindet. So wie archaische Stämme, deren Ästhetik stark naturverhaftet bleibt, sollen die unteren Klassen in ihrer doxischen Alltagseinstellung dem Habitus eines praktischen Ethos folgen, der die Dinge nicht weiter ästhetisiert, sondern schlicht ihrer Funktionalität, ihrem praktischen Zweck oder einfach einem naturalistischen Schönheitsideal gemäß beurteilt. Ohne Zweifel schwingt hier die (fehlerhafte) Einschätzung Durkheims (1984) nach, der von der Einfachheit der Differenzierung auf die Primitivität der Symbolisierung in archaischen Gesellschaften geschlossen hatte. Die *Mittelklassen* hingegen, vor allem das Kleinbürgertum, scheinen vorzugsweise orthodoxen Kulturregeln zu folgen, die zugleich die Grenzen des Anstandes und der Schicklichkeit definieren. Dem Habitus einer normierten Ethik entsprechend zielt die Ästhetik des mittleren Geschmacks auf das Altbewährte und scheut riskante kulturelle Investitionen, die danebengehen könnten. Es gibt indes eine Ausnahme von der Regel: Das neue Kleinbürgertum meldet mit greller Penetranz seinen ambitionierten Anspruch auf gesellschaftliche Anerkennung an. Die *oberen Klassen* und Klassenfraktionen schließlich weisen orthodoxe und heterodoxe Varianten auf, wobei Erstere vornehmlich den ästhetischen Strategien der sozialen und kulturellen Aufsteiger der dominierten Fraktion entsprechen, Letztere dagegen dem ästhetischen Tummelplatz der alteingesessenen Bourgeoisie als Angehörigen der dominierenden Fraktion vorbehalten bleiben. Beide Fraktionen huldigen einem Habitus mehr oder minder gebundener, mitunter »freier« Ästhetizismen,[43] die Stil- und Formkenntnis wie Virtuosität als Ausdruck reiner Geschmacksäußerungen begreifen. Davon hebt sich der Hedonismus der neuen Bourgeoisie umso mehr ab, die als *»taste makers«* die marketinghafte Avantgarde der kapitalistischen Konsumkultur verkörpern.

43 »Der Ästhetizismus, worin die künstlerische Intention zum Prinzip der Lebensart erhoben ist, beinhaltet eine Art moralischen Agnostizismus und steht damit in krassem Gegensatz zur ethischen Einstellung, die gerade die Kunst dem Leben und dessen Werten unterordnet. Die künstlerische Intention ist ein einziger Widerspruch gegen die Einstellungen des Ethos oder die Normen des Ethischen, welche für alle Gesellschaftsklassen die jeweils *legitimen Darstellungsgegenstände und Darstellungsweisen* definieren und damit aus dem Bereich des Darstellbaren bestimmte Realitäten wie Arten ihrer Darstellung ausgrenzen.« (Ebd.: 90)

	Klassen		
Kriterien	Großbürgertum	Kleinbürgertum	Arbeiter- und Bauernschaft
Volumen und Struktur des Kapitals	↑ök. +↓ kult. Kapital: *Besitzbürgertum* ↓ök. +↑ kult. Kapital: *Bildungsbürgertum* mittl. ök. + kult. Kapital: *neue Bourgeoisie*	↓ök. +↓ kult. Kapital: *absteigendes Kleinbürgertum* mittl. ök. + mittl. kult. Kapital: *exekutives Kleinbürgertum* mittl. ök. + kult. Kapital: *das neue Kleinbürgertum*	↓ök. +↓ kult. Kapital
Bildungsniveau	hoch: Agrégation, Grande École	mittleres Niveau abh. von Zeitachse und Generationszugehörigkeit: Baccalauréat und BECP	gering: CEP, CAP oder ohne Abschluss
Wahrnehmungsmodus	Orthodoxie und Heterodoxie	orthodoxer Regelkanon oder häretische Allodoxia	doxische Alltagseinstellung
Habitus	Ethos frei gewählter Distanz zu den Zwängen des Lebens	normierte Ethik	praktisches Ethos
Einstellungssyndrom	(1) Geschmack als Ausweis von Individualität (2) Dissoziation von materieller und symbolischer Sphäre (3) Detachement	(1) Geschmack als Ausweis von Kultur und »Lebensstil« (2) Dissoziation von materieller und symbolischer Sphäre; aber materialistische Einstellung zur Kunst (3) Kulturanbetung	(1) Geschmack als Ausweis von Nützlichkeit (2) Kontinuität von Alltagsleben und Kunst (3) Konformitätsprinzip
Geschmack	»Distinktion«	»Bildungsbeflissenheit«	»Notwendigkeit«

Abb. 10: Der ästhetische Raum von Geschmackskonstellationen (Müller 1992: 322)

Es ist diese analytische Konstruktion des ästhetischen Raums, so meine These, die Bourdieus empirischer Analyse der klassenspezifischen Lebensstile zugrunde liegt. Gerade weil diese Ausformungen der Ästhetik, die von ihm unterschiedenen Geschmacksvarianten, einem klassenspezifischen Ethos folgen, kann er den ästhetischen Raum so aufspannen, wie es das Schema (*Abbildung 10*) demonstriert. Diese Konfiguration, das sollte im Folgenden nicht vergessen werden, beruht auf starker Vereinfachung, denn in der sozialen Wirklichkeit finden sich mannigfache Differenzierungen und Schattierungen, die das empirische Bild komplexer machen. Dennoch repräsentiert dieses Schema das theoretische und empirische Gebäude ästhetischer Vorlieben, mit dem Bourdieu durchgängig arbeitet.

6.5 Grundzüge einer kulturellen Ethnographie Frankreichs[44]

Distinktion: »*Haute Culture*« und »*Haut Goût*«

Die analytisch konstruierte Klassendifferenzierung muss Bourdieu in der empirischen Verteilung von Lebensstilunterschieden nachweisen. Das empirische Problem besteht also darin, die unterschiedlichen Kapitalstrukturen und unterschiedlichen Dispositionen des Habitus im Stil der Lebensführung aufzufinden. Bourdieu (1982a: 405) fasst unter Lebensstilen die »verschiedenen Systeme charakteristischer Merkmale, in denen unterschiedliche Systeme

44 Die empirischen Studien von Bourdieu und seiner Forschungsgruppe zu *Die feinen Unterschiede* gehen zunächst auf eine Primärerhebung aus dem Jahr 1963 zurück, die eine Stichprobe von 692 Befragten aus Paris, Lille und einer Kleinstadt umfasste. In den Jahren 1967/68 wurde eine Zusatzerhebung durchgeführt, bei der sich die Anzahl der Befragten auf 1217 erhöhte. Im Zentrum von Primär- und Zusatzerhebung standen Interviews auf der Basis von 26 Fragen, die von sozio-demographischen Daten über die Wohnungseinrichtung (Möbel), populäre Musik, Kleidung, Bücherlesen, Fotografieren, Medienkonsum (Film, Radio, Fernsehen) bis hin zu den schönen Künsten (Musik und Malerei) reichten; zu diesem Fragebogen gehörte ein Beobachtungsplan (vgl. Bourdieu 1982a: 800-810), der sich auf die Erfassung der Wohnverhältnisse, Kleidung, Frisur und Sprache richtete. Ergänzt wurde dieses reichhaltige Primärmaterial durch 51 Studien von INSEE, dem französischen Pendant zum Statistischen Bundesamt, und dem Umfrageinstitut SOFRES.

von Dispositionen ihren Ausdruck finden«. Obgleich in diesem Bereich die Grenzen fließend sind, fördert die Korrespondenzanalyse tatsächlich drei verschiedene Lebensstile zutage: 1. den *Sinn für Distinktion* und den Luxusgeschmack der Bourgeoisie; 2. die *Bildungsbeflissenheit* und den prätentiösen Geschmack des Kleinbürgertums; 3. die *Entscheidung für das Notwendige* und den praktischen Geschmack der Arbeiterschaft.

Das Hauptaugenmerk gilt dem Luxusgeschmack des Großbürgertums. Der »*Haut Goût*« steht der »*Haute Culture*« als der »legitimen Kultur« nahe, und sein Geschmack fungiert als Orientierungsrahmen für die übrige Gesellschaft: *positiv* für das Kleinbürgertum, das hier alle »schönen Objekte des Begehrens« findet, nach denen es selbst strebt; *negativ* für die unteren Klassen, denn Luxus ist die augenfälligste Bestätigung für die Existenz des gesellschaftlichen »Oben-Unten« und ihre kulturelle Unwissenheit die vollendete »Soziodizee für den Fortbestand sozialer Ungleichheit«.[45]

Nach der Korrespondenzanalyse werden die Präferenzkonstellationen über zwei Achsen aufgespannt: Die *Kulturachse* zeigt die gegenläufige Verteilung von ökonomischem und kulturellem Kapital an und reproduziert die alte Unterscheidung zwischen Besitz und Bildungsbürgertum. Bourdieu bezeichnet sie als *dominierende* und *dominierte* Fraktion: Am rechten Pol befinden sich die Unternehmer aus Handel und Industrie, am linken Pol die Hochschullehrer, während die freiberuflich Tätigen die mittlere Gruppe bilden, in der die Anwälte, Architekten und Pariser Ärzte eher dem linken Pol der Künstler, die Zahnärzte, Apotheker und Rechtsanwälte außerhalb von Paris dagegen dem rechten Pol der Unternehmer zuneigen. Die *Laufbahnachse*, die nach Werdegang und Zugehörigkeitsdauer zur Bourgeoisie differenziert, vereinigt auf der einen Seite freiberuflich Tätige, Hochschullehrer und Führungskräfte, die ihre

45 Bourdieu kreiert den Begriff »Soziodizee« in Anlehnung an Webers Verwendungsweise des Begriffs »Theodizee«. Während »Theodizeen« auf die Erklärung und Rechtfertigung der Leiden in der Welt gerichtet sind, die ein allmächtiger und gerechter Gott zulässt, meint »Soziodizee« die säkulare Spielart der Rechtfertigung des Erfolgs der Erfolgreichen. »Das Glück will ›legitim‹ sein«, so Weber (1972b: 242). »Wenn man unter dem allgemeinen Ausdruck: ›Glück‹ alle Güter der Ehre, der Macht, des Besitzes und Genusses begreift, so ist dies die allgemeinste Formel für jenen Dienst der Legitimierung, welchen die Religion dem äußeren und inneren Interesse aller Herrschenden, Besitzenden, Siegenden, Gesunden, kurz: Glücklichen zu leisten hatte: die Theodizee des Glücks.«

Kultur in erster Linie durch die Familie empfangen haben, und auf der anderen Seite Ingenieure, staatliche Führungskräfte und Sekundarstufenlehrer, die ihre Kultur über das Bildungssystem erhalten haben. Die Laufbahnachse ist besonders aufschlussreich, denn

> zwischen der fraktionsspezifischen Position, dem Alter der Zugehörigkeit zur Bourgeoisie und dem Lebensalter [...] besteht eine komplexe Beziehung, die zum Verständnis zahlreicher ethischer und ästhetischer Differenzen zwischen den Angehörigen der herrschenden Klasse – z. B. in den Sportarten, die sie treiben, und in ihrer Kleidung – sehr wichtig ist. (Bourdieu 1982a: 413)

Gemäß der empirischen Präferenzkonstellation unterteilt Bourdieu die Varianten des herrschenden Geschmacks in zwei Kulturen im ethnologischen Sinn, denn die unterschiedliche Kapitalstruktur ist verantwortlich für den »Antagonismus im Lebensstil«. So unterscheiden sich Besitz- und Bildungsbürgertum signifikant hinsichtlich ihrer kulturellen Praktiken, von der Lektüre bis zu den Hobbys. Idealtypisch zugespitzt kann man sich das an einem Vergleich von freiberuflich Tätigen und Lehrern verdeutlichen: *Freiberuflich Tätige* vereinen ein hohes ökonomisches und vergleichsweise niedriges kulturelles Kapital auf sich, das sie über die Familie erworben haben. Kapitalstruktur und soziale Herkunft generieren einen Habitus, den man als »Disposition zu luxuriöser Lebensführung« (»der mondäne Mann von Welt«) bezeichnen kann. Diese Disposition drückt sich in den typischen Lebensstilen des bürgerlichen »rive-droîte«-Geschmacks[46] aus, der mit der Vorliebe für klassische Werke, Boulevard und Varieté, einer diskreten Wohnungseinrichtung und traditioneller französischer Küche ebenso einhergeht wie mit einem optimistischen Gesellschaftsbild, das alle Ereignisse in den rosigsten Farben erscheinen lässt.

Dagegen weisen die *Lehrer* eine inverse Kapitalstruktur auf (wenig ökonomisches und hohes kulturelles Kapital), sind meist von kleinbürgerlicher Herkunft, und ihr Bildungskapital verdanken sie

46 Die Seine fließt mitten durch Paris. Das rechte Ufer (»rive droîte«) beherbergt die vornehmen Stadtviertel, das linke Ufer (»rive gauche«) die eher einfacheren Viertel wie zum Beispiel das studentische Quartier Latin. Diese räumlichen Klassifikationen spiegeln indes auch politische Vorstellungen und ästhetische Vorlieben wie »konservativ-progressiv«, »rechts-links«, »alt-jung«, »Establishment-Avantgarde« wider.

der Schule. Ihr Habitus zeichnet sich folgerichtig durch eine asketische Disposition aus, die eine pedantisch-prätentiöse Gelehrsamkeit zum Ausdruck bringt. Ihr intellektueller Lebensstil verkörpert den typischen »rive-gauche«-Geschmack, was sich in einer Vorliebe für zeitgenössische Werke, die Avantgarde, experimentelle Wohnungseinrichtungen und exotische oder improvisierte Gerichte niederschlägt. Das Weltbild der Lehrer spiegelt ihren antibürgerlichen Pessimismus wider, der sie alle gesellschaftlichen Prozesse »schwarzsehen« lässt.

Von den beiden Varianten des bürgerlichen Geschmacks ist der *künstlerische Lebensstil* und der Geschmack der Avantgarde abzugrenzen, der nur im Konstrastverfahren zu bestimmen ist: Er ist gleichermaßen gegen den Schulmeistergeschmack pedantischer Lehrer wie gegen den Krämerseelengeschmack der Unternehmer wie überhaupt gegen bürgerliche Geschmackskonventionen gerichtet. Wer alles stilistisch verneint, muss sich – die Logik der vornehmen Stilisierung selbst überschlagend – aus dem Arsenal proletarischer Vorlieben bedienen und diesen geborgten symbolischen Zierrat mit dem Flair »des ganz Anderen« überziehen. »Definiert der künstlerische Lebensstil sich durch diese Distanz gegenüber allen Lebensstilen und ihren Inhalten, so setzt er zugleich eine besondere Art Vermögen voraus, innerhalb dessen Verfügung über freie Zeit einen unabhängigen Faktor darstellt, der ökonomisches Kapital partiell ersetzt.« (Bourdieu 1982a: 461)

Während die Kulturachse eher die Struktur des herrschenden Geschmacks repräsentiert, dokumentiert die Laufbahnachse die Dynamik von Generations- und Berufsgruppenkonflikten zwischen jugendlichen Anwärtern und älteren Platzhaltern. »Die Differenzierung zwischen den Generationen (und die Wahrscheinlichkeit von Generationskonflikten) steigen um so mehr«, so Bourdieu (ebd.: 462), »je bedeutendere Veränderungen in der Definition beruflicher Positionen oder in deren institutionellen Zugangsvoraussetzungen eintreten, d.h. im *Generierungsverfahren*, dem die Individuen unterzogen werden, die diese Positionen besetzen sollen.« Der soziale Wandel macht sich vor allem bei den Ingenieuren und *cadres* bemerkbar.[47] Zum einen hat sich die quantitative

47 »Cadre« ist im Deutschen nur schwer wiederzugeben. Man kann sich nach der einschlägigen Studie *Les Cadres* von Luc Boltanski (1990) richten, die im Deutschen den Titel *Die Führungskräfte* trägt.

und qualitative Bildungspartizipation erhöht, zum anderen haben wirtschaftliche Umstrukturierungen in den Unternehmen zu einer stärkeren Betonung von Marketing gegenüber reiner Technik geführt. Die Heterogenität der *cadres* selbst spiegelt den sozialen Wandel wider, denn sie umfassen: a) traditionelle Ingenieure; b) die Führungskräfte der Verwaltung, die meist ohne Titel betriebsintern aufgestiegen sind; c) junge *cadres* aus den *Grandes Écoles* vor allem im privaten Unternehmensbereich; d) neue kaufmännische *cadres* aus dem Großbürgertum, die mit einem »Business School«-Diplom den Aufstieg in privaten Unternehmen ansteuern. Diese Vielfalt ist Ausdruck für »die objektive Ambiguität in der Position der Cadres« (Bourdieu ebd.: 478), die zwischen einer Haltung der Rebellion gegenüber der alten Ordnung und der einer ängstlichen Integration in die herrschende Klasse schwanken.

Der Lebensstil der *neuen Bourgeoisie* wird von den privaten Führungskräften gepflegt. Sie repräsentieren den modernen kosmopolitischen Lebensstil, einen hedonistischen Habitus und einen konsumorientierten und an Luxusmarkenartikeln ausgerichteten Geschmack. Das bringt sie in einen veritablen Gegensatz zur alten Bourgeoisie:

> An die Stelle der asketischen Moral von Produktion und Akkumulation, die sich auf Enthaltsamkeit, Nüchternheit, Sparsamkeit und Kalkül gründete, setzt die neue Wirtschaftslogik eine hedonistische Moral des Konsums, gegründet auf Kredit, Ausgaben, Genuß. Diese Ökonomie will hinaus auf eine Gesellschaft, welche die Menschen an ihrer Konsumfähigkeit, ihrem *Lebensstandard* und -stil ebenso mißt wie an ihrer Produktivität. Sie findet ihre entschiedenen Wortführer in der neuen Bourgeoisie der Verkäufer symbolischer Güter und Dienstleistungen, unter den Chefs und Cadres von Tourismusunternehmen, Presse, Film, Mode, Werbung, Innenausstattung und Wohnungsbaugesellschaften. Mit ihren versteckt dekretierenden Ratschlägen und der Lebenskunst, die sie selbst exemplarisch vorleben, dienen die neuen *taste-makers* eine nur aus Konsumieren, Ausgeben und Genießen bestehende Moral an. (Bourdieu ebd.: 489)

Bildungsbeflissenheit und Prätention

Ähnlich wie im Fall des Luxusgeschmacks der Oberschichten versucht Bourdieu für die Mittelschichten zunächst eine allgemeine Charakterisierung des kleinbürgerlichen Lebensstils zu geben, um sodann die Geschmacksvarianten und dynamischen Wandlungen zu beschreiben. Ein zentrales Merkmal des kleinbürgerlichen Habitus besteht in dem drängenden Wunsch, die mittlere Stellung, die man in der Gesellschaft bekleidet, zu verbessern. Dieser Wunsch nach Aufstieg, Bestätigung und Anerkennung legt eine ganze Reihe von Verhaltensmustern nahe, ohne die der Verbesserungs- und Aufstiegswille von vornherein zum Scheitern verurteilt wäre. Dazu gehören: 1. Die bedingungslose Akzeptanz der herrschenden Ordnung, denn eine Revolution würde die Karriereleiter umstürzen, auf der man noch nach oben zu kommen gedenkt; 2. Die Orientierung an den geltenden Spielregeln, denn wer ehrlich und anständig spielt, wird doch am Ende belohnt werden; 3. Das Streben nach den Gewinnen aus dem Spiel »Bildung und Besitz«; das setzt Sparsamkeit und Leistungsmotivation voraus; 4. Der nötige »lange Atem« zum beschwerlichen Aufstieg, der asketische Selbstbeherrschung und methodisch-disziplinierte Lebensführung verlangt. Wenn man so will, beinhalten Ordnungs- und Spielsinn, Strebsamkeit und Disziplin das säkularisierte Eigenschaftsbündel des asketischen Protestantismus, wie es Max Weber (1972b) beschrieben hatte.

Aus der Perspektive ökonomischer Produktivität präsentiert dieses Verhaltensrepertoire die Patentlösung für dynamische, wachstumsorientierte Leistungsgesellschaften. Neben Wissen und technologischem Know-how benötigen sie kleinbürgerliches Humankapital als besten Garanten für Aktivismus, Innovation und Fortschritt. Das Motto dieser Gesellschaften kann daher nur lauten: Wir müssen alle strebsame und aufstiegsgläubige Kleinbürger werden, wenn wir es nicht schon sind, was die Unaufhaltsamkeit des Kleinbürgertums bezeugen würde.[48]

Allein, es geht Bourdieu nicht um ökonomische Produktivität, sondern um kulturelle Geschmacksfragen. Da ändert sich die Beurteilung meist schlagartig: Grenzenlos ist die Bewunderung für

48 Hans Magnus Enzensberger (1976: 4) bringt die unwiderstehliche, wenn auch negative Identität des Kleinbürgertums auf den Begriff: »Der Kleinbürger will alles, nur nicht Kleinbürger sein. Seine Identität versucht er nicht dadurch zu gewinnen, dass er sich zu seiner Klasse bekennt, sondern dadurch, dass er sich von ihr abgrenzt, dass er sie verleugnet. Was ihn aber mit seinesgleichen verbindet, gerade das streitet er ab. Gelten soll nur, was ihn unterscheidet: der Kleinbürger, das ist immer der andere.«

das Geld eines Selfmademan; aber Geschmacklosigkeit und vulgäre Manieren jagen uns ein ums andere Mal alteuropäische Schauder den Rücken hinunter. Auch in Bourdieus Charakterisierung scheinen einschlägige (Vor-)Urteile gegenüber dem Kleinbürgertum mitzuschwingen:[49] Bildungseifer, kulturelle Beflissenheit und Anerkennungssucht – »der Kleinbürger ist ganz *Ergebenheit* gegenüber der Kultur« – verdecken nur die Kluft zwischen der Kenntnis der Kultur und ihrer Anerkennung. Halbbildung und Konformitätsstreben machen

> aus dem Kleinbürger das designierte Opfer der *kulturellen Allodoxia*, d. h. all jener Fehlidentifikationen und irrtümlichen Aha-Erlebnisse, in denen sich der Abstand zwischen Kenntnis und Anerkennung verräterisch zu erkennen gibt. Die Allodoxia, eine Heterodoxie, die sich vormacht, Orthodoxie zu sein, entstammt dieser undifferenzierten Verehrung, in der sich Gier mit Angst mischt; sie führt dazu, Operetten als »Ernste Musik«, Populärwissenschaft als Wissenschaft, Imitiertes als echt aufzufassen und in diesen zugleich bänglichen und allzu selbstsicheren Fehlidentifikationen den Grund für eine Befriedigung zu verspüren, die sich immer noch von dem Gefühl der Distinguiertheit herleitet. (Bourdieu 1982a: 503 f.)

Folglich ist das Kleinbürgertum der beste Kunde einer mittleren Kultur, dem so genannten *midcult*, der Kultur und Kommerz verbindet, geht doch von den angebotenen Gütern ein Reiz aus, der zwei unvereinbare Eigenschaften glücklich vereint: die leichte Zugänglichkeit zu Gütern und die äußeren Anzeichen der legitimen Kultur. Dass dieser Schein überhaupt entstehen kann, ist selbst Folge des »häretischen Erwerbsmodus« von Bildung, dieser Mischung aus kleinem Wissensschatz, autodidaktischem Eifer und Anerkennung von Kultur. Die Folge ist ein gezwungenes, also keineswegs spielerisches Verhältnis zu Bildung und Kultur. Die kleinbürgerlichen Dispositionen formen einen Habitus, der sich über vier Eigenschaften (ebd.: 519) fassen lässt: 1. *Konformismus*, der Orientierung am altbewährt Klassischen und der Investition in sichere Werte; 2. Eine *Tendenz zu Überkorrektheit und Rigorismus*, das heißt eine peinliche Orientierung an Regeln und eine ängstliche Vermeidung von Fehlern; 3. Ein *unerträglicher Hunger nach Verhaltensmaßstäben und -techniken* auch auf moralischem Gebiet, mit

49 So auch Jon Elster (1981: 10): »Bourdieu singles out for special, and vituperative, attention the new petty bourgeoisie, a subject on which he may perhaps be considered the world's greatest living specialist.«

denen die gesamte Lebensform in das enge Korsett eindeutiger und anständiger Grundsätze und Maximen gezwängt wird. Konformismus, Rigorismus und Maximenmoral führen jedoch politisch keineswegs zu reaktionären Einstellungen, sondern lassen Raum für 4. einen *vorsichtigen Reformismus*, der überall dort begrüßt wird, wo er den eigenen Aufstieg unterstützt.

Die Tugendhaftigkeit des Kleinbürgertums ist nicht Ausweis einer besonderen Ethik der sozialstrukturellen Mittellage, sondern die wichtigste Waffe im Aufstiegskampf. Denn, so Bourdieu (ebd.: 530 f.):

> [d]er Kleinbürger ist ein Proletarier, der sich klein macht, um Bürger zu werden. [...] Nicht zufällig kann das Adjektiv »klein« [...] allem angehängt werden, was der Kleinbürger sagt, denkt, tut, hat oder ist, sogar seiner Moral, die doch seine Stärke ist: in ihrer konsequenten Strenge hat sie etwas Enges und Forciertes, Verkrampftes und Reizbares, Engherziges und Steifes, weil sie eben nur aus Formalismus und Skrupelhaftigkeit besteht. Kleine Sorgen, kleine Nöte – der Kleinbürger ist ein Bürger, der auf kleinem Fuße lebt.

Dieses Psycho- und Soziogramm des Kleinbürgertums löst sich erst aus seiner idealtypischen Charakterisierung, wenn die unterschiedlichen Fraktionen betrachtet werden. Bourdieu unterscheidet drei Fraktionen anhand der Kapitalstruktur und Kulturachse sowie der Laufbahnachse: das absteigende, das exekutive und das neue Kleinbürgertum. Das *absteigende Kleinbürgertum* könnte man auch als die älteste Fraktion bezeichnen, handelt es sich hierbei doch um die Gruppe von kleinen Handwerkern und Händlern mit geringem ökonomischen und kulturellen Kapital, die von der wirtschafts- und berufsstrukturellen Entwicklung besonders bedroht sind. Aufgrund ihrer Neigung zum konventionellen und althergebrachten Geschmack bevorzugen sie eine klassische Wohnungseinrichtung, traditionelle französische Küche, klassische Maler und längst anerkannte Sänger. Ihre »Ästhetik des ›Gepflegten‹« verkörpert besonders rein das »Ethos des ›Gewissenhaften‹« und weist ein starkes

> Ressentiment gegen die moderne Moral und deren unverhohlene Anmaßung, wirtschaftlichen Leichtsinn (Kreditaufnahme!) und pädagogische und sexuelle Laxheit [...] [auf]: die absteigenden Kleinbürger weisen nicht nur die kennzeichnendsten Züge im Lebensstil der Arbeiter (wie die Mentalität genießerischer Lebensfreude), sondern systematisch alles zurück, womit sich die Angehörigen der neuen Berufssparten identifizieren

(künstlerisch veranlagte, vornehme und kultivierte sowie geistreiche und feinfühlige Freunde), und den ganzen »modernistischen« Geschmack, mit dem diese großtun (sie geben *nie* Picasso an, diese bekannte Zielscheibe des kleinbürgerlichen Ressentiments gegen die Künstler, und ebensowenig Françoise Hardy oder Johnny Hallyday, die Stars des neuen »jugendlichen« Lebensstils. (ebd.: 549)

Die Angehörigen des *exekutiven Kleinbürgertums*, die *cadres moyens*, sind die perfekte Verwirklichung des geschilderten Idealtyps von Bildungsbeflissenheit und autodidaktischem Streben. Vor allem mittlere Angestellte mit einer gesicherten Berufskarriere nach dem Modell des öffentlichen Dienstes, die sich des allmählichen Aufstiegs sicher sein können, neigen zu einer optimistischen Lebensauffassung und einem vorsichtigen Reformismus. Ihr Lebensstil ist geprägt von dem exekutiven Tätigkeitsmuster ihres Berufes, so dass ihre Präferenzen auf durchschnittliche Werke und eine ordentliche und gepflegte Wohnungseinrichtung mit Möbeln aus dem Kaufhaus zielen, sie aber auch schon moderne Sänger mögen und ein erklärtes Interesse an Film und Fotografie bekunden. Allerdings wandelt sich diese optimistische Lebensauffassung in dem Maße, wie aus dem jungen Kleinbürgertum die etablierte »*petite bourgeoisie*« wird und ihre Aufstiegshoffnungen sich als Illusion erweisen. Wer sein ganzes Leben als Wechsel auf ein besseres Leben verstanden hat, wird die Tatsache, am Ende auf die erhoffte Belohnung für tugendhaftes Streben verzichten zu müssen, wohl mit besonderer Verbitterung quittieren.

Ein ganz anderes Bild bietet das *neue Kleinbürgertum*, das in Verkaufs- und Vertreterberufen (Handels- und Werbefachleute), medizinisch-sozialen Pflegeberufen (Eheberater, Diätetiker und so fort) oder als populäre Kulturvermittler (Journalisten, Animateure, Erzieher etc.) tätig ist. Der Generierungsmodus unterscheidet sich signifikant von den beiden anderen Fraktionen, denn es handelt sich häufig um Personen mit hohem ererbten Kapital, aber ohne die beglaubigten Titel der Schule. Gezwungen, sich achtbare Nischen in der Berufswelt zu suchen, und ohne auf bewährte Karrieren zurückgreifen zu können, setzt sich das neue Kleinbürgertum beträchtlichen Risiken aus, was es im Erfolgsfall freilich auch die breite Palette symbolischer Gewinne ausschöpfen lässt. Diese Ungewissheit begünstigt alle möglichen Strategien von Bluff und Euphemisierung – wenn etwa aus der Sekretärin eine »Mitarbeiterin« oder aus dem Pfleger in der Nervenklinik ein »therapeutischer Betreuer« wird. Zugleich resultiert daraus eine weitgehende Heterogenität der Laufbahnen, die klar geschnittene Aussagen über Geschmack und Lebensstil erschweren.

Gleichwohl nähert sich ihr kulturelles Präferenzsystem bei einem relativ hohen kulturellen und sozialen Kapital dem Geschmack der Bourgeoisie an: *Die Kunst der Fuge*, Maler wie Goya und Breughel, eine harmonische, diskrete und kunstvolle Wohnungseinrichtung sowie intellektuelle Filme, gepaart allerdings mit der Neigung zum symbolischen Protest, um die Distanz zur legitimen Kultur von Fall zu Fall zu betonen. Dennoch strebt dieses Präferenzsystem ungehemmt nach aristokratischen Qualitäten und ist ausschließlich in Paris, dem kulturellen Zentrum Frankreichs, beheimatet. Mit seinem Streben nach Distinguiertheit und den innovativen Ausdrucksformen eines modernen Lebensstils spielt das neue Kleinbürgertum eine ganz entscheidende Rolle für die neue, erlebnisorientierte Konsumkultur: Es ist sowohl die modische Avantgarde als auch das Modell der Avantgarde, dem es nachzustreben gilt. Das neue Kleinbürgertum ist Verkündung und Verkörperung »neuer ethischer Heilslehren« zugleich

> und übernimmt deswegen die Avantgarderolle in den Auseinandersetzungen, bei denen es um Fragen des Lebensstils geht, genauer: um den häuslichen Bereich und um Konsum, um die Beziehungen zwischen den Geschlechtern und Generationen und um die Reproduktion der Familie und ihrer Werte. […] Der *Moral der Pflicht*, die sich auf den Gegensatz von Vergnügen und Gutem stützt, Lust und Angenehmes generell unter Verdacht stellt, zur Angst vorm Genießen und einer Beziehung zum Körper führt, die ganz aus »Scheu«, »Scham« und »Zurückhaltung« besteht und jede Befriedigung verbotener Impulse mit Schuldgefühlen begleitet, stellt die neue ethische Avantgarde eine Moral der *Pflicht zum Genuß* gegenüber, die dazu führt, daß jede Unfähigkeit, sich zu »amüsieren«, *to have fun* oder, wie man heute mit leichtem inneren Beben zu sagen liebt, »zu genießen«, als Mißerfolg empfunden wird, der das Selbstwertgefühl bedroht, so daß aus Gründen, die sich weniger ethisch als wissenschaftlich geben, Genuß nicht nur erlaubt, sondern geradezu vorgeschrieben ist. (Ebd.: 575 f.)

Diese neue hedonistische Konsumethik mit ihrem Genuss- und Vergnügungsimperativ radikalisiert die individuelle Sinnsuche, verspricht Selbstentfaltung, predigt Selbstverwirklichung und bietet eine Reihe von Methoden an, die auf einen »Kult um die

Gesundheit der Person und *psychologische Therapeutik«* (ebd.: 577) hinauslaufen. Statt Erfahrungen als unpersönliche, kollektive Erfahrungen zu »politisieren«, werden sie »personalisiert«, und das heißt: so mundgerecht »moralisiert« und »psychologisiert«, dass die notwendigen Formen der profitablen Vermarktung gleich mitgeliefert werden.[50]

Insofern steht das neue Kleinbürgertum der neuen Bourgeoisie viel näher als dem absteigenden und exekutiven Kleinbürgertum, wie auch die neue Bourgeoisie eher der kleinbürgerlichen Avantgarde ähnelt, als dass sie die Werte des alten Großbürgertums vertritt. Diese Nähe ist nicht überraschend, da durch gemeinsame soziale Herkunft bedingt, denn: »der Proselytismus dieser Ethos-Propheten« stammt aus bürgerlichen Kreisen und ist, wenn man so will, eine etwas marktschreierische Form der Entfremdung fehlgeleiteter Großbürgerkinder. Jedenfalls führt auch hier das »Alternativsein« zu mehr oder minder prekären Berufsalternativen:

> Diejenigen, welche sich zum Proselytentum berufen fühlten und aus ihm ihren Beruf machten, und besonders all die Verbände, die im Bereich der Sozialarbeit, der Erwachsenenbildung, Kulturarbeit, Erziehungs- und Sexualberatung arbeiteten, haben im Verlauf einer Generation die begeisterte, aber materiell ungesicherte Existenz als missionarische Wohltäter gegen das stabile Leben als Halbbeamte eingetauscht; ihre Geschichte entfaltet beispielhaft den Doppelaspekt all jener Berufe, in denen »exemplarisches Prophetentum« eine bürokratische Gestalt annimmt und in denen es gilt, den eigenen Lebensstil *exemplarisch vorzuleben und als Vorbild zu verkaufen*. (ebd.: 581)

Notwendigkeitsgeschmack und Konformitätsprinzip

Sicher ist zunächst eine bestimmte ökonomische und kulturelle Kapitalausstattung vonnöten, um eine gewisse Stilisierung des Lebens zu ermöglichen. Ihre analytischen Vorzüge wird eine geschmackskulturelle Klassentheorie dann ausspielen können, wenn es um das Ausmaß und die Arten der Stilisierung geht und um ein differenziertes Bild der Klassenfraktionen von Groß- und Kleinbürgertum. Eine Klassentheorie, die sich auf Geschmack und

50 Hier ist Bourdieu auf einen Trend gestoßen, der sich seither ungebremst fortgesetzt hat – von der personalisierten Werbung über die personalisierte Medizin bis hin zum personalisierten Bildungsangebot.

Lebensstil als Kriterien der Klassendifferenzierung verlässt, gerät aber dann in eigentümliche Schwierigkeiten, wenn sie Aussagen über die unteren Klassen machen soll. Der bürgerliche *Bias* der geschmackskulturellen Klassentheorie führt dazu, dass sie über das Proletariat, Dreh- und Angelpunkt aller älteren Klassentheorien, vergleichsweise wenig zu sagen hat.

Bourdieu (ebd.: 594) zufolge kommt nirgendwo sonst die These, dass der Habitus eine aus der Not geborene Tugend sei, so deutlich zum Ausdruck wie bei den unteren Klassen. Der materielle Zwang führe zu einer pragmatischen und funktionalistischen »Ästhetik«, einem Sinn für das Praktische und einer ablehnenden Haltung gegenüber jeglicher Stilisierung als gefährlichem Firlefanz:

> Aus den Grundeinstellungen des Habitus geht die Anpassung an die objektiven Möglichkeiten hervor, die zu all den realistischen Entscheidungen führt, die, den *Verzicht auf* ohnehin unzugängliche *symbolische Gewinne* voraussetzend, Verhalten und Objekte auf ihre technische Funktion reduzieren, »sauberer« Haarschnitt, »nettes einfaches Kleid«, »stabile« Möbel usw.

Die einzig explizite Geschmacksnorm ist das *Konformitätsprinzip*, das ästhetische Stilisierung als anmaßende Distinktionsabsicht verurteilt und als ungerechtfertigtes »Aus-der-Reihe-Tanzen« sanktioniert. Was als Elemente eines Lebensstils übrigbleibt, ist durch lange Erfahrung erworben: »Weisheit«, »Sinn für Lebensfreude« und »praktische Solidarität«, ein »realistischer (und nicht zynischer) Materialismus« sowie eine eigenständige »kräftige, lebendige Sprache«. Gleichwohl wehrt sich Bourdieu (ebd.: 616) dagegen, die »Kultur der unteren Klasse« zu einer Gegenkultur zu stilisieren. Vielmehr bleibt auch der Notwendigkeitsgeschmack eingebunden in die Zwänge der herrschenden Kultur.

Wie summarisch diese Charakterisierung ausfällt, offenbart die Tatsache, dass Bourdieu gar nicht erst den Versuch unternimmt, die verschiedenen Fraktionen der Arbeiterklasse zu analysieren. Auch hier, so stünde zu vermuten, existieren nicht nur feine Unterschiede, sondern beachtliche Differenzen, zum Beispiel in der ethnischen Komposition (Franzosen versus Einwanderer). Es findet sich lediglich der unausgeführte Hinweis, dass die Unterschiede innerhalb der Arbeiterklasse nach dem Ausbildungsniveau und der Dauer der Betriebszugehörigkeit differieren, so dass Mobilitätsstreben und Bildungseifer sich allenfalls in den Kreisen der

Arbeiteraristokratie finden lassen. Dennoch beharrt er darauf, dass die Arbeiteraristokratie nicht mit dem Kleinbürgertum zusammenwachsen könne, weil sie sich im Freizeitverhalten und etwa den Ess- und Trinkgewohnheiten unterscheide. Dieses Bild der Arbeiterklasse ist umso überraschender, als schon in den 1970er Jahren die Verbürgerlichung der Arbeiterschaft diskutiert wurde und sein Landsmann André Gorz (1980) sein »Adieu au proletariat« verkündete.

6.6 Fazit: Klassen und Lebensstile

Die feinen Unterschiede ist eine große, längst klassisch zu nennende Studie, die nachhaltigen Einfluss auf die verschiedensten Felder der Soziologie gehabt hat. Fast alle so genannten Bindestrichsoziologien haben sich darauf bezogen, so komplex und reichhaltig ist das Material, das Bourdieu dort verarbeitet hat. Diese enorme Anschlussfähigkeit der Studie für die Arbeits-, Berufs- und Industriesoziologie, die Klassen- und Ungleichheitsforschung, die politische Soziologie, die Konsum-, Milieu-, Freizeit-, Medien- und Lebensstilforschung und die Kultursoziologie im Allgemeinen ist sicherlich einer der Hauptgründe dafür, warum dieses Werk und sein Autor so berühmt geworden sind.[51] In der Rezeption scheinen Werk und Autor zu verschmelzen: *La Distinction* – das ist Bourdieu.

Die Studie hat allerdings auch viel Kritik auf sich gezogen. Ohne an dieser Stelle alle möglichen Einwände skizzieren zu können, seien abschließend nur fünf Kritikpunkte etwas ausführlicher diskutiert: 1. das Verhältnis von sozialem Raum, sozialem Feld und sozialer Klasse; 2. das Konzept des Kapitals; 3. der weite Begriff von Klasse; 4. die Diversität des Habitus; 5. der Zusammenhang zwischen Geschmack, Distinktion, Lebensstil und Kultur.

Ad 1. Raum – Feld – Klasse: Wir hatten schon im dritten Kapitel angemerkt, dass das Verhältnis von sozialem Raum und sozialen Feldern systematisch unklar ist. An manchen Stellen gewinnt

51 Diese große Anschlussfähigkeit wird auch deutlich, wenn man das Feld »Lebensweise – Lebensführung – Lebensstile« abschreitet und diskutiert; vgl. Müller/Weihrich (1991); dort findet sich auch eine ausführliche Bibliographie. Siehe auch Eder (1989), Mörth/Fröhlich (1994) und Vetter (1991).

man den Eindruck, dass der soziale Raum das »Ganze« und die sozialen Felder die »Teile« des Ganzen darstellen. Oft genug verwendet Bourdieu die Begriffe von Raum und Feld aber auch synonym. In dem Maße jedoch, wie er seine Feldtheorie ausarbeitet, scheint die Gesellschaft in ein Ensemble von relativ autonomen Feldern zu zerfallen. Während sozialer Raum und Klasse die *Totalität* der Gesellschaft *vertikal* aus einer *Ungleichheitsperspektive* zu denken erlauben, betont der Feldansatz die *Fragmentierung* der Gesellschaft *horizontal*, aus einer *Differenzierungsperspektive*. In dem Maße jedoch, wie Bourdieu seine Theorie der Felder ausarbeitet, wird der Status seiner Klassentheorie fragwürdig. Bringt jedes Feld seine eigene Klassenstruktur hervor, je nach der dort wirksamen Kapitalkombination? Oder wird eine homogene Klassenstruktur quer durch alle Felder reproduziert? Kurz: Wie steht es um das Verhältnis von sozialem Feld und sozialer Klasse? Auch Bourdieus (1982a: 175) berühmte Formel »[(Habitus) × (Kapital)] + Feld = Praxis« hilft da nicht viel weiter.

Ad 2. Das Konzept des Kapitals: Eng mit der Ausdifferenzierung von sozialen Feldern hängt die Problematik des Kapitals oder der Kapitalsorten zusammen. Es stellt sich das Problem, wie sich die Eigenlogik und relative Autonomie der Felder mit der *Konvertierbarkeit der Ressourcen* verträgt. Bourdieu hatte ja bewusst an Marx' Kapitalkonzept angeknüpft, um alle möglichen Sorten von Kapital als Ressourcen im Lebens- und Klassenkampf zu unterscheiden. Für die Logik kultureller Felder hatte er auch eine *»économie renversée«*, also eine umgekehrte Ökonomie, angenommen, so dass die Verleugnung des ökonomischen Interesses zum Gradmesser kultureller Distinktion wird. Für jedes einzelne Feld wird dann eine spezifische Kombination aus Kapitalsorten benötigt. Die relative Dominanz des ökonomischen Kapitals resultiert aus seiner Unersetzbarkeit – selbst die Avantgarde im künstlerischen Feld benötigt etwas Geld zum Leben. Umgekehrt gilt das nicht: Man kann auch ohne kulturelles Kapital ein erfolgreicher Unternehmer oder Manager sein.[52] Freilich stellt sich die Frage, ob sich hinter der Konvertierbarkeitsthese nicht ein tiefer liegendes Problem verbirgt, nämlich mögliche Wesensunterschiede *zwischen* den Kapitalien.

52 Michael Hartmann (2012) hat anhand einer Untersuchung der Hobbys von deutschen Topmanagern nachgewiesen, dass die bürgerliche Hochkultur für die wirtschaftliche Elite an Bedeutung verliert.

Das ökonomische Kapital, und genau daraus resultiert seine fast unbegrenzte Konvertierbarkeit, funktioniert tatsächlich nach einer objektiven Systemlogik und operiert auf der Grundlage weitgehend anonymer Marktmechanismen. Die heutigen Finanzmärkte bieten ein anschauliches Beispiel. Soziales Kapital hingegen funktioniert nach einer sozialen Lebensweltlogik und demnach auf der Basis personaler und interaktiver Mechanismen. Im ersten Fall genügt ein Interdependenzverhältnis ohne soziale Interaktion – zum Beispiel lässt sich per Mausklick eine Kauf- oder Verkaufsorder von Aktien oder Anleihen am Finanzmarkt platzieren. Im zweiten Fall ist soziale Interaktion unumgänglich, mit allen Risiken, die menschliche Kommunikation mit sich bringt. Bourdieus Kapitaltheorie scheint hier an vergleichbare systematische Grenzen zu stoßen wie Talcott Parsons' (1980) Medientheorie, der ebenfalls den Versuch unternommen hatte, Macht, Einfluss und Wertbindung anhand des Paradigmas »Geld« zu charakterisieren, und dabei über den augenfälligen Gemeinsamkeiten die tiefer liegenden Unterschiede übersah.

Ad 3. Klassen und »sekundäre Merkmale«: Bourdieu verwendet einen sehr weiten ethnographischen Klassenbegriff, der Berufs-, Bildungs-, Alters-, Geschlechts-, Generations- und Konsumklassen einschließt. Es ist dieser umfassende Begriff, der es ihm erlaubt, eine starke Korrespondenz zwischen dem Raum der Klassen und dem Raum der Lebensstile anzunehmen. Werden aber alle diese Dimensionen und Faktoren der Klassenlogik einverleibt, kommen Sozialstruktur und Klassenstruktur fast zur Deckung. Aber geht das? Bourdieu selbst war ja auf widerspenstige empirische Phänomene gestoßen, zum Beispiel den Kinobesuch, der eher von der Kinodichte als von der Klassenzugehörigkeit abhängt. Ein Großteil der Kritik an Bourdieu hat sich an diesem ethnographisch weiten Klassenbegriff entzündet. Die Geschlechter- und die Feminismusforschung (Adkins/Skeggs 2004) haben bemängelt, dass die »Gender«-Kategorie einfach unter dem Begriff der Klasse subsumiert wird, anstatt sie als eigenständige Dimension ernst zu nehmen. Bourdieu (2005a) hat versucht, diese Kritik in seiner Studie über *Die männliche Herrschaft* aufzunehmen. Migrationsforscher vermissen die Kategorie der Ethnizität, denn obgleich Frankreich über eine stark national geprägte Kultur verfügt, beherbergt es eine wachsende Population von Ausländern und Migranten vor allem aus dem nordafrikanischen Raum. Zwar widmet sich Bourdieu mit einer Gruppe von Forschern dem *Elend der Welt*, um das »Elend der Vorstädte« (Bourdieu et al. 1997) zu eruieren, ohne indes der Kategorie der Ethnizität eine eigene Bedeutung beizumessen (vgl. Hartmann 2011). »Klasse, Geschlecht und Ethnizität« – *class, gender, race* im angloamerikanischen Sprachraum – scheinen zwar zusammenzuhängen, aber auch unabhängig voneinander zu variieren. In der Geschlechterforschung wird dieses Problem des Zusammenspiels unterschiedlicher Ungleichheitsdimensionen unter dem Stichwort der »Intersektionalität« (Knapp/Wetterer 2003, Klinger 2003) diskutiert.

Ad 4. Die Diversität des Habitus: Ähnliche Probleme kehren auf der Ebene des Begriffs »Habitus« wieder. Welcher Habitus ist eigentlich gemeint? Der Klassen-, Klassenfraktions-, Berufsgruppen-, oder Bildungs-Habitus oder der herkunftsbezogene bzw. feldspezifische Habitus? Schaut man auf die frühkindliche Konstitution, ist der Habitus eine Frage von sozialer Herkunft und Familie. Betrachtet man die Entwicklung des Habitus im Lebensverlauf, dann kommen Bildungsgang und Berufsgruppe als Prägekräfte in Frage. Analysiert man das Verhältnis von Habitus und Klasse, so steht der klassen- beziehungsweise klassenfraktionsspezifische Habitus im Mittelpunkt. Richtet man das Augenmerk auf die Feldanalyse, dann steht der feldspezifische Habitus – der Künstler der Avantgarde zum Beispiel – im Mittelpunkt. Aber kann man davon ausgehen, dass alle diese unterschiedlichen Habitusformationen deckungsgleich sind? Wenn nicht, was ist dann analytisch und methodisch zu tun? Bourdieu (2002: 113) kennt immerhin den »*habitus clivé*«, den gespaltenen Habitus, das Schicksal aller rasanten Aufsteiger, die den Zusammenprall ihrer niedrigen sozialen Herkunft mit ihrer fulminanten Karriere verarbeiten müssen.

Ad 5. Geschmack, Distinktion, Lebensstile und Kultur: Bourdieu versucht auf der Basis seiner Kapitaltheorie, den Geschmack als ein zentrales Merkmal der Klassenzugehörigkeit auszuweisen, und muss die Distinktionen des Geschmacks in den empirisch erfassten Lebensstilen wiederfinden. Klasse macht einen Unterschied, weil Geschmack distinguiert. Bei näherem Hinsehen indes stellt sich heraus, dass Bourdieu den Begriff »Distinktion« in dreifacher Bedeutung verwendet. *Erstens* und ganz allgemein bezeichnet er die objektive, strukturbedingte Abgrenzung. Eine Distinktion macht einen Unterschied beziehungsweise markiert eine Unterscheidung. In strukturalistischer Lesart bildet auch der Geschmack ein Feld mit objektiven Positionen (Geschmacksvarianten), die miteinander in Beziehung stehen. Kein Geschmack existiert für sich (*»en-soi«*), sondern nur in Relation mit allen anderen (*»pour-autrui«*). Das relationale Geschmacksgewebe strukturiert den Raum der ästhetischen Möglichkeiten, und dieser Raum ist nicht unendlich, sondern positionell begrenzt. *Zweitens* bedeutet Distinktion bewusste, gewollte Abgrenzung. Distinktion als intendierte Distanzierung hat etwa Thorstein Veblen (1986) in *Die Theorie der feinen Leute* als *conspicuous consumption*, also als »demonstrativen Konsum« charakterisiert. Dieses absichtsvolle Bedürfnis (»mehr Schein als Sein«) analysiert Bourdieu anhand des Kleinbürgertums als *Prätention*. *Drittens* existiert noch eine Form unbewusster und unbeabsichtigter Abgrenzung, die Bourdieu »Distinktion ohne Absicht zur Distinktion« nennt. In der Diskussion um den Klassifikations- und Repräsentationskampf taucht immer wieder das Argument auf, dass etwa der Adel oder das Großbürgertum tun können, was sie wollen; sie distinguieren und erheischen kulturelle Legitimität allein aufgrund ihrer Spitzenstellung in der Gesellschaft. Eben weil sie sozialstrukturell ganz oben stehen, nehmen sie auch eine kulturelle Spitzenposition ein. Die Queen etwa tritt seit einem halben Jahrhundert mit einer extravaganten und farbenfrohen Mode an die Öffentlichkeit, die dankbare Nachahmerinnen etwa auf der Rennbahnh von Ascot findet. Eine normalsterbliche Frau, die sich auf diese Weise als »große Dame« kleiden wollte, würde sich indes wohl nur lächerlich machen.

Bourdieus Vorstellungen über Geschmack, Distinktion und Lebensstil beruhen letztlich auf seinem Kulturbegriff. Einerseits plädiert er für einen weiten, ethnographischen Kulturbegriff, der die Hochkultur mit den Niederungen des Konsums und die Ästhetik mit Sinnengeschmack und Lebensethos zusammenspannt. Andererseits setzt er wie selbstverständlich die »legitime Kultur« mit höherer Bildung und einem schulisch verbürgten, bürgerlichen Bildungskanon gleich. Genau diese Gleichsetzung von Hochkultur und legitimer Kultur und deren Trägern, den Angehörigen des Großbürgertums, ist theoretisch und empirisch kritisiert worden. *Theoretisch*, weil er, wie etwa Christine Resch (2012: 12) findet, »einen Kategorienfehler [begeht], wenn und weil er eine ›idealistische

Ästhetik‹ als Bezugsrahmen wählt«. *Empirisch,* weil gerade im angloamerikanischen Bereich die so genannte »kulturelle Allesfresser«-These (Peterson/Kern 1996) aufgestellt wurde, denn in einer Medien- und Konsumgesellschaft werden auch die höheren sozialen Klassen zum *trash* ge- und verführt, weshalb die Hierarchie von Hoch- und Populärkultur zusammenbrechen soll. Diese Kritik selbst lässt sich freilich wieder kritisieren. Denn warum sollte die Wahl einer idealistischen Ästhetik verkehrt sein, wenn man zwar ihrer Phänomenologie, nicht aber ihrer Erklärung folgt und zeigt, dass diese Ästhetik nicht allgemeines Produkt menschlicher Evolution, sondern historisch gewachsener Klassenverhältnisse ist? Nur weil ein Berliner nach einer Wagner-Oper lieber eine Currywurst isst, statt ein Drei-Sterne-Restaurant aufzusuchen, macht dies die klassische Musik noch lange nicht massentauglich.

Lässt man diese fünf Einwände Revue passieren, so sieht man, dass auch Bourdieus beeindruckendes Theoriegebäude noch eine ganze Reihe von Baustellen aufweist. Einige ist er selbst in späteren Werken angegangen, wie etwa die Frage nach dem Verhältnis von Feld und Habitus in den *Regeln der Kunst*, andere hat die weitere soziologische Forschung in Angriff genommen.

Abschließend seien einige bemerkenswerte Versuche kurz geschildert, die von Bourdieu gestiftete Synthese zwischen Sozialstruktur und Kultur, zwischen Klassen- und Kulturanalyse weiter zu studieren. In *Deutschland* ist zunächst Gerhard Schulzes (1992) Studie über *Die Erlebnisgesellschaft* zu nennen, die auf eine »Kultursoziologie der Gegenwart« zielt. Auf der Basis eines komplexen kulturtheoretischen Ansatzes fördert seine empirische Untersuchung die Existenz von fünf Milieus zutage, mit dem Niveaumilieu an der Spitze, gefolgt von den Selbstverwirklichungs- und Integrationsmilieus in der Mitte und den Harmonie- und Unterhaltungsmilieus am unteren Ende der sozialen Hierarchie. Diese Milieus sind kulturelle Mikrokosmen, die sich in Stiltyp, Bildung und Lebensalter unterscheiden. Im Unterschied zu Bourdieus Modell von Klassen und Lebensstilen betont Schulze, dass neben den Ressourcen vor allem Bildung und Alter für die Wahl und Gestaltung des eigenen Lebensstils wichtig sind. Die Menschen heute, so Schulze, nehmen sich nicht mehr über eine ökonomische Semantik von Großgruppen oder Klassen (Bürgertum und Arbeiterschaft) wahr, sondern verstehen sich selbst mittels einer psychophysischen Semantik der Subjektivität.

Ebenfalls mit einem Milieuansatz, aber stärker an Bourdieus Gesellschafts- und Klassentheorie orientiert, hat eine Hannoveraner Forschungsgruppe um Michael Vester den Versuch unternommen, eine Milieulandkarte Deutschlands zu zeichnen. Vester et al. (2001: 13) stellen fest:

> Die sozialen Milieus [...] haben sich seit der Entstehung der Bundesrepublik erheblich verändert. Als fest gefügte politische Großgruppen, die sich als kämpfende Lager scharf gegeneinander abgrenzen, bestehen sie nicht mehr. Als lebensweltliche Traditionslinien, die sich nach dem Stil und den Prinzipien ihrer alltäglichen Lebensführung unterscheiden, wirken sie fort. Allerdings haben sich die »Familienstammbäume« der sozialen Milieus erheblich differenziert und modernisiert. Gleichwohl sind diese großen Traditionslinien heute immer noch durch erhebliche Kulturschranken und gegenseitige Vorurteile voneinander getrennt.

Vester nennt zwei solcher Kulturschranken: Distinktion und Respektabilität, die in der vertikalen Differenzierung eine Rolle spielen. Im oberen Bereich geht es um *Distinktion*, während es in der Abgrenzung nach unten um *Respektabilität* geht.

In den *Vereinigten Staaten* hat Michèle Lamont (1992) in ihrer Studie *Money, Morals and Manners* einen Vergleich zwischen amerikanischer und französischer Mittelklasse und ihren Lebensstilen unternommen. Sie kann zeigen, dass Moral und moralische Grenzen in der Lebensführung der amerikanischen Mittelklasse eine wichtige Rolle spielen und Moral sehr viel mehr bedeutet als nur eine »Waffe im Aufstiegskampf« wie in Bourdieus Kleinbürgertum. In einer weiteren Studie, *The Dignity of Working Men*, vermag Lamont (2000) die Rolle von Moral und die Grenzziehungen zwischen Rasse, Klasse und Staatsbürgerschaft in der amerikanischen Arbeiterklasse nachzuzeichnen. Das Konzept der Würde ist eine wichtige kulturelle Ressource für die Lebensführung der Arbeiterschaft.

In *Großbritannien* hat jüngst eine Gruppe um Tony Bennett und Mike Savage den Versuch unternommen, Klasse und Kultur auf der britischen Insel am Beginn des 21. Jahrhunderts zu untersuchen. Bennett et al. (2009) fördern in *Culture, Class, Distinction* eine Fülle von empirischen Daten zur Rolle des kulturellen Kapitals zutage. Insofern darf diese Studie als das britische Äquivalent zu den *Feinen Unterschieden* gelten. Freilich berücksichtigen sie neben Klasse stärker Faktoren wie Gender, Ethnizität und Alter, zudem brechen sie den Begriff des Kulturkapitals auf, sprechen von »*cultural assets*« und identifizieren diese »kulturellen Vermögen oder Anlagen« nicht automatisch mit der legitimen Hochkultur. In Anlehnung an Bourdieu unterstreichen auch sie die große Bedeutung von Klassen, aber nicht im Sinn von abgrenzbaren Großgruppen; vielmehr verstehen sie – auch dies durchaus in Verwandtschaft zu Bourdieu – Klassen als Kraftfelder, die kulturelle Präferenzen mit strukturieren. Da die Hochkultur in Großbritannien eine Sache der Elite bleibt, müssen sich die Mittelklasse und die Arbeiterklasse auch nicht mit den Mitteln der legitimen Kultur voneinander abgrenzen. Dieser Umstand scheint für Entspannung an der Konfliktfront von Klasse und Kultur zu sorgen. Allerdings sorgt die kulturelle Diversität auch für ein unübersichtliches Bild – statt von kulturellem Kapital sprechen Bennett et al. (ebd.: 255) auch lieber von »*subcultural capital*«, das sich in vielen Nischen der Gesellschaft ausbreitet.

Und in *Frankreich* selbst, der Heimat der »feinen Unterschiede«? Nimmt man Luc Boltanski und Laurent Thévenot zum Maßstab, so war man hier bemüht, Bourdieus kritischer Soziologie in den letzten Jahren eine pragmatisch orientierte »Soziologie der Kritik« entgegenzusetzen. Statt eine enge Beziehung zwischen »Klasse und Klassifikation« anzunehmen, wurde gefragt, wie die Leute im Alltag eigentlich Dinge und Verhältnisse kritisch beurteilen. Wie sehen Klassifikationen im Alltag aus? In ihrem großen Werk *De la justification* (Boltanski/Thévenot 2007) machen sie den Versuch, ein Tableau von Rechtfertigungsordnungen, die so genannten *cités*, aufzustellen. Im Licht dieses Ansatzes haben Luc Boltanski und Ève Chiapello (2003) den *Neuen Geist des Kapitalismus* analysiert, der sich ihrer Auffassung nach einer neuartigen Rechtfertigungsordnung bedient, der so genannten »*cité par projet*«. Mit dieser Stoßrichtung haben sie zwar das Augenmerk von »Klasse und Klassifikation« auf den »Kapitalismus und seine neue Kultur« gelenkt, sind aber mit Hilfe der Soziologie der Kritik zu einer kritischen Soziologie des Kapitalismus zurückgekehrt, der den Menschen einen projektbasierten, höchst prekären Lebensstil aufoktroyiert.

Eine andere Richtung hat Bernard Lahire (2004) eingeschlagen, der die Kultur der Individuen untersucht. Was Bourdieu in seiner Verhältnisbestimmung von Klasse, Geschmack und Lebensstil zu fassen versucht hat, will Lahire auf die Ebene des Individuums selbst herunterbrechen – von der Klasse zum Individuum. Wie muss man sich diesen mikrosoziologischen Ansatz vorstellen? Lahires zentrale Intuition besteht (ähnlich wie bei Ulrich Becks »Theorem der Individualisierung«) darin, die kulturellen Dissonanzen und die Distinktion des Selbst zu untersuchen. Seiner Auffassung nach gehen in einer hoch differenzierten und mediengesteuerten Gesellschaft »legitime« und »illegitime« Kulturvorlieben mitten durch das Individuum selbst hindurch, nach dem Motto: heute Prolet, morgen Ästhet. In einer Reihe von Interviews versuchen er und seine Mitarbeiter, dieser Diversität kultureller Vorlieben *innerhalb* der Lebensweise der Individuen auf die Spur zu kommen.

Wie diese unterschiedlichen Anknüpfungsversuche in verschiedenen Ländern zeigen, wird die enge Verbindung von Klasse und Klassifikation bei Bourdieu aufgebrochen, um ein vielfältigeres sozialstrukturelles Bild von kulturellen Vorlieben und Geschmäckern zu gewinnen. Die meisten Versuche halten an der Verknüpfung von Sozialstruktur- und Kulturanalyse fest, bevorzugen indes einen engeren Klassenbegriff und grenzen davon Alter, Geschlecht und Ethnizität ab oder geben die Zentralität dieses Begriffes zugunsten von wert-, milieu- oder individuumorientierten Sichtweisen auf. Im amerikanischen Kontext hat gerade Lamont die moralische Dimension der Lebensstile erforscht, denn in ihren Augen ist die Wahl und Gestaltung der Lebensführung nicht nur eine ökonomische und kulturelle Frage, sondern vor allem ein moralisches Problem. Im deutschen Kontext wird der Zusammenhang zwischen sozialen Milieus und Lebensstilen betont. Es ist sicherlich Bourdieus bleibendes großes Verdienst, die Sozialstruktur- und Klassenanalyse mit der Kultur- und Lebensstilanalyse verknüpft zu haben.

7. Kultur und kulturelle Feldanalysen: Das literarische Feld

7.1 Einleitung

Seit Ende der 1960er Jahre hat Pierre Bourdieu begonnen, die Idee des Feldes im Allgemeinen und die Vorstellung von Feldern künstlerischer Produktion – in erster Linie Kunst und Literatur – im Besonderen auszuarbeiten. Einer strukturalistischen Lektüre von Max Webers systematischer Religionssoziologie verdankt er die Einsicht, dass alle menschlichen Handlungs- und Lebensbereiche dem Gesetz des Interesses unterstehen und es deshalb darauf ankommt, alle erdenklichen Formen von »Interessiertheit« in Gebieten, wo man sie auf Anhieb nicht vermutet, zu studieren. Auch die Bereiche von Religion, Kultur, Kunst und Literatur werden von Interessen regiert, aber sie lassen sich eher nach dem Muster des »Interesses an der Interesselosigkeit« verstehen – im Sinne des Interesses, nicht an weltlichen, ökonomischen, monetären und anderen materiellen Dingen zwecks persönlicher Bereicherung interessiert zu erscheinen. Auf jeden Fall wird es notwendig, Interessen, Spieleinsätze und Spielregeln auf den verschiedenen Feldern der Gesellschaft zu untersuchen. Diese zentrale Erkenntnis markiert die Geburtsstunde von Bourdieus Theorie von der Ökonomie der menschlichen Praxis, und die Ökonomie im engeren wirtschaftlichen Sinn ist nur ein und zudem keineswegs der maßgebliche Teil dieser Theorie.

Die deutsche Soziologie, die dank der regen Übersetzungstätigkeit deutscher Verlage einen Großteil seines Werkes auf Deutsch rezipieren konnte, hat Bourdieu vor allem als kulturellen Klassentheoretiker (Honneth 1984, Müller 1986, 1992) kennengelernt, der Klassen, Klassifikationen und Lebensstile gemäß seiner Grundformel von Struktur, Habitus und Praxis untersucht. Der Feldtheoretiker Bourdieu blieb unter dem prägenden Eindruck der *Feinen Unterschiede* eher im Verborgenen. Seit der Veröffentlichung der deutschen Ausgabe von *Les règles de l'art* beginnt sich das rasch zu ändern. Auch wenn wir dem französischen Soziologen eine überwältigende Fülle von Büchern verdanken, wird dies zunächst nichts an dem klassischen Status seines Hauptwerkes ändern: *La Distinc-*

tion bleibt in unserem Gedächtnis als *der* Bourdieu haften, einfach weil sich die Rezeptionsgeschichte nicht ungeschehen machen lässt, wofür der Autor freilich nichts kann.

Aber mit der Studie über *Die Regeln der Kunst* tritt ein zweites Hauptwerk hinzu. Auch dieses Buch zeichnet all das aus, was schon *Die feinen Unterschiede* so außergewöhnlich machte: Originalität, Witz, Materialfülle, Dichte und – Anschlussfähigkeit. Während *Die feinen Unterschiede* ein Paradigma für zeitgemäße Klassen- und Lebensstilanalysen darstellen, dürfen *Die Regeln der Kunst* als Paradigma einer gelungenen Feldanalyse gelten. Es bleibt abzuwarten, ob die Rezeption Bourdieus – gerade angesichts des wachsenden Interesses an seiner Feldanalyse – nicht eines Tages den Klassentheoretiker Bourdieu in den Schatten des Feldtheoretikers Bourdieu (vgl. Bernhard/Schmidt-Wellenburg 2012a+b, Bohn 1991, Kieserling 2008) stellen wird.

Im Rückblick fällt jedenfalls auf, wie früh sich Bourdieu der Literatur zuwendet und wie er schon bald mit einer – wenn auch vorläufigen – Konzeption des Feldes ringt: Eine seiner ersten Publikationen (1959) setzt sich mit Molières *Tartuffe* auseinander. 1966 platziert er in Sartres Zeitschrift *Les Temps modernes* den Aufsatz »Künstlerische Konzeption und intellektuelles Kräftefeld«,[53] wo er zu zeigen versucht, dass das intellektuelle Kräftefeld das Ergebnis eines historischen Differenzierungs- und Autonomisierungsprozesses ist. Die kreative Originalität jedes Künstlers ist eingebunden in die Struktur und die Geschichte des intellektuellen Kräftefelds, was zum einen heißt, dass jeder Künstler sein eigenes Schaffen in die Tradition der vorangegangenen und zeitgenössischen Kunst stellen muss; zum anderen gehören zum intellektuellen Kräftefeld nicht nur die Künstler selbst, sondern auch die Akademien, Verleger, Kritiker etc., die allesamt durch ihr Handeln die Kräfteverhältnisse im Feld mitbestimmen.

Diese Überlegungen vertieft Bourdieu in den 1970er Jahren in seinen Aufsätzen »Ästhetische Disposition und künstlerische Kompetenz« sowie »Feld der Macht, intellektuelles Feld und Klassenhabitus« (Bourdieu 2011: 89-154). 1975 erscheint in seiner Zeitschrift *Actes de la recherche en sciences sociales* seine Studie über Flaubert,

53 Den Prozess, der am Ende zu den *Regeln der Kunst* führt, kann man in dem Band 4 der Schriften zur Kultursoziologie in der neuen Bourdieu-Edition, *Kunst und Kultur* (2011), sehr gut nachvollziehen.

»Die Erfindung des Künstlerlebens« (ebd.: 183-242). Seine Überlegungen zum literarischen Feld kulminieren ein Vierteljahrhundert später in seinem bahnbrechenden Werk über *Die Regeln der Kunst*. Alles lässt erwarten, dass wir einschlägige Studien über das literarische Feld in Deutschland erhalten werden – wenn nicht von Kultur- und Sozialwissenschaftlern, dann von Romanisten und Germanisten.[54]

Obgleich Bourdieu sich schon recht früh mit dem literarischen Feld auseinandersetzte und mit Jean Claude Chamboredon seit den 1970er Jahren an der *École Normale Supérieure* ein Seminar zur Sozialgeschichte der Wissenschaft, Kunst und Literatur abhielt, wandte er sich zunächst anderen Projekten im Feld der kulturellen Produktion zu.

Auch wenn diese Studien nicht im Einzelnen vorgestellt werden können, sind sie aufschlussreich, weil sie die Etappen im Denken Bourdieus über zentrale Begriffe wie kulturelles Kapital, kulturelles Feld und kulturelle Legitimität markieren. Bemerkenswert ist auch, dass die zentralen Einsichten aus diesen Studien sowohl *Die feinen Unterschiede* wie auch *Die Regeln der Kunst* informieren; das gilt vor allem für die Untersuchung der sozialen Gebrauchsweisen der Fotografie.

54 Einen ersten kompetenten Überblick gibt Jurt (1995), siehe aber auch Graw (2008), Kastner (2009), Schumacher (2011), Tommek/Bogdal (2012), Zahner (2006) und Heft 2/2004 des *Berliner Journals für Soziologie*, das dem literarischen Feld gewidmet ist. Wuggenig (2011: 480-546) gibt in seinem instruktiven Nachwort zu Bourdieus (2011) gesammelten Arbeiten zu *Kunst und Kultur* einen vorzüglichen Überblick zum Stand der Forschung. Eine umfassende Studie im Geist Bourdieus zu Robert Musils *Mann ohne Eigenschaften* unterbreitet Norbert Christian Wolf (2012) mit seiner Studie *Kakanien als Gesellschaftskonstruktion*. Im englischen Sprachraum erschienen die wichtigsten Arbeiten zum literarischen Feld von Bourdieu (1993b) sowie Fowler (1997), Grenfell/Hardy (2007). In der französischen Soziologie siehe die Arbeiten von Boschetti (1985), Charle (1997), Heinich (2001), Martin (2010), Viala (1985) und Sapiro (2011). Bernard Lahire (2010) hat eine große Untersuchung zu *Franz Kafka* vorgelegt. In Deutschland hat die Kunst- und Literatursoziologie stets ein Schattendasein geführt, erfährt durch die Studien von Bourdieu aber eine Wiederbelebung. Siehe gleichwohl zum Stand der 1960/70er Jahre den klassischen Band von Fügen (1968) zur Literatursoziologie und von Silbermann (1973) zur Kunstsoziologie. Zum neueren Stand siehe die instruktive Übersicht bei Gerhards (1997) für die Kunstsoziologie und die Arbeiten von Link/Link-Heer (1980), Silbermann (1981) und Dörner/Vogt (1994) für die Literatursoziologie.

Den Anstoß zu einer Gemeinschaftsstudie über die Fotografie (französisch zuerst 1965 erschienen; vgl. Bourdieu et al. 1983) gab ein Seminar von Raymond Aron – dem das Buch auch gewidmet ist –, das sich mit dem Bild in der Industriegesellschaft auseinandersetzte. Zwischen 1961 und 1964 wurden die verschiedensten Aspekte der Fotografie anhand der Aussagen von 692 Befragten in Paris und Lille facettenreich untersucht. Im Mittelpunkt standen die Fotoklubs (Robert Castel und Dominique Schnapper), die Pressefotografie (Luc Boltanski), die Werbefotografie (Gérard Lagneau), die Kunstfotografie (Jean-Claude Chamboredon), die Fotografie als Beruf (Luc Boltanski/Jean-Claude Chamboredon) sowie Bilder und Phantasiebilder (Robert Castel). Es geht um die Frage: Wer fotografiert wen, was, wie und warum? Fotografie ist eine Kunst, die keine Kunst ist – kurz: sie ist eine illegitime Kunst, weil sie in Bedeutung und Wert nicht an kulturelle Praktiken wie das Malen oder Musizieren heranreicht. Fotografie benötigt weder eine langwierige und schwierige Ausbildung noch viel Kapital. Ihre kulturelle Praxis ist auch nicht so fest institutionalisiert, dass irgendeine Macht ein Monopol auf diese Kunst hätte. Das hängt systematisch mit ihrem Legitimitätsstatus zusammen, denn: je gesellschaftlich anerkannter eine Kunstform, desto höher ihr Legitimitätsstatus.

Die kulturellen Ausdruckssysteme, vom Theater bis zum Fernsehen, strukturieren sich objektiv zu einer Hierarchie, die von den Meinungen der Einzelnen unabhängig ist und die *kulturelle Legitimität* samt deren Abstufungen definiert. Auf Bedeutungen, die nicht in der Sphäre der legitimen Kultur verankert sind, antworten die Konsumenten mit einer reinen und unbefangenen Genußhaltung, während sie sich angesichts der sanktionierten Kultur an objektiven Normen gemessen fühlen, aufgefordert, in ehrerbietiger Weise, mit zeremoniellen und ritualisierten Verhaltensmustern zu reagieren. (ebd.: 106)

Wenn man sich das anhand eines Schemas (*Abbildung 11*) veranschaulicht, dann reicht die Bandbreite von Sphären der Legitimität mit universalem Anspruch wie Musik, Malerei, Skulptur, Literatur und Theater über Sphären der Praktiken, die der Legitimität teilhaftig werden können, wie Film, Fotografie, Jazz und Chanson, bis hin zur Sphäre des weitgehend Beliebigen, dazu zählen Kleidung und Kosmetik, Innenausstattung der Wohnung und sonstige ästhetische Wahlen, etwa Sportveranstaltungen.

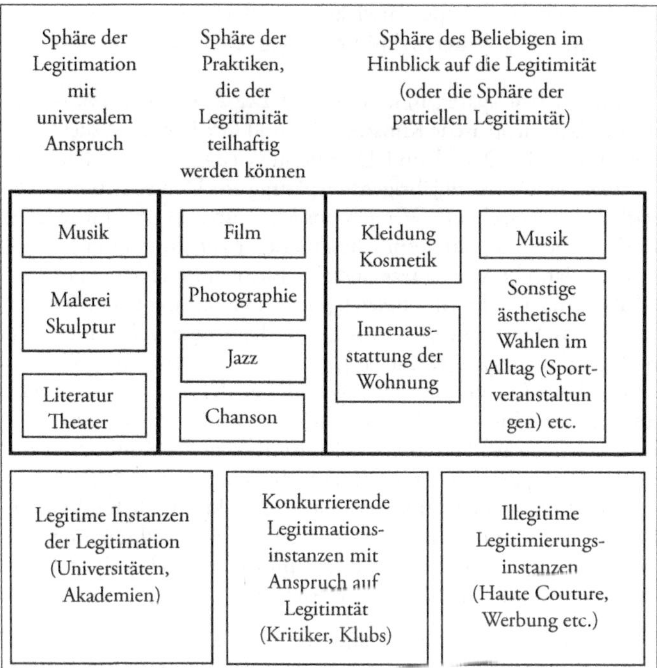

Abb. 11: Sphären der Legitimität (Bourdieu et al. 1983: 107)

Sicher: Die »Demokratisierung« der Fotografie mag weiter fortgeschritten sein, seitdem jedes Handy eine Fotooption anbietet, so dass heute jeder überall fotografieren kann; auch hat die Fotografie längst den Ruch einer illegitimen Kunst abgelegt, seitdem künstlerische Fotos auf dem Kunstmarkt ähnlich gehandelt werden wie Gemälde. Trotz der enormen Verbreitung und Ausdifferenzierung der Fotografie seit Bourdieus Studie existieren allerdings auch weiterhin feine Unterschiede im Feld der fotografischen Praktiken, auch wenn sie sich geändert haben mögen. Zentral ist und bleibt das Verständnis von kultureller Legitimität, die den später entwickelten Begriffen von kulturellem Kapital und kulturellem Feld zugrunde liegt. Das Schema ist hier aufgenommen worden, weil es das Verständnis von kultureller Hierarchie, so wie es Bourdieu und seine Forschungsgruppe entwickeln, maßgeblich auf den Begriff bringt und alle weiteren kultursoziologischen Studien inspiriert hat.

Nur ein Jahr später, 1966, erscheint *Die Liebe zur Kunst* – eine Studie über europäische Kunstmuseen und ihre Besucher, die Bourdieu mit Alain Darbel und Dominique Schnapper durchgeführt hat und die mit vierzigjähriger Verspätung auf Deutsch (Bourdieu/Darbel 2006) erscheint. Wer geht ins Museum und warum? »Museumsbesuche sind – ausgesprochen markant zunehmend mit höherem Schulabschluss – nahezu ausschließlich eine Sache der gebildeten Klassen.« (Ebd.: 33) Obgleich *formal* der Zugang zum Museum allen Menschen ermöglicht wird, vor allem über subventionierte niedrige Eintrittspreise, nutzen *realiter* nur die höheren gebildeten Kreise dieses Angebot. Nur wer gebildet ist, die Kultur also gleichsam mit der Muttermilch aufgesogen hat, fühlt sich wie zu Hause in den heiligen Weihestätten der Kunst, in dem die Kulturgüter der menschlichen Zivilisation ehrfurchtgebietend ausgestellt sind. Die Eingeweihten verfügen über das notwendige kulturelle Kapital, um die Kunstwerke zu dechiffrieren – die nicht Eingeweihten hingegen »fremdeln«, fühlen sich unwohl und hilflos angesichts einer hochkulturellen Pracht, die sie nicht verstehen.

Deshalb ist die Aussage, dass kultivierte Menschen Menschen sind, die Kultur besitzen, mehr als eine schlichte Tautologie. Wenn sie zum Beispiel auf Werke ihrer Epoche ererbte Kategorien anwenden und gleichzeitig die unhintergehbare Neuartigkeit von Werken verkennen, die Kategorien eben ihrer eigenen Wahrnehmung mit sich führen, drücken die kultivierten Menschen, die der Kultur ebenso gehören wie die Kultur ihnen gehört, nur eine Wahrheit der kultivierten Erfahrung aus, die, per Definition, traditionell ist. Diesen Kulturfrommen, die sich dem Kult der geweihten Werke verstorbener Propheten hingeben wie den Hohepriestern der Kultur, die sich der Durchführung dieses Kultes widmen, stehen in allem, wie man sieht, die Kulturpropheten entgegen, die die Gewohnheiten der ritualisierten Inbrunst ins Wanken bringen, bis auch die Zeit für sie gekommen ist, ihrerseits durch neue Priester und neue Gläubige »veralltäglicht« zu werden. (ebd.: 95 f.)

Man sieht auch hier sehr schön, wie Bourdieu die Weber'schen Begriffe und Vorstellungen aus der Religionssoziologie auf die Kultursoziologie überträgt, um die sozialen Gebrauchsweisen von Kultur zu studieren. Aus der Perspektive der *Regeln der Kunst*, die zum ersten Mal eine umfassende Feldanalyse eröffnet, sind das wichtige Vorarbeiten.

Um einen Einblick in das literarische Feld im Kontext von Bourdieus Gesamtwerk zu gewinnen, soll in fünf Schritten vorgegangen werden: Erstens muss man sich mit Aufbau und Struktur der *Regeln der Kunst* sowie mit den Erfordernissen einer vollständigen Feldanalyse vertraut machen. Wie bereits erwähnt, sticht unter der Fülle der Feldanalysen die zum literarischen Feld besonders heraus, weil dahinter gut ein Vierteljahrhundert Arbeit steckt. Zweitens soll nochmals auf das Konzept des Feldes zurückgegriffen werden, um uns mit den Besonderheiten kultureller Felder vertraut zu machen. Drittens werden die methodischen und theoretischen Fragen einer Soziologie der kulturellen Werke angeschnitten, die eine Art analytischen Bezugsrahmen für Feldanalysen allgemein bereitstellen. Viertens wird Bourdieus historische Analyse von drei Zuständen des literarischen Feldes rekonstruiert, welche die Genese der Autonomie des literarischen Feldes dokumentiert, und fünftens wenden wir uns Bourdieus Feldanalyse von Flauberts *L'Éducation sentimentale* selbst zu.

7.2 Aufbau und Struktur einer vollständigen Feldanalyse: *Die Regeln der Kunst*

Wie sind *Die Regeln der Kunst* aufgebaut? Wie üblich eher labyrinthisch als chronologisch, auch wenn mit Prolog, drei Teilen und Epilog die hergebrachte Struktur des französischen Buches übernommen wird. Im Prolog unterbreitet Bourdieu seine Analyse von Gustave Flauberts Roman *L'Éducation sentimentale* – was die materiale Analyse anbetrifft, Anfangs- *und* Höhepunkt zugleich. Im ersten Teil werden »drei Zustände des Feldes« der Kunst auf dem Weg zur Ausdifferenzierung ihrer Autonomie geschildert – das ist die genetische Analyse, welche die materiale Analyse untermauert. Im zweiten Teil werden »die Grundlagen einer Wissenschaft der Werke« umrissen, die zum einen »Fragen der Methode« aufgreifen, zum anderen »einige allgemeine Eigenschaften der Felder kultureller Produktion« umreißen. Wer mit Bourdieus Ansatz nicht so vertraut ist, sollte mit diesem Teil beginnen, zumal der Autor dort einen Einblick in die Werkstatt seiner Begriffsbildung gestattet. Im dritten Teil, dem »Verstehen des Verstehens« gewidmet, wird die Entstehung der reinen Ästhetik, des reinen Auges und der reinen Lektüre nachgezeichnet. Im Epilog schließlich spricht Bourdieu über die Rolle des Intellektuellen heute, der sich für den und im Rahmen eines »Korporativismus des Universellen« zu engagieren hat.

Wie der Aufbau demonstriert, sind *Die Regeln der Kunst* nicht einfach eine Studie des literarischen Feldes oder gar nur eine kleine Flaubert-Analyse, die bloß die Aufmerksamkeit von Romanisten und Germanisten verdient. Vielmehr wird die Mehrschichtigkeit einer kompletten Feldanalyse in diesem Buch – aus meiner Sicht zum ersten Mal – vollkommen deutlich und nachvollziehbar. Zunächst unterbreitet die Studie die Prinzipien einer Soziologie kultureller Werke. Wie kann oder soll man eigentlich Werke in wissenschaftlicher Absicht lesen? Weder rein intern, durch Konzentration auf den Text, noch rein extern, durch Fokussierung auf den Kontext, lässt sich ein Werk angemessen verstehen – korrespondierende Fehler von Strukturalismus und Marxismus. Vielmehr kann und muss man das Wechselspiel von Text und Kontext unter Einbeziehung der Genese des Feldes herauszufinden sich bemühen. Es geht also stets um die Homologie zwischen dem Raum der Stellungen und dem Raum der Stellungnahmen. Diese Homologie wird in ihren Implikationen zweitens nur dann transparent, wenn man sich des Raums der objektiven Möglichkeiten vergewissert. Ihn wird man wiederum nur erschließen, wenn man die ökonomischen, sozialen und kulturellen Bedingungen der Möglichkeit für ein autonomes Kunstfeld und eine reine Ästhetik aufgedeckt hat. Die historische Genese einer reinen Ästhetik versucht daher die Bedingungen zu benennen, die ein Werk im Modus des »*l'art pour l'art*« überhaupt erst möglich machen. Drittens wird eine genetische Soziologie daher die Etappen der Geschichte der Autonomisierung des künstlerischen Feldes aufzudecken haben – ein Vorhaben, dem Bourdieu mit peinlicher historischer Detailtreue bei gleichzeitig größter Systematizität im gesamten ersten Teil seiner Studie nachzukommen versucht. Erst dann kann man viertens darangehen, analytisch und synthetisch die einzelnen Felder der kulturellen Produktion aufzudecken – das literarische, künstlerische und intellektuelle Feld, ihr Zusammenwirken im Kampf um Autonomie, aber auch die Stellung des kulturellen Feldes zum Machtfeld insgesamt. Auf dieser soliden Grundlage vermag Bourdieu dann fünftens nicht nur seine konkrete Lesart von Flauberts *L'Éducation sentimentale* in Abgrenzung zu konkurrierenden Interpretationen vorzunehmen, sondern auch Flaubert selbst im literarischen Feld zu verorten. Zuletzt kann man aus der Feldanalyse theoretische Schlussfolgerungen ziehen und einige allgemeine Eigenschaften aller Felder kultureller Produktion herausstellen.

Eine vollständige Feldanalyse im beschriebenen Sinn ist in mehrfacher Hinsicht innovativ, verknüpft sie doch die Fähigkeiten des Historikers, des Romanisten, des Kunsthistorikers und des Soziologen: Zunächst benötigt man solide historische Kenntnisse über den Gegenstand, um seine Vorgeschichte rekonstruieren zu können. Sodann muss man in der Welt der Literatur und Dichtung zu Hause sein, um nicht nur Werke kennen, sondern auch erkennen zu können. Ferner benötigt man einen soliden Überblick über die Welt der Künste im Allgemeinen, um ihre Relationen untereinander rekonstruieren zu können. Und schließlich müssen diese Wissensvorräte in einer kohärenten, mehrschichtigen Analyse zusammengeführt werden. Theoretisch heißt dies, Differenzierungs-, Akteurs- und Gruppentheorie, Institutionen- und Organisationstheorie und die Kunsttheorie in der Feldanalyse zu integrieren. Es bedarf daher einer regelrechten soziologischen Kunst, um *Die Regeln der Kunst* studieren zu können.

7.3 Das Konzept des Feldes und die Besonderheiten des kulturellen, künstlerischen und literarischen Feldes

Wie wir im analytischen Teil gesehen haben, verwendet Bourdieu einen strikt relationalen Feldbegriff, der die allgemeinen Eigenschaften aller Felder fassen soll.

> Das Feld ist ein Netz objektiver Beziehungen (Herrschaft oder Unterordnung, Entsprechung oder Antagonismus usw.) zwischen Positionen: der einer Gattung zum Beispiel wie dem Roman oder einer Untergattung wie dem Gesellschaftsroman oder, unter einem anderen Blickwinkel, zwischen der Position, die eine Zeitschrift, ein Salon oder Zirkel als Sammelpunkt einer Gruppe von Produzenten spielen. [...] Alle Positionen hängen in ihrer Existenz selbst und in dem, was sie über ihre Inhaber verhängen, von ihrer aktuellen und potentiellen Situation innerhalb der Struktur des Feldes, das

heißt innerhalb der Struktur der Verteilung der Kapital- (oder Macht-) sorten ab, deren Besitz über die Erlangung spezifischer, innerhalb des Feldes umstrittener Profite (wie literarisches Prestige) entscheidet. (Bourdieu 1999a: 365)

Bourdieu verwendet den Feldbegriff also in doppelter Weise: generisch und spezifisch. *Generisch*, wenn es darum geht, die allen Feldern gemeinsamen Eigenschaften herauszustellen. Die Frage lautet hier: Was macht ein Feld zum Feld? Dieser Kranz gemeinsamer Eigenschaften erlaubt es erst überhaupt, durchgängig mit dem Feldbegriff in allen gesellschaftlichen Lebensbereichen zu arbeiten. *Spezifisch*, wenn er die besonderen Eigenarten eines Feldes herauszuarbeiten versucht. Die Frage lautet hier: Was macht das Feld der kulturellen Produktion aus? Ein Feld muss sich von anderen Feldern unterscheiden, das heißt also über einen feldspezifischen Code und feldspezifische Regeln beziehungsweise Formen der Konkurrenz verfügen, sonst wäre es unangemessen, von einem solchen besonderen Feld zu reden.

Wenn das so ist, was macht dann das Besondere der kulturellen Felder aus? Auf allen Feldern werden Interessen verfolgt – erst diese generelle Annahme erlaubt, wie wir gesehen haben, die Rede von einer Ökonomie der Praxis. Aber die Interessen sind jeweils andere, und sie können sich von Feld zu Feld widersprechen, ja gegenseitig ausschließen. Die *differentia specifica* der kulturellen Felder ist die Tatsache, dass es sich um eine *»économie renversée«*, eine auf den Kopf gestellte oder umgekehrte Ökonomie handelt: hier dominiert das *Interesse an der Interesselosigkeit*. Was heißt das? Beispielsweise malt der Maler ein einzigartiges, so noch nie da gewesenes Bild, das vielleicht einen eigenen Stil nach sich zieht. Der Schriftsteller schreibt einen Roman, dessen Figuren und deren Leben sich in das kollektive Gedächtnis der Menschheit einschreiben und so unvergesslich bleiben wie Shakespeares *Hamlet*, Goethes *Faust* oder Thomas Manns *Buddenbrooks*. Der Dichter verfasst ein Gedicht, das eine völlig neue Sprache voller Zauber und Anmut kreiert. Der Bildhauer schafft eine Skulptur, deren kreatürliche Körperlichkeit alle Plastiken in den Schatten stellt. Der Philosoph verfasst eine Schrift, welche die bisherige Philosophie zur Makulatur macht.

In allen diesen Fällen geht es in erster Linie um das Werk, dessen Originalität, Kreativität, Innovativität, kurz: seine Einmaligkeit, und um den Künstler, der sich als Genie voller Magie und

Charisma erweist. Kunst und Künstler wollen etwas von der Aura des Heiligen, des Majestätischen, des Numinosen, des Außeralltäglichen erheischen. Es gibt wohl keinen größeren Gegensatz als den zwischen heilig und profan.[55]

Worum es dabei *prima facie* also nicht geht, ist Geld, der schnöde Mammon und die Profanität schlechthin. In diesem Sinn scheint alle Hochkultur, Kunst, Wissenschaft usw. radikal getrennt zu sein von der Welt der Ökonomie, der Nützlichkeit, der Berechenbarkeit und des Alltags. Geld und Geist beziehungsweise Geld und Kunst scheinen durch einen Abgrund getrennt zu sein. Wie kommen dann Geld und Geist, Geld und Kunst miteinander aus beziehungsweise überhaupt zusammen? Als Beruf und nicht nur als Berufung brauchen auch diese Bereiche Geld und Kapital, und das nicht zu knapp.[56] Folglich gibt es Märkte für Kunst, Malerei, Literatur, Wissenschaft und so fort.

Man könnte als Ökonom argumentieren, Märkte sind Märkte, »Geschäft ist Geschäft«, also funktionieren auch Kunstmärkte nach den ökonomischen Regeln von Angebot und Nachfrage, Preisen und Knappheit. Genau dies untersucht die kulturelle Ökonomik.[57] Falsch ist diese Annahme nicht, und auch Bourdieu erkennt dies durch seine Rede von Märkten an. Wer sich aber ausschließlich auf die ökonomische Seite von Kultur konzentriert (wie es die klassische Ökonomie ebenso tut wie der Marxismus), verkennt die Eigenart und den Charakter von Kunst, Kultur und Wissenschaft. Genau dieses Zusammenspiel zwischen Ökonomie und Kultur, zwischen Geld und Geist, zwischen Geld und Kunst ist es aber, was Bourdieu brennend interessiert. Will man dieses Verhältnis näher aufklären und in seiner Logik und Dynamik erklären, so gilt es, das kulturelle Selbstverständnis ernst zu nehmen und zu untersuchen, wie es im Alltag funktioniert. Kurz: Es geht um die Spielregeln der Kunst und der Kunstproduktion.

55 Dazu paradigmatisch die Arbeiten von Émile Durkheim, vor allem seine Studie über *Die elementaren Formen des religiösen Lebens* aus dem Jahr 1912 (Durkheim 1984).

56 Das schwierige Verhältnis von *Genie und Geld* bei deutschen Schriftstellern von Walther von der Vogelweide bis Arno Schmidt beleuchtet exemplarisch der Band von Karl Corino (1987).

57 Siehe zu den Ansätzen zur Kunstökonomie den Band von Pommerehne/Frey (1993).

7.4 Methodische Fragen: Zur Soziologie kultureller Werke

Wer diese Spielregeln kompetent untersuchen will, braucht einen vernünftigen analytischen Bezugsrahmen. In der Literaturforschung im Allgemeinen und der Literatursoziologie im Besonderen konkurrieren seit jeher vornehmlich zwei Perspektiven, literarische Werke zu lesen und zu dechiffrieren: eine interne Lesart, die sich ganz in den Text vertieft, sowie eine externe Lesart, die vor allem den Kontext des Werkes zu beleuchten versucht. Interne und externe Perspektive, Text und Kontext sind beide wichtig, so Bourdieu; in ihrer Verabsolutierung sind und bleiben sie aber einseitig und verkennen Werk und Bedeutung.

Die *interne* Perspektive betont den charismatischen Anspruch des Autors; Eigenart und Einzigartigkeit des Werkes werden ernst genommen und durch eine kongeniale Interpretation des Textes und seiner Konstruktionsprinzipien untermauert. Je reicher und reichhaltiger die Sekundärliteratur dieser Art, desto größer das Genie des Autors. Man denke nur an die »Interpretationsindustrien« zu Goethe, Shakespeare, Proust oder Thomas Mann; diese Sekundärliteratur stellt häufig eine einzige Hommage an die Literatur und die Dichter selbst dar. Beispielhaft dafür ist die »Heiligung« von Poesie und Dichtung durch den Kreis um Stefan George.[58] Seine Schüler mussten sich durch Schriften über die Werke der Weltliteratur für den Kreis qualifizieren und so ihren Glauben an die Welt der Literatur und Poesie, die *illusio* dieses Spiels, bekräftigen. Exemplarisch für diese Gattung verherrlichender Literatur der Literatur ist etwa Ernst Bertrams (1918) Studie *Nietzsche*, die nicht nur Thomas Mann tief beeindruckt, sondern zu einem regelrechten »Nietzsche-Kult« in Deutschland geführt hat.[59] Hierzu zählt auch Friedrich Gundolfs (1911) Buch *Shakespeare und der deutsche Geist*, welches das charismatische Shakespeare-Bild ganzer Generationen von deutschen Bildungsbürgern geprägt hat, mit der Folge, dass Shakespeare am Ende als deutscher Dichter *par excellence* erschien. Ähnliches gilt für Gundolfs (1916) *Goethe*, den exemplarischen

58 Zu Stefan George siehe die vorzügliche Biographie von Karlauf (2007) und zum Nachleben von George vgl. Raulff (2009).

59 Vor einem solchen Nietzsche-Kult hatte der Soziologe Ferdinand Tönnies (1990) schon 1897 gewarnt.

Deutschen, Dichterfürst und Genie in einer Person. Auch wenn man dieser anhimmelnden Literatur über Literatur wichtige Einsichten und Erkenntnisse verdankt, bleiben doch die Entstehungsbedingungen wie die Bedingungskonstellationen von literarischen Werken und ihren Schöpfern meist völlig ausgeblendet. So blockiert dann die Verklärung der Literatur am Ende doch die Aufklärung über und die Erklärung von Literatur.

Genau dieser Aufgabe nimmt sich die *externe* Lesart an, die vor allem den Kontext eines Werkes untersucht. Es ist der gesellschaftliche Kontext, der den Text erklärt – so das Credo dieser Perspektive. Vor allem der Marxismus und der Strukturalismus in der Literatursoziologie haben so argumentiert. Exemplarisch für den Marxismus steht Georg Lukács' (2000; 1952) Ansatz in seiner *Theorie des Romans* oder in *Balzac und der französische Realismus*. Lucien Goldmanns (1952) *Le Dieu caché* verkörpert paradigmatisch den strukturalistischen Ansatz. Diese beiden einflussreichen Richtungen von Marxismus und Strukturalismus haben lange Zeit eine »kritische« Literatursoziologie dominiert, indem sie die Werke entweder über die kapitalistischen Verwertungsbedingungen von Literatur oder über den strukturellen Gesellschaftskontext generell zu dechiffrieren unternahmen. So wichtig der Kontext, so fatal ist es, wenn die Literatur selbst nur zum Anhängsel der Kontextanalyse verkommt.

Bourdieu versucht daher, interne und externe Methode, Text- und Kontextanalyse zu überwinden. Er entwickelt ein neues Modell zur Analyse der Dynamik literarischer Produktionsfelder, das auf zwei Annahmen beruht:

1. Es geht stets darum, den Raum der Stellungen oder Positionen zum Raum der Stellungnahmen oder Dispositionen ins Verhältnis zu setzen. Die Beziehung zwischen *»positions«* und *»prises de positions«*, also die Wahlverwandtschaften zwischen Feld und Habitus, versprechen einen analytischen Mehrwert über die Einseitigkeiten der rein internen und externen Untersuchungsweisen hinaus. Wie geht man dabei vor? Das führt zur zweiten Annahme:

2. Man wird der Logik und Dynamik der Wahlverwandtschaften nur auf die Spur kommen, wenn man eine historische Analyse der Entstehung und Entwicklung des in Frage stehenden Feldes unternimmt. Die strukturelle Analyse ist ein Muster ohne Wert, wenn sie nicht historisch eingebettet wird.

Wie setzt man diese beiden Annahmen in einem Ansatz um? Eine Wissenschaft kultureller Werke, so Bourdieu (1999a: 340), wird stets drei große Untersuchungsschritte umfassen:

1. das Verhältnis des literarischen Feldes zum Feld der Macht und seine Entwicklung über die Zeit;
2. eine interne Analyse des literarisches Feldes, seiner Akteure und Gruppen und ihres Kampfes um Legitimität;
3. die Genese des Habitus der Positionsinhaber, ihrer Dispositionen, die etwas über den Raum der Möglichkeiten für die Akteure in diesem Feld verraten, ihre Erfolgs- und Durchsetzungschancen, ihren Werdegang und so fort.

Bourdieu entfaltet diese dreistufige Analyse theoretisch in allen Einzelheiten im zweiten Kapitel des zweiten Teils von *Die Regeln der Kunst*, der methodischen und analytischen Fragen gewidmet ist. Das ganze Arsenal von Konzepten der Feldanalyse wird *en détail* ausgeführt: der *nomos*, die *illusio*, Position und Disposition, der Raum des Möglichen, Struktur und Wandel, Reflexivität und Naivität, Angebot und Nachfrage, interne Kämpfe und externe Sanktionen, Geschichte und Flugbahn (»*trajectoire*«), Habitus und Erwartungshorizont, die Dialektik zwischen Positionen und Dispositionen, die Bildung und Auflösung von Gruppen, die Transzendenz der Institution selbst, die Komplexität und Komplizität des Spiels. Da aber diese Analyseinstrumente im historischen Teil zur Anwendung gelangen, brauchen sie an dieser Stelle nicht weiter behandelt zu werden.

7.5 Das literarische Feld: Genese und Wirkungsweise

Die historische Feldanalyse indes steckt im ersten Teil des Buches, der drei Zustände des literarischen Feldes in Frankreich analysiert. Sie geben Auskunft über die Genese und den Stand der Autonomisierung des Feldes, die Positionen im Feld sowie über die Relationen zum Machtfeld. Der erste und wohl interessanteste Abschnitt betrifft die Phase von 1840-1850, die zweite die Zeit um 1880, während die dritte Phase das voll autonomisierte Feld und seine Funktionsweise beschreibt. Unser Augenmerk liegt auf der ersten, »heroischen« Phase, während wir die zweite und dritte Phase knapper abhandeln werden.

Die heroische Phase: Kämpfe um Autonomie

Bourdieu (1999a: 81, 83) stellt seine beiden Protagonisten, ihr Metier und ihre politische Lage wie folgt vor:

Wir sind Luxusarbeiter. Nun ist niemand reich genug, uns zu bezahlen. Will man mit seiner Feder Geld verdienen, muß man Journalismus, Feuilleton oder Theater betreiben. Die *Bovary* hat mir ... 300 Francs eingebracht, die ICH BEZAHLT habe, und ich werde nie einen Centime davon einstreichen. Gegenwärtig schaffe ich es, mein Papier bezahlen zu können, aber nicht die Gänge, Reisen und Bücher, die meine Arbeit erfordert; und im Grunde finde ich das gut (oder tue doch so, als fände ich es gut), denn ich sehe nicht, welcher Zusammenhang zwischen einem Fünf-Franc-Stück und einer Idee bestehen sollte. Kunst muß um der Kunst willen geliebt werden; ansonsten ist jedes andere Handwerk mehr wert.

Gustave Flaubert

Es ist eine schmerzliche Feststellung, daß wir bei zwei entgegengesetzten Schulen verwandte Fehler finden: bei der bürgerlichen und bei der sozialistischen Schule. »Verbessern wir die Moral! Verbessern wir die Moral!« rufen beide mit dem Fiebereifer von Missionaren. Charles Baudelaire

Mit seiner Geschichte und Analyse der Kämpfe um Autonomie versetzt uns Bourdieu in die Frühzeit des französischen literarischen Feldes, in, wenn man so will, seine heroische Phase. Die Periode von 1840 bis 1850, also die Juli-Monarchie, die 1848er Revolution und das *Second Empire* unter Napoleon III., ist auch die heroische Phase des Bourgeois in Frankreich. Der Bourbonenkönig Louis Philippe hatte sich und seinen Zeitgenossen geraten: »*Enrichissez-vous*«, und den Aufruf zum »Sich-Bereichern« nahm vor allem die bürgerliche Klasse ernst. Unter der Herrschaft des Geldes und dem Geschmack des reichen, aber unkultivierten Parvenus hatte es die Kulturproduktion nicht leicht. Bourdieu spricht von einer strukturalen Unterordnung unter die Gesetze des Marktes einerseits, unter die der Salons als Begegnungsstätten zwischen Kulturproduzenten und Mitgliedern der politischen Elite des Machtfeldes andererseits. Es gab eine regelrechte Hierarchie der Salons, welche die Stellung der Künstler zum politischen Machtfeld widerspiegeln: An der Spitze die Kaiserin Eugénie, die im Palais des Tuileries Hof hält und konformistische Künstler, Kritiker und Journalisten um sich schart. Sodann Prinz Jérome, der auf seinen Liberalismus schwört und im Palais Royal unter anderen Ernest Renan, Hippolyte Taine und Charles-Augustin Sainte-Beuve empfängt. Schließlich Prinzessin Mathilde, die sich in Abgrenzung zum Hof als Schutzherrin der Kunst gibt und bei der die Künstler stets ein offenes Ohr finden. In der Absicht, ihren Salon durch ein hohes literarisches Niveau zu adeln, lässt sie sich von Théophile Gautier und Sainte-Beuve beraten, so dass dort neben den beiden Genannten Flaubert, die Brüder Goncourt, Hippolyte Taine und Ernest Renan ein- und ausgehen. Neben den Salons am Hofe gibt es zudem die bürgerlichen Salons, die unterschiedliche Richtungen der Kunst und Politik repräsentieren. Die Salons vermitteln zwischen Politik und Kunst, zwischen Hof und Künstlern, schaffen die notwendigen Kontakte und eröffnen Ausstellungs- und Publikationschancen für Maler und Schriftsteller. Einigen wenigen von ihnen verhelfen sie auch zu besonderen Ehren und Einkünften. Prinzessin Mathilde setzt sich etwa für einen Senatssitz für Sainte-Beuve ein, für den Preis der Académie française an George Sand, die Legion d'honneur für Taine und Flaubert oder einen Posten und einen Sitz in der Académie für Gautier.

Aber es sind nicht nur diese strukturale Unterordnung der Künstler unter den Markt einerseits und die Salons andererseits, welche für Druck sorgen, sondern auch die Tatsache, dass viele junge Leute aus der Provinz nach Paris kommen, um dort ihr Glück zu machen. Sie suchen nicht nur eine akademische Ausbildung, sondern auch eine entsprechende Anstellung oder versuchen gleich, Künstler oder Schriftsteller zu werden. Dieser demographische Druck und der Drang zu Kunst und Kultur sind es, die die so genannte *Bohème* als neue Lebensform hervorbringen.

Der Lebensstil der Bohème, der durch Phantasie, Wortwitz, Esprit, Chansons, Trinkgelage und Liebe in ihren vielfältigen Formen gewiß einen wichtigen Beitrag zur Entwicklung des künstlerischen Lebensstils geleistet hat, richtet sich gleichermaßen gegen das geordnete Dasein der offiziellen Maler und Bildhauer wie gegen die eingefahrenen Muster des bürgerlichen Lebens. Aber die Erfindung der literarischen Figur der Bohème ist nicht nur literarische Fiktion: Von Murger und Champfleury bis zu Balzac und zum Flaubert der *Erziehung des Herzens* tragen die Schriftsteller in hohem Maße zur öffentlichen Anerkennung der neuen gesellschaftlichen Entität bei – eben durch Entwicklung und Verbreitung des Begriffs der Bohème wie auch zur Konstruktion ihrer Identität, ihrer Werte, Normen und Mythen. (Bourdieu 1999a: 96)

Die Karten in diesem künstlerischen Selbsterschaffungsspiel sind dabei höchst ungleich verteilt. Adel und *Grande bourgeoisie* waren schon immer in Paris und können ihren Nachwuchs mit einer Rentiersexistenz versorgen. Ein regelmäßiges Einkommen und ein Dach über dem Kopf verschaffen diesen einen langen Atem, um am Ende vielleicht doch noch Karriere machen zu können. Die jungen Leute aus der Provinz unterscheiden sich danach, wer mit oder ohne Geld nach Paris kommt.

In seinem *Traité de la vie élégante* unterscheidet Balzac drei Klassen von Menschen in einer Gesellschaft: 1. den arbeitenden Menschen; 2. den denkenden Menschen; 3. den untätigen Menschen, der sich nur dem eleganten Leben widmet. Der Künstler der Bohème indes durchmisst alle drei Klassen von Menschen und gehört doch auch wieder keiner an: Seine Arbeit ist Müßiggang, sein Müßiggang ist Arbeit, und er folgt keiner Mode, sondern kreiert seinen eigenen Stil.

Was die Bohème also ausmacht, ist, dass sie nicht nach gängigen Kategorien klassifizierbar zu sein scheint. Diese auf Anhieb »unklassifizierbare Klasse« erzeugt ein gehöriges Maß an Ambivalenz, die zwischen Anziehung und Ablehnung schwankt. Anziehung, denn der neue Lebensstil ist ein »Glücksversprechen«, dem Jahr für Jahr scharenweise junge Leute nach Paris folgen. Ablehnung, denn diese Kategorie von Menschen scheint eine »Gesellschaft« in der Gesellschaft ohne rechte Zugehörigkeit zu bilden, und das mit einem Lebensstil, der prätentiös und unseriös zugleich ist. Die Bohème gehört nicht einfach zum Volk oder ist ein Teil des Volkes, auch wenn ihre Mittellosigkeit dafür spricht. Im Gegenteil, sie hält sich für etwas Besseres. Obwohl von der sozialen Lage her weder der Aristokratie noch der Bourgeoisie zugehörig, nähert sie sich von der Selbstsicherheit des Lebensstils her diesen beiden führenden Klassen an. Am größten dürfte die Distanz zum ordnungsliebenden Kleinbürgertum sein, vor allem was die Geschlechterbeziehungen betrifft, wo die Experimentierfreude der Bohème in Sachen freier, käuflicher oder reiner Liebe und Erotik besonders deutlich zum Ausdruck kommt.

Was sich auf jeden Fall feststellen lässt, ist, dass die Bohème regen Zulauf erhält, so dass die »erste Bohème« und die »zweite Bohème« nach 1848 eine veritable intellektuelle Reservearmee bilden, die als »proletaroide Intellektuelle« (Max Weber) oder als

»Bourgeois ohne einen Sou« (Camille Pissaro) sich selbst erfinden und am Ende damit eine neue Stilrichtung, den Realismus, kreieren werden.

Es ist dieser politische, ökonomische und soziale Hintergrund, vor dem die entzauberte neue Kunstrichtung des *»l'art pour l'art«*, also einer Kunst um ihrer selbst willen, entsteht: Die Gesetze des Marktes, die Willkür des Salonlebens und die Konkurrenz im kulturellen Feld selbst legen es nahe, mit dem ordinären Leben und der Herrschaft des Mittelmaßes zu brechen.

Für einen solchen Bruch mit den Gesetzen des Marktes, der Politik und der Konkurrenz musste allerdings ein hoher Preis bezahlt werden. Bourdieu illustriert dies anhand der beiden Gerichtsprozesse, die um Flauberts Roman *Madame Bovary* und Baudelaires Gedichtband *Les Fleurs du mal* geführt wurden. Während Flaubert dank seiner großbürgerlichen Herkunft und des großen Netzwerkes, das er zu seiner Verteidigung mobilisieren kann, gestärkt, anerkannt und berühmt aus diesem Prozess hervorgeht, hat Baudelaire (auch aufgrund des Bruchs mit seiner Familie) weniger »Glück«: Ausgeschlossen und verkannt, kein Mitglied der so genannten »guten Gesellschaft«, wird er zur Gänze an den Pol der radikalen Avantgarde getrieben. Das lässt sich an Baudelaires Distinktionsstrategien ablesen, die allesamt als Reaktion auf das Stigma seiner Exklusion gelesen werden können. Konsequenterweise geht der Bruch mit der Gesellschaft Hand in Hand mit dem Bruch aller Konventionen. So bewirbt sich Baudelaire an der Akademie, wohl wissend, dass er dort empört abgelehnt werden wird, um so deren konservative und mediokre Standards öffentlich machen zu können. Was ihm also vorschwebt, ist ein einzigartiger Akt der Subversion und der Umstülpung der gängigen Werte. Nicht mehr der Akademie, welche den großen Künstlern durch Aufnahme in ihre geheiligten Reihen die Weihe des unsterblichen Genies erteilt, sondern sich selbst will Baudelaire durch diesen Gewaltstreich das »Recht zur Konsekration« zubilligen.

Mit seinem dem gesunden Menschenverstand zuwiderlaufenden, widersinnigen Akt unternimmt er es, die Anomie zu stiften, die paradoxerweise den *nomos* dieses paradoxen Universums – des zu seiner vollen Autonomie gelangten literarischen Feldes – bilden wird, nämlich die freie Konkurrenz der Propheten-Schöpfer, die frei den außer-gewöhnlichen und einzigartigen *nomos* bestätigen, der weder Vorläufer noch Vorbild kennt und der sie genuin definiert. Genau das schreibt Baudelaire in seinem Brief vom 31. Januar 1862 an Flaubert: »Wieso haben Sie nicht erraten, daß Baudelaire soviel heißen sollte wie: Auguste Barbier, Théophile Gautier, Banville, Flaubert, Leconte de Lisle, nämlich: reine Literatur.« (Baudelaire 1992: 96, zit. nach Bourdieu 1999a: 107).

Aber dieser Kampf für die »reine Literatur« und das Eintreten für die eigene Gruppe der echten Literaten beschert ihm zunächst ein spektakuläres Scheitern – seine Bewerbung um einen Platz in der Académie ist natürlich nicht von Erfolg gekrönt. Und auch der provokative Akt der öffentlichen Auseinandersetzung damit, der als Subversion der konventionellen ästhetischen Standards intendiert wird, ist zunächst ein Scheitern. Das wird ihm offiziell und öffentlich noch in einem Kommentar von Sainte-Beuve zu den Wahlen zur Académie im *Constitutionel* »mit perfider Gönnerhaftigkeit« bestätigt:

Sicher ist, daß die Bekanntschaft mit Monsieur Baudelaire zu seinen Gunsten ausschlägt, daß da, wo man sich darauf gefaßt machte, einen sonderbaren, exzentrischen Menschen eintreten zu sehen, man einem höflichen, Respekt erweisenden, beispielhaften Kandidaten gegenübersteht, einem netten Kerl mit geschliffener Sprache und vollkommen klassischen Umgangsformen. (Zit. nach ebd.: 107)

Kurz: »Der Mohr hat sogar Manieren!«

In Baudelaires eigener Ambivalenz, der bis zuletzt hartnäckig die »bürgerliche Existenz« zurückweist, zugleich aber doch um gesellschaftliche Anerkennung bangt (hat er nicht einen Augenblick von der Ehrenlegion geträumt oder, wie er seiner Mutter schreibt, von der Leitung eines Theaters?), wird die ganze Schwierigkeit des Bruchs sichtbar, den die revolutionären Gründer einer neuen Ordnung (dasselbe Schwanken ist auch bei Manet zu beobachten) zu deren Errichtung erbringen müssen. (ebd.: 107)

Der Mut, ja die Chuzpe und Kühnheit zum Aufbegehren (also der Versuch, dem Nomos der Orthodoxie die Anomie der Heterodoxie oder Häresie entgegenzuschleudern) ist das eine, aber die Geste des Bruchs bleibt eine leere Geste des Scheiterns, wenn es nicht gelingt, auf lange Sicht zumindest die anomische Herausforderung in den Nomos der neuen Ordnung umzumünzen. In diesem Fall also geht es darum, die reine Literatur in den Rang der Leitidee für eine Ordnung zu erheben, die nur ihren eigenen Standards und Werten folgt – *l'art pour l'art.*

Solange das neue Legitimitätsprinzip, mit dem sich der gegenwärtige Fluch als Zeichen künftiger Erwähltheit lesen läßt, noch nicht von allen anerkannt, solange also im Feld – und darüber hinaus: im Machtfeld selbst – noch kein neues ästhetisches Regime etabliert ist (analog wird sich das Problem auch für Manet und die »Zurückgewiesenen« des *Salon* stellen), so lange ist der häretische Künstler zu extremer Ungewißheit und damit einhergehender entsetzlicher *Spannung* verdammt. (ebd.: 108)

An Baudelaire haftet nun das Stigma des »verfemten Dichters«, und dieses klebt auch dann noch an ihm, als seine Bekanntheit und die Anerkennung für ihn mit der Zeit zu wachsen beginnen. Konsequent und rigoros folgt er seiner Linie der offenen Revolte als Lebensform, und seine häretischen Distinktionsstrategien entspringen seiner unübersehbaren Exklusion aus den guten Kreisen von Gesellschaft und anerkannten Institutionen. So wählt er bewusst einen kleinen Verlag und kein großes, berühmtes Verlagshaus wie Flaubert, um seine *Fleurs du mal* zu verlegen. Er fürchtet eine weite Verbreitung seines Werkes, das doch nur ein kleiner Kreis von Lesern verstehen wird. In Auguste Poulet-Malassis stößt er auf einen kongenialen Verleger und Enthusiasten der reinen Literatur, der junge Dichter wie Théodore de Banville, Jules Barbey d'Aurevilly, Jules Champfleury, Édmont Duranty, Théophile Gautier und Leconte de Lisle publiziert und auch dann noch zu ihnen steht, wenn sie verurteilt werden. (Poulet-Malassis selbst wird für die Publikation der *Fleurs du mal* bestraft und muss ins Exil gehen.)

Baudelaire geißelt auch die Kunstkritiker, die, an einem vermeintlich universalistischen Ideal echter Kunst geschult, in ihren Kommentaren alle Kunstwerke über den gleichen Leisten schlagen. Vielmehr plädiert er dafür, jedes Kunstwerk an den von ihm selbst gesetzten Werten und Standards zu messen, vorausgesetzt, es weist solche Maßstäbe eines Nomos überhaupt auf und ist nicht einfach zu rascher kommerzieller Verwertung produziert. Ferner grenzt er sich trotz Geldsorgen vehement von der »schlampigen *Bohème*« ab, indem er sich mit der Eleganz eines Dandys zu kleiden beginnt. »Not und Elend erscheinen ihm, auch wenn sie in jedem Augenblick seine geistige Integrität gefährden, als einziger Ort der Freiheit und als einziges legitimes Prinzip einer von Revolte nicht zu trennenden Inspiration.« (Ebd.: 111) Schließlich begründet er den Stolz und die Eigenwürde des Künstlers, der auf alle Preise um seiner Ehre willen zu verzichten hat. Nur so läßt sich etwa verstehen, warum Sartre – genau auf der Linie einer solchen Logik (»Ehrungen entehren«) – den Nobelpreis für Literatur ablehnen konnte.

Künstler, Verleger, Kritiker, Weggefährten, Auszeichnungen – alle werden von Baudelaire neu definiert und bereiten die Normen vor, die auf einem autonomen literarischen Feld eines Tages gelten sollten. Der Künstler ist vor allem eins: Künstler. Er ist auf sein Werk fixiert und kein Schönfärber, Idealist oder Moralist, der die Welt verbessern will. Der Verleger muss sich entscheiden, welche Art von Literatur er machen will: Kommerz oder Avantgarde. Der Kritiker muss sich auf ein Kunstwerk einlassen und es nach dessen eigenen Werten und Standards beurteilen. Das Schielen auf Preise, Ehrungen und Auszeichnungen hat zu unterbleiben, bewirken sie doch das Gegenteil dessen, was sie versprechen: Statt Ehre bringen sie Klassifikation, Einordnung, Vereinnahmung und Unterordnung mit sich, und sei es auch nur in Form demonstrierter Dankbarkeit des Künstlers bei der Preisverleihung.

Die Konturen der künstlerischen Konzeption des *l'art pour l'art* werden deutlicher, wenn man sie von konkurrierenden Auffassungen dieser Zeit abgrenzt. In den 1840er Jahren gibt es drei große Richtungen: 1. »*l'art bourgeois*«, 2. »*l'art social*« und 3. »*l'art pour l'art*«. Die *bürgerliche Kunst* umfasst vor allem Schriftsteller, die für das Theater produzieren und mit der herrschenden Klasse in politischer Anschauung, sozialer Herkunft und Lebensstil eng verbunden sind. Sie machen nicht nur materielle Gewinne (das Schreiben für das Theater gehört zu den einträglichsten literarischen Tätigkeiten), sondern auch symbolische Profite in Gestalt von Mitgliedschaften und Preisen. Theaterautoren wie Émile Augier und Octave Feuillet liefern »idealistische« Stücke, die meist mit einer moralischen Botschaft versehen sind und alles in allem den gelungenen bürgerlichen Lebensstil verherrlichen: ordentliche Heirat, Besitzstandswahrung, Kinder und »gute Partien« für den eigenen Nachwuchs.

Den gegensätzlichen Pol markiert die *soziale Kunst*, die als Folge der Revolution das Licht der Welt im Februar 1848 erblickt. Sie fordert eine republikanische und sozialistisch engagierte Literatur und Kunst und nimmt Partei für die Unterdrückten der Gesellschaft. Neben Louis Blanc und Pierre-Joseph Proudhon, den Fourieristen und Saint-Simonisten gehören dazu unter anderen George Sand und Louise Colet, die Freundin Flauberts, die etwa die aufkommende »Arbeiterdichtung« protegieren. Im Gegensatz zum seichten Idealismus der bürgerlichen Kunst favorisiert die soziale Kunst einen Realismus, der sich vor allem in konzisen Beschreibungen der Milieus, ihrer Probleme und ihrer Lebensweise niederschlägt. Je eindringlicher die Beschreibung, desto größer die Empörung über die Probleme. In den Kreisen der Bohème, in Cafés wie Le Voltaire und Le Momus oder in der Redaktion der Zeitschrift *Le Corsaire-Satan* treffen sich Schriftsteller wie T. Gautier, Arsène Houssaye oder Nerval als Veteranen der ersten Bohème, aber auch Banville, Baudelaire, Champfleury und Murger. In den 1850er Jahren wird Champfleury zum Theoretiker des Realismus erkoren, und die Bohème trifft sich auf der Rive gauche in der Brasserie Andler und später in der Brasserie Les Martyrs. Die Solidarität dieser »proletaroiden Intellektuellen« mit den Beherrschten entstammt zum einen ihrer eigenen Geschichte, der Herkunft aus niederen Schichten und der Provinz; zum anderen entspricht sie einer realistischen Einschätzung ihrer Stellung und Lage. Denn sie haben die Position der Beherrschten in dem sich herausbildenden literarischen Feld inne, die eng mit ihrer sozialen Herkunft und ihren Dispositionen wie dem ererbten ökonomischen und kulturellen Kapital korrespondiert.

Die Kunstrichtung des *l'art pour l'art* konstituiert sich durch einen doppelten Bruch mit der konformistischen bürgerlichen wie der radikalen sozialistischen und republikanischen Kunst. »Weder Anpassung noch Engagement« lautet das Motto, »weder Idealismus noch Realismus« heißt die Kunstformel. Aber was dann? »Die Kunst um der Kunst willen« ist vor allem eine geistige Haltung, ein luzider Habitus der Indifferenz, Ausdruck des Anspruchs auf Freiheit und Unabhängigkeit in Kunst und Leben. Man ist weder für noch gegen etwas, wenn diese Parteinahme etwa Bindungen und Verpflichtungen mit sich brächte, die das Projekt der reinen Kunst und Literatur gefährden könnten. Also keine Rücksichtnahme, keine Konventionen, keine Manieren, keine Moral, keine Politik, keine Ehrungen, wenn sie denn aus der Mitte der gegenwärtigen, also mediokren Gesellschaft stammen. Der kleinste gemeinsame Nenner ist Distanz zu und Ablehnung von allem und jedem: eine »Würde der Indifferenz«. Dieser Negativismus offenbart sich in ihrem politischen Neutralismus, der sich in vollkommen eklektischen Beziehungen und Freundschaften äußert, darüber hinaus im Zusammenhang steht mit der Ablehnung jeglichen Engagements (»Die Dummheit«, so Flauberts berühmter Ausspruch, »besteht darin, schlußfolgern zu wollen«), jeglicher offizieller Weihe (»Ehren entehren«, ein weiterer Ausspruch Flauberts) und vor allem jeder Art von ethischem und politischem Predigen, handele es sich um die Glorifizierung der bürgerlichen Werte oder um die Instruktion der Massen in republikanischen und sozialistischen Grundsätzen. (Ebd.: 130)

Aber wie gewinnt man vor dem Hintergrund dieses doppelten Bruchs mit den existenten Kunstrichtungen sowie des politischen und moralischen Neutralismus jenen geometrischen Ort aller Perspektiven, der die reine Ästhetik hervorbringt? Wie erzeugt man diese kalte Neutralität bei gleichzeitig höchstem, ja existentiellem Engagement für Literatur und Kunst, diesen engagierten Formalismus des Stils, diesen Realismus im Sujet, ja diese fast soziologisch zu nennende Transparenz in der Dechiffrierung gesellschaftlicher Verhältnisse? *Formal* gesehen, indem man Literatur und Kunst die eigenen Gesetze und ästhetischen Richtlinien aufprägt und so für eine regelrechte Umwertung der Werte sorgt. *Materialiter*, indem man sich nicht festlegt und nur seinem eigenen Gusto, seinem Spürsinn, seinem Geschmack folgt.

Bourdieu verdeutlicht das anhand von Flauberts Einfluss auf die Welt des Romans. Vor Flaubert galt der Roman trotz Walter Scott und Honoré de Balzac als leichtes Genre und war künstlerisch nicht sonderlich anerkannt. Flauberts Grundsatz »*Bien écrire le mediocre*«, also die Vorstellung, »das Mittelmäßige gut (be)schreiben« zu können, sein Prinzip, den Raum der gesellschaftlichen und künstlerischen Möglichkeiten im Roman aufzuschließen, seine kalte und berechnend-berechnete Neutralität, die Vermeidung jeglicher Parteinahme und jeglichen Romantisierens hebt die Gattung des Romans an die Spitze der Literaturhierarchie.

Wie hat Flaubert das geschafft? Wie konnte er eine im Vergleich etwa zur Lyrik mediokre Gattung wie den Roman auf den Gipfel des literarischen Niveaus hieven? Wie vermochte er dieses »Wunder der Transsubstantiation«, diese »Umwertung der Werte« zu vollbringen?

Will man nicht in die Geniereligion des kreativen Schöpfers zurückverfallen, muss man den jungen Flaubert wie auch seine

Gegner in dem sich herausbildenden literarischen Feld konsultieren. Aus ihren divergenten Reaktionen und Kommentaren lassen sich wie bei einem Puzzle die einzelnen Teile zusammentragen, die zusammen genommen einen Eindruck von Flauberts Stil und der generativen Formel seiner reinen Literatur ergeben.

Mit dem Erfolg von *Madame Bovary* und dem Niedergang der ersten Bewegung des Realismus wird Flaubert flugs zum neuen Oberhaupt dieser Stilrichtung in der Öffentlichkeit auserkoren. Flauberts eigene Begeisterung hält sich in Grenzen. »Man glaubt, dass ich in die Wirklichkeit vernarrt bin, während ich sie doch verabscheue, denn ich habe diesen Roman aus Hass gegen den Realismus unternommen. Aber ich hasse nicht minder die falsche Idealität, mit der wir in der heutigen Zeit verhöhnt werden.« (G. Flaubert, *Briefe*, S. 350, »Brief an Edma Roger de Genettes«, 30. Oktober 1856, zit. nach Bourdieu 1999a: 152)

Angesichts dieses doppelten Bruchs mit dem Idealismus der bürgerlichen Kunst *und* dem Realismus der sozialen Kunst stellt sich die Frage, welcher Platz im Raum der Möglichkeiten für Flauberts unmögliches Projekt noch offen bleibt. Mit welchem Gewaltstreich erobert er ein Gebiet, das es noch nicht gab und ohne ihn und Baudelaire vielleicht so nie gegeben hätte? Schließlich

> bricht man nicht ungestraft mit dem »logischen Konformismus« und dem »moralischen Konformismus«, die der sozialen wie mentalen Ordnung zugrunde liegen. Wie denn auch verständlich wird, daß dieses Unternehmen sich selbst fortwährend als eine Form des *Wahnsinns* erscheint: »Der Prosa den Rhythmus der Lyrik geben wollen (indem man sie Prosa bleiben läßt, und zwar sehr) und das gewöhnliche Leben schreiben, wie man Geschichte oder ein Heldengedicht schreibt (ohne das Sujet zu entstellen), ist vielleicht absurd. Das ist es, was ich mich manchmal frage. Aber vielleicht ist es auch ein großer Versuch, ein sehr originaler!« (Flaubert, *Die Briefe an Louise Colet*, S. 620, Brief vom 27. März 1853, zit. nach Bourdieu 1999a: 159)

Wenn schon Flaubert die Herausforderung des doppelten Bruchs als »Wahnsinn« begreift, was sollen dann erst seine Kollegen und Konkurrenten im literarischen Feld mit diesem Projekt anfangen? Bourdieu betrachtet vier exemplarische Antworten, um Differenz und *differentia specifica* der Romanavantgarde herauszuarbeiten: Duranty, Sainte-Beuve, Zola und Baudelaire.

Eine erste Antwort könnte in Richtung *formaler Realismus* gehen. Obgleich in kritischer Absicht verfasst, bringt Edmond Durantys Charakterisierung die Grundprinzipien von Flauberts Schaffen formal ganz gut auf den Begriff. Er charakterisiert *Madame Bovary* wie folgt:

In diesem Roman ist weder Emotion noch Gefühl, noch Leben, vielmehr eine große mathematische Energie, die alles ermittelt und zusammengetragen hat, was es in gegebenen Personen, Ereignissen und Landschaften, an Gesten, Schritten oder Unebenheiten geben kann. Dieses Buch ist eine literarische Anwendung der Wahrscheinlichkeitsrechnung. (E. Duranty, *Le Realisme*, Nr. 5, 15. März 1857, S. 79, zit. nach Bourdieu 1999a: 153 f.)

Eine zweite Antwort könnte lauten: *Stil.* So reagierte Charles-Augustin Saint-Beuve:

Eine kostbare Qualität unterscheidet Monsieur Flaubert von den anderen mehr oder minder genauen Beobachtern, die in unseren Tagen sich rühmen, die Wirklichkeit ins Bewußtsein zu heben, und denen dies zuweilen auch gelingt; er besitzt Stil. (Bourdieu 1999a: 160)

Saint-Beuve scheint Flaubert richtig verstanden zu haben, wenn man Bourdieus (ebd.: 160) Analyse folgt:

Will man Saint-Beuve Glauben schenken, liegt die Einzigartigkeit Flauberts also darin: Er produziert Schriften, die für »realistisch« gehalten werden (vermutlich aufgrund ihres Gegenstandes), die der *stillschweigenden* Definition des »Realismus« insoweit widersprechen, als sie geschrieben sind, als sie »Stil« besitzen. Was – und dies wird jetzt wohl deutlicher – alles andere als selbstverständlich ist. Das Programm, das sich in der Formel »das Mittelmäßige gut (be)schreiben« ankündigte – hier entfaltet es sich in seiner Wahrheit: Es geht um nichts anderes, als das Wirkliche zu *schreiben* (nicht, es zu beschreiben, nachzuahmen, es sich in gewisser Weise selbst herstellen zu lassen, eine natürliche Darstellung der Natur); das heißt, zu machen, was Literatur genuin definiert, freilich in Bezug auf das im plattesten Sinn wirklich, alltäglich, beliebig Wirkliche, das im Gegensatz zum Ideal nicht dafür gemacht ist, geschrieben zu werden.

Eine dritte Antwort zielt auf Flauberts *bürgerlichen Negativismus* und stammt von Émile Zola:

Ja, das große Wort ist gefallen: Flaubert war ein Bürger, der würdigste, skrupulöseste, anständigste, den es zu sehen gab. Häufig sagte er es selbst, stolz auf das Ansehen, das er genoß, auf sein ganz auf die Arbeit ausgerichtetes Leben, was ihn nicht hinderte, die Bürger mit ihren lyrischen Ergüssen bei jeder Gelegenheit zu erdrosseln, zu vernichten [...] Glücklicherweise gab es neben dem fehlerlosen Stilisten, dem in Perfektion vernarrten Rhetoriker einen Philosophen in Flaubert. Er ist der umfassendste Verneiner, den wir in unserer Literatur gehabt haben. Er verkündet den wirklichen Nihilismus – ein Ismus-Wort, das er weit von sich gewiesen hätte –, er hat keine Seite geschrieben, in der er nicht unser Nichts vertiefte.« (Émile Zola, *Les Romanciers naturalistes*, 1923, S. 184, zit. nach ebd.: 155 f.)

Eine vierte Antwort gibt Baudelaire, Flauberts Kampfgefährte auf dem Weg zur Inthronisierung der reinen Literatur. In dessen Augen vermag Flaubert die Spannung durch seinen genialen Gewaltstreich der Überschreitung aller existenten Positionen wiederherzustellen, in dem er

[...] einen banalen Grund mit einem nervigen, farbenprächtigen, subtilen und genauen Stil [überzieht]. Das trivialste aller Abenteuer soll [...] dazu dienen, die heißesten Empfindungen, die heftigsten Erregungen hineinzulegen. [...] Und was ist die verbrauchteste Angelegenheit, die meistprostituierte, die abgeleiertste Drehorgelweise? Der Ehebruch. (Ch. Baudelaire, *Madame Bovary* von Gustave Flaubert, in: *Sämtliche Werke/Briefe*, Bd. 5, S. 70, zit. nach ebd.: 162).

Bourdieu bringt Flauberts Projekt des reinen Romans auf die Formel des *realistischen Formalismus*, jenen geometrischen Ort aller Perspektiven, der gottgleiche Souveränität gewährt. Von diesem Platz eines Zeus auf dem Olymp, der souveräner Zuschauer menschlicher Angelegenheiten ist und sich doch jederzeit unverschämt in die menschlichen Belange einmischen kann, hat Flaubert wohl immer geträumt.

In dieser Formel bündelt Bourdieu alle Elemente und Momente von Flauberts Stil: der doppelte Bruch mit Idealismus und Realismus; sein politischer und moralischer Neutralismus; die Würde der Indifferenz und seine Werturteilsfreiheit im Weber'schen Sinne; sein aristokratischer Ästhetizismus, der vorurteilsfrei, prägnant und transparent ohne Umschweife und mit kühner Unbefangenheit Dinge und Menschen auf den Begriff bringt; seine Experimentierlust mit Sprache, die alle gewöhnlichen Gemeinplätze zu eliminieren sucht; seine gelehrte Bildung und Reflexivität, die es ihm erlaubt, sein Spiel mit und seine Anspielungen auf das gesamte Feld literarischer Positionen durchzuspielen; seine Distanz und die Ambiguität seines eigenen Standpunktes.

Dieser Text, der es von sich weist, »eine Pyramide zu bilden« und »Perspektiven zu eröffnen«, und der sich damit als ein Diskurs ohne Jenseits bekräftigt, aus dem der Autor sich ausgelöscht hat, freilich wie ein spinozistischer Gott, seiner Schöpfung immanent und koextensiv: genau darin liegt Flauberts Standpunkt. (Ebd.: 186)

Es bleibt am Ende die Frage, wer eigentlich zu einer *symbolischen Revolution* besonders prädestiniert ist, wie sie Baudelaire und Flaubert in der Literatur und Manet in der Malerei angezettelt haben. Wer und warum? Es sind offenkundig nicht die Etablierten und Herrschenden, die dafür in Frage kommen, sind sie es doch, die vom Status quo, also der Fortdauer des *Nomos* auf alle Zeit besonders profitieren. Wozu eine symbolische Revolution machen, wenn man von der existierenden Ordnung dermaßen begünstigt wird? Aber auch die Beherrschten sind häufig nicht in der Lage zu einem solchen Aufstand gegen die etablierte Ordnung. Häufig genug verhelfen ihnen ihre subalternen Positionen immerhin zu einer Ausübung ihrer literarischen Bestimmung.

Revolutionen sind viel eher Sache jener unklassifizierbaren Bastardwesen, deren aristokratische Dispositionen, im Verein häufig mit einer privilegierten sozialen Herkunft und dem Besitz eines umfangreichen symbolischen Kapitals (im Falle Baudelaires und Flauberts des vorweg durch den Skandal gesichterten anrüchigen Prestiges), eine tiefsitzende »Ungeduld gegenüber Grenzen«, gesellschaftlichen, aber auch ästhetischen, sowie eine arrogante Intoleranz gegenüber allen Kompromissen mit den »Zeitläuften« tragen. (Ebd.: 184)

Die Entstehung der dualistischen Struktur

Flauberts und Baudelaires Meisterleistungen auf dem Gebiet des Romans bzw. der Poesie bringen mit der Konzeption des »*l'art pour l'art*« nicht nur die reine Ästhetik hervor, sondern schaffen auch die Grundlagen für die Autonomie des literarischen Feldes. In den Jahren um 1880 wird sich das Modell des literarischen Feldes etablieren, das wir seither kennen. Es hat eine »chiastische Struktur«, wie Bourdieu das nennt, also eine dualistische und gegenläufige Struktur. Auf der einen Seite befindet sich die *ökonomische Hierarchie*, der zufolge das Theater die größten, der Roman die zweitgrößten und die Poesie die wenigsten Profite abwirft. Auf der anderen Seite steht die *kulturelle Hierarchie*, die genau invers verläuft: An der Spitze steht die Poesie, die die größten symbolischen Profite abwirft, gefolgt vom Roman und schließlich dem Theater.

»Die chiastische Struktur dieses Raumes, in dem neben der Hierarchie, die dem kommerziellen Gewinn entspricht (Theater, Roman, Dichtung), eine Hierarchie des Prestiges existiert, läßt sich anhand eines *einfachen Modells* wiedergeben, das zwei Differenzierungsprinzipien berücksichtigt« (Bourdieu 1999a: 189): die ökonomische und die kulturelle Differenzierung.

Gemäß der Logik der ökonomischen Differenzierung unterscheiden sich die Gattungen ihrerseits nach drei Kriterien:

1. dem Preis der Produkte;
2. der Anzahl und der sozialen Qualität der Konsumenten;
3. der Länge des Produktionszyklus und der Schnelligkeit beziehungsweise Umschlagsgeschwindigkeit von materiellen und symbolischen Profiten sowie der Zeitdauer, über die man mit Gewinnen rechnen kann.

Gemäß der Logik der kulturellen Differenzierung unterscheiden sich die Gattungen mit wachsender Autonomie des Feldes nach der Höhe des symbolischen Profits, den ein Werk abwirft. Der symbolische Gewinn ist negativ mit dem ökonomischen Profit korreliert. In dem Maß, wie ein Werk sich verbreitet, steigt zwar der ökonomische Gewinn, aber meist nur um den Preis, dass das symbolische Prestige sinkt. Die Popularisierung eines Werkes riskiert immer seine Eigenart wie Einzigartigkeit und damit seinen kulturellen Wert. Das kann man an der Umkehrung der dualen Wertetafel erkennen, mit der oben und unten oder gut und schlecht bezeichnet werden. Aus Elite wird Masse, aus schwer wird leicht, aus schön wird vulgär.

Dieses Modell klärt nicht nur die Gegensätze zwischen den Gattungen, sondern erlaubt es auch, Unterschiede innerhalb von ihnen herauszuarbeiten.

> Sehr gut erkennbar ist dies am Fall des Theaters, mit dem Gegensatz zwischen dem klassischen Theater, dem Boulevardtheater, dem Vaudeville und dem Cabaret oder, noch eindeutiger, am Beispiel des Romans, wo die Hierarchie der Romangattungen – Gesellschaftsroman, der sich zum psychologischen Roman wandelt, naturalistischer Roman, Sittenroman, Heimatroman, Massenliteratur – sehr direkt der gesellschaftlichen Hierarchie des betreffenden Publikums entspricht sowie auch recht strikt der Hierarchie der dargestellten gesellschaftlichen Welten und sogar der Hierarchie der Autoren je nach sozialer Herkunft und Geschlecht. (Ebd.: 190f.)

Dieses Modell erklärt den Normalfall angesichts eines autonomen künstlerischen Feldes, aber wie sieht es mit der Ausnahme aus? Was passiert also, wenn ein Romanschriftsteller es schafft, literarischen Anspruch *und* hohe Auflage zu verbinden? Émile Zola, der im literarischen Feld an die Stelle Flauberts rückt und den naturalistischen Roman propagiert, macht durch seine Sujets und Milieuschilderungen der »*classes populaires*« große Kasse, aber genau das hätte ihn nach der Logik des Modells das symbolische Prestige kosten müssen, was aber Bourdieu zufolge aus drei Gründe nicht eintrat. Erstens versteht Zola es, vulgäre Kommerzialität in »Volkstümlichkeit« zu verwandeln und diesen »Blick nach unten« mit dem Prestige des Progressiven aufzuladen. Zweitens greift er beherzt nach der Rolle des Propheten, und das berühmte »*J'accuse*« in der Dreyfus-Affäre macht ihn zum modernen Intellektuellen schlechthin, wie wir weiter unten noch genauer sehen werden. Drittens lässt er sich bei seiner literarischen Konzeption von Claude Bernards Experimentalmedizin inspirieren. Indem er eine avantgardistische naturwissenschaftliche Methode auf die Welt der Literatur zu übertragen versucht, schmückt er seinen naturalistischen Roman mit dem Prestige naturwissenschaftlichen Fortschritts.

> Die Theorie des »Experimentalromans« bot ihm ein Mittel, den Verdacht der Vulgarität zu neutralisieren, der sich aus der gesellschaftlichen Minderwertigkeit der Milieus, die er beschrieb, und derjenigen, die er mit seinen Büchern erreichte, speiste: Indem er für sich das Modell der berühmten Mediziner reklamierte, setzte er den Blick des »Experimentalromanciers« mit dem *klinischen Blick* gleich, stiftete so zwischen dem Schriftsteller und seinem Gegenstand die objektivierende Distanz, die die Größen der Medizin von ihren Patienten trennt. [...] So bekräftigt er, der in seinem Manifest *Le roman expérimental* lautstark die Unabhängigkeit und Würde des Literaten proklamierte, in seinem eigentlichen Œuvre die höhere Würde der literarischen Bildung und Sprache, für die er anerkannt werden möchte und für deren Anerkennung er wirbt: Damit bestimmt er sich selbst als der Autor schlechthin der Volkserziehung, die ihrerseits vollständig auf der Anerkennung dieses Einschnitts gründet, auf dem wiederum der Respekt vor der Kultur beruht. (Ebd.: 192)

Zusammengenommen führen diese Überlegungen zur Unterscheidung zweier Pole der Produktion: auf der einen Seite der *reine* Pol, der nur eine kleine, eingeschränkte Produktion zulässt – also kleiner Verlag, bescheidene Auflage, eingeweihter Kreis von elitären Konsumenten, hoher Schwierigkeitsgrad der Lektüre; auf der anderen Seite der *unreine* Pol, in dem Kultur und Ökonomie eine Liaison eingehen, die mit Massenproduktion einhergeht – also großes Verlagshaus, hohe Auflage, *Bestseller*, breites Publikum, einfache Lektüre und rascher Konsum. Diese *chiastische Struktur* charakterisiert das Strukturprinzip des modernen literarischen Feldes, wie wir es seither kennen.

Dieser Hauptgegensatz wird überlagert durch sekundäre und tertiäre Gegensätze, die sich allesamt im autonomen Bereich des literarischen Feldes entwickeln und ein System konkurrierender Stellungen und Stellungnahmen schafft. So spaltet sich das Subfeld der reinen Produktion weiter auf durch den Kampf zwischen Avantgarde und arrivierter Avantgarde. In der Epoche der Institutionalisierung des literarischen Feldes geraten die Dichter des Parnasse in einen Gegensatz mit den so genannten *Décadents*, die sich ihrerseits weiter ausdifferenzieren.

Zunächst objektiv vereint durch ihre gemeinsame Opposition gegen die Parnassiens, ihre Ahnen (und in Schlachtordnung gebracht durch Verlaine, der in *Les poètes maudits* Mallarmé, Rimbaud und Tristan Corbière vorstellt), rücken die beiden Dichter Mallarmé und seine Symbolisten, Verlaine und seine Décadents, allmählich voneinander ab, bis sie sich in einer Reihe von stilistisch-thematischen Gegensätzen frontal gegenüberstehen (dem von Rive droite und Rive gauche, Salon und Café, von Radikalismus und vorsichtigem Reformismus, von expliziter, auf Hermetismus und Esoterik gründender Ästhetik und Ästhetik der Klarheit und Einfachheit, der Naivität und des Gefühls); Gegensätzen, die ihrerseits sozialen Unterschieden entsprechen (die Mehrheit der Symbolisten entstammen der mittleren oder Großbourgeoisie, wenn nicht dem Adel, haben in Paris studiert, häufig Jura; die Décadents dagegen entstammen den unteren Bevölkerungsschichten oder dem Kleinbürgertum und verfügen über wenig kulturelles Kapital). (Ebd.: 200)

Was sich in diesen Auseinandersetzungen zeigt, ist der Kampf zwischen Künstlergruppen und -generationen um die Anwartschaft auf die Position der echten, reinen, neuen Avantgarde, die Takt, Tempo und Stil der Kunst der Zukunft vorzugeben vermag. Erst wenn ein herrschender Stil als »veraltet« erfolgreich diskreditiert ist, kann ein neuer Stil als legitimer Nachfolger eingesetzt werden. Es scheint zum Funktionsgesetz des literarischen Feldes zu werden, sich der Logik der permanenten Revolution zu bedienen, um sich

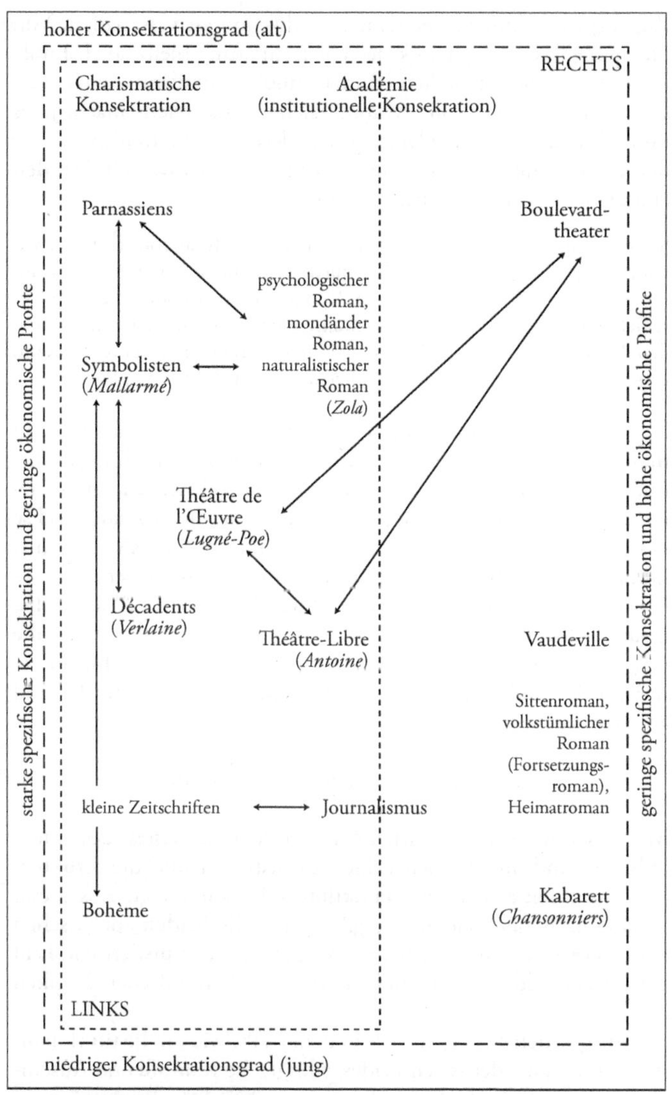

Abb. 12: Das literarische Feld gegen Ende des 19. Jahrhunderts (Bourdieu 1999a: 199)

Zugang zum Subfeld der reinen Produktion zu verschaffen. Von dieser Logik und Dynamik der Überschreitung bleibt auch Émile Zola trotz experimentellem Roman und Naturalismus nicht verschont. In einer Art von »symbolischem Staatsstreich« macht Jules Huret im Jahre 1891 eine Umfrage zur »Krise des Naturalismus«, die den Effekt – der Naturalismus in der Krise – erst herbeiführt, den er angeblich zu untersuchen vorgibt.

So sprach die bei 64 Schriftstellern durchgeführte (und vom *Écho de Paris* vom 3. März bis 5. Juli 1891 veröffentlichete) Enquete – typisch für das im literarischen Feld neu eingerichtete Regime – unumwunden die neue Geschichtsphilosophie aus, die des fortwährenden Überschreitens, und zwar in den drei vorgelegten Fragen: ›Ist der Naturalismus krank? Ist er tot? 2. Kann er gerettet werden? 3. Wodurch wird er ersetzt?‹« (Ebd.: 204f., Fn. 13)

Legt man diese Konstruktionsprinzipien zugrunde, dann kann man sich ein Bild des literarischen Feldes am Ende des 19. Jahrhunderts verschaffen (siehe *Abbildung 12*). Zwei Achsen strukturieren dieses Schema: der Hauptgegensatz in der horizontalen Achse besteht zwischen eingeschränkter Produktion (LINKS, Bohème, Décadents, Symbolisten, Parnassiens und charismatische Konsekration) und Massenproduktion (RECHTS, Kabarett, Vaudeville, Boulevardtheater, Akademie mit institutioneller Konsekration); die vertikale Achse gibt den Konsekrationsgrad an: Niedrig für jüngere Künstler und niedere Genres, hoch für arrivierte Künstler und anerkannte Genres.

Der Markt der symbolischen Güter

Mit dieser Serie von Schnitten hat Bourdieu die Genese des künstlerischen und literarischen Feldes rekonstruiert und die Strukturprinzipien seiner heutigen Funktionsweise aufgezeigt. Aus dieser paradigmatischen Feldanalyse gilt es nun die beiden analytischen Schlussfolgerungen zu ziehen: 1. Wie steht das künstlerische Feld zum Machtfeld? 2. Wie sind die beiden ökonomischen Logiken beschaffen?

Wie gesehen, verlagern sich in dem Maß, wie die Institutionalisierung des künstlerischen Feldes gelingt, die Kämpfe und Auseinandersetzungen in das Subfeld der eingeschränkten Produktion. In der Konzentration der Dynamik auf das Lager der reinen Produktion kommt die relative Autonomie des Feldes gut zum Ausdruck. Das ist der Ort, wo das Spiel in möglichst reiner Form gespielt wird. Dennoch ist auch die größte Autonomie nie absolut. Auch wenn die Kunst eine eigene Welt mit eigenen Werten, Spielregeln und Konsekrationsinstanzen ausbildet, bleibt sie immer ein Teil der Gesellschaft, in der diese Kunst entsteht. Das gilt zum einen für den gesellschaftlichen Kontext, den Bourdieu den (nationalen) sozialen Raum nennt; das gilt zum anderen aber auch für das Machtfeld, denn dieses stellt das relevante Publikum, das ins Theater, Konzert oder in Ausstellungen geht. Hier trifft die Kunst mit ihrer Produktion und ihrem Angebot auf die Konsumenten und ihre Nachfrage. Und Bourdieu weist immer wieder darauf hin, dass das Machtfeld durch materielle Ressourcen und politische Entscheidungen die Bedingungen im Feld der kulturellen Produktion von außen entscheidend beeinflussen kann. Er denkt diese Eingriffe nicht als direkte administrative oder zensurpolitische Durchgriffe (obwohl auch Versuche in dieser Richtung immer wieder unternommen werden), sondern eher im Sinn einer Beeinflussung der Rahmenbedingungen, unter denen das Spiel im kulturellen Feld gespielt wird. Diese politischen Interventionen sind also nicht direkter, sondern indirekter Natur, weil das künstlerische Feld diese neuen Rahmenbedingungen nach seinen eigenen Vorgaben und Spielregeln verarbeitet. Dennoch vermag ein massiver indirekter Eingriff des Machtfeldes die eine oder andere Auseinandersetzung im Subfeld der reinen Produktion am Ende zu entscheiden, zum Beispiel indem einer der Protagonisten eines Konflikts in die Akademie aufgenommen wird.

Abbildung 13 fasst Bourdieus Vorstellung von der Strukturierung von Raum und Feldern gut zusammen. Die Grundeinheit ist der (nationale) soziale Raum. Auf der vertikalen Achse sammelt sich an der Spitze das größte ökonomische und kulturelle Kapital, unten das geringste. Auf der horizontalen Achse findet sich links das Feld der kulturellen Produktion mit geringem ökonomischen und hohem kulturellen Kapital, rechts das Machtfeld mit hohem ökonomischen und geringem kulturellen Kapital. Das Kulturfeld weist die chiastische Struktur von eingeschränkter Produktion und Massenproduktion mit den entsprechenden Kapitalverteilungen und dem entsprechenden Ausmaß an Autonomie auf. Bourdieus These lautet: Solange das Feld der kulturellen Produktion autonom

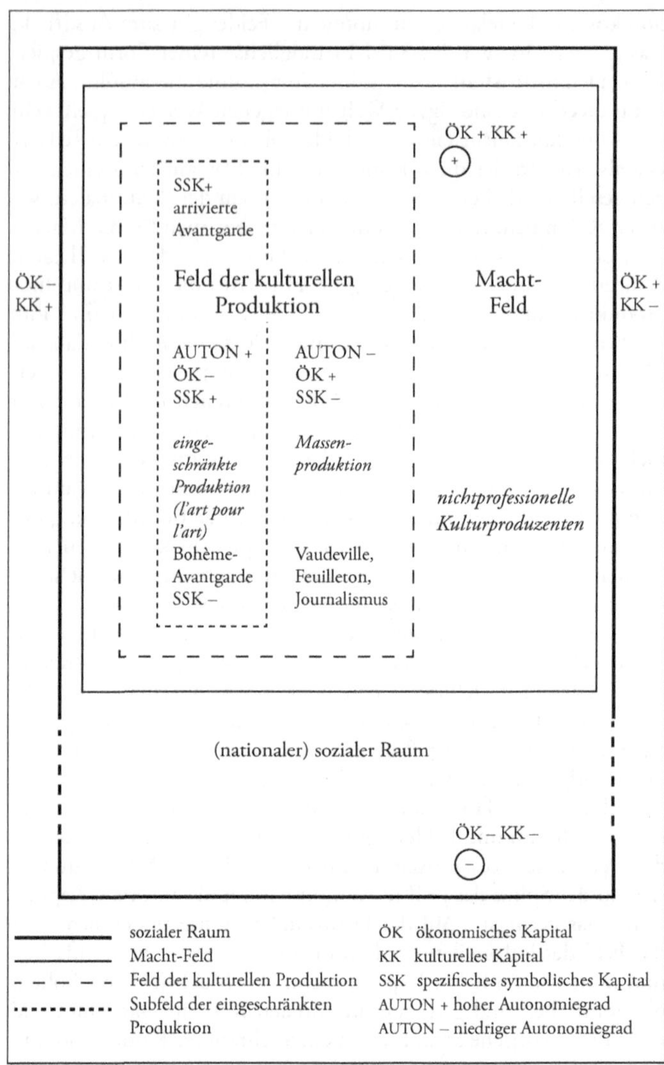

Abb. 13: Das Feld der kulturellen Produktion im Feld der Macht und im sozialen Raum (Bourdieu 1999a: 203)

ist, so lange wird dieses Strukturbild nebst seiner Kräfteverteilung seine Gültigkeit behalten. Freilich: Auch die relative Autonomie ist nicht in Stein gemeißelt, sondern wird in dem Maß abnehmen, wie die Kunst durch den Kunstmarkt vollends kommerzialisiert wird.

Tatsächlich entsprechen der Gegenüberstellung von Kunst- und Machtfeld beziehungsweise von eingeschränkter und großer Produktion zwei ökonomische Logiken. Am heteronomen Pol des Feldes der Massenproduktion herrscht die »Ökonomie« der Ökonomie – das Buch ist eine Ware wie jede andere –, und der Erfolg bemisst sich für Verleger, Autoren und Publikum an den Verkaufszahlen. *Bestseller* versucht man zu machen, indem das Angebot möglichst perfekt der antizipierten Nachfrage angepasst wird. Werbung, Marketing und willfährige Kritiker tun ein Übriges, damit der dann fast überraschungsfreie Erfolg sich auch tatsächlich einstellt. Freilich, wenn es so einfach wäre, aus dem Nichts Bestseller zu produzieren, dann gäbe es nur noch Bestseller auf dem Buchmarkt. Dieser Fluchtpunkt ultimativen Erfolges – dieser Traum der kommerziellen Buchproduktion würde in einem Trauma enden: der Zerstörung des Buchmarktes. Weder das Angebot – so viele gute Autoren und Ideen gibt es nicht – noch die Nachfrage – so viele Bücher können gar nicht gelesen werden – sind unbegrenzt. Vielmehr wird sich eine Mischung aus *Überraschungen* – (etwa Harry Potter, Band 1), *Selbstläufern* (Harry Potter, Band 2 und folgende) und *Imitaten* – (zahllose weitere Fantasyromane) einstellen.[60]

Am autonomen Pol herrscht die symbolische Ökonomie der Kunst, die der Logik der Gabe folgt. Hier wäre rascher Erfolg etwas Suspektes,

> so als reduzierte er die symbolische Opfergabe eines Werks, das keinen Preis hat, auf das *do ut des* eines kommerziellen Tauschhandels. Ihre Grundlage findet diese Sichtweise, die die Askese im Diesseits zur Voraussetzung des Heils im Jenseits macht, in der symbolischen Alchimie, der zufolge Investitionen sich nur auszahlen, wenn sie *à fonds perdu* vollzogen werden (oder doch den Schein vermitteln), in der Art einer Gabe, die sich die kostbarste Gegengabe, die »Anerkennung«, nur zu sichern vermag, wenn sie sich so sieht und erlebt, als gebe es für sie keine Gegenleistung; und wie bei der Gabe, die er in einen reinen Akt der Großzügigkeit umwandelt, indem er die künftige Gegengabe kaschiert, so bildet das *eingeschobene Zeitintervall*

60 Diese Unterscheidungsreihe verdanke ich einem Vorschlag von Henri Band.

eine Abstimmung und verschleiert den Profit, der den uneigennützigsten, interesselosesten Investitionen verheißen ist. (Ebd.: 238 f.)

Wie gesehen, verkörpern Baudelaire und Flaubert diese Logik der Gabe, wie sie Marcel Mauss (1968) für vorkapitalistische Gesellschaften untersucht hat, in ihrer Vorstellung von der »Kunst um der Kunst willen« perfekt. Das ökonomische Kapital darf sich nur auf lange Sicht einstellen, etwa wenn ein Roman oder ein Gedichtband zum Klassiker wird. Einstweilen geht es viel mehr darum, sich einen Namen zu machen, und zwar in Kunstkreisen. Mit dieser symbolischen Anerkennung im Feld der gleichgesinnten Künstler gewinnt man an »Konsekrationskapital, das die Macht zur Konsekration von Objekten (als Effekt des Namens: eines Modeschöpfers etwa oder einer Unterschrift) und von Personen (durch Werbung, Ausstellung usw.) beinhaltet. Macht also, Wert zu verleihen und aus dieser Operation Gewinn zu schlagen.« (Ebd.: 239)

7.6 Flaubert als Analyst von Flaubert

Vor dem Hintergrund dieser Überlegungen können wir Bourdieus eigene Flaubert-Lektüre und Flauberts Analyse Frédérics, der Hauptfigur des zwischen 1863 und 1869 verfassten Romans *L'Éducation sentimentale* (*Die Erziehung des Herzens*), einbetten und besser verstehen. Vorangestellt wird eine kurze Inhaltsangabe des Romans, dann folgt eine Skizze von Bourdieus Lesart.

Zusammenfassung von *L'Éducation sentimentale*

Frédéric Moreau kommt um 1840 als Student mit vagen Plänen einer literarischen, künstlerischen oder gesellschaftlichen Karriere nach Paris. Er begegnet Madame Arnoux, der Frau eines Kunstverlegers, in die er sich verliebt. Er sucht den Zugang zum Bankier Dambreuse, wird aber durch den ihm dort bereiteten Empfang verunsichert. Kontakt zu Gleichaltrigen findet er in einem Kreis junger Männer, die sich um ihn scharen. In den Ferien kehrt er nach Nogent zu seiner Mutter zurück, trifft auch Louise Roquet, die sich in ihn verliebt, und erfährt von einer plötzliche Erbschaft, die ihn reich macht. Zurück in Paris nimmt er sein altes Leben wieder auf. Er begegnet Madame Arnoux, die ihn mit ihrem kühlen Empfang enttäuscht, und trifft auf die Kokotte Rosanette, die Geliebte von Monsieur

Arnoux. Ein Rendezvous mit Madame Arnoux scheitert, während in den Straßen von Paris die 48er-Revolution tobt. Aus Enttäuschung beginnt er ein Verhältnis mit Rosanette und hat einen Sohn mit ihr, der früh stirbt. Er wird außerdem der Liebhaber von Madame Dambreuse, in deren Salon er nun verkehrt. Nach dem Tode ihres Mannes bietet sie Frédéric die Ehe und eine aussichtsreiche Karriere an. Entgegen seiner sonstigen Unentschiedenheit bricht er mit Rosanette, dann mit Madame Dambreuse. Mittellos kehrt er nach Nogent zurück, um Louise Roquet zu ehelichen, doch die hat zwischenzeitlich seinen Freund Deslauriers geheiratet. Fünfzehn Jahre später bekommt er Besuch von Madame Arnoux. Sie gestehen sich ihre einstmalige Liebe und trennen sich dann für immer. Zwei Jahre später ziehen Deslauriers und Frédéric die Bilanz ihres Lebens und sehen in ihrer Jugend die schönste Zeit ihres Lebens.

Bourdieus Analyse von *L'Éducation sentimentale*

Gustave Flaubert ist nicht Frédéric Moreau. Und doch, so Bourdieu, kann man Flaubert zum Soziologen machen oder doch eine Soziologie Flauberts versuchen. Das »sollte auch erlauben, Eigenschaften des literarischen Diskurses, wie die Fähigkeit, im Akt des Aufdeckens zugleich zu verdecken oder einen entrealisierenden ›Realitätseffekt‹ hervorzubringen, zu nutzen, um behutsam, mit Flaubert als Sozioanalytiker Flauberts, in eine Sozioanalyse Flauberts und der Literatur einzuführen« (ebd.: 20). Was *L'Éducation sentimentale* paradigmatisch zeigt, ist die gesellschaftliche Situation und der Raum der Möglichkeiten zwischen 1840 und 1850. Frédéric gehört zu der Kategorie junger Männer, die aus der Provinz nach Paris kommen und dort ihr Glück machen wollen. Für seine Mutter heißt das in erster Linie eine glänzende Karriere und eine finanziell lohnende Heirat. Frédéric hingegen schwebt das Métier eines Malers, Schriftstellers oder Poeten vor. Er weiß noch nicht genau, was er will, und muss deshalb erst einmal seine Erfahrungen machen: mit dem Leben in Paris, mit den Salons, mit den Frauen und der Liebe, mit einem potentiellen Beruf und einer Karriere, mit der Etablierung im bürgerlichen Milieu.

Frédéric Moreau ist ein unbestimmtes und unentschlossenes Wesen oder, noch besser: objektiv wie subjektiv zur Unbestimmtheit und Unentschlossenheit bestimmt. In die Freiheit versetzt, die ihm seine Lage als Rentier gewährleistet, ist er bis in seine innersten Gefühle hinein, deren Subjekt er doch zu sein scheint, den Schwankungen seiner finanziellen Investitionen unterworfen; sie geben seinen aufeinanderfolgenden Entscheidungen Richtung und Ziel. (ebd.: 21)

Bei all seiner Gleichgültigkeit und Unentschlossenheit gibt es nur einen Fixpunkt in seinem unsteten Leben, seine große Liebe zu Madame Arnoux. Es muss eine reine, platonische Liebe bleiben, da sie verheiratet ist und er von einer »anständigen« Frau nicht verlangen kann, ihren Ehemann zu betrügen. Ein Ehebruch würde im Übrigen die Reinheit seiner Liebe kompromittieren. »Was habe ich denn sonst auf der Welt zu suchen? Die anderen wenden alle ihre Kräfte an Reichtum, Ruhm und Macht. Ich habe keinen Beruf. Sie sind meine einzige Beschäftigung, mein ganzes Glück, das Ziel und der Mittelpunkt meines Daseins und meiner Gedanken.« (Flaubert 2005: 365)

Frédérics Leben in Paris kreist, wie das Romangeschehen insgesamt, um zwei Pole, die das Machtfeld aufspannen: den Pol der politischen und ökonomischen Macht, wie sie die Dambreuses verkörpern, und den Pol der Kunst und des Geschäfts, symbolisiert durch die Familie Arnoux. Der Salon von Dambreuse repräsentiert die große Welt, und bei exquisiten Speisen und erlesenen Weinen trifft sich die »gute Gesellschaft«, um ernsthafte und langweilige Gespräche zu führen. Man ist gegen die Republik, verurteilt aufmüpfige Journalisten und verdammt die Laster der niederen Klassen. Im Salon von Arnoux hingegen trifft sich die Bohème; im Kreis von Künstlern und Schriftstellern diskutiert man enthusiastisch politische und ästhetische Theorien und hegt republikanische oder gar sozialistische Gedanken.

Zwischen Oberschicht (*monde*) und Bohème ist die »*demimonde*« angesiedelt, die durch den Salon von Rosanette repräsentiert wird. Die Kokotten, wie diese »unabhängigen Frauen« auch genannt werden, lassen sich von wohlhabenden Männern aushalten, und vermitteln zwischen der Welt der Bürger und derjenigen der Künstler. In Rosanettes Salon herrscht eine aufgeräumte Atmosphäre der Freiheit von allen Konventionen und Anstandsregeln, und Rosanette duldet Witze, Zoten und Anzüglichkeiten. »Dieses Milieu, das ›gefallen‹ musste, vereint die Vorteile der beiden gegensätzlichen Welten, bewahrt die Freiheit der einen und den Luxus der anderen – und ohne sich deren Nachteile zu eigen zu machen: Denn wie die einen hier ihr zwanghaftes Asketentum fallenlassen, so die anderen ihre Tugendmaske.« (Bourdieu 1999a: 28)

Es ist diese Pariser Welt mit ihrem Machtfeld, den beiden gegensätzlichen Polen und der Halbwelt als gesellschaftlicher Spielwiese im Niemandsland zwischen den Machtzentren, in die Flaubert eine Gruppe junger Studenten versetzt, um in einer Art soziologischem Experiment ihre Werdegänge zu verfolgen. Mit der »Erziehung des Herzens« ist genau dieser Prozess gesellschaftlichen Alterns gemeint. Und wovon hängen die Werdegänge oder Karrieren dieser jungen Leute ab? Zum einen vom Machtfeld selbst, das Bourdieu als Kräfte-, Kampf- und Spielfeld beschreibt. Zum anderen von ihren Dispositionen und ihrem ererbten Kapital. Flaubert konstruiert diese Gruppe so, dass alle einerseits auf irgendeine Weise miteinander zusammenhängen und zugleich durch ein System von Differenzen und Abständen voneinander getrennt sind, die den unterschiedlichen Verlauf ihrer sozialen Laufbahnen im Raum des damals Möglichen erklären. So ist Cisy adelig, reich, vornehm, aber weder besonders intelligent noch ehrgeizig. Er wird nach seinem Pariser Abenteuer und einem abgebrochenen Jurastudium auf das Schloss seiner Ahnen in die Provinz zurückkehren. Martinon ist reich, schön, intelligent und erfolgsorientiert. Er wird genau die große Karriere machen, die sich Frédérics Mutter für ihren Sohn erhofft hatte. Deslauriers ist intelligent und erfolgshungrig, aber arm, ohne Beziehungen und nicht besonders attraktiv. Hussonet ist Kleinbürger wie Deslauriers, aber mäßig begabt, so dass er eine Künstlerkarriere als verbitterter Bohémien zu fristen gezwungen ist. Frédéric hat eigentlich alles, was zu einer glänzenden Karriere nötig wäre: Geld, Intelligenz, Charme – allein der nötige Ehrgeiz geht ihm ab. Flauberts Konstruktionsprinzip, das fast an ein soziologisches Karrieremodell erinnert, wird damit klar: »Die Zukunft stellt sich faktisch als ein Bündel ungleich wahrscheinlicher Laufbahnen dar, mit einer Obergrenze – im Falle Frédérics etwa Minister und Geliebter Mme. Dambreuses – sowie einer Untergrenze – Kanzlist bei einem Provinznotar und verheiratet mit Mlle. Roque.« (Ebd.: 30, Fn. 30)

Frédéric wird indes weder die obere noch die untere Flugbahn realisieren:

Als Besitzer, der sich von seinem Besitz nicht vereinnahmen lassen, aber auch nicht auf ihn verzichten will, weigert er sich, ein »ordentlicher Mensch« zu werden, sich mit den beiden einzigen Eigenschaften zu versehen, die ihm in dieser Zeit und diesem Milieu die Hilfsmittel und Insignien gesellschaftlicher Existenz verleihen könnten: »Beruf« und eine Ehefrau samt Rente als Mitgift. (Ebd.: 33)

Als Erbe, der erben will, ohne von seinem Erbe vereinnahmt zu werden, mangelt es ihm an der Ernsthaftigkeit, Verantwortung zu übernehmen und in das Gesellschaftsspiel einzutreten. Er weigert sich einfach, über eine günstige Platzierung seinen Platz in der Gesellschaft einzunehmen. Zwar vermag er mit dieser (Zurück-)Haltung seine Adoleszenz zu verlängern, um dank seiner Unbestimmtheit und Unentschlossenheit »in einer Zone der gesellschaftlichen Schwerelosigkeit« (ebd.: 34) noch etwas länger verharren zu können, aber nur um den Preis des endgültigen Scheiterns, wird doch der Prozess gesellschaftlichen Alterns und die sukzessive Schließung des Möglichkeitsraumes dadurch nicht aufgehalten.

Ohne eigene Kraft und Stärke – sei es die Tendenz, in der herrschenden Stellung zu beharren, welche die Erben auszeichnet, die bereit sind, sich einzureihen, oder sei es das Bestreben, zu diesen Stellungen sich Zugang zu verschaffen, das den Kleinbürger ausmacht –, fordert er das grundlegende Gesetz des Machtfeldes heraus, indem er die nicht mehr rückgängig zu machenden Entscheidungen, die soziales Altern definieren, zu umgehen und die *coincidentia oppositorum* zu verwirklichen sucht: die Versöhnung der Gegensätze von Kunst und Geld, Liebe aus Leidenschaft und Liebe aus Vernunft. (Ebd.: 45)

Flaubert präsentiert Frédéric sozusagen als Ort aller Möglichkeiten in Zeit und Raum, wie sie nur einem jungen, wohlhabenden Erben offenstehen, der nach Paris kommt, um sein Glück zu machen. Aber seine Ambivalenz, seine Indifferenz, seine Unfähigkeit, sich zu entscheiden, sowie sein Schwanken zwischen allen beruflichen wie erotischen Chancen münden zwangsläufig in ein – gemessen an den Erfolgs- und Karrierestandards der Zeit – endgültiges Scheitern. Frédéric ist ein »Möglichkeitsmensch«, wie Robert Musils *Mann ohne Eigenschaften* Ulrich, ein schwankendes Schilfrohr, das auch am Ende nicht zu sich selbst findet. Frédéric will und kann nicht, er kann und will nicht. Also wird ihm nach vielen Irrungen und Wirrungen keine Erfüllung zuteil wie etwa *Wilhelm Meister* in Goethes Bildungsroman. Flauberts *Erziehung des Herzens* ist ein französischer Bildungsroman ohne Happy End.

Nein, Flaubert ist nicht Frédéric – vielmehr besitzt Flaubert selbst gerade die schriftstellerische Fähigkeit zur Hervorbringung einer solch passiven Figur.

Diesen befreienden und schöpferischen Bruch des Schaffenden hat Flaubert symbolisiert, indem er in Gestalt von Frédéric die Ohnmacht und Impotenz eines durch die Kräfte des Feldes manipulierten Wesens in Szene setzte, diese Ohnmacht und Impotenz zu überwinden durch die Schilderung der Abenteuer Frédérics und in eins damit der objektiven Wahrheit des Feldes, innerhalb dessen er diese Geschichte schrieb und das durch den Konflikt seiner konkurrierenden Machtinstanzen wie Frédéric auch ihn zur Ohnmacht hätte verdammen können. (ebd.: 174)

7.7 Fazit: Bourdieus Analyse des literarischen Feldes

Mit seinen drei Schnitten durch die Geschichte zeigt Bourdieu die Differenzierung und (relative) Autonomisierung des literarischen Feldes im Frankreich des 19. Jahrhunderts auf. Es sind Manet und die Impressionisten in der Malerei sowie Baudelaire und Flaubert in der Literatur, die in ihren Kämpfen der Kunst diese Autonomie erobern. In Bourdieus (2011: 244) Augen handelt es sich »um eine symbolische Revolution [...], die auf ihrem Gebiet den großen religiösen Revolutionen gleichkommt, und noch dazu um eine erfolgreiche symbolische Revolution: In dieser Umwälzung der Weltsicht wurzeln nämlich unsere eigenen Wahrnehmungs- und Bewertungskategorien, mit denen wir gewöhnlich Darstellungen produzieren und verstehen.« Seither sehen wir die Kunst als relativ autonomes Feld an, aber diese Errungenschaft ist nicht in Stein gemeißelt. Als historisches Produkt von Kämpfen und Konflikten kann diese Autonomie im weiteren Entwicklungsprozess auch wieder untergraben werden. Folgt man der Annahme einer Eigenlogik von Differenzierungsprozessen, wie sie Luhmanns Systemtheorie vorsieht, dann ist nur schwer vorstellbar, wie einmal ausdifferenzierte Systeme ihre eigenständigen Codes und Programme wieder verlieren können sollten. Eine einmal eingerichtete autonome Kunst erhält schon aufgrund ihrer autopoietischen Logik und Dynamik ihre Eigenständigkeit. Bourdieu hingegen sieht die relative Autonomie der Kunst als eine historische Errungenschaft an, die zwar einem gedachten Idealzustand des Feldes nahekommt, weil es von nun an nur seinem eigenen »Nomos« und den eigenen Spielregeln folgt. Aber externer Druck auf das Kunstfeld und interne

Anstöße im Feld selbst vermögen die errungene Autonomie auch wieder zu unterhöhlen.

Bourdieu skizziert drei Entwicklungen, die die Autonomie des künstlerischen Feldes auszuhebeln drohen: 1. Die Vermarktlichung der Produktion, bei der es nur noch darum geht, »Bestseller« zu fabrizieren. Seine letzte Feldstudie (Bourdieu 1999b) ist in diesem Sinne der »konservativen Revolution« im französischen Verlagswesen gewidmet. 2. Die Medialisierung der Gesellschaft führt dazu, dass Bildmedien die Printmedien weit hinter sich lassen und etwa das Fernsehen mit seinen Anforderungen an Telegenität, Aktualität und Sensationalität sich die Konsekrationsrechte in Sachen Literatur aneignet, wie wir im zehnten Kapitel sehen werden. 3. Diese beiden »Großtrends« – Ökonomisierung und Medialisierung – bringen auch die etablierte Kunstkritik weitgehend zum Verstummen. Das hat zum einen mit der Krise des Journalismus und der Zeitungen im modernen Medienzeitalter zu tun, zum anderen mit der Tatsache, dass der Kunstmarkt mit seinen Gesetzmäßigkeiten des Profitmachens die Kunstkritik kaltstellt. An die Stelle der seriösen Kunstkritik tritt häufig genug ein Gefälligkeitsjournalismus, bei der die Journalisten in ihren Besprechungen mitunter Marketing- und Werbungsaufgaben für das Bestseller-Produkt der Verlage übernehmen.[61]

61 Sigrid Löffler (2012: 101-117) hat in ihrem Essay »Wer bestimmt, was wir lesen?« die Mechanismen der Literaturproduktion minutiös aufgezeigt. 100 000 Neuerscheinungen überschwemmen jedes Jahr den deutschen Literaturmarkt, die durchschnittliche Verweildauer im Handel ist von zwei bis drei Monaten auf sechs Wochen gesunken – bis dahin muss das Buch zum Leser gefunden haben, sonst verschwindet es aus dem Sortiment. In diesem gnadenlosen Konkurrenzkampf um Aufmerksamkeit sind die Strippenzieher die literarischen Agenten, die Verlagslektorate, die Marketingabteilungen und Vertriebsspezialisten der Verlage und die Chefeinkäufer der fünf bis sechs Buchhandelsketten – erst an fünfter Stelle erscheint der Literaturkritiker. Auf dem Buchmarkt wird dieser »überflüssig, aber trotzdem unentbehrlich« (ebd.: 110 f.): »Die überwiegende Mehrheit der Neuerscheinungen besteht demnach aus nichtrezensierbaren Büchern, aus Non-Books für Non-Readers. Trash-Biografien, Star-Memoiren, Politiker-Erinnerungen, Ratgeber, Service-Bücher, Reisebücher, Kochbücher, die ganze Genre-Literatur – Krimis, Fantasy, Thriller oder Science Fiction – sind nicht rezensierbar, Bestseller ohnehin nicht.« Was bleibt? Löfflers (ebd.: 117) »Prinzip Hoffnung«: »Einen muss es geben, der die Literatur als Kunstform von ihren kommerziellen Simulationen überhaupt noch unterscheiden kann.« Voilà, der Kritiker als letzter Mohikaner.

Bourdieu (1999a: 533) gibt sich am Ende seiner Studie über *Die Regeln der Kunst* keinerlei Illusionen hin:

Die Existenz einer kommerziellen Literatur und der Einfluß kommerzieller Zwänge auf das kulturelle Feld sind nichts Neues. Aber der Einfluß derer, die über die Zirkulations- (und Konsekrations-) Mittel verfügen, reichte noch nie so weit und so tief, die Grenze zwischen dem experimentellen Werk und dem Bestseller war noch nie so unscharf. Dieses Verwischen der Grenzen, zu dem die sog. »Medienproduzenten« spontan neigen (was unter anderem daraus hervorgeht, daß die Hitlisten der Presse die autonomsten und heteronomsten Produzenten stets munter miteinander mischen), stellt gewiß die größte Bedrohung für die kulturelle Produktion dar. Der heteronome Produzent, für den die Italiener das herrliche Wort *tuttologo* gefunden haben, spielt die Rolle des Trojanischen Pferdes, das den Markt, die Mode, den Staat, die Politik, den Journalismus in das Feld der Kulturproduktion Einzug halten läßt.

In dem Maß, in dem der Kunstmarkt sich zum alleinigen Schiedsrichter über Wert und Größe der Kunst aufschwingt (»Kunst ist, was sich gut verkauft und hohe Preise erzielt«), wird die Kunstkritik, die ästhetische Prinzipien von Wert und Größe anlegen will, zu einem Randphänomen, wenn sie nicht vollends verstummt.[62]

Bourdieus Analyse der Felder der kulturellen Produktion ist auch einer Reihe von kritischen Einwänden (Jurt 2007, Schumacher 2011, Tommek/Bogdal 2012, Zahner 2006) ausgesetzt gewesen, die sich im wesentlichen in drei Punkten resümieren lassen:

1. Sind die Felder der künstlerischen Produktion nach wie vor *national* verfasst oder *global* angelegt? Gerade die Produktion von Bestsellern ist heutzutage global, und das heißt anglo-amerikanisch orientiert, so dass die Produkte der *content provider*, so der neudeutsche Ausdruck für Autoren, multipel anschlussfähig werden, vor allem für weitere Verwertungsformate wie Filme oder Hörbücher. Bourdieus Augenmerk ist auf das französische literarische Feld gerichtet. Dennoch wäre es falsch, ihm methodischen Nationalismus zu unterstellen, ist sein Ansatz doch nicht »an die Annahme einer übergreifenden Identität von ›Gesellschaft‹ gebunden, welche implizit oder explizit mit dem Nationalstaat gleichgesetzt wird«.

62 Besser als jede sozialwissenschaftliche Analyse schildert Michel Houellebecq (2012) in seinem Roman *Karte und Gebiet* die Mechanismen des heutigen Kunstmarktes, vor allem die Strategien des Erfolgs global operierender »Starkünstler« wie Jeff Koons und Damien Hirst.

(Buchholz 2008: 217) Aber ist dieses Feld dann französisch oder frankophon ausgerichtet, so dass man Belgien, die französische Schweiz und das französische Kanada sowie das französischsprachige Afrika einschließen müsste? Bourdieu (1999a: 293) gibt sich bei diesem Fragekomplex methodisch bemerkenswert offen:

> Erst die Untersuchung unterschiedlicher Felder (des religiösen, des wissenschaftlichen usw.) in den unterschiedlichen Konfigurationen, die sie je nach Epoche und Tradition des entsprechenden Landes annehmen können, und die Behandlung eines jeden von ihnen als echten *Sonderfall*, das heißt als eine unter anderen mögliche Konfiguration, macht die vergleichende Methode wirklich aufschlußreich.

2. Führt die Globalisierung der Kunstproduktion neben ihrer internationalen Verbreitung nicht auch zu ihrer »Demokratisierung«, weil mehr denn je ein Massenpublikum und nicht nur ein Kreis von elitären Nutzern erreicht wird? Zu diesem optimistischen Argument hat sich Nina Tessa Zahner (2006: 288 ff.) verstiegen, die in Andy Warhol und der Pop-Art gleich *Die neuen Regeln der Kunst* ausmachen zu können vermeint. Tatsächlich ist es spätestens im Zuge des Diskurses über die Postmoderne modisch geworden, die Unterschiede zwischen Hochkultur und populärer Kultur einzuebnen und von daher Bourdieu einen elitären Kulturbegriff vorzuwerfen. Dieser kulturwissenschaftliche Trick – der Diskurs über die Nivellierung der Kultur und der dadurch unterstellte automatische Effekt ihrer »Demokratisierung« – passt nur leider nicht zu der sozialen Wirklichkeit, für die sich die Soziologie vor allem interessiert. So bleibt etwa klassische Musik – trotz ihrer massenhaften Verbreitung in allen möglichen Formen von Tonträgern – nach wie vor die Domäne einer kleinen Zahl von Klassikenthusiasten.

3. So fruchtbar sich Bourdieus Feldansatz zur Überwindung der korrespondierenden Einseitigkeiten von interner und externer Analyse erweist, so sehr scheint doch die These »monokausal« die Positionierung des Autors einzig und allein aus seiner Position im Feld abzuleiten. »Kann der Wille, sich abzusetzen gegenüber anderen Polen des Feldes oder sich einzuschreiben in einen bestimmten Pol, alle ästhetischen Entscheidungen erklären? Geht es nicht zuallererst darum, ein in sich stimmiges, geschlossenes – oder auch offenes – Kunstwerk zu schaffen, das zunächst für sich selber stehen, einer Eigengesetzlichkeit entsprechen muss?« (Jurt 2007: 215) Aber genau

diesen Kampf und die verzweifelte Suche nach der eigenen Position schildert Bourdieu am Beispiel von Flaubert und dessen Formel »Das Mittelmäßige gut (be)schreiben« (Bourdieu 1999a: 157) doch recht eindrücklich. Flauberts völlige Ablehnung des »Raums der Möglichkeiten« seiner Zeit führt dann zur »Kunst um der Kunst willen«. Gerade weil Flaubert sich in das Feld einschreibt mit der Absicht, alle bisherigen Positionierungen abzulehnen und zu überwinden, genau deshalb läßt sich »die Einzigartigkeit seines schöpferischen Projekts« (ebd.: 163) am Ende herausarbeiten.

Bourdieus Liebe zur Literatur hat dazu geführt, dass seine ersten und letzten Publikationen literatursoziologischer Natur waren. Wie kaum ein zweiter Soziologe im 20. Jahrhundert hat er dazu beigetragen, Literatur- und Sozialwissenschaften einander anzunähern. Hinter dieser Passion stand ein doppelter Glaube: an die Kunst und an die Wissenschaft. Es ist die Kunst als besondere Welt, der

> es vermittels der sozialen Alchimie ihrer historischen Funktionsgesetze gelingt, aus dem häufig erbarmunglosen Zusammenprall der besonderen Leidenschaften und Interessen die sublimierte Essenz des Universellen zu destillieren. (Ebd.: 16)

Trotz dieser überragenden Rolle der Kunst muss man sie nicht vor den Zumutungen der Sozialwissenschaften schützen. Bourdieu bietet seine stärksten Gewährsmänner auf, Goethe und Kant, um den Vorwurf der Literaturwissenschaften zu entkräften, die Soziologie führe zur Entzauberung der literarischen Erfahrung. Er, der wie kein anderer Soziologe sich von der Literatur den Kniff abgeschaut hat, zu enthüllen, indem man verbirgt, gibt zugleich völlig ungeschützt sein eigenes *epistemologisches Credo* preis,

> diesen sehr kantischen Ausspruch Goethes [...], den alle Natur- und Sozialwissenschaftler sich zu eigen machen könnten: »Unsere Meinung ist: daß es dem Menschen gar wohl gezieme ein Unerforschliches anzunehmen, daß er dagegen aber seinem Forschen keine Grenzen zu setzen habe [...]«. Und ich meine, daß Kant wiederum sehr gut die Vorstellung wiedergibt, die die Wissenschaftler von ihrem Unternehmen haben, wenn er postuliert, die Versöhnung von Erkennen und Sein sei eine Art von *focus imaginarius*, von imaginärem Fluchtpunkt, an dem die Wissenschaft sich auszurichten hat, ohne jemals beanspruchen zu können, sich endgültig darin einzurichten (dies gegen die Illusion des absoluten Wissens und des Endes der Geschichte, die eher bei den Philosophen als bei den Wissenschaftlern

verbreitet ist ...). Was die Gefahr anbelangt, die angeblich der Freiheit und Einzigartigkeit der literarischen Erfahrung durch die Wissenschaft drohen, so genügt zur Widerlegung dieses Vorwurfs die Feststellung, daß die durch die Wissenschaft vermittelte Fähigkeit, diese Erfahrung zu erklären und verständlich zu machen und sich damit die Möglichkeit einer wirklichen Freiheit gegenüber den eigenen Determinierungen zu verschaffen, allen offensteht, die sie sich aneignen wollen und können.« (ebd.: 12 f., Übersetzung korrigiert von HPM)

8. Das ökonomische Feld

8.1 Einleitung

Bourdieus Gesellschaftstheorie, die als eine Ökonomie der Praxis angelegt ist, hat ihre unzweideutigen Stärken in der Soziologie der Bildung und Ungleichheit, der Klassen und Lebensstile, der Kultur im Allgemeinen und der Literatur im Besonderen unter Beweis gestellt, wie wir in den vorangegangenen drei Kapiteln gesehen haben. Aber wie steht es eigentlich mit den beiden wirkungsmächtigsten Kräften in modernen Gesellschaften: der Wirtschaft und der Politik? Diese beiden Bereiche sollen in diesem und im nächsten Kapitel betrachtet werden.

Es scheint eine merkwürdige Ironie zu sein: Bourdieu, der seine Soziologie als eine Ökonomie der Praktiken entwirft, hat keine umfassende Studie zur Wirtschaft vorgelegt, wie er es etwa in seinen Feldanalysen zu Klassen und Lebensstilen oder zu Kunst und Literatur getan hat. Das ist zunächst überraschend, trägt seine Begriffsbildung doch unübersehbar ökonomische Züge. Da ist die Rede vom Interesse, ja sogar vom Interesse an der Interesselosigkeit; da spricht er gern von Nutzen und Strategien, von Märkten und Profiten; und er konzeptualisiert die wichtigsten Ressourcen als Kapitalien. Aber vielleicht gerade weil die Gesellschaft aus dem Geist der Ökonomie im weitesten Sinn konzeptualisiert wird, kann man leicht »betriebsblind« werden für das Treiben der Wirtschaft im engeren Sinn. Wird die gesamte gesellschaftliche Praxis aus der Perspektive einer Ökonomie der Praktiken verstanden, gleichsam aus einer Haltung des marxianisierenden Weberianismus heraus, dann erscheint die moderne Wirtschaft überkonzeptualisiert und unteranalysiert zugleich. Bourdieu behilft sich mit der Rede von der »ökonomischen Ökonomie«, die der generalisierte Ökonomismus der Wirtschaftswissenschaften, der mit dem Modell des *homo oeconomicus* als Menschenbild und dem Markt als Institution arbeitet, reduktionistisch (miss)versteht. Kurz gesagt und paradox formuliert: Gerade weil er mit ökonomisierter Begriffsbildung und in politischer Absicht der Entlarvung von Macht, Herrschaft und Ungleichheit auf der Spur ist und seinen soziologischen Ansatz als »Polit-Ökonomie der Gesellschaft« ausarbeitet, entwickelt er weder eine Politische Ökonomie im Geiste von Adam Smith oder Karl Marx noch eine elaborierte ökonomische Soziologie im Sinne von Max Weber.

Angesichts ökonomisierter Begriffsbildung und dem damit einhergehenden »blinden Fleck« hat es auf den ersten Blick sogar den Anschein, als ob er mit der modernen Wirtschaft und ihren Funktionsgesetzlichkeiten nicht sonderlich vertraut gewesen wäre. Die komplexe und komplizierte Operationsweise des gegenwärtigen Finanzmarktkapitalismus etwa vermochte er bestenfalls als Menetekel des von ihm politisch bekämpften Neoliberalismus (Mackert 2006) anzusehen.

Auf den zweiten Blick indes trügt dieser Anschein. Denn seine Ökonomie der Praktiken enthält natürlich im Prinzip die Ökonomie, wie wir sie kennen. Latent und manifest war sie ihm stets ein zentraler Gegenstand. Aber aus seiner ethnologischen und kultursoziologischen Perspektive hat er aus der Ökonomie eine Soziologie oder besser: eine Anthropologie gemacht. In seinem Beitrag für die zweite Auflage des *Handbook of economic sociology* (Smelser/Swedberg 2005: 75-89) charakterisiert er seinen Ansatz selbst als »Principles of economic anthropology«. Ähnlich wie Max Weber, von dem sich der junge Bourdieu in seiner ethnologischen Suchbewegung leiten läßt, interessiert er sich für das Verhältnis von *Wirtschaft und Gesellschaft* (Weber 1972a). Und wie Weber (1972b) geht auch er der Frage nach, wie die moderne Vorstellung von ökonomischer Rationalität eigentlich entstanden ist.[63] Woher kommt diese Haltung des Rechnens und Kalkulierens, wie sie im ökonomischen Habitus zum Ausdruck kommt? Und wie ist es möglich, dass sich ein eigenständiges Feld der Wirtschaft (»Geschäft ist Geschäft«) entwickelt hat, das ganz der ökonomischen Tauschlogik der Warenproduktion folgt und die symbolische Logik des Gabentausches scheinbar erfolgreich eliminiert hat? Bourdieu interessiert sich also genetisch für die Entstehung des ökonomischen Akteurs oder Agenten, des so genannten *homo oeconomicus*, ebenso wie für die Entstehung des ökonomischen Feldes.

Die Wirtschaft wird in seinem Ansatz also zu einem Teil seiner Ökonomie der Praxis. Die ökonomische Ökonomie darf als Spezialfall seiner allgemeinen Ökonomie der symbolischen Güter

63 Zu diesem Rationalitätskomplex bei Weber und Bourdieu vgl. Müller (2011: 43ff.).

und der symbolischen Gewalt gelten. Gerade weil Bourdieu davon ausgeht, dass selbst die »ökonomische Ökonomie« nicht nur ökonomisch, sondern auch sozial und kulturell geprägt wird, kann sein Ansatz der ökonomischen Anthropologie auch auf das moderne Wirtschaftsleben angewandt werden. Das wird an seinen einschlägig publizierten wie an seinen unveröffentlichten Studien deutlich. So studiert er zunächst die Kabylei und zeigt den Einbruch der kapitalistischen Kolonialökonomie in die traditionale Wirtschaftsweise auf. Davon künden nicht nur seine Algerien-Studien, sondern auch seine epistemologischen und methodologischen Betrachtungen zum Entwurf einer Theorie der Praxis oder des praktischen Sinns. Gerade in seiner Studie *Die zwei Gesichter der Arbeit* zeichnet Bourdieu (2000c) die Entstehung des ökonomischen Habitus bei der städtischen Arbeiterelite und dem kleinbürgerlichen Beamtentum nach, die allmählich jene Haltung der Berechnung und der Vorhersehbarkeit entwickeln, die mit einer planbaren Zukunft zu kalkulieren vermag. Sodann untersucht er die ländliche Gesellschaft seiner französischen Heimatregion, des Béarn, und studiert den dortigen Strukturwandel anhand der Ehelosigkeit der Bauern. In seiner Diagnose einer krisenhaften Anomie der ländlichen Gesellschaft verweist Bourdieu (2008) auf ein gemeinsames Problem fast aller ländlichen Regionen in Europa: die Attraktion von Stadt und urbanem Lebensstil, die Abwanderung in den städtischen Raum vor allem von jüngeren und gebildeten Frauen, die Umstellung der Heiratsmuster, die erzwungene Ehelosigkeit von jungen, ungebildeten Männern im ländlichen Raum mitsamt den Anomiefolgen. Ferner beschäftigt er sich schon in den 1960er Jahren zusammen mit Luc Boltanski und Jean-Claude Chamboredon mit Banken, um »Elemente einer Soziologie des Kredits« zu entwickeln.[64] Sie zeigen unter anderem auf, dass die Menschen in aller Regel Logik und Dynamik eines Kredits nicht verstehen. Neben diesem Mangel an »ökonomischer Bildung« konstatieren sie zwei Typen von Moral: die Moral des Sparens, die als legitim angesehen wird, und die Moral des Kredits, die, weil hedonistisch, als

64 Auf diese unpublizierte Studie (»Die Bank und ihre Kunden. Elemente einer Soziologie des Kredits«) von Bourdieu et al. (1963) weist Swedberg (2012) hin. Swedberg hält diese Arbeit für eine der interessantesten empirischen Studien zur Wirtschaftssoziologie, so dass er sie seinem Vergleich von Adam Smith und Pierre Bourdieu zugrunde legt.

illegitim gilt – mit einer Ausnahme: dem Erwerb eines Hauses. Die Immobilie gilt nicht als Luxus, sondern als Heim, für das man sich verschulden darf. Zudem legt er 1978 zusammen mit Monique de Saint Martin (Bourdieu/Saint Martin 1978) die erste soziologische Feldanalyse auf der Basis der Korrespondenzanalyse vor,[65] die sich mit den Spitzen der französischen Unternehmerschaft auseinandersetzt. Diese Elitestudie erachtet Bourdieu für so wichtig, dass er sie in sein Buch *Staatsadel* aufnimmt.[66] Schließlich kehrt er Ende der 1980er Jahre zu dem Thema der unveröffentlichten Bankenstudie zurück, konzentriert sich auf den Typus der Immobilienkredite und untersucht den gesamten Markt für Eigenheime in Frankreich. Damit sind wir beim Thema dieses Kapitels, denn er und seine Forschungsgruppe analysieren die ökonomische *und* soziale Welt der Produzenten und Konsumenten von Hauseigentum.

Bourdieu dürfte die Kritik zutiefst geärgert haben, dass er zwar eine herausragende Kultursoziologie vorzulegen, zur modernen Wirtschaft aber wenig zu sagen wusste. Angesichts des vorherrschenden Eindrucks, dass die Wirtschaft in letzter Instanz alles bestimmt – Politik, Gesellschaft, Familie, Beruf und Erwerbstätigkeit, Bildung und Erziehung, Gesundheit, ja den Lebensstil des Einzelnen bis in alle Verästelungen hinein –, musste diese Kritik im Lauf der Zeit immer lauter ausfallen. Wer sich nicht zum wundersamen und wunderbaren Wirken der Wirtschaft kompetent zu äußern vermag, der riskiert auch, die moderne Gesellschaft nicht richtig zu verstehen. Denn längst wackelt der Schwanz (»die Wirtschaft«) mit dem Hund (»der Gesellschaft«). Für Bourdieu ein unhaltbarer Zustand, den er immer schon als »hegemoniale Vermachtung« charakterisiert hatte. Der neoliberale Kapitalismus herrscht nämlich doppelt: einmal *real*, denn die Macht der Ökonomie und damit die Herrschaft des Geldes bestimmt am Ende (fast) alles; zum anderen *symbolisch*, denn der neoliberale, globale Kapitalismus gilt nicht nur als höchste, beste und produktivste Wirtschaftsform, sondern auch als natürliche Lebensform: Markt beziehungsweise Kapitalismus, was sonst? Markt, Geld und Kapitalismus gelten heute als Inbegriff des Wirtschaftens. Wirtschaft

65 Siehe die Diskussion in Kapitel 4 über »Feld und Feldanalyse«.

66 Er platziert sie im vierten Teil, in dem es um »Das Feld der Macht und seine Veränderungen« geht, und wird von uns daher im nächsten Kapitel über »Das politische Feld« behandelt.

geht nur mit und durch Markt, Geld und Kapitalismus. Die Historizität dieser Wirtschafts- und Gesellschaftsform geht vollends verloren, der Kapitalismus wird zur Naturform (v)erklärt und als Ideal der Reichtumsproduktion verehrt: Kapitalismus als Natur und Religion. Die Natürlichkeit und Heiligkeit des Kapitalismus als Wirtschafts-, Gesellschafts- und Lebensform – eine solche Konzeption verkündet scheinbar den ultimativen Sieg der neoliberalen Hegemonie.

Bourdieu sah sich vor diesem Hintergrund zu einer doppelten Reaktion gezwungen.[67] In *wissenschaftlicher* Hinsicht greift er auf seine frühen Studien zur Kabylei zurück und wendet diesen Ansatz auf das Eigenheim beziehungsweise den privaten Hausbesitz an. Seine zentrale These lautet: Wer ökonomisches Handeln nur ökonomisch betrachtet, verfehlt die eminent soziale und historische Logik auch wirtschaftlicher Prozesse. Am Beispiel des Eigenheimmarktes versucht er, Stellenwert und Bedeutung von Wohneigentum zu verstehen und das Zusammenspiel von Wirtschaft, Staat und Familien in diesem Feld zu durchschauen. In *politischer* Hinsicht beginnt er schon in den 1990er Jahren einen langen und heftigen Kampf gegen die neoliberale Hegemonie. Obwohl er nie ein öffentlicher Intellektueller Sartre'schen Typs werden wollte, begibt er sich als Intellektueller auf das politische Feld und in den politischen Kampf, um dort seine gesamte wissenschaftliche Reputation aufs Spiel zu setzen. Wir kommen darauf im zehnten Kapitel zurück.

Im Mittelpunkt seiner Überlegungen zum ökonomischen Feld steht die Studie *Les structures sociales de l'économie*, die im Deutschen als *Der Einzige und sein Eigenheim* erschien. Der deutsche, eher unpassende Titel geht auf Max Stirners berühmtes Pamphlet *Der Einzige und sein Eigentum* zurück: »Ich habe meine Sach' auf nichts gestellt!«, so Stirner im Jahre 1844. Genau das ist, wenn man so will, am Ende auch das Ergebnis von Bourdieus Studie, nachdem er die desillusionierten Hausbesitzer interviewt hat. Wie wir

67 Das macht seine Studie über »Das ökonomische Feld« deutlich, in der er bemerkt: »Wenn ich hier bereits andernorts Gesagtes wiederholen muss, so aus folgendem Grund: Dieser Text kann seinem Gegenstand nach Leser haben, denen meine Analysen nicht gut bekannt sind, denn man hat nicht immer bemerkt, dass sie auf ganz spezielle Weise den Gegenstand der Ökonomie betrafen.« (Bourdieu et al. 2002: 188, Fn. 9)

sehen werden, hatte Bourdieu mit der Analyse dieses Marktes ins Schwarze getroffen, denn der »Traum von den eigenen vier Wänden« sollte sich zum Albtraum, zur größten Finanzkrise des beginnenden 21. Jahrhunderts ausweiten und die Wachstums- und Verschuldungsproblematik des neoliberalen Kapitalismus schonungslos offenlegen. Der Soziologe Bourdieu erwies sich als weitsichtiger Ökonom *avant la lettre*, der die Zeichen der Zeit erkannt hatte.

Wir werden im ersten Schritt seine Überlegungen zum Häusermarkt nachzeichnen. Sodann soll das Feld der Eigenheimproduzenten, seine Produktspezifik und die Logik des Feldes betrachtet werden. Drittens analysieren wir anhand der Verhandlungen zwischen Verkäufer und Kunde im Einzelnen die Zwänge, welche sich die stolzen Besitzer aufladen. Viertens diskutieren wir die Genese des Eigentumssinns unter der Frage »Mieten oder Kaufen?«. Im letzten Schritt soll das Resümee der Studie gezogen werden, in dem das ökonomische Feld in seiner Logik rekonstruiert wird. Darin wird eine im Vergleich zur klassischen ökonomischen Ökonomie ganz andere Sichtweise deutlich, die auf eine Ökonomie der symbolischen Güter und der symbolischen Gewalt abhebt.

8.2 Der Häusermarkt

Mieten oder kaufen, Erwerb eines Alt- oder Neubaus, einer Wohnung oder eines Hauses, und wenn Letzteres, eines herkömmlich gebauten oder eines Fertighauses – das sind die zentralen Fragen beim Immobilienerwerb. Bourdieu und seiner Equipe geht es darum zu zeigen, dass die Präferenzen wie der Geschmack der Akteure, aber auch die Rahmenbedingungen für diese vermeintlich individuellen Wahlen allesamt *kollektiver* Natur sind, die Staat und Markt gemeinsam herstellen.

> […] der Eigenheimmarkt ist […] das Produkt einer *zweifachen sozialen Konstruktion*, zu der der Staat einen entscheidenden Teil beisteuert: Konstruktion der *Nachfrage* durch die Herstellung der individuellen Dispositionen, genauer noch, der individuellen Präferenzsysteme – insbesondere in Bezug auf Eigentum oder Miete – und auch durch Bereitstellung der notwendigen Ressourcen, d. h. der durch Gesetze und Regelungen, deren Genese ebenfalls beschrieben werden kann, definierten staatlichen Bau-

oder Wohnungsbeihilfen; Konstruktion des *Angebots* durch die Politik des Staates (oder der Banken) in Bezug auf die Kredite für Baufirmen, die zusammen mit der Art der verwendeten Produktionsmittel dazu beiträgt, den Herstellern die Bedingungen des Zugangs zum Markt und, genauer noch, die Position in der Struktur des extrem weit gestreuten Feldes der Häuserproduzenten, deren Wahl in Sachen Produktion und Werbung jeweils von dessen Strukturzwängen belastet ist, zu definieren. (Bourdieu et al. 2002: 38, Hervorhebung HPM)

Angebot und Nachfrage, Kredite für die Baufirmen wie die Hypotheken für die Käufer plus das gesamte juristische Reglement der Pflichten und Rechte von Eigenheimproduzenten und ihren Kunden werden durch den Staat polit-ökonomisch und rechtlich gesteuert. Letztlich, so Bourdieu, ist auch die Produktionsseite des Häusermarktes eingelassen in das System von Reproduktionsstrategien von Familien und Unternehmen: Die einen suchen eine dauerhafte Bleibe, die anderen haben sich auf die Bereitstellung einer solchen Bleibe spezialisiert. Soziale und ökonomische Produktion und Reproduktion sind also unauflöslich miteinander verwoben. Die eine Seite kann ohne die andere Seite gar nicht verstanden werden unter tätiger politischer Vermittlung seitens des Staates und seiner Wohnungspolitik.

Um diese enge Verknüpfung aufzuzeigen, wendet Bourdieu seinen Feldansatz an.

Die Analyse muss also darum bemüht sein, die Struktur des Produktionsfelds und die Mechanismen, die dessen Funktionsweise bestimmen, zu beschreiben (statt sich mit dem bloßen, selbst der Erklärung bedürfenden Registrieren der statistischen Kovariationen zwischen Variablen und Ereignissen zu begnügen), desgleichen die Struktur der Verteilung der ökonomischen Dispositionen sowie insbesondere der Geschmäcker in Wohnungsfragen; und dabei darf sie nicht versäumen, durch eine historische Analyse die sozialen Bedingungen der Produktion dieses speziellen Felds und der Dispositionen nachzuweisen, die dort die Möglichkeit vorfinden, mehr oder minder vollständig in Erfüllung zu gehen. (ebd.: 39)

8.3 Zur Logik des Produktionsfeldes

Der Markt für Eigenheime ist wie geschaffen für eine solche Analyse. Denn das Haus ist mehr als eine x-beliebige Ware: Es ist ein Konsumgut besonderer Art, denn sein Erwerb ist eine der schwerwiegendsten und langfristigsten ökonomischen Entscheidungen; zugleich gilt es als wichtigste Form der Kreation von Besitz und als Vermögensanlage, die Wertbeständigkeit bzw. Wertzuwachs aufweisen soll. Wer ein Haus erwirbt, schafft einen Besitzstand. Der Erwerb eines Eigenheims stellt eine ganz besondere Investition dar, die Geld, Zeit, Arbeit und Affekte erheischt. 1. *Geld* in Form von Kapital, das man in der Regel nicht hat, was die Aufnahme eines Kredits erfordert; 2. *Zeit*, denn üblicherweise bindet die Abzahlung eines Hauses ein halbes Leben lang; 3. *Arbeit* in Gestalt von handwerklicher Eigenarbeit, aber auch von Reparaturen; 4. *Affekte*, denn das Haus soll Heim, Heimstatt, Refugium und Heimat der Familie sein.

Das Haus verweist auf die Hausgemeinschaft – die Familie. Es handelt sich also nicht nur um die größte ökonomische Investition, die ein Mensch – sofern er kein Unternehmer ist – in seinem Leben tätigt. Sondern sie hat auch affektive und soziale Implikationen, die Haus, Heim, Heimat und Familie eng verknüpfen. Das Eigenheim ist der Sitz der Familie, der Ort, wo sie zusammenkommt, die Wohn- und Lebensgemeinschaft, die sich *idealiter* über mehrere Generationen hindurch fortsetzen soll. Insofern ist der Hauserwerb auch immer eine zentrale Reproduktionsstrategie der Familie. Durch diesen multiplen Funktionsbezug ist das Eigenheim also weit mehr als irgendein x-beliebiges Konsumgut; es ist eine sozialmoralische Immobilie.

Diesem Umstand trägt die Logik des Eigenheimmarktes Rechnung. Zum einen schwankt seine Produktion zwischen Kunsthandwerk und Massenproduktion: Eigenart und Einzigartigkeit des Hauses müssen irgendwie mit der Serienherstellung verbunden werden. Zum anderen ist die Produktion des Eigenheims eingebettet in lokale und regionale Traditionen des Hausbaus, die sich einem bestimmten Stil und Geschmack verpflichtet fühlen. Nicht jedes Haus passt an jeden Ort.

Diese besonderen Anforderungen spiegeln sich in der Struktur der Eigenheimproduzenten wider, die man nach drei Kriterien differenzieren kann:

1. der *Betriebsgröße*: die Großunternehmen produzieren pro Jahr ein paar tausend Häuser; die kleinen Handwerksbetriebe kommen auf eine Handvoll;

2. der *Finanzierung*: Großunternehmen sind von Banken abhängig, da ihr gesamtes Geschäft von Krediten abhängt;

3. der *Bauweise* und der *Vertriebsstrategien*.

Legt man diese Kriterien der Feldanalyse zugrunde, gewinnt man drei große Klassen von Hausbauunternehmen:

1. Die innovativen Unternehmen, die es geschafft haben, die Qualität traditioneller Handwerksarbeit und ihr Image auf die Großserienproduktion zu übertragen, um die »Illusion vom Haus als Heim« (Bourdieu et al. 2002: 68) zu bedienen.

2. Die integrierten Großunternehmen, die auf der Basis industrieller Fertigungsverfahren starken technischen Zwängen unterliegen und ein spezialisiertes Stammpersonal halten müssen.

3. Die kleinen und mittleren Familienunternehmen, die der traditionellen Produktionsweise folgen und »das Idealmodell des traditionellen Hauses« (ebd.: 69) am ehesten realisieren.

Entsprechend unterschiedlich fallen die *Werbestrategien* der Unternehmen aus, wenn es auch einen gemeinsamen Kern von Sprachregeln gibt, die der Eigenart des Marktes entspringen. »Bekanntlich ›kommt‹ Werbung, wie jede symbolische Aktion, nie ›besser‹ an, als wenn sie bereits bestehenden Dispositionen schmeichelt, sie anreizt oder neu belebt und ihnen Gelegenheit bietet, sich wiederzufinden und in Erfüllung zu gehen.« (Ebd.: 72) Alle Unternehmen spielen deshalb mit den Bedürfnissen und heimlichen Wünschen der prospektiven *Eigenheimbesitzer* – »die eigenen vier Wände«; alle werben mit den Reizen der *Natur*, durch die man dem Dickicht der Großstadt zu entkommen vermag; alle weisen pragmatisch auf die *Kostenbilanz* hin, der zufolge »Kaufen weniger als Mieten« koste, zumindest auf lange Sicht gerechnet.

Trotz dieses gemeinsamen Appells an Besitz, Natur und Kosten differieren sie gemäß der grundsätzlichen Werbealternativen. Entweder man versucht eine andere, neue Sichtweise zu bewirken, die einer Konversion gleichkommt. In diesem Fall geht es darum, die traditionellen Vorurteile gegenüber einem industriell gefertigten Haus abzubauen und stattdessen diese Art von Eigenheim mit Vorstellungen von Modernität, technischem Fortschritt und Komfort zu assoziieren. Oder man versucht die Kluft zwischen den Erwartungen der Kunden (»das traditionell handwerklich gefertigte, freistehende Haus«) und den betriebswirtschaftlichen Möglichkeiten der Unternehmen (»das masseninduestriell produzierte, in einer dichten Siedlung zusammengepferchte Fertighaus ohne Keller«) zu schließen, indem man die Schere zwischen der von dem Produkt vermittelten Impression (»Ein Fertighaus!«) und dem intendierten Anschein (»Ein klassisches Haus!«) zu schließen versucht.

Bourdieu et al. (ebd.: 79) »finden [...] ebensoviele große Klassen von Werbestrategien, wie Klassen von Positionen im Raum der Produzenten zu unterscheiden waren«. Die *größten* Unternehmen mit industrieller Fertigungsweise betreiben den höchsten Werbeaufwand; sie arbeiten mit raffinierten Verschleierungs- beziehungsweise Verklärungstaktiken und einer multiplen Werbebotschaft.

Für die größten Gesellschaften, die den breitesten und am wenigsten bemittelten Kundenkreis haben und deshalb zuerst einen Kredit und einen Finanzierungsplan verkaufen, fällt die Werbung für das Haus oft zusammen mit der Werbung für den Erwerb von Hauseigentum, und hinter der Operation, das Haus zu verkaufen, steckt in Wirklichkeit die Operation des Kreditverkaufs. (Ebd.: 75 f.)

Gerade wenn man es mit Kunden zu tun hat, die sich eigentlich ein Haus nicht leisten können, gilt es zunächst, die Barrieren vor der Eigentumsbildung abzubauen, die Angst vor einem Kredit zu nehmen und durch das Angebot eines Rundum-Service für alle Angelegenheiten, die bei einem Hauskauf anfallen, Vertrauen zu erwecken. Zugleich grenzen sich die großen Gesellschaften gegeneinander ab, wenn etwa ein Unternehmen beschließt, »Tradition« in Serie zu produzieren, um so seinen »modernistischen« Mitkonkurrenten auf lange Sicht von Platz 1 der Serienhersteller zu verdrängen, wie Bourdieu anhand des Wettbewerbs zwischen *Maison Bouygues* (»Tradition in Serie«) und *Maison Phénix* (»Modernismus«) aufzeigt.

Bei den Unternehmen *mittlerer* Größe mit örtlicher Anbindung bricht der Widerspruch zwischen industrieller Fertigung und traditionellen Erwartungen der Kundschaft vollends auf und wird mit Argumenten für den technischen Fortschritt einzudämmen versucht: sei es, dass Verfahren angepriesen werden, die das Haus »traditionell« aussehen lassen; sei es, dass die wertvollen Materialien (»Holz«) hervorgehoben werden. Dementsprechend »phantastisch«

fallen die Werbebotschaften aus, die mit der »Rhetorik der Wunder« die Phantasie des prospektiven Käufers anregen sollen.

Am geringsten fällt die Kluft zwischen Anspruch und Wirklichkeit bei den *kleinen* Herstellern auf, die tatsächlich handwerkliche Fertigungsverfahren benutzen. Ihre Kundschaft ist ganz traditionell die Mittelklasse, die nicht nur über größere Mittel, sondern auch über einen sublimen Geschmack verfügt. Dementsprechend bedienen sich die Werbebotschaften »aus dem Reservoir der talmipoetischen Stereotype« (ebd.: 85), die seit jeher den Diskurs über das Haus beflügelt haben. Das semantische Feld ihrer Werbeversprechen umfasst daher typischerweise Begriffe wie »Tradition«, »Natur«, »Seele«, aber auch »Patio«, »Mezzanin« und »Pergola«, um die Einzigartigkeit des versprochenen Hauses zu beschreiben.

Die Krise auf dem Eigenheimmarkt in den 1980er Jahren hat nicht nur zu einer Schrumpfung der Nachfrage geführt, sondern auch die Lage der kleineren Unternehmen verbessert. Der Nachfrageausfall hat die großen Unternehmen, die sich auf Kunden mit niedrigem Einkommen konzentriert hatten, naturgemäß am stärksten getroffen. Der quantitative Rückgang ging einher mit einer qualitativen Aufwertung des klassischen Eigenheimideals, so »dass die Krise die traditionellste Nachfrage auf technischem und ästhetischem Gebiet hat triumphieren lassen: Formsteine für die Mauern, industrielle gefertigte Gauben im Dachstuhl, Holz für die außen sichtbaren Tischlerarbeiten (mit den sehr teuren und sehr empfindlichen, mehrfach unterteilten Fenstern im Île-de-France-Stil)« (ebd.: 92 f.).

Am Ende fügt sich das Feld der Eigenheime zu einem Bild kompetitiver und kooperativer Logik und Dynamik.

Die Gesamtheit der Bauunternehmen funktioniert somit wie ein Kräftefeld und ein Kampffeld: Die verschiedenen Unternehmen, die in objektiven Beziehungen antagonistischer Komplementarität stehen, müssen, um ihre Position in der Struktur zu halten oder zu verbessern, Strategien entfalten, die wiederum davon abhängen, welche Position ihnen ihre Trümpfe sichern. Es besteht Homologie zwischen dem Raum der Unternehmen (oder ihrer Akteure, von den Führungskräften bis zu den Verkäufern), dem Raum der angebotenen Häuser, dem Raum der von den Werbemitteln nahegelegten Vorstellungen und dem Raum der Hauskäufer. (Ebd.: 97)

8.4 Die Kaufentscheidung: »Ein Vertrag unter Zwang«

Bourdieu und seine Mitarbeiter haben auch die Verkaufsgespräche zwischen Firmen und Kunden beobachtet, um deren »stereotype[s] Drehbuch« (ebd.: 108) zu erfassen. Dann haben sie sich selbst als potentielle Käufer ausgegeben, um einen Eindruck von Struktur und Ablauf der Verhandlungen zu bekommen.

Die Verhandlungen laufen »nach einer Struktur mit drei Zeitabschnitten« (ebd.: 110) ab. Nach einem »Vorgeplänkel« wird »das finanzielle Leistungsvermögen des Kunden« geprüft, um schließlich im letzten Schritt mit der Unterschrift den Vertrag zu besiegeln. Was zunächst wie ein Gespräch auf Augenhöhe und unter Gleichen beginnt – der Verkäufer und sein Angebot, der Kunde und seine Nachfrage –, nimmt rasch eine asymmetrische Struktur an, in der der Verkäufer den Gang der Dinge bestimmt. Wie wird aus anfänglicher Symmetrie schlußendlich Asymmetrie? Der *Verkäufer* bedient sich nach anfänglichem Abtasten

> der rhetorischen Strategien der »Verzweideutigung«, die versuchen, ein Unterfangen der Enteignung als umfassende Sorge erscheinen zu lassen, und die den Paternalismus des Experten, der fähig ist, für das Glück des Kunden besser als dieser selbst zu sorgen, mit der Identifikation des alter ego zu vermengen, dem es ein Leichtes ist, sich in die Lage des Interessenten zu versetzen und seine Angelegenheiten so in die Hand zu nehmen, »wie er es für sich selbst tun würde«. (Ebd.: 112)

Der *Käufer* wiederum hat zwar einen dringenden Eigenheimwunsch, häufig genug aber weder die finanziellen Mittel noch das nötige Wissen, wie man einen Hauskauf im Einzelnen tätigt. Der Verkäufer als Repräsentant eines Herstellers ist in Wirklichkeit der »Transmissionsriemen« der Bank, die einen langfristigen Kredit vergeben möchte. Was aber die Bank in erster Linie interessiert, ist der ökonomische Wert des Kunden.

> Sie setzt den Wert der Person mit ihrer allgemeinen Verdiensterwartung gleich, d. h. der jährlichen Verdienstaussicht multipliziert mit der Lebenserwartung, oder sogar, vor allem, wenn sie sich auf Berufsgruppen einlässt, die weniger Sicherheiten aller Art zu bieten haben als die Führungskräfte des öffentlichen Sektors, mit ihrer allgemeinen *Solvenzerwartung*, die auch von ethischen Dispositionen abhängt und insbesondere von all den Tugen-

den, die die Kontrolle des Konsums (Asketismus) und die Einhaltung der eingegangenen Verpflichtung bestimmen. (Ebd.: 116)

Angesichts dieses Informations-, Wissens- und Kompetenzgefälles wird der besorgte Kunde rasch in die Fänge des vertrauenerweckenden Verkäufers getrieben, der mit einem umfassenden Serviceangebot verspricht, »sich um alles zu kümmern.« Eine ganze Reihe von Tricks und Kniffen sorgt dafür, dass das Spiel wie erwartet ausgeht. So bedient sich der Verkäufer zum einen einer *bürokratischen Sprache*, die Kompetenz und Sicherheit ausstrahlt, indem etwa die Berechnungen oder die Regelauslegung »den apodiktischen Anschein einer mathematischen Herleitung oder eines juristischen Urteils« (ebd.: 128) annehmen. Zum anderen wechselt er in einen *persönlichen Ton*, um die Unsicherheit des Kunden abzubauen, und offeriert ihm im Vertrauen den einen oder anderen vermeintlichen Vorteil, um fiktive Nähe zu simulieren.

Vor eine Entscheidung von sehr hoher Tragweite gestellt und ohne über ein Minimum von notwendiger Information weder über die technischen Qualitäten des Produkts noch über die finanziellen Bedingungen des Kredits zu verfügen, neigt der Käufer dazu, sich an alles zu klammern, was wie eine persönliche Garantie aussehen kann; er nimmt Zuflucht zu einem Vertrag globalen Vertrauens, der in der Lage ist, seine Angst zu bannen, indem ein für alle Mal umfassende Garantien betreffs der Ungewissheiten der Transaktion abgegeben werden. (Ebd.: 131)

In gewisser Weise changiert der Verkäufer in seiner Ambivalenzarbeit zwischen dem *Realitätsprinzip* einerseits, indem er den Käufer vorsichtig an die Kosten erinnert (und zur Not den Traum vom Raumangebot mit der Entfernung von Paris verrechnet: entweder weiter rausziehen und eine halbe Stunde länger pendeln oder aber Raumverzicht und dafür näher an Paris wohnen) und dem *Lustprinzip* andererseits, indem er im Zweifel immer wieder den Kunden enthusiastisch an seinen Traum vom Eigenheim erinnert. Wunschvorstellung und Realität müssen in Einklang gebracht werden.

Am Ende, nach erfolgreichem Vertragsabschluss, sitzt der enthusiastische Eigenheimbesitzer *in der Falle*, und das fast lebenslänglich.

Der Schuldner, genötigt, in den Verhandlungen über den Kreditvertrag, der die Grenzen seiner legitimen Erwartungen bestimmt, rational zu sein, ist auch genötigt, in seiner Lebensführung vernünftig zu sein, zu der er sich, ohne es so genau zu wissen, mit der Unterschrift unter einen Vertrag verpflichtet hat, der oft genug eine ganze Reihe verborgener Konsequenzen enthält (wie die Erhöhung der Wegekosten, die Anschaffung eines zweiten Wagens etc.). Die Entsagungsarbeit, die sich, unterstützt vom Verkäufer, durch die Diskussion des Finanzierungsplans vollzieht, setzt sich über den Zeitpunkt der Vertragsunterzeichnung (die ihrerseits oft genug einen Akt der Resignation ratifiziert) hinaus fort: Nichts ist vernünftiger und realistischer als diese lange Abfolge von Rechtfertigungen, denen man oft begegnet, wenn man nach der Geschichte der aufeinanderfolgenden Wohnungen fragt (»Na ja, wenigstens ist man bei sich zu Hause...«, »Nichts geht über den Grundriss« etc.), und die das Ergebnis einer ungeheuren *Trauerarbeit* sind, die der Käufer leisten muss, um schließlich mit dem *zufrieden zu sein*, was er hat, wenn er all das entdeckt, was sein Kauf enthält: den Krach der Rasenmäher am Wochenende, das Gebell der Hunde, die Auseinandersetzungen wegen der Gemeinschaftsdienste etc. und vor allem den *Zeit*aufwand für die täglichen Wege zur Arbeit. (Ebd.: 142 f.)

8.5 Der Eigentumssinn: Mieten oder kaufen?

Was sind am Ende die Determinanten für die Entscheidung, zu kaufen oder zu mieten? Wie kann man die soziale Genese der diesbezüglichen Präferenzen erklären? Woher kommt das wachsende Interesse an Wohneigentum und die im Zeitverlauf höhere Eigentümerquote? Bourdieu und Monique de Saint Martin sind diesen Fragen nachgegangen, indem sie sich unter anderem auf eine einschlägige Studie über das Wohnen von INSEE, dem französischen statistischen Bundesamt, gestützt haben. Ihre Sekundäranalyse beruht auf einem »Erklärungsmodell«, das systematisch erfassen soll, warum jemand mietet oder kauft, unter Einschluss der wichtigsten Faktoren: »das ökonomische, das kulturelle, das technische Kapital, Struktur und Zusammensetzung des Gesamtkapitals, der soziale Werdegang, Alter, Familienstand, die Position im Familienkreis, Anzahl der Kinder etc.« (Ebd.: 159 f.)

Zunächst fällt auf, dass der Modus des primären Wohneigentumserwerbs vom Erbfall auf die Kreditaufnahme übergegangen ist. 1984 verdanken nur noch 9% aller neuen Eigentümer ihre Wohnung einer Erbschaft oder Schenkung, während 78,2% den Kauf über einen Kredit finanziert haben. Unter allen Faktoren bleibt natürlich das *Volumen* des Kapitals am wichtigsten. Ohne alle finanzielle Ressourcen läßt sich das Abenteuer des Immobilienerwerbs nicht angehen. Das vorausgesetzt, lässt sich interessanterweise die Miet- oder Kaufneigung eher über die *Struktur* des Kapitals fassen. Die Eigentümerquote bei Gruppen mit hohem ökonomischen Kapital ist wesentlich höher als bei Gruppen mit überwiegend kulturellem Kapital. Unternehmer, Handwerker und Landwirte neigen zum Eigentum, Professoren, Künstler und leitende Angestellte des öffentlichen Sektors präferieren das Mieten. In der Mitte befinden sich die freien Berufe, die Ingenieure und die leitenden Angestellten der Privatwirtschaft. Eine ganz ähnliche Struktur findet sich in der Mittelklasse. Das kulturelle Kapital allein spielt so gut wie keine Rolle, außer *ex negativo*: Den unteren Klassen mit geringer Schulbildung gebricht es nicht nur an ökonomischem, sondern auch an kulturellem Kapital, um eine solch langfristige Investitionsentscheidung zu fällen.

Ein weiterer wichtiger Faktor ist die *Wohnortgröße*: Tatsächlich erhöht sich die Distanz zwischen den Klassen, wenn man sich von den ländlichen Regionen zu den Metropolen bewegt. Der Wohnraum in Paris ist so teuer, dass derjenige, der Eigentum bilden will, immer weiter ins Umland ziehen muss. Ebenso spielt das *Alter* eine wichtige Rolle. Die Eigentümerquote ist gering bei den unter 35-Jährigen, sie steigt an mit dem Lebenszyklus vor allem im Zeichen der Familienbildung. Generell gilt, dass der Zugang zu Wohneigentum eine Klassen- und Altersfrage ist: Je niedriger die Klassenlage, desto später erfolgt der Zugang zu eigenem Immobilienbesitz – mit einer Ausnahme: den Vorarbeitern. Der letzte wichtige Faktor ist die *Mobilität*: Aufsteiger scheinen ihren Aufstieg durch Haus- oder Wohneigentum sichtbar krönen zu wollen, vor allem wenn sie als Provinzler nach Paris kommen, um dann ihr Eigenheim im Gürtel von Paris zu erwerben.

Insgesamt scheint die wachsende Rate von Eigenheimbesitzern eine *Demokratisierung des Eigentums* zu bedeuten, allerdings merkt Bourdieu an:

Die scheinbare Demokratisierung des Zugangs zum Eigentum, die der Anstieg der Eigentümerquote nahelegt (sie bewegt sich von 35% 1954 auf 45,5% 1973, 46,7% 1978, steigt weiter, um 1984 51,2% zu erreichen [...]), verbirgt beträchtliche Unterschiede, je nach der Lage der Wohnung (der Gegensatz zwischen dem Vorortbewohner und dem Städter hat so den Gegensatz zwischen dem Landbewohner und dem Städter abgelöst) und je nach den besonderen Kennzeichen dieser Wohnung (Komfort etc.), die, wenn sie sich überlagern, enorme Unterschiede in den *Lebensweisen*, die an das Wohnumfeld gebunden oder von ihm aufgezwungen sind, zur Folge haben können. (Ebd.: 178)

Im Ergebnis konstatieren Bourdieu und Monique de Saint Martin einen interessanten politischen Effekt im sozialen Raum, der aus der Koinzidenz von zwei Modi von Umstellungsstrategien resultiert: auf der einen Seite die Bewegung von Miete zu Eigentum; auf der anderen Seite die Ergänzung einer rein ökonomischen Reproduktion durch kulturelle Reproduktion über die Schule, wie wir im Kapitel über Bildung gesehen haben.

Diese beiden komplementären und konvergierenden Bewegungen haben wahrscheinlich mehr als alles andere dazu beigetragen, die Distanz und Gegnerschaft zwischen der »Rechten« und der »Linken« im sozialen Raum und, von da aus, im politischen Feld abzuschwächen. Die verschiedenen Gegensätze in der Wirklichkeit und der Wahrnehmung der sozialen Welt, Eigentum und Miete, Liberalismus und Etatismus, privat und öffentlich, werden durch abgemilderte Gegensätze zwischen Mischformen wie dem Miteigentum und dem Eigentum für bestimmte Zeiten ersetzt. (Ebd.: 156)

8.6 Das Konzept des ökonomischen Feldes

»Jahrhundertelange Kultur ist nötig, um einen Utilitaristen wie Stuart Mill hervorzubringen« – so zitieren Bourdieu et al. (2002: 19) zustimmend Henri Bergson. Nichts ist weniger selbstverständlich oder gar natürlich als eine rein ökonomische Gesinnung, als der *homo oeconomicus* oder die instrumentelle Rationalität, die dessen Handlungsauffassung prägt. Die Wissenschaft der Ökonomie beruht auf der »Abstraktion«, einen Typus von Praktiken aus dem Ensemble gesellschaftlicher Handlungen herauszubrechen und autonom zu setzen. Noch weniger selbstverständlich oder gar natürlich ist die Vorstellung, dass das, was für das ökonomische Feld gelten soll – Produktivität und Effizienz, Rentabilität und Profitabilität – in auf anderen gesellschaftlichen Bereichen und schließlich auf allen Feldern Anwendung finden soll. Und schließlich die finale Vision oder Utopie vieler Ökonomen, dass überhaupt nur noch ökonomische Wertkriterien in der gesamten Gesellschaft herrschen sollen – kurz: die Entstehung einer spontanen Ordnung, also eine Katallaxie im Hayek'schen Sinne, oder die Existenz einer reinen Marktgesellschaft.

Was Bourdieu vollends unerträglich erscheint, ist der Umstand, dass diese Vorstellungen so etwas wie die neoklassische Hegemonie in der Wissenschaft von der Gesellschaft begründen sollen. Wenn es nach den Ökonomen ginge, dann brauchte man (neben der Medizin, der Jurisprudenz und den Naturwissenschaften) nur noch die Wirtschaftswissenschaften. Die Geistes- und Sozialwissenschaften sind diesem imperialistischen Verständnis zufolge entbehrlich, denn alle sozialen Phänomene lassen sich nach der Logik ökonomischer Modelle konzeptualisieren, analysieren und erklären. Je weiter also die Ökonomisierung der Gesellschaft voranschreitet, desto unentbehrlicher wird die Wirtschaftswissenschaft, um genau diese ökonomisierten Verhältnisse zu untersuchen. Bourdieu sieht sich daher gezwungen, die *Paria*wissenschaft der Soziologie gegen die *Herrschafts*wissenschaft der Ökonomie zu verteidigen.

Er macht sich keine Illusionen über die hegemoniale Herrschaft der neoklassischen Ökonomie, die unter anderem darin zum Ausdruck kommt, dass das Feld der ökonomischen Theorie derart ausdifferenziert ist, dass es zu jeder Position eine Gegenposition gibt und somit die Kritik an der eigenen Orthodoxie bereits »internalisiert« ist. »Es gibt keine Kritik der Voraussetzungen der Ökonomie, keine Infragestellung ihrer Unzulänglichkeiten und Grenzen, die nicht bereits hier oder da, von diesem oder jenem Ökonomen geäußert worden wäre.« (Ebd.: 37)

Konsequenterweise verzichtet er darauf, die Modelllogik der neoklassischen Ökonomie direkt anzugreifen. Vielmehr hat er mit dem Markt für Eigenheime einen Gegenstand ausfindig zu machen versucht, an dem man zweierlei demonstrieren kann:

1. die Fruchtbarkeit eines wirtschaftssoziologischen Ansatzes, der Sinn und Bedeutung eines sozioökonomischen Phänomens besser aufzuschlüsseln imstande ist als eine rein neoklassische Analyse;

2. die Genese und Historizität, damit also das historische Gewordensein unserer heutigen Ökonomie (insofern liegt Bourdieu mit seinem Ansatz auf einer Linie mit Marx, Weber und Polanyi).

Die Analyse des ökonomischen Feldes hat denn auch stets von einer doppelten sozialen Konstruktion auszugehen, bei der der Staat eine zentrale Rolle spielt, wie Bourdieus Eigenheimstudie gezeigt hat (ebd.: 187):

1. Die soziale Konstruktion der *Nachfrage* durch die Produktion der individuellen Dispositionen auf Seiten der Akteure.

2. Die soziale Konstruktion des *Angebots* unter anderem durch die Kreditpolitik des Staates oder der Banken, welche an die Bauindustrie und die Eigenheimbauer Kredite vergeben. Denn »Kredite sind Kaufkraft ohne Geld«, wie das einmal der Ökonom und Soziologe Werner Sombart formuliert hat.

Die Struktur des Feldes wird man nur erkennen, wenn man diesem Ausgangspunkt Rechnung trägt. Das aber tut die neoklassische Dogmatik nach Ansicht von Bourdieu nicht.

> Das dominante Paradigma will das Konkrete durch Kombinieren von zwei Abstraktionen, der Theorie des allgemeinen Gleichgewichts und der Theorie des rationalen Agenten, erreichen. Um mit ihm zu brechen, muss in einer erweiterten rationalistischen Sichtweise die grundlegende Historizität der Agenten und des Aktionsraums beachtet und versucht werden, eine realistische Definition der ökonomischen Rationalität als Zusammentreffen von sozial begründeten Dispositionen (in Bezug auf ein Feld) und ebenfalls sozial begründeten Strukturen dieses Feldes zu konstruieren. (Ebd.: 191)

Genau das versucht Bourdieu mit seiner Konstruktion des ökonomischen Feldes zu erreichen. Was zunächst existiert, sind Akteure oder, wie Bourdieu sagt, »Agenten«:[68] »Die Agenten schaffen den Raum, d.h. das ökonomische Feld; [...]. Die Beziehungen zwischen den verschiedenen ›Feldquellen‹, d.h. zwischen den verschiedenen Produktionsunternehmen, erzeugen das Feld und die Kräfteverhältnisse, die es kennzeichnen.« (Ebd.: 191)

Die Stärke der Agenten im ökonomischen Feld ist ungleich ver-

68 Bourdieu (et al. 2002: 215) spricht gern von *»agents«* und nicht von *Akteuren*, um die soziale Fabrikation des Handelnden zum Ausdruck zu bringen. »Der soziale Agent hat einen Habitus, und dadurch ist er ein kollektives Einzelwesen oder ein durch Inkorporation vereinzeltes Kollektivwesen. Das Individuelle, das Subjektive ist sozial, kollektiv. Der Habitus ist sozialisierte Kollektivität, historisch Transzendentales, dessen Wahrnehmungs- und Wertungskategorien (Präferenzsysteme) Produkt der Kollektiv- und Individualgeschichte sind.« Da »Agent« im Deutschen nach Geheimdienst klingt, wird *»agent«* fast durchgängig mit »Akteur« übersetzt.

teilt und hängt vom Volumen und der Struktur des Kapitals ab. Bourdieu et al. (ebd.: 192 f.) nennen vier Formen von Kapital:

1. Das *finanzielle* Kapital meint den direkten oder indirekten Zugriff auf monetäre Ressourcen als Bedingung der Möglichkeit für alle anderen Ressourcen.

2. Das *technologische* Kapital umfasst das Forschungspotential sowie die technischen Ressourcen wie Verfahren und Routinen, Fähigkeiten und Fertigkeiten.

3. Das *kommerzielle* Kapital hängt von Vertrieb und Marketing ab.

4. Das *symbolische* Kapital stellt ab auf das Markenimage, dessen Anerkennung und dessen Bekanntheit.

> Die Struktur der Kapitalverteilung und die Struktur der Kostenverteilung, die wiederum hauptsächlich mit der Größenordnung und dem vertikalen Integrationsgrad zusammenhängt, bestimmen die Struktur des Feldes, d. h. die Kräfteverhältnisse zwischen den Firmen, wobei die Herrschaft über einen erheblichen Anteil am Kapital (an der Gesamtenergie) Macht über das Feld, also über die kleinen Kapitalbesitzer, verleiht. Sie entscheidet auch über das Zugangsrecht zum Feld und die Verteilung der Profitchancen. (Ebd.: 193)

Allgemein gilt also: Je höher das Kapitalvolumen und je vielfältiger die Kapitalstruktur eines Agenten oder Unternehmens, desto größer seine Marktmacht; je größer seine Marktmacht, desto höher seine Chance, die geltenden Spielregeln zu definieren. Größere Unternehmen werden kleinere Unternehmen beherrschen und diesen Status quo auch mit allen Mitteln verteidigen. Hinzu kommen die *Struktureffekte* und *Feldwirkungen* selbst, denn die marktbeherrschende Stellung eines Akteurs beeinflusst alle anderen Akteure auf dem Feld. Als Beispiel für solche Struktureffekte führt Bourdieu das Regime des globalen Finanzkapitals an. »Es verdankt seinen schicksalhaften Anschein (zumindest in gewissen journalistischen Sichtweisen auf die ›Finanzmärkte‹) zweifellos der Tatsache, dass es nicht direkt bei nationalen Regierungen zu intervenieren braucht, um ihnen eine Politik aufzuzwingen oder, weniger noch, um ihnen eine zu verbieten.« (Ebd.: 195) Aber auch hier sind die Karten recht ungleich verteilt: Während arme Länder unter Kreditrationierung leiden, bleiben starke Länder davon unberührt, vor allem wenn sie wie die Supermacht USA mit dem Dollar über eine internationale Reservewährung verfügen.

Die Struktur des Feldes und die ungleiche Verteilung der Trümpfe (Kostenvorteile durch Massenproduktion, technologische Vorteile usw.) tragen dazu bei, die Reproduktion des Feldes durch »Einlasssperren« zu sichern, die aus anhaltender Benachteiligung von neu Eintretenden oder den Nutzungskosten resultieren, die sie zu erstatten haben. (Ebd.: 195)

Es sind also die Agenten, die in aller Regel das Feld machen – und nicht der Markt. Die Unternehmen sind keine *price-taker*, wie es die neoklassische Theorie des Marktes nahelegen würde; vielmehr werden sie oft genug *price-maker*, sofern ihre Marktstellung ihnen das erlaubt. Wenn es sich um ein Großunternehmen mit beherrschender Marktstellung handelt, kann es sogar als *price setter* fungieren, der Preise und Standards für den Rest des Feldes setzt.

»Das Kräftefeld ist auch ein Feld von Kämpfen um seine Erhaltung oder Transformation, ein sozial konstruiertes Aktionsfeld, auf dem Agenten mit unterschiedlicher Ressourcenausstattung aufeinandertreffen.« (Ebd.: 201) Trotz der im Allgemeinen üblichen Korrespondenz zwischen der Position im Feld und dem Raum der Möglichkeiten gibt es einen *Spielraum*, eine Freiheit, die *Strategien* auszuwählen, die den größten Erfolg versprechen. Diese Freiheit und dieser Spielraum in der Unternehmensführung ist das Einfallstor für das *Management* und dessen Theorien und Rezepte.[69] Die Auswahl der Strategien hängt von der eigenen Position im Feld wie auch von der Feldkonfiguration insgesamt ab.

Das ökonomische Feld ist also ein Kampffeld, dessen Struktur von der Verteilung der Kapitalien unter den Agenten abhängt. Ide-

69 »Die Theorie des *management*, eine Literatur vom Typ ›*Business school* für *business school*‹, folgt einer ganz ähnlichen Funktion wie die Texte der Juristen des 16. und 17. Jahrhunderts, die den Staat anscheinend nur beschreiben und ihn doch ausprägen helfen. Für den Gebrauch der aktuellen und potentiellen Manager konzipiert, geht sie ständig zwischen dem Positiven und dem Normativen hin und her. Im Grunde beruht sie auf einer Überbewertung des Spielraums, der für bewusste Strategien gegenüber den Strukturzwängen und den Dispositionen der Führungskräfte verbleibt.« (Bourdieu et al. 2002: 202, Fn. 32) Aber genau diese Überbewertung muss sie natürlich betreiben, wenn sie ihr Wissen an Unternehmen verkaufen will, die immer auf der Suche nach neuem Know-how sind; auch hier haben wir es mit einem wichtigen Feldeffekt zu tun. Wie groß dieser Feldeffekt ausfallen kann, zeichnen Luc Boltanski und Ève Chiapello in ihrer Studie nach, in der sie anhand des Managementdiskurses der 1960er und 1980er Jahre aufzeigen, wie diese Literatur dem Kapitalismus ein neues, moderneres Antlitz verpasst, was Boltanski/Chiapello (2003) in Anlehnung an Max Weber seinen »neuen Geist« nennen.

altypisch wird in der ökonomischen Theorie stets zwischen vollkommener Konkurrenz und Monopol unterschieden. Die Realität liegt natürlich meist in der Mitte, und daher unterscheiden die Ökonomen zwischen *first movers* oder *market leaders* einerseits und *challengers* andererseits.

Die *dominanten* Unternehmen können entweder versuchen, die Gesamtnachfrage zu steigern und damit die Stellung des Feldes oder Subfeldes insgesamt stärken; oder sie können danach streben, ihre eigene Position im Feld zu verbessern. Die *dominierten* Unternehmen können entweder die herrschenden Unternehmen angreifen, indem sie durch technologische Innovationen oder geschickte Imitationen, durch Kosten- oder Preissenkungen den Wettbewerbsdruck verschärfen; oder aber sie werden, falls diese Strategie zu riskant erscheint, gleichsam *indirekt* dem Konflikt aus dem Wege zu gehen versuchen, indem sie etwa eine Marktnische besetzen.

Wie kommt es dann zu einem *Wandel* im ökonomischen Feld, wenn es sich um ein stark vermachtetes, auf Reproduktion durch Expansion des Marktes oder durch Destruktion der Konkurrenz ausgerichtetes Geschehen handelt? Wie kann es dann überhaupt zu einer Transformation der Kräfteverhältnisse kommen? Bourdieu sieht hier zwei Hauptquellen des Wandels am Werk: 1. Neues *technologisches Kapital*, das dominante Unternehmen zu verdrängen vermag, wenn sie die »Zeichen der Zeit« verschlafen. 2. Die *Neudefinition der Grenzen* zwischen den Feldern:

> Manche Felder können in enger begrenzte Sektoren segmentiert werden, so wie sich die Luftfahrtindustrie in Produzenten von Verkehrsflugzeugen, Kampfflugzeugen und Reiseflugzeugen aufteilt; oder die technologischen Veränderungen können umgekehrt die Grenzen zwischen vorher getrennten Industrien abschwächen, so wie Informatik, Telekommunikation und Bürotechnik tendenziell immer mehr zusammenfallen und Unternehmen, die bisher nur in einem der drei Teilfelder präsent waren, einander tendenziell immer mehr als Konkurrenten in dem neu entstehenden Beziehungsraum vorfinden. (Bourdieu et al. 2002: 206)

Die wichtigste externe Beziehung unterhält das ökonomische Feld zum *Staat*. »Der Wettbewerb zwischen den Unternehmen nimmt oft die Form eines Wettkampfs um die Macht über die Staatsmacht an – namentlich über die Regelungsbefugnis und die Eigentumsrechte – und um die Vorteile, die verschiedene staatliche Interventionen […] verschaffen.« (Ebd.: 207) Wer hier die Nase vorn hat, kann die *terms of trade*, also die Spielregeln, zu seinen Gunsten beeinflussen. Das macht das Feld der Politik, wie wir gleich sehen werden, zu einem zentralen Schauplatz gesellschaftlicher Kämpfe – auch in Zeiten der Vorherrschaft der Wirtschaft und des ökonomischen Denkens.

8.7. Fazit: Ökonomische Ökonomie versus Ökonomie der symbolischen Güter und der symbolischen Gewalt

Bourdieu ist sich völlig bewusst, dass seine Studie zu den sozialen Strukturen der Ökonomie am Beispiel der Eigenheime den neoklassischen Konsens in der Wirtschaftswissenschaft kaum erschüttern wird. Denn dieser orthodoxe Konsensus umschreibt nicht nur ein weltweit anerkanntes Paradigma, sondern einer »imaginären Anthropologie« gleich fungiert es wie ein »wissenschaftlicher Mythos«, der weder theoretisch noch empirisch widerlegt werden kann. Das liegt an seiner Gestalt, die Bourdieu mit dem Modell aus Arthur Lovejoys *Die große Kette der Wesen* vergleicht.[70] In diesem polaren Modell herrscht am einen Ende die Mathematik in Gestalt einer Theorie des allgemeinen Gleichgewichts, am anderen Ende die angewandte Ökonomie, die mit kleinen Modellen die Wirtschaft empirisch untersucht. Sie profitiert dabei nicht nur von dem Renommee des mathematisierten und dadurch für das Gros der Menschheit unverständlichen Paradigmenkerns, sondern unterstreicht mit ihrer Empirie den Anschein eines objektiven Zugriffs

70 Arthur O. Lovejoy (1985) hatte in seinem gleichnamigen Buch den Nachweis geführt, dass seit Platons *Timaios* das westliche Weltbild auf diesem Modell der »Kette der Wesen« mit seinen drei Prinzipien der Fülle (der Natur), der Ordnung der natürlichen Lebewesen und der linearen Abstufung – gleichsam eine Hierarchie vom Einzeller bis zu Gott mit dem Mensch als »Mittelwesen« zwischen Tieren einerseits, Engeln und Gott andererseits – beruhte. Ob mittelalterliche Theologie mit ihren Theodizeeversuchen oder moderne Naturwissenschaft – alle folgten dem Modell der »Kette der Wesen« als Ordnungsprinzip, bis dann im 18. Jahrhundert die Fortschritte in den Naturwissenschaften diese Vorstellung obsolet werden ließen. Genauso regiert das ökonomische Weltbild unsere Welt heute, und es ist die Frage, was diesen »wissenschaftlichen Mythos« kreativ zerstören kann.

auf die Wirklichkeit. Da sie die Welt quantifiziert und in Zahlen ausdrückt, kommt ihr eine (Schein-)Exaktheit zu, die nicht anzuzweifeln ist, es sei denn durch andere Zahlen. Dass dieses Paradigma nach der Logik von Lovejoys Modell funktioniert, verdeutlichen Bourdieu et al. (2002: 225 f.) am Beispiel des *Marktes*. Auch wenn Marktunvollkommenheiten sogar von Ökonomen konstatiert worden sind, erlaubt die Vorstellung vom Markt

> wegen ihrer Zweideutigkeit oder Polysemie [...] abwechselnd oder gleichzeitig den abstrakten, mathematischen Wortsinn mit allen zugehörigen Wissenschaftseffekten oder diesen und jenen konkreten, mehr oder minder der gewöhnlichen Erfahrung nahestehenden Sinn heraufzubeschwören wie den Ort, wo sich der Austausch abspielt (Marktplatz, *market place*), die Vereinbarung über die Bedingungen einer Transaktion im Austausch (ein Marktgeschäft tätigen), die Absatzmöglichkeiten für ein Produkt (einen Markt erschließen), die Gesamtheit der für eine Ware offen stehenden Transaktionen (den Erdölmarkt) oder den charakteristischen ökonomischen Mechanismus der ›Marktwirtschaften‹ – wie also diese Vorstellung dazu prädisponiert ist, die Rolle eines ›wissenschaftlichen Mythos‹ zu spielen, der an jeder beliebigen Stelle der Kette für jeglichen ideologischen Gebrauch verfügbar ist. Am »göttlichen« Ende der Kette konnten die Chicagoer Schule und ganz besonders Milton Friedman so ihre Bemühungen um Rehabilitierung des Marktes (namentlich sogar für die feindselig gehaltenen Intellektuellen) auf die Gleichsetzung von Markt und Freiheit gründen und ohne weiteres die ökonomische Freiheit zur Bedingung der politischen Freiheit machen.

Statt eine sterile theoretische Debatte über Modelllogik vom Zaun zu brechen, bei dem sich die Soziologie entweder lächerlich macht oder ihr mathematischer Dilettantismus vorgeworfen wird, setzt Bourdieu deshalb bei einem Untersuchungsgegenstand an, der neben seiner ökonomischen Dimension soziale und vor allem symbolische Dimensionen aufweist. Das Eigenheim ist mehr als irgendein Konsumgut, es ist eine langfristige Investition von Zeit, Geld, Affekten und Arbeit. Der Bau eines Hauses ist eine kollektive Entscheidung mit weitreichenden Folgen, denn das Haus verweist auf die Hausgemeinschaft, auf die Heimstatt und die Heimat einer Familie. Der Häusermarkt macht zudem klar, dass Angebot und Nachfrage durch den Staat und seine Wohnungspolitik mitgeschaffen werden. Untersucht man die soziale Welt der Eigenheime nur mit einer klassischen ökonomischen Analyse, findet man nur die halbe Wahrheit und verfehlt Sinn und Bedeutung eines wichtigen sozialen Phänomens. Auf diesem Markt wie wahrscheinlich auf allen Märkten der Konsumgüterindustrie und der Dienstleistungen, so Bourdieus Fazit, ist eine wirtschaftssoziologische einer rein wirtschaftswissenschaftlichen Analyse überlegen.

Drei – für den Erklärungsanspruch der neoklassischen Ökonomie fatale – Einsichten glaubt Bourdieu seinen Untersuchungen entnehmen zu können:

1. Die Beziehung und das Verkaufsgespräch zwischen Verkäufer und Käufer folgen keineswegs der individualistischen Philosophie der Mikroökonomie, die Agenten und ihre individuellen Entscheidungen als austauschbare Subjekte konzipiert.

2. Die Zwänge, die auf den Akteuren lasten, resultieren nicht allein aus ihren momentanen Präferenzen oder ihren Interaktionen mit anderen Akteuren, sondern die Gesamtstruktur des Feldes der Eigenheimhersteller wirkt auf das Entscheidungsverhalten des Einzelnen ein.

3. Alles was die ökonomische Orthodoxie als gegeben annimmt – wie Angebot und Nachfrage, Markt und Preis, Bedürfnisse und Präferenzen, ja sogar das, was als ökonomisch rational gilt und was nicht –, ist das Produkt einer sozialen Konstruktion, bei welcher der Staat eine wichtige Rolle spielt, und einer Geschichte, deren Genese es zu rekonstruieren gilt.

Wie wichtig eine solche Genese der Geschichte auch *zeitdiagnostisch* ist, offenbart die Finanzkrise seit 2008, dem Jahr des Zusammenbruchs der Lehman Brothers-Investmentbank. Ausgangspunkt dieser Krise war eine gewaltige »geplatzte Immobilienblase«. Hintergrund war eine fatale Doppelentscheidung, die der damalige US-Präsident George W. Bush auf Drängen der Wall Street, die seinen Wahlkampf mitfinanziert hatte, traf: 1. Die vermeintlich »soziale« Entscheidung, auch mittellosen Amerikanern den Zugang zu Wohneigentum zu eröffnen. Deshalb wurden die beiden Immobilienfinanzierer Fannie Mae und Freddie Mac angewiesen, die so genannten »nina«-Kredite (»no income, no asset«) zu vergeben; 2. Die Aufhebung des »Glass-Steagall-Act« aus dem Jahr 1933, der eine strikte Trennung zwischen Geschäfts- und Investitionsbanken vorsah, damit Bankkunden oder Steuerzahler nicht für die riskanten Anlagestrategien von Investmentbanken haften müssen, sondern deren Anleger, die »Reichen« dieser Welt. Diese Doppelentscheidung setzte die Immobilien-Bonanza in Gang, in dessen Folge die Wall Street immer komplexere Finanzprodukte erfand, die kaum jemand durchschaute, die aber von den Rating-Agenturen meist mit der höchsten Bonitätsnote versehen wurden. Solange der Schneeball wuchs, ging es gut, da durch die Preissteigerungen für Immobilien die Kredite scheinbar durch den »realen« Gegenwert der Immobilien gedeckt waren.[71] Als die Blase schließlich platzte, endete der Traum von den »eigenen vier Wänden« gerade für die kleinen Leute im Trauma von Verschuldung und Existenzvernichtung. Wie wir gesehen haben, hatten auch schon Bourdieu und seine Forschungsgruppe die Ängste und Nöte der kleinen Leute notiert, die sich für ein schlecht gebautes Häuschen weit außerhalb von Paris ihr Leben lang verschulden. Wie Bourdieus Häuserstudie exemplarisch und die globale Finanzkrise der westlichen Welt seither drastisch verdeutlichen, kann der neoliberale Kapitalismus nur durch eine schuldenbasierte Wachstumspolitik überleben, die über Strategien der Ökonomisierung immer weitere Bereiche der Gesellschaft wie Hauseigentum, Bildung und Gesundheit »kolonialisiert« – meist mit desaströsen Folgen für die Betroffenen selbst wie für die Gesellschaft insgesamt. Wir werden im Kapitel über die Intellektuellen darauf zurückkommen.

Bourdieus Einsichten sind wichtig und ermutigend für die Renaissance der Wirtschaftssoziologie, die seit geraumer Zeit zu beobachten ist. Längst wird Bourdieu auch für diesen Zweig der Soziologie beansprucht,[72] was zeigt, wie fruchtbar und wichtig sein

71 In Europa löste die Immobilienblase der Euro aus, denn mit einem Mal konnten auch finanzschwächere Länder wie Irland oder Südeuropa an »billiges Geld« kommen. Spanien etwa legte einen lang anhaltenden Boom hin, der ausschließlich auf hektischer Bautätigkeit beruhte. Jeder in Spanien sollte eine Immobilie haben, und so wurden auch hier hohe Kredite von den Banken vergeben, die selbst mittellose Einwanderer zum Eigenheim »verführten«. Einem ecuadorianischen Bauarbeiter etwa wurde eine 45-Quadratmeter-Wohnung weit außerhalb von Madrid für 200 000 Euro angedreht. Als er in der Krise seinen Job verlor, nahm ihm die Bank die Wohnung ab, 50 000 Euro, die er zwischenzeitlich getilgt hatte, waren weg, und auf der Restschuld von 150 000 Euro blieb er auch noch sitzen. Dieses Beispiel entnehme ich der instruktiven Reportage aus dem Deutschlandfunk (2012) in der Reihe »Gesichter Europas« über die »Ruinen des Wohlstands: Spaniens einstürzende Neubauten«, gesendet am 28. Juli 2012. 5,6 Millionen Wohnungen stehen in Spanien leer.

72 Bourdieus Ansatz wurde inzwischen in die einschlägigen Sammelwerke und Lexika der Wirtschaftssoziologie aufgenommen; vgl. Granovetter/Swedberg (2001),

Ansatz der Feldanalyse ist. Seine Studien zu den sozialen Strukturen der Ökonomie machen einen viel versprechenden Anfang und könnten auch der Ansatzpunkt für eine eher institutionalistisch orientierte Ökonomie werden, die historisch und vergleichend verfährt, ohne unsystematisch oder gar theoriefeindlich zu sein.

Smelser/Swedberg (2005) und Beckert/Zafirovski (2006). Einen guten Überblick über die deutsche Diskussion geben Florian/Hillebrandt (2006) und, was die ökonomische Feldanalyse angeht, Bernhard/Schmidt-Wellenburg (2012a), darin vor allem Diaz-Bone (2012) und Lebaron (2012). Jens Beckert (2012 hat sich für die ökonomische Feldanalyse im Anschluss an Bourdieu stark gemacht.

9. Das politische Feld

9.1 Einleitung

Was für das ökonomische Feld gilt, trifft auch auf das politische Feld zu:

Ebenso wie die Wirtschaftswissenschaft über die ökonomischen und kulturellen Bedingungen »rationalen« ökonomischen Handelns schweigt, hüllt sich die »Politikwissenschaft« im Hinblick auf jene Bedingungen in den Mantel des Schweigens, welche die Bürger vor die Wahl stellt, sich entweder ihrer Stimme zu enthalten oder durch ihre Delegation alle Macht aus den Händen zu geben, eine Wahl, die umso gewalttätiger ausfällt, je weniger sie über die ökonomischen und kulturellen Mittel der politischen Teilhabe verfügen. (Bourdieu 2010b: 43)

Deshalb folgt Bourdieu auch hier seiner Ökonomie der Praxis, um einerseits historisch und systematisch die Entstehung eines politischen Feldes nachzuzeichnen, andererseits empirisch zu untersuchen, was es heißt, politisch zu handeln, sich zu enthalten oder zu wählen. Dabei setzt er ganz elementar an. Er versucht Politik und politische Arbeitsteilung *soziologisch* zu denken und einige Grundprobleme der Politik neu aufzuwerfen. »Aber Politik denken, ohne politisch zu denken« (Bourdieu 2000b: 8 f.), setzt einen *Bruch* mit der politischen Alltagswelt und den politischen Wissenschaften – von der Staats- über die Rechts- bis zu den Politikwissenschaften – ebenso voraus wie Verfremdung und Distanz, um die »kognitiven Schemata« und Spielregeln zutage zu fördern, die die politische Welt regieren. Bourdieu geht es also in letzter Instanz um eine *Anthropologie* oder *Ethnologie* der Politik.

Er verfährt also mit der Politik wie mit der Wirtschaft. Wie gesehen, hat Bourdieu auf der Basis seiner Ökonomie der Praktiken weder eine genuin ökonomische Soziologie noch eine eigenständige Politische Ökonomie ausgearbeitet. Vielmehr bietet er eine *Soziologie der Ökonomie* an, die aufzeigt, wie historisch voraussetzungsreich die Entstehung eines ökonomischen Habitus und die Ausdifferenzierung eines eigenständigen ökonomischen Feldes sind. Erst unter diesen Voraussetzungen kann man anfangen, den *Kapitalismus* als scheinbar natürliche Wirtschafts-, Gesellschafts- und Lebensform anzusehen. Die gleiche Vorgehensweise wählt er für den zweiten Stützpfeiler moderner westlicher Gesellschaften: die *Demokratie*. Auch die Demokratie, welche die Politikwissenschaft wie selbstverständlich als Gesellschafts- und Regierungsform ihren Untersuchungen zugrunde legt, beruht auf keineswegs selbstverständlichen historischen Voraussetzungen. Das gilt erstens für den *politischen Habitus*. Die Vorstellung des souveränen Bürgers, des *homo politicus*, der am politischen Leben gleichermaßen räsonierend, deliberierend und partizipierend teilnehmen können soll, ist in Bourdieus Augen eine Fiktion. Denn warum sollten die Gesetzmäßigkeiten der sozialen Welt, die auf sozialer Ungleichheit und sozialen Klassen beruhen, ausgerechnet in der politischen Welt mit ihrem demokratischen Ideal politischer Gleichheit außer Kraft gesetzt sein? Vielmehr greifen die Verhältnisse aus der sozialen in die politische Welt über. Hier setzt Bourdieu empirisch und kritisch an und zeigt die unterschiedliche Verteilung von »Politikfähigkeit« unter den Bürgern auf. Das gilt zweitens für das *politische Feld*, einen Mikrokosmos mit eigenen Spielregeln, dessen Funktionsweise durch das Ringen um Macht und Herrschaft in einem weitgehend von der Gesellschaft verselbstständigten Kosmos stattfindet, der sich im Lauf eines langen Autonomisierungsprozesses herausgebildet hat.

Auf der Basis dieses elementaren und kritischen Ansatzes ergibt sich ein ähnliches Bild für das politische Feld, wie wir es auch schon für die Ökonomie kennengelernt haben. Bourdieus Soziologie, die so eminent »politisch« erscheint – bemüht er sich doch stets um soziologische Aufklärung über die geheimsten Grundlagen der Sozialwelt in kritischer Absicht –; seine Analysen, die vornehmlich auf den Konnex von Macht, Ungleichheit, Konflikt und sozialer Reproduktion gerichtet sind; seine Kritik, die stets Herrschaftskritik oder Kritik der Herrschenden ist: diese ganze »Politizität« seiner Gesellschaftstheorie, Gesellschaftsanalyse und Gesellschaftskritik kommt ohne eine elaborierte *politische Theorie der Demokratie* und letztlich auch ohne eingehende politische Institutionenanalyse aus. Das ist zunächst ein überraschender, wenn nicht sogar paradoxer Befund. Denn wie kann man Politik neu denken, ohne politisch zu denken, ohne Demokratie- und Institutionenanalyse? Auch hier gilt, was wir über das ökonomische Feld gesagt haben. Bourdieu ist und bleibt ein Kultursoziologe,[73] der Wirtschaft und Politik aus

73 Bourdieu (2010b: 8) setzt an, »die geheiligte Grenze zwischen Kultur und Politik zu überschreiten, die Grenze zwischen dem reinen Denken und der Trivialität

der Perspektive materieller und symbolischer Macht, Herrschaft und Gewalt betrachtet.[74] Diese Perspektive bietet einen erfrischend neuen Blick auf die dominanten Felder der modernen Gesellschaft – Wirtschaft und Politik – und lädt geradezu zur Kritik ein, weil man »das Große und Ganze« plötzlich zumindest strukturell und in seinen Grundlagen vor Augen stehen hat. Kurz und formelhaft: »Gesellschaftliche Totalität als kursorische Strukturskizze«. Es ist diese »Pars pro toto«-Meisterschaft, aus der Bourdieus enorme Anschlussfähigkeit resultiert, die aber zugleich auch ein Unbehagen erzeugt, ob die Teilfeldanalysen der Eigenlogik der Funktionssysteme wirklich hinreichend gerecht werden. Was er also leistet, ist in Ansätzen eine *Soziologie der Politik.* Allerdings muss die weitere Ausarbeitung erst noch erfolgen, denn Bourdieu und seine Forschungsgruppe haben nicht viel mehr als einige erste Skizzen einer Feldanalyse des politischen Systems vorgelegt.[75]

Man wird bei Bourdieu also vergeblich Ausschau halten nach einer Theorie der Demokratie, wie man sie gemeinhin aus Philosophie, Staats- und Politikwissenschaft kennt – und doch kann man über die sozialen Bedingungen der Möglichkeit von Demokratie eine Menge lernen.[76] Ebenso wenig finden sich Analysen der Regierung, des Parlaments oder der Gerichte (von solchen bezüglich Par-

der Agora: Im Bruch mit dem, was den unnachahmlichen Charme aller Initiationseinschnitte ausmacht – zwischen Ontologie und Anthropologie für die einen, Wissenschaft und Ideologie für die anderen –, und mit allen sakralisierenden Trennungen zu den Profanen, die es gestatten, sich als höhere Wesensart zu fühlen, gilt es, sich in die öffentliche Sphäre hinab zu begeben.«

74 Genau wegen dieses Fokus stellt Bourdieus Werk einen der wichtigsten Ansätze in der gegenwärtigen Machtanalyse dar. Vgl. dazu das instruktive Buch von Strecker (2012: 84-104).

75 Dazu gehören vor allem die Schriften, die in den Bänden *Das politische Feld* (Bourdieu 2001b) und *Politik* (ders. 2010b) gesammelt sind. Siehe auch seine Überlegungen zur Entstehung des Staates, »Staatsgeist. Genese und Struktur des bürokratischen Felds« (ders. 1998a: 96-136) und seine Vorlesungen am Collège de France von 1989-1992, die kürzlich unter dem Titel *Sur l'État* (ders. 2012) erschienen sind (dt.: *Über den Staat*, ders. 2014).

76 Bourdieu ist dabei in der guten Gesellschaft seines Landsmanns und Vorläufers Alexis de Tocqueville (1805-1859). Tocqueville (1987) prägt zwar die Begriffe von »Politikwissenschaft« und »Individualismus«, versteht aber die Demokratie nicht nur als Regierungsform, sondern als Gesellschafts- und Lebensform. Ihm geht es also, genau wie Bourdieu, vor allem um eine politische Soziologie der Demokratie.

teien, Verbänden und Gewerkschaften ganz abgesehen) – das Brot- und Butter-Geschäft der Politikwissenschaften und der politischen Soziologie. Auch liefert er keine Theorie des Wohlfahrtsstaates oder des Sozialstaates, obwohl der späte, kritische Intellektuelle Bourdieu diesen Typus von Staatlichkeit vehement verteidigt hat. Bourdieu ist eben Soziologe, kein Politikwissenschaftler, und in dieser Eigenschaft greift er die »Politikwissenschaft« oder einen bestimmten Typus davon an. Was er anbieten kann, und das machen seine soziologischen Überlegungen zur Politik so aufschlussreich,[77] ist gleichsam eine »antipolitische Politik« (Bourdieu 1991a: 45). Ganz ähnlich wie Émile Durkheim geht es Bourdieu um die nichtpolitischen Voraussetzungen der Politik oder, besser noch: um die vorpolitischen und gleichsam gesellschaftlichen Voraussetzungen der Möglichkeit und Wirklichkeit von Politik.

Dieser grundlagenorientierte Ansatz umreißt vier Themenkomplexe: 1. *Kultur und Politik*: Wenn man sich politischen Fragen zuwendet, lautet die erste Frage, wer eigentlich über die nötige Kompetenz verfügt, über politische Belange zu sprechen, zu reflektieren und zu urteilen. Bourdieus empirische Antwort lautet: Das ist vor allem eine Frage des Bildungskapitals. 2. *Öffentliche Meinung und die Doxosophen*: Wie entsteht die öffentliche Meinung? Wer trägt dabei was, wie und wodurch bei? Weit davon entfernt, das spontane Resultat eines Prozesses öffentlichen Räsonnements zu sein, wird sie gemacht von allen jenen, die professionell mit Politik befasst sind. Dazu gehört unter anderem auch die Politikwissenschaft, die den politischen Betrieb analysiert. In kritischer Absicht zielt Bourdieu (2010b: 8) mit Platons Begriff der Doxosophen auf die modernen Medienpolitologen, »zweideutige Gestalten, die mit dem einen Fuß in der Wissenschaft und dem anderen in ihrem Gegenstand stecken. Als scheinbare Wissenschaftler bedienen sie sich eines zur Schau gestellten Anstrichs von Wissenschaftlichkeit, um sich im Namen der Wissenschaft in jene Realität einzumischen, die sie vorgeben zu untersuchen.« 3. *Das politische Feld*: Was passiert, wenn die Politik zum Beruf wird und eine eigenständige Sphäre des

77 Zu Bourdieus »Soziologie der Politik« siehe die interessante Einführung von Fritsch (2001: 7-27) und sein Interview mit Bourdieu (2001b: 29-40). Siehe auch das Sonderheft »Politisches Feld und symbolische Macht« des *Berliner Journals für Soziologie* (4/1991), ferner Bouveresse (2005), Swartz (2012) und Wacquant (2004).

Politischen als relativ autonomes Feld entsteht? Wie sieht die Logik und Dynamik des politischen Feldes aus? 4. *Der Staatsadel und die Transformation des Machtfeldes*: Wer wählt Politik als Beruf? Und wie hat sich das Machtfeld entwickelt und verändert? Wir hatten bereits im fünften Kapitel (über Bildung) den Staatsadel kennengelernt, jenes Personal, das an den *Grandes Écoles* auf die Herrschafts- und Führungsarbeit im Staatsdienst und in den Unternehmen vorbereitet wird. Bourdieu interessiert der Strukturwandel des Machtfeldes, der den Bedeutungszuwachs des Bildungskapitals für das ökonomische Feld, das bürokratische Feld und das Feld der kulturellen Produktion selbst beinhaltet.

Entlang der vier Themenkomplexe sollen Bourdieus Analysen in vier Schritten rekonstruiert werden. In einem ersten Schritt werden wir seine empirischen Analysen zum Komplex von Kultur und Politik nachvollziehen. In einem zweiten Schritt sollen seine Überlegungen zu den »Doxosophen« ausgebreitet werden, was das Themenfeld von Umfragen und politischer Meinungsbildung berührt. Drittens wird die Konstitution des politischen Feldes nachvollzogen, indem die Prozesse der Delegation und Repräsentation näher beleuchtet werden. Viertens werden wir seine Überlegungen zum Machtfeld und zum Staatsadel aufgreifen. Diese basalen Vorüberlegungen zum politischen Feld bereiten den Boden, um im zehnten Kapitel seine Konzeption der Intellektuellen und seine Formen der Kritik zu schildern, die den ganzen »politischen« Bourdieu ausmachen. Wir trennen also künstlich, was in Bourdieus Denken eine Einheit bildet: seine kritische Soziologie der Politik einerseits, sein politisches Engagement als Soziologe, Kritiker und Intellektueller andererseits.

9.2 Politik und Kultur

Es ist bemerkenswert, dass Bourdieu (1982a: 620-726) seine ersten empirischen Resultate und Überlegungen zur »Politikfähigkeit« erst gegen Ende seiner berühmten Monographie *Die feinen Unterschiede*, unterbringt – nach der empirischen Charakterisierung der klassenspezifischen Lebensstile und kurz vor der Schlussbetrachtung. Dieses achte Kapitel (»Politik und Bildung«) wirkt wie »angeklatscht«, wie ein Fremdkörper in einem Buch über »Klassen und

Lebensstile«. Dementsprechend ist es wenig beachtet worden, aber gleichwohl konstitutiv für das Verständnis seiner »Soziologie der Politik«. Es bündelt wichtige Forschungsresultate, die auch auf Vorarbeiten zurückgehen, die in der 1975 gegründeten Zeitschrift *Actes de la recherche en sciences sociales* publiziert worden waren. Von allen diesen Vorarbeiten über politische Fragen, die öffentliche Meinung oder die Doxosophen erregte die 1976 vorgelegte Studie von Bourdieu und Luc Boltanski über »Die Produktion der herrschenden Ideologie« am meisten Aufsehen.[78] Dort verfolgten die Autoren den herrschenden Diskurs als Diskurs der Herrschenden zurück bis in die 1930er Jahre und zeigten die Kontinuität der Suche nach einem Dritten Weg zwischen Kapitalismus und Kommunismus auf – eine soziale Philosophie, die erst im Nachkriegsfrankreich als »planifizierte Industriegesellschaft« reale Gestalt annehmen sollte.

Ausgangspunkt des Kapitels über Politik und Kultur ist die Marx'sche und Engels'sche Vorstellung einer kommunistischen Gesellschaft, in der die berufliche Arbeitsteilung aufgehoben ist und jeder alles tun können soll, wie es ihm gefällt und notwendig erscheint. Folglich werden diese gedachten »kommunistischen Menschen« auch ihre gesellschaftlichen Angelegenheiten untereinander gemeinschaftlich regeln,[79] ohne dass es einer eigenständigen Politik oder gar professioneller Politiker bedürfte. Bourdieu (1982a: 620 f.) findet dieses Bild bezeichnend, da es noch als Utopie die tatsächliche Funktionsweise moderner arbeitsteiliger Gesellschaften enthüllt:

78 Luc Boltanski hat diese Studie später als Buch (Bourdieu/Boltanski 2008) aufgelegt und in dem Begleitband *Rendre la réalité inacceptable* (Boltanksi 2008) nicht ohne einen Anflug von Elegie und Nostalgie die Frühphase der Forschungsgruppe um Pierre Bourdieu und die Zeitschrift geschildert.

79 Gemeint ist das berühmte *Bild der kommunistischen Gesellschaft* aus der *Deutschen Ideologie*: »Sowie nämlich die Arbeit verteilt zu werden anfängt, hat Jeder einen bestimmten ausschließlichen Kreis der Tätigkeit, der ihm aufgedrängt wird, aus dem er nicht heraus kann; er ist Jäger, Fischer oder Hirt oder kritischer Kritiker und muß es bleiben, wenn er nicht die Mittel zum Leben verlieren will – während in der kommunistischen Gesellschaft, wo Jeder nicht einen ausschließlichen Kreis der Tätigkeit hat, sondern sich in jedem beliebigen Zweige ausbilden kann, die Gesellschaft die allgemeine Produktion regelt und mir eben dadurch möglich macht, heute dies, morgen jenes zu tun, morgens zu jagen, nachmittags zu fischen, abends Viehzucht zu treiben, nach dem Essen zu kritisieren, wie ich gerade Lust habe, ohne je Jäger, Fischer, Hirt oder Kritiker zu werden.« (Marx/Engels 1978: 33)

Das utopische Paradoxon bricht die Doxa auf: Indem es das Bild einer sozialen Welt entwirft, in der »Jeder, in dem ein Raffael steckt« – ein Raffael der Malerei wie der Politik –, sich verwirklichen könnte, macht es die Einsicht unabwendbar, daß wie im Bereich der Malerei so auch in dem der Politik die (inkorporierten und objektivierten) Produktionsmittel monopolisiert sind, und hindert auf diese Weise daran, all jene (Raffaele) zu vergessen, die weniger durch »ideologische Staatsapparate« gehindert werden, ihre »Talente [zu] entwickeln«, als durch die jenes Monopol tragenden Mechanismen.

Diese *Mechanismen* will Bourdieu aufdecken. Tatsächlich versucht er im Einzelnen zu zeigen, dass und genau wie *Wissen* und *Bildungskapital*, also *Kultur*, geradezu notwendig für die politische Partizipation sind. Um dies zu zeigen, wählt er ausgerechnet den »*marais*«, also den »Sumpf« oder »Morast« der »Meinungslosen«, wie die französische Meinungsforschung jenen Teil der Befragten bezeichnet hat, der sich der Stimme enthält. Bourdieus (1982a: 622) Vermutung: »Die Stimmenthaltung stellt vermutlich weniger ein Versagen des Systems dar als eine Voraussetzung seines Funktionierens als *verkanntes*, folglich anerkanntes *Zensus-System*.« Diese starke These, dass politische Urteile von der Urteilsfähigkeit der Befragten und ihrem wahrgenommenen Recht auf ein solches Urteil abhängen, sucht er durch die empirische Untersuchung der Determinanten des Antwortverhaltens zu untermauern. So findet er als Erstes, dass Männer auf politische Fragen häufiger antworten als Frauen, Jüngere eher als Ältere, die Befragten aus großen eher als aus kleinen Ortschaften, solche mit höherem Bildungskapital und ökonomischem Kapital eher als jene mit geringerem Kapital. Nimmt man das geschlechtsspezifische Antwortverhalten genauer unter die Lupe, zeigt sich, dass Männer eher über den öffentlichen, Frauen bereitwilliger über den privaten Bereich und den Alltag Auskunft geben.

Die Umfrage, diese gleichsam experimentelle Umsetzung der Wahldemokratie, macht sichtbar, daß die Antinomie zwischen demokratischem Spontaneismus, der allen ohne Ansehung von Geschlecht und Klasse das Recht und die Pflicht einer Meinung zuspricht, und technokratischem Aristokratismus, der sie allein den ihrer »Intelligenz« und »Kompetenz« wegen ausgewählten »Experten« vorbehält, ihre praktische Lösung in jenen Mechanismen findet, mittels deren jene, welche ohnehin durch die technokratische Auslese am Eintritt gehindert werden, dazu gebracht werden, sich auch noch »aus freien Stücken« aus dem Demokratiespiel auszuschließen. (Bourdieu ebd.: 631 f.)

Die Gleichgültigkeit, die sich in der Stimmenthaltung bei der Wahl oder in der Kategorie »keine Antwort« bei Umfragen äußert, bringt Bourdieus Auffassung nach eher die Ohnmacht der Befragten als ihr Desinteresse zum Ausdruck. Die empirisch beobachtbaren quantitativen Variationen im Antwortverhalten nach Klasse und Geschlecht sucht er im nächsten Schritt *qualitativ* zu bestimmen. Den Mechanismus zur Antwortbereitschaft macht er in dem Gefühl aus, *berechtigt* zu sein. In seinen Augen gehen gerade beim politischen Sinn und Urteilsvermögen *Sachkompetenz* (Wissen) und *soziale Kompetenz* (das Gefühl, berechtigt zur öffentlichen Meinungsäußerung zu sein) eine enge Verbindung ein.

> Darin liegt begründet, warum Kompetenz im Sinne einer besonderen Bildung und Kompetenz im Sinne einer qua Status zugeschriebenen Eigenschaft zueinander in einem Verhältnis von »Existenz« zu »Essenz« stehen: Nur die, denen es zusteht, sie zu besitzen, können sie sich effektiv aneignen – und nur die, die ermächtigt sind, sie zu besitzen, fühlen sich verpflichtet, sie sich anzueignen. (Ebd.: 640)

Das lenkt sein Augenmerk auf die Produktionsweisen von politischen Meinungen im Allgemeinen. Er stellt die Hypothese auf, dass »Neigung und Fähigkeit, die verbalen oder praktischen Positionen nach *expliziten*, als solche einer *intentionalen Systematisierung* (eher einer Ethik, Ästhetik oder politischen Doktrin als eines Ethos) unterworfenen Prinzipien zu richten, mit dem Bildungskapital steigen« (ebd.: 655, Fn. 29). Tatsächlich nutzt Bourdieu seine Unterscheidung von Doxa, Orthodoxie und Heterodoxie beziehungsweise den Allodoxia, um drei Produktionsprinzipien von politischen Meinungen auszumachen: 1. Das in den Doxa verhaftete *Klassenethos* ist »eine als solche nicht konstitutierte Erzeugungsformel, die auf alle Probleme des Alltags in sich objektiv kohärente und den praktischen Postulaten eines praktischen Verhältnisses zur Welt kompatible Antworten zu geben erlaubt« (ebd.: 655); 2. Es gibt eine in Richtung Orthodoxie gehende systematische politische Gesamtkonzeption oder *politische Axiomatik*, die explizite politische Prinzipien kennt, die in logisch kontrollierter Weise in einem reflexiven Denkprozess auf politische Belange angewandt wird; 3. Es existiert die *Entscheidung zweiten Grades*, in dem sich jemand bewusst an einem »Programm« oder der »Linie« einer Partei oder Bewegung ausrichtet. Das Klassenethos, implizit und vorreflexiv, verweist auf eine objektive Systematik praktischer Handlungen und ist Ausdruck eines Klassenhabitus. Die politische Axiomatik, explizit und reflexiv, beschreibt die intentionale Kohärenz der nach einem ausdrücklichen politischen Prinzip geschaffenen Diskurse und Handlungen, die in einem gehobenen Klassenhabitus gründet, aber zugleich auch Interesse, Engagement und Partizipation am politischen Prozess signalisiert, was meist mit einem hohen Bildungskapital einhergeht. Bourdieu glaubt so, triftig nachgewiesen zu haben, dass sich die Fähigkeit zu politischen Meinungen und zur politischen Meinungsbildung der klassenspezifischen Verteilung der symbolischen Beherrrschung der politischen Praxis verdankt. Die Demokratie geht vom Ideal des souveränen Bürgers aus, der informiert und engagiert politische Urteile zu fällen vermag. Bourdieu hingegen demonstriert, dass dieses Ideal insofern Ideologie bleibt, als die Fähigkeit und Bereitschaft zu politischer Meinungsbildung klassenspezifisch verteilt ist und die politische Ohnmacht der Bürger von Seiten der Politikwissenschaft auch noch als Desinteresse und mangelndes gesellschaftliches Engagement verunglimpft wird.

9.3 Die Doxosophen und die öffentliche Meinung

Bourdieu (2010b: 224) lässt kein gutes Haar an der Politikwissenschaft:[80] »Die ganze ›politische Wissenschaft‹ hat nie aus mehr als einer bestimmten Kunst bestanden, ihre spontane Wissenschaft von der Politik der herrschenden Klasse und ihrem politischen Personal zu überantworten.« Diese sich den herrschenden Kreisen andienende Funktion sieht er perfekt verwirklicht in einer

80 Sein genereller Angriff auf die Politikwissenschaft zielt in erster Linie auf die angewandte, politiknahe, empirische Umfrageforschung, was die Politikwissenschaft als ausdifferenzierte Disziplin natürlich nicht im Ganzen trifft. Trotzdem hat er sich mit dieser allgemeinen Attacke viele Feinde in der französischen Politikwissenschaft gemacht, zugleich aber auch einer jüngeren kritischen Politikwissenschaft zum Durchbruch verholfen, wie sie in der Zeitschrift *Politix* zum Ausdruck kommt.

Institution wie der *Sciences Po,*[81] die als »Zufluchtsschule« für den Nachwuchs der Bourgeoisie genau jene »politische« Kunst lehrt, »die Politik zu einem Gegenstand gepflegter Konversation zu machen«. »Die ›politische Wissenschaft‹, wie sie am Institut d'études politiques gelehrt wird, hätte das Auftauchen moderner soziologischer Forschungstechniken nicht überleben dürfen.« (Ebd.: 225) Aber da hätte man aus Bourdieus Sicht die Rechnung ohne den Wirt gemacht, denn die politischen Kreise haben ein eminentes Interesse an dieser Art von »Politikwissenschaft«, hilft sie doch, ein technokratisches Demokratieverständnis durchzusetzen, und bekräftigt sie eine bestimmte »politische Meinung«, die wiederum dazu beiträgt, den politischen Kurs zu legitimieren.

Bourdieu wählt als Beispiel für diese Art von »Politik-Forschung« einen Auszug aus einer allgemeinen Umfrage der SOFRES über Politik, die unter Mitwirkung des IEP durchgeführt wurde, um die Tendenzen zur Entpolitisierung und Entmachtung der Befragten zu veranschaulichen: »›Oft wird gesagt, dass Staatsangelegenheiten ziemlich kompliziert sind und man Spezialist sein muss, um sie zu verstehen. Stimmen Sie dieser Ansicht völlig zu, eher nicht zu oder überhaupt nicht zu? Stimme völlig zu: 37 %, stimme eher zu: 35 %, stimme eher nicht zu: 16 %, stimme überhaupt nicht zu: 10 %, keine Angabe: 2 %.‹« (Ebd.: 223)[82] Immerhin 98 % der Befragten geben eine Antwort auf diese allgemeine Frage, und 72 % gestehen ihre eigene relative Inkompetenz in »Staatsangelegenheiten« ein, bekennen sich also schuldig, von Politik nicht genügend zu verstehen, um mitreden oder gar mitentscheiden zu können. Ergo, so die implizite Schlussfolgerung, muss die Politik von Politikern und Experten gemacht werden. Wie soll man ein solches Ergebnis verstehen, und vor allem: wie muss man es *soziologisch* interpretieren? Der mündige Bürger, der *homo politicus*, der eben noch der politischen Meinungsbildung für fähig und kompetent genug erachtet wurde, um überhaupt befragt zu werden, wird mit

81 *Sciences Po* ist die Abkürzung für das *Institut d'études politiques* (IEP), das nach 1945 vor allem als Vorbereitungsschule für die ENA diente, mittlerweile aber im Zuge der disziplinären Erweiterung und der Internationalisierung zu einer der prominentesten Bildungseinrichtungen Frankreichs aufgestiegen ist.

82 Tatsächlich fehlt in dem Zitat aus der Umfrage von SOFRES in der Frageformulierung die Antwortmöglichkeit »Stimme eher zu«, wie dann die vier Antworten und ihre empirische Verteilung zeigen.

einer Frage konfrontiert und eingeschüchtert, die ihm die theoretisch angesinnte Kompetenz über das praktische Antwortverhalten gleich wieder entzieht. Immerhin wird ihm zugestanden, politisch kompetent seine politische Inkompetenz zu artikulieren.

Bourdieu moniert an dieser Art von Umfrageforschung, Frage und Fragesituation zweierlei: 1. die Legitimität und den Legitimitätsanspruch einer »politischen« Wissenschaft, die solche Fragen stellt; 2. den politischen Diskurs und die quasinatürliche Einstellung zur politischen Welt, die sich hinter dieser Art von Forschung verbergen. Er (ebd.: 223 f.) fordert dazu auf, »sich über die Natur und Funktion einer politischen, logischen und polito-logischen Kompetenz Rechenschaft ab[zu]legen, die ihnen (den Doxosophen, HPM) die Macht verleiht, eine derart perfekte Fragestellung zu entwerfen, mit der die Befragten gezwungen werden, sich selbst jede Kompetenz abzusprechen, sich ihrer zugunsten der Spezialisten zu entheben.« Offenkundig fehlt es an der methodologischen und metapolitischen Reflexion, was diese Art von politologischem Umfragehandwerk nicht nur wissenschaftlich fragwürdig macht, sondern auch politischen und letztlich ideologischen Schaden anrichtet. Es ist diese Ignoranz, die Bourdieu diese Art von Politikwissenschaft sowie Teile des Journalismus als »Doxosophie« bezeichnen lässt.

Denn indem sie hier ausdrücklich jenes Geständnis der Inkompetenz einfordern, das ihre üblichen Fragen auch sonst unfehlbar erhält, in Gestalt von Schweigen oder erpresster Rede, verraten die Spezialisten der »politischen Wissenschaft«, durch einen typisch sokratischen Umkehrschluss, dass sie das Prinzip der Wirksamkeit dieser Fragen gar nicht kennen: Nämlich die glückliche Unbewusstheit der politisch kompetenten, aber wissenschaftlichen Inkompetenz, die den Doxosophen ausmacht, wie Platon gesagt hätte, eines Spezialisten der *doxa*, der Meinung und des Anscheins, eines scheinbaren Gelehrten und Gelehrten des Scheins, bestens geeignet, um den Anschein der Wissenschaftlichkeit auf einem Gebiet zu erwecken, in dem der Anschein immer für den Schein da ist. (ebd.: 224)

Diese unbewusste »Meinungsmache« in der Meinungsforschung wird zweitens deutlich, wenn man sich die Sprache des »politischen Diskurses« näher anschaut. Bourdieus Kritik nimmt hier eine ganz ähnliche Stoßrichtung ein wie seine Kritik an der Ökonomie. So wie die neoklassische Ökonomie den *homo oeconomicus* und den Markt als natürliche Institutionen einfach voraussetzt, so geht diese Art von Politikwissenschaft, die er kritisiert, vom *homo politicus* und der Demokratie aus. Die Fragen werden in der offiziellen Sprache der Politik formuliert, folgen also den politischen Klassifikationsmustern und quasiabstrakten Argumentationsstilen gehobener Diskurse, wie sie auch an der ENA und der IEP gelehrt und in niveauvollen Tageszeitungen gepflegt werden.

Diese vollkommen zirkuläre Zirkulation der Schemen und Themen des legitimen politischen Diskurses, eines herrschenden Diskurses, der sich als solcher verbirgt, und das Gefühl der unmittelbaren Evidenz, das sich jedes Mal beobachten lässt, wenn die objektiven Strukturen völlig mit den verinnerlichten Strukturen zusammenfallen, tragen dazu bei, den »politischen« Diskurs, und die implizite Definition der Politik als Diskurs, unter Protektion der Meinungsumfrage zu stellen, weil hier die unmittelbare Zustimmung zu einer sozialen Welt vorausgesetzt ist, die als natürliche Welt wahrgenommen wird und so eine »natürliche Einstellung« beschreibt oder, wenn man will, die *doxa*, die unterschwellig die *para-doxalsten* politischen Meinungen antreibt. (Ebd.: 226)

Vor dem Hintergrund dieser Kritik konstatiert denn Bourdieu (ebd.: 243 ff.) auch lapidar: »Die öffentliche Meinung gibt es nicht.« Tatsächlich beruht das Konstrukt der öffentlichen Meinung auf drei Postulaten, die Bourdieu sämtlich als nicht erfüllt ansieht: 1. der Fähigkeit jedes Menschen, sich zu allem und jedem eine Meinung zu bilden (wir haben gesehen, dass das bei politischer Meinungsbildung nicht so ohne weiteres gegeben ist); 2. der Gleichwertigkeit aller Meinungen (nicht nur sind nicht alle Meinungen gleich viel wert, sondern deren Kumulation führt häufig zu sinnlosen statistischen Artefakten, die genau genommen nicht zu interpretieren sind); 3. einem unterstellten Konsens, denn indem allen die gleiche Frage gestellt wird, geht man stillschweigend davon aus, dass diese von allen als wichtig angesehen wird. Da diese drei Voraussetzungen alle nicht gegeben sind, so Bourdieu, werden die Ergebnisse verzerrt,[83]

83 Die Verzerrungen werden umso gravierender, je kommerzieller die Meinungsforschung betrieben wird. »Die Effekte der ›unsichtbaren Hand‹ des Marktes, die sowohl bei der Auswertung als auch bei der Datenerhebung zum Tragen kommen (bekanntermaßen ist es zum Beispiel leichter, von den Kunden zu erreichen, dass sie in ihren Augen unmittelbar interessante Fragen finanzieren als solche Fragen, die zur Erklärung der Antworten notwendige Informationen liefern könnten), verbinden sich mit dem Fehlen von Personal, das, von den unmittelbaren Zwängen der Auftragsarbeit befreit, über ein gemeinsames Kapital an theoretischen und technischen Ressourcen verfügt, mit dem (und sei es durch

selbst wenn an der Umfrage methodisch nichts zu bemängeln ist.

Letztlich sind politische Meinungsbildung und politischer Diskurs deshalb so wichtig, weil sie den Stand der gesellschaftlichen Kräfteverhältnisse anzeigen. In Bourdieus (ebd.: 245) Augen bilden *Macht* und *Diskurs* die beiden Seiten einer Medaille, der Politik.

> Jede Machtausübung geht bekanntlich mit einem Diskurs einher, dessen Ziel die Legitimierung der Macht dessen ist, der sie ausübt; man kann sogar sagen, dass es ein Charakteristikum aller Machtverhältnisse ist, dass sich die Macht in ihnen nur in dem Maße voll entfalten kann, wie sie als Machtverhältnisse verschleiert sind. Kürzer und einfacher: Ein Politiker ist einer, der sagt: »Gott ist mit uns«, wozu das zeitgemäße Äquivalent lautet: »Die öffentliche Meinung ist mit uns«. Das ist der Grundeffekt der Meinungsumfrage: die Vorstellung zu erzeugen, dass es eine einmütige öffentliche Meinung gibt, also eine bestimmte Politik zu legitimieren und die Machtverhältnisse zu festigen, die dieser Politik zugrunde liegen oder sie möglich machen.

Bourdieu (ebd.: 254) vertritt eine *profane* Sicht auf die Öffentlichkeit und die öffentliche Meinung. Während normativ angelegte Demokratietheorien in der Öffentlichkeit, der *agora*, den vornehmsten, ja *heiligen* Ort der Demokratie sehen, wo freie und gleiche Bürger über ihre politischen Angelegenheiten räsonieren, deliberieren und entscheiden, konzeptualisiert Bourdieu den Markt der öffentlichen Meinung als Kampfplatz und Schlachtfeld, auf dem die Trümpfe der Meinungsbildung, also das politische Kapital, höchst ungleich verteilt sind.

9.4 Die Konstitution des politischen Feldes

Das hat natürlich mit dem Gegenstand, um den es geht, zu tun: der *Politik*. »Politik ist ein Kampf um die Durchsetzung eines legitimen Prinzips der Anschauung und Einteilung, das als vorherrschend und als verdientermaßen vorherrschend anerkannt wird, also ausgestattet mit symbolischer Macht.« (Bourdieu 2010b: 280) Dieser

systematische Archivierung der früheren Erhebungen) die Kumulation der Ergebnisse und Befunde gewährleistet und damit die – von den Auftraggebern ja selbst zumindest unbewusst geforderte – deskriptive Verwendung der Enquête begünstigt werden kann.« (Bourdieu 2010b: 259)

Kampf um die legitime symbolische Gewalt findet in modernen Gesellschaften nicht im sozialen Raum allgemein statt, sondern auf dem politischen Feld. Bourdieus Fokus ist demnach auf die Bestimmungsgründe der politischen Arbeits- und Herrschaftsteilung gerichtet. Er (ebd.: 45) definiert das politische Feld wie folgt:

Das politische (Produktions-)Feld ist der Ort, an dem von den dort befindlichen, miteinander konkurrierenden Akteuren politische Produkte hergestellt werden (Probleme, Programme, Analysen, Kommentare, Konzepte, Ereignisse), unter denen die auf den Status von »Konsumenten« reduzierten gewöhnlichen Bürger wählen sollen, wobei das Risiko eines Missverständnisses umso größer ist, je weiter sie vom Produktionsort entfernt sind.

Ausgangspunkt für seine Analyse des politischen Feldes sind die Akte der *Delegation* und *Repräsentation*, welche die Mandatsträger von den Repräsentierten differenzieren. Der Vorgang der Stellvertretung ist keineswegs so einfach und selbstverständlich, wie er in offiziellen Darstellungen repräsentativer Demokratien oft erscheint. Vielmehr schafft diese politische Differenzierung nicht nur die Unterscheidung zwischen Repräsentanten und Repräsentierten, sondern auch die Distinktion zwischen Spezialisten und Laien, zwischen »Eingeweihten« und »Nicht-Eingeweihten«. Erst durch die Professionalisierung entsteht ein politisches Feld im Sinne eines relativ eigenständigen Subsystems der Gesellschaft, das Bourdieu – wie die anderen Felder – als »Mikrokosmos« oder »Universum« bezeichnet. Es ist also diese Distinktion und Differenz zwischen Produzenten und Konsumenten, Eingeweihten und Nicht-Eingeweihten, Professionellen und Laien, die sich am Ende zur Unterscheidung zwischen Herrschenden und Beherrschten auswächst, wie Max Weber (1972a) das nennt.

Bourdieu (ebd.: 23 f.) schaut sich den Prozess der Delegation genau an, um dem »Urzirkel der Repräsentation« auf die Spur zu kommen. Er wählt das Beispiel der Kirche, um zu veranschaulichen, was es heißt, dass eine Gruppe durch eine Person vertreten wird, die für sie spricht. »In allen diesen Fällen – gemäß der von den mittelalterlichen Kanonisten geprägten Formel: die Kirche ist der Papst – *scheint* die Gruppe den zu erschaffen, der an ihrer Statt und in ihrem Namen, dies in Begriffen der Delegation gedacht, handelt; *in Wirklichkeit* ist es kaum minder richtig zu sagen, dass es der Sprecher, der Wortführer ist, der die Gruppe erschafft.«

Der Prozess der Delegation und Repräsentation, in dessen Verlauf eine Gruppe mit Sprecher entsteht, umschreibt eine zirkuläre Beziehung und eine Drehung, ja Umkehrung der Machtverhältnisse. Zunächst wählt die Gruppe einen Sprecher und verleiht ihm Macht: Die Gruppe »macht« den Sprecher zum Führer, indem sie ihm als Gruppe ihre Macht überträgt. Einmal gewählt, »repräsentiert« der Sprecher die nun so konstituierte Gruppe, indem er für sie spricht. Die delegierte Macht wird zur Macht des Delegierten. In dem Maße, wie der Sprecher die Macht der Gruppe erfolgreich »verkörpert«, geht diese Macht auf ihn über. Der Sprecher *ist* die Gruppe, und die Gruppe scheint nichts mehr zu sein ohne ihren Sprecher, den sie einstmals gewählt hatte. Der Akt der Delegation, die *Übereignung* der Macht der Gruppe an den Sprecher, für die Gruppe zu sprechen, hat einerseits zu einer politischen *Aneignung*, andererseits zu einer *Enteignung* der Gruppe durch den Sprecher geführt. Diese Enteignung zieht häufig auch die *Entfremdung* der Gruppenmitglieder von ihrer Führung nach sich.

Wie kann ein solcher Machttransfer funktionieren und aufrechterhalten werden? Worin besteht das »Mysterium des *ministerium*«, wie Bourdieus (ebd.: 26) Formel für den Prozess der Delegation und Repräsentation lautet? Er nennt zwei Mechanismen für diesen mirakulösen Machttransfer: den politischen Fetischismus und den Orakeleffekt. Um zu erklären, wie der Akt der Delegation zur politischen Entfremdung wird, greift er auf Karl Marx' Begriff des religiösen *Fetischismus* zurück (1974: 86 f.), den dieser zur Kennzeichnung der Waren als »sinnlich übersinnliche oder gesellschaftliche Dinge« herangezogen hatte, die Macht über die Menschen erlangt haben, obwohl sie Produkte von deren eigener Arbeit sind.

Politische Fetische, das sind Menschen, Dinge, Wesen, die ein Eigendasein zu führen scheinen, wo doch soziale Akteure ihnen dies Dasein erst geschenkt haben, sind die von ihren eigenen Schöpfern verehrten Schöpfungen. Die politische Idolatrie beruht genau darin, dass der einer politischen Persönlichkeit beigelegte Wert, dieses Produkt des menschlichen Kopfes, wie eine geheimnisvolle objektive Eigenschaft dieser Persönlichkeit erscheint, als deren Reiz, Charisma – und das *ministerium* als *Mysterium*. (Bourdieu 2010b: 24 f.)

Dieser Prozess der Fetischisierung und politischen Entfremdung nimmt in dem Maße zu, wie die Gruppe selbst aus mittellosen Personen besteht, die als Gruppe versuchen, kollektiv mehr Einfluss und Macht zu entwickeln.

> Es gibt so etwas wie eine dem Politischen immanente Antinomie, darin bestehend, dass die einzelnen – um so mehr, je mittelloser sie sind – sich zu einer Gruppe nur formen (lassen), das heißt zu einer Kraft, die in der Lage ist, ihr Wort zu erheben und sich Gehör zu verschaffen, wenn sie sich in die Hände eines Wortführers begeben, sich ihm ausliefern, zugunsten seiner abdanken: Keine Aufhebung von politischer Entfremdung ohne Risiko politischer Entfremdung! (Ebd.: 24)

Neben der Fetischisierung macht der *Orakeleffekt*, der zweite Mechanismus der politischen Enteignung, die Machtdrehung oder den Machtwechsel zwischen Repräsentant und Repräsentiertem perfekt. Tatsächlich entwickeln die Sprecher einer Gruppe eigene Strategien, um sich in ihrem Amt als Sprecher unentbehrlich zu machen und dadurch an der Spitze zu halten. »Das Mysterium des *ministerium* wirkt nur, wenn der *minister* seinen Akt der Usurpation wie das von ihm verliehene *imperium* verschleiert, indem er als schlichter ›Diener‹ erscheint.« (Ebd.: 29) Wieder liefert das Paradebeispiel für diese Herrschaft durch Demut die Kirche. Kirchliche Würdenträger zeichnen sich durch eine Haltung der Demut aus gegenüber Gott, ihrem Herrn, der Kirche, ihrem Dienstherrn und den Gläubigen, den Schafen, deren Hirte sie sind. Um diesen Orakeleffekt bewirken zu können, muss die Person hinter dem Amt verschwinden oder mit ihm verschmelzen oder eine ganz andere, neue Persönlichkeit werden.

> Indem er völlig in Gott oder im Volk aufgeht, sich darin aufhebt, macht der Priester sich zu Gott oder dem Volk. Erst wenn ich Nichts werde – und weil ich imstande bin, Nichts zu werden, mich auszulöschen, mich zu vergessen, aufzuopfern, hinzugeben –, werde ich alles. […] Der Orakeleffekt stellt eine regelrechte Persönlichkeitsspaltung dar: Die individuelle Person, das Ich, geht auf in einer transzendenten fiktiven oder Rechtsperson […]. Der Aufstieg zur Priesterwürde setzt Konversion voraus – *metanoia*: Das gemeine Individuum muss sterben, auf dass die *Rechtsperson* werde. Stirb und werde *Institution*. (ebd.: 31)

Wie das Modell der Delegation zeigt, etablieren Delegation und Repräsentation die politische Differenzierung zwischen Professionellen und Laien und öffnen damit die Büchse der Pandora – zur Entstehung eines politischen Feldes, auf dem nach politischen Spielregeln gespielt wird, aber durchaus im Einklang beziehungsweise in Korrespondenz mit sozialen Spielregeln. Bourdieu (ebd.: 36) geht von einer *Homologie zwischen sozialem und politischem Raum* aus:

Der politische Raum etwa hat seine »Rechte« und »Linke«, seine Herrschenden und seine Beherrschten; auch der soziale Raum hat Herrschende und Beherrschte, die Reichen und die Armen. Und beide Räume korrespondieren. Zwischen ihnen besteht Homologie. Was bedeutet, dass *grosso modo* derjenige, der in diesem »Spiel« die Linksposition *a* einnimmt, zu dem, der die Rechtsposition *b* einnimmt, im gleichen Verhältnis steht wie – im anderen »Spiel« – der mit der Linksposition *A* zu dem mit der Rechtsposition *B*. Wenn *a* nun Lust hat, *b* zu attackieren, weil da noch eine Rechnung zu begleichen ist, dann handelt er zwar eigennützig, aber in all seinem Eigennutz tut er doch zugleich etwas für *A*. In dieser strukturellen Koinzidenz der besonderen Interessen der Beauftragten mit denen der Auftraggeber gründet das Mysterium des aufrichtigen und erfolgreichen *minister*. Die erfolgreich den Interessen ihrer Mandanten dienen, dienen sich damit selber erfolgreich.

Die Delegation bezeichnet den Urakt der politischen Repräsentation, welche eine Gruppe von politischen Professionellen hervorbringt, die nur um den Preis der politischen Enteignung der Mehrheit die notwendigen politischen Produktionsmittel und damit das politische Kapital akkumulieren können, um im politischen Feld mitzuspielen. Neben diesen Ressourcen benötigen sie eine spezifische Kompetenz, die nur über langjährige Übung den typischen *Habitus eines Politikers* hervorbringt. Dazu gehört ein Korpus von praktischem Wissen über die politische Arbeit, die Beherrschung der politischen Sprache wie die »Rhetorik des *Tribuns*«, der zu seinen Laien zu sprechen vermag, oder die »Rhetorik der politischen *Debatte*« (ebd.: 51), die in der politischen Auseinandersetzung mit den anderen Professionellen benötigt wird. Am wichtigsten freilich ist der entwickelte Sinn für das politische Spiel, die *illusio*, die Einsatz und Engagement für das Spiel anzeigt. Das schließt auch die interne Solidarität mit den konkurrierenden Mitspielern ein, eine gewisse Diskretion in Bezug auf die Betriebsgeheimnisse des politischen Geschäfts und die Abwehr von Quereinsteigern in die Politik, die als »Spielverderber« gefürchtet und daher kollektiv von politischem Freund und Feind als »Außenseiter« ausgegrenzt werden.

Diese Angst vor und Abwehr von politischen »Quereinsteigern«, also den Laien, die sich über soziale Bewegungen oder Parteineugründungen anheischig machen, in das politische Spiel einzusteigen, wird verständlich, wenn man bedenkt, wie labil das *politische Kapital* ist. In erster Linie symbolisch, weil eine Art *Prestigekapital*, beruht es auf dem Glauben und dem Vertrauen in die Glaubwürdigkeit des Politikers. Gerade weil Stellung und Status, Macht und Einfluss über den Akt der Delegation oder der Wahl nur »geliehen« sind, also auf Kredit beruhen, können Gerüchte, Anschuldigungen, Verleumdungen rasch dessen Ruf beschädigen. Der zentrale Kern des politischen Kapitals eines Politikers besteht folglich in »Persönlichkeitsattributen« wie Glaubwürdigkeit, Aufrichtigkeit, Uneigennützigkeit und Zuverlässigkeit – an diesem Image muss beständig gearbeitet werden, und jegliche Angriffe auf dieses Image und damit die Person des Politikers müssen abgewehrt werden. »Die äußerste Vorsicht, die den vollendeten Politiker definiert und die sich insbesondere am hohen Euphemisierungsgrad seines Diskurses misst, erklärt sich sicherlich durch die äußerste Verletzlichkeit des politischen Kapitals, die aus dem Beruf des Politikers einen Beruf mit hohem Risiko macht.« (Ebd.: 75, Fn. 29)

Politiker als »Menschenbankiers« (Antonio Gramsci) suchen auf verschiedenen Wegen ihr politisches Kapital zu mehren, was mithin auch die Sorten dieses Kapitaltypus begründet. Das *persönliche* Kapital beruht auf der Bekanntheit und Anerkanntheit eines Politikers, die sich in Visibilität und Popularität ausdrückt. Das ist zum einen eine Frage der *Zeit*, also wie lange man im politischen Geschäft tätig ist; gemeinhin dauert es viele Jahre, bis ein Ruf als bekannter und anerkannter Politiker aufgebaut ist. Zum anderen kann die Kapitalbildung aber auch ganz schnell gehen, wenn ein Politiker in Krisenzeiten sich plötzlich hervortut und gleichsam schlagartig »heroisches Kapital« gewinnt, um in der Folgezeit seine politische Karriere durch dieses qua Bewährung gewonnene Charisma (Weber 1972a: 654-687) zu nähren. Die Medien spielen hier wie dort eine wichtige Rolle, um die Sichtbarkeit eines Politikers zu erhöhen. Politiker suchen deshalb gern die Nähe von Journalisten, die sie mit einschlägigen Informationen versorgen, um im Gegenzug eine Berichterstattung mit ihrer namentlichen Nennung zu erreichen, und heute besonders auch von Prominenten (etwa Spitzensportlern), um die mediale Aufmerksamkeit hoch zu halten.

Das persönliche Kapital eines Politikers ist demnach zentral für seinen Ruf wie seine Karriere.

Aber ebenso zentral für die Etablierung eines Politikers als Akteur im politischen Feld ist das *delegierte* Kapital einer Institution. Selbstverständlich sind politische Organisationen, allen voran die Parteien, Instanzen, die politisches Kapital als »Amtskapital« – etwa durch lukrative politische Positionen oder herausgehobene Projekte – verleihen können. Den Unwägbarkeiten des demokratischen Wahlrituals entgeht man ehesten, wenn man eine Position im »Apparat« der Partei, der Regierung, des Parlaments etc. anstrebt. Hier wird der Politiker fast zum Beamten – mit Festanstellung und lukrativer Pension. Diese Form der »Etablierung« steht in erster Linie den erfolgreichen Politikern offen – die Politik spricht an dieser Stelle auch gern von »verdienten« Politikern, um sich selbst für ihr Sitzfleisch und Durchhaltevermögen zu gratulieren. Bourdieu (2010b: 82) zieht eine Parallele zwischen Kirche und Partei, wenn er betont, dass es vor allem die Oblaten sind, die die Spitze einer Partei erklimmen.

Das Gesetz, das den Austausch zwischen den Akteuren und Institutionen regelt, kann so formuliert werden: Die Institution gibt alles, angefangen von der Macht über die Institution, denjenigen, die der Institution alles gegeben haben, weil sie nämlich nichts waren außerhalb der Institution und ohne die Institution und weil sie die Institution nicht verleugnen können, ohne sich selbst zu verleugnen, indem sie sich all das nehmen, was sie durch und für die Institution sind, der sie alles verdanken.

Der wichtigste Einsatz im politischen Spiel sind »die Kämpfe um das Monopol des legitimen Sicht- und Teilungsprinzips der sozialen Welt«. Wer dieses Monopol errungen hat, kann *»ex cathedra«* und *»ex officio«* sprechen, er hat die Autorität der Regierung oder noch besser: die Autorität des Staates hinter sich. Wem das erfolgreich gelungen ist, der hat das *Monopol der legitimen symbolischen Gewalt* errungen, wie Bourdieu diesen Einsatz in Anlehnung an Max Weber nennt. Weber (1972a: 821-825) hatte den Staat durch das Monopol der physischen Gewaltsamkeit als dem letzten Mittel der politischen Durchsetzung von Entscheidungen definiert. Bourdieu verallgemeinert diese Weber'sche Vorstellung, denn neben der physischen Seite von Gewalt in Gestalt von Polizei und Militär geht es vor allem um die symbolische Seite der Durchsetzung anerkannter Klassifikationsmuster. Bourdieu betont demnach neben der materiellen Seite der politischen Gewalt die ideelle oder kulturelle Seite von Politik, Staat und Regierung. Das meint er mit den Prinzipien der Vision und Division, der Sichtweise und der Art und Weise der Teilung beziehungsweise Einteilung der Welt. In der politischen Welt wird also über die »Weltanschauung« der sozialen Welt entschieden, und nur diejenigen Ideen können die Welt erobern, die vorher die Macht in den Köpfen gewonnen haben. »Damit ist die Produktion der Ideen über die soziale Welt de facto immer der Logik der Eroberung der Macht untergeordnet, das heißt der Mobilisierung der größten Zahl.« (Bourdieu 2010b: 60)

Genau genommen stecken darin drei Formen von Kämpfen, die sich die Professionellen im Ringen um die Macht liefern: 1. geht es um die »Mobilisierung von Gruppen«, wenn um »das Monopol der Entwicklung und Verbreitung des legitimen Teilungsprinzips der sozialen Welt« gerungen wird. 2. geht es um »das Monopol der Verwendung der objektivierten Machtinstrumente (des objektivierten politischen Kapitals)«. 3. geht es als Folge der ersten beiden Auseinandersetzungsformen um »Manifestationsmacht«.[84] Neben diesem Kampf der Professionellen um Macht, Deutungshoheit, Herrschaft und Regierung darf man gerade in Demokratien nicht den Kampf um die »Basis«, den Wähler, vergessen. Denn es sind die »Laien«, die entscheiden, welche Partei oder Parteienkoalition die Regierung übernimmt und damit die politischen Ressourcen des Staates und öffentlichen Dienstes nutzen darf. »Die Parteien sind in diesem Kampf die Akteure *par excellence*, Kampforganisationen, die eigens dafür geschaffen wurden, diese *sublimierte Form des Bürgerkriegs* zu führen« (ebd.: 60): den Wahlkampf.

Ausgangspunkt dieser Skizze war die Unterscheidung zwischen Professionellen und Laien. Sie ist zentral für die Konstitution des politischen Feldes. Der volle Autonomiestatus ist erreicht, wenn man konstatieren kann: »Politik ist Politik!« Einmal eingerichtet, wird das politische Feld selbst (und keineswegs die Gesellschaft!) der zentrale Angel- und Bezugspunkt allen politischen Wirkens. Sicher, der professionelle Politiker, selbst wenn er etabliert ist im po-

84 »Das politische Feld ist ein privilegierter Ort für die Ausübung einer *Macht der Repräsentation oder Manifestation*, die dazu beiträgt, dem, was praktisch, stillschweigend oder implizit existiert, die volle, das heißt objektivierte, unmittelbar für alle sichtbare, öffentliche, offizielle und damit autorisierte Existenz zu verschaffen.« (Bourdieu 2010b: 57)

litischen Prozess, bleibt abhängig von seiner Wählerbasis, seiner Position im politischen Kräftefeld und seiner sozialen Herkunft. Aber das Zentrum aller Aktivität wird das politische Feld selbst, werden die eigene Partei, die Parteifreunde und vor allem die Gegner.

Wie sehen nun die Akteurkonstellationen und Konfliktlinien innerhalb des politischen Feldes aus? Gemäß dem strukturellen Feldansatz muss man die Pole im sozialen Raum, die Konflikte im politischen Feld, die Positionen und Positionierungen, die Stellungen und Stellungnahmen strikt *relational* sehen, als System der Abstände. Das gilt für alle politischen Distinktionen und Differenzen: Sei es das Links-Rechts-Schema, die Unterscheidung zwischen »progressiven« und »konservativen« Parteien oder die zwischen Protagonisten des Wandels und Hütern der Tradition. Deshalb kann man diese Unterscheidungen auch nicht inhaltlich definieren, sondern nur graduell und relational. Was heute als »progressiv« gilt, kann morgen – unter veränderten Feldbedingungen – als »konservativ« gelten.[85]

Mutatis mutandis trifft das auch auf die Kräfte innerhalb der Parteien zu. Bourdieu unterscheidet hier zwischen den *Pragmatikern*, die am Ende gern das Parteiprogramm opfern, wenn man dem politischen Gegner schaden oder größere Unterstützung in der Bevölkerung gewinnen kann, und den *Puristen*, die auf der Reinheit und Klarheit des Programms beharren, selbst wenn das Stimmen kosten oder gar dem politischen Gegner in die Hände spielen sollte. Hier gilt es, Flagge zu zeigen, also Gesinnung, koste es was es wolle.

Die Krönung des politischen Spiels besteht darin, die »Kommandohöhen« des Staates zu erobern. Der späte Bourdieu hat sich

85 Bourdieu (2010b: 66) führt als Beispiel den Lagerwechsel des Fortschrittsdenkens von der »Linken« zur »Rechten« an. »Der Rationalismus und der Glaube an Wissenschaft und Fortschritt, der in der Zeit zwischen den beiden Weltkriegen in Frankreich wie in Deutschland Sache der Linken war, während die nationalistische und konservative Rechte sich eher dem Irrationalismus und dem Kult der Natur verschrieb, stehen heute in beiden Ländern im Zentrum des neuen konservativen Credos, das auf dem Vertrauen in den Fortschritt, die Technik und Technokratie gegründet ist, während die Linke sich auf ideologische Themen und auf Praktiken verwiesen sieht, die eigentlich zum entgegengesetzten Pol gehörten, wie der (ökologische) Kult der Natur, der Regionalismus und ein gewisser Nationalismus, die Denunzierung des Mythos des absoluten Fortschritts, die Verteidigung der ›Person‹.«

mit der Genese des Staates beschäftigt zu einer Zeit, da an der Containertheorie des Staates (Beck, Giddens, Lash 1994) – der Nationalstaat als Gehäuse seiner Bürger – angesichts von Globalisierung und Europäisierung schon heftig gezweifelt wurde. Nicht so bei Bourdieu. Für ihn ist der *Staat*

> ein Ensemble von Machtfeldern, in denen sich Kämpfe abspielen, deren Objekt [...] das *Monopol auf die legitime symbolische Gewalt* ist: das heißt die Macht, ein gemeinsames Ensemble von zwingenden Normen zu schaffen und innerhalb des Zuständigkeitsbereichs einer Nation, das heißt innerhalb der Grenzen des Landes, als *allgemeine* und *allgemeingültige* durchzusetzen. (Bourdieu/Wacquant 1996: 143)

Nach Bourdieus Vorstellung verfügt der Staat über eine Art von *Meta-Kapital*.

> Diese Art Meta-Kapital, mit dem sich Macht über die anderen Kapitalsorten ausüben lässt, insbesondere über ihre Wechselkurse untereinander (und damit zugleich auch über die Machtverhältnisse zwischen ihren Besitzern), macht die eigentliche staatliche Macht aus. Daraus folgt, dass die Konstruktion des Staates Hand in Hand geht mit der Konstruktion des Feldes der Macht, verstanden als der Spiel-Raum, in dem die Besitzer von Kapital (verschiedener Sorten) *vor allem* um die Macht über den Staat kämpfen, das heißt über das staatliche Kapital, das Macht über die verschiedenen Kapitalsorten und ihre (vor allem über das Bildungssystem vermittelte) Reproduktion verleiht. (Ebd.: 146 f.)

9.5 Staatsadel und Machtfeld

In seiner Struktur- und Konfigurationsanalyse des politischen Feldes zeigt Bourdieu die Autonomie, ja die Selbstgenügsamkeit und Selbstbeschäftigung dieses Mikrokosmos auf, die einen Großteil dieses Theaters der politischen Welt ausmacht. Gerade weil die Politik (»alles ist politisch«) ebenso wichtig ist wie die Wirtschaft (»alles ist ökonomisch«), stellen sich am Schluss dieser Betrachtungen die Fragen, wo die Grenzen der beiden gesellschaftlichen »Supermächte« Politik und Wirtschaft verlaufen, wie sich diese beiden Felder zueinander und zu den übrigen Feldern der Gesellschaft, also dem Makrokosmos, verhalten und welchen Strukturwandel man, wenn überhaupt, über die letzten Jahrzehnte beobachten kann. Zu allen diesen spannenden Fragen nach der Grenzbestimmung, der Wechselwirkung zwischen den Feldern und ihrem sozialen Wandel erfährt man bei Bourdieu recht wenig. Vielleicht hätte er sie in seinem geplanten Werk über das soziale Feld in Angriff genommen.

Interessanterweise finden sich in den verschiedenen Teilen seiner Studie über den Staatsadel einige wichtige Hinweise, die – zusammen genommen und systematisiert – wenigstens vorläufige Antworten auf diese Fragen gestatten. Zunächst unterstreicht Bourdieu (2004a: 18) seinen kultur- und bildungssoziologischen Ansatz. »Die Erziehungssoziologie ist mithin ein Kapitel, und nicht eines der geringsten, der Wissenssoziologie und der Soziologie der Macht – von der Soziologie der Philosophie der Macht nicht zu reden.« Diese bedeutungsvolle Stellung impliziert zweierlei: 1. Weit davon entfernt, nur eine Kunstlehre der Pädagogik zu sein, »gehört sie zur Grundlage einer allgemeinen Anthropologie der Macht und der Legitimität«, denn sie lehrt, die Mechanismen zur Reproduktion sowie zur Verschleierung der sozialen und mentalen Strukturen zu verstehen. 2. Angesichts des Bedeutungszuwachses des Kulturkapitals sind auch Bildungsinstitutionen wie Schule und Universität »zu einem zentralen Einsatz in den Kämpfen um das Monopol auf die herrschenden Positionen geworden.« Kurzum: Die Macht der Schule ist eine Schule der Macht.

Tatsächlich nimmt Bourdieu den Strukturwandel des Machtfeldes in Augenschein, den dieser Bedeutungszuwachs des Kulturkapitals ausgelöst hat. Er richtet sein Augenmerk auf Ökonomie, Politik und Kultur und versucht, aus den Änderungen in diesen drei Feldern Rückschlüsse auf die Verfasstheit des Machtfeldes zu ziehen. Daher sollen kurz die wichtigsten Veränderungen im ökonomischen, kulturellen und bürokratischen Feld rekonstruiert werden, die zusammengenommen einen Ausblick auf das Machtfeld und seinen Wandel gestatten.

Im Rahmen seiner Studie über das Feld der Unternehmen studiert Bourdieu (ebd.: 363-452) die Umstellung von der rein ökonomischen Reproduktion des Unternehmer- und Managementnachwuchses zur sozialen Reproduktion mit schulischer Komponente im *ökonomischen Feld*. In seiner Korrespondenzanalyse unterscheidet er zwischen Staatsunternehmen und Familienunternehmen: Erstere umfassen große und bedeutende Firmen, angesiedelt in Paris und mit guten Verbindungen zur Politik, die die ökonomische

Elite aus den *Grandes Écoles* anziehen. Die Familienunternehmen sind meist von mittlerer Größe, häufig in der Provinz angesiedelt und können aufgrund ihrer geringeren Bedeutung nicht mit dem Spitzennachwuchs rechnen. Dieser Gegensatz wird von einer weiteren Unterscheidung durchzogen und dadurch folgenreich qualifiziert: der »*Anciennität* in der Geschäftswelt« (ebd.: 374). *Alter* und *Größe* im Sinne von »*grandeur*« machen den Adel der Bourgeoisie aus, wobei Bourdieu konstatiert, dass die Finanzoligarchie mittlerweile dem alten Industriekapital überlegen ist. Was hier entsteht, scheint einer *perfekten Aristokratie* recht nahezukommen.

Als Großbesitzer kulturellen Kapitals (sie verfügen über die prestigereichsten schulischen Titel), symbolischen Kapitals (häufig von Adel, kumulieren sie auf sich öffentliche *Ehrungen*, wie die Légion d'honneur, oder private, wie die Zugehörigkeit zu den vornehmen Clubs), sozialen Kapitals, geerbt von ihrer Familie oder erworben durch eine Eheschließung, durch den Besuch der großen Gymnasien und Grandes Écoles, durch eine Tätigkeit in den Ministerialkabinetten oder einen Sitz in den Aufsichtsräten der größten Unternehmen, sind die Unternehmer aus der Pariser Ämterbourgeoisie und dem Amtsadel, aus denen sich die neue Finanzoligarchie hauptsächlich rekrutiert, in gewissem Sinn die *Personifizierung* eines Strukturzustandes des Feldes der ökonomischen Macht. (Ebd.: 404)

Die strukturellen Entwicklungen, die Bourdieu in seiner Studie über das Feld der Unternehmen konstatiert, haben drei aufschlussreiche Konsequenzen: 1. *Die Perfektion der »Elite der Elite«* (ebd.: 374) *zu einer Erb- und Leistungsaristokratie*: Der neue *ökonomische Habitus* der Spitzenunternehmer und -manager vereinigt ökonomisches, soziales *und* kulturelles Kapital auf sich, woraus sich symbolisches und politisches Kapital zwangsläufig ergeben. Die chiastische Struktur und damit die generelle Feld*logik* – die gegenläufige Verteilung von ökonomischem und kulturellem Kapital – wird zumindest für diese Population außer Kraft gesetzt. Denn die üblichen Gegensätze zur Charakterisierung von sozialen Gruppen scheinen glücklich fusioniert worden zu sein: Adel und Bürgertum, Besitz und Bildung, Erbe und Leistung, *ascription* und *achievement*, Aristokratie und Meritokratie. Das Resultat: Die Entstehung einer »Superkaste«.[86] 2. Die *Verschleierung des Erbes (Aristo-*

86 Ganz gemäß den Prinzipien einer *winner-take-all society*, wie sie Robert H. Frank und Philipp J. Cook (2010) beschrieben haben.

kratie) hinter schulischen Titeln (Demokratie): Wer heute führt, tut das nicht, weil er geerbt hat, sondern weil er etwas geleistet hat. Diesen Mythos der schulischen Demokratisierung zusammen mit der Fruchtbarkeit der Ideologie des öffentlichen Dienstes, die sich mit der Illusion schulischer Neutralität verbindet, macht sich der neue Nachwuchs zunutze. Die Folge: Das Erbe wird in Leistung übersetzt und so erfolgreich verschleiert.

> [...] all dies wirkt so zusammen, daß die heutigen und vor allem die zukünftigen Unternehmer nicht mehr als die Erben eines Vermögens gelten, das sie nicht zusammengetragen haben, sondern als Musterexemplare von Selfmademännern, die aufgrund ihrer »Begabungen« und ihrer »Meriten« dazu ausersehen sind, im Namen von »Kompetenz« und »Intelligenz« die Macht über die ökonomische Produktion auszuüben. (Ebd.: 406 f.)

Das Resultat: Die *Kolonialisierung der Meritokratie*. 3. Die Entstehung von *Hyper-Legitimität*: Wer alle Differenzierungs- und Trennungsprinzipien, die in einer Gesellschaft gelten, und alle Kapitalien, die den Ressourcen- und Machtfluss regeln, fusioniert und sie sich aneignet, ja buchstäblich »verkörpert«, im Hegel'schen Sinne sie in sich »aufhebt«, der vereinigt die Totalität der Gesellschaft in seinem Ich und seiner Person. Diese *Größe* (»grandeur«) durch quantitative Akkumulation von *Größen* (Kapitalien) kommt Nietzsches Ideal vom »Übermenschen« ziemlich nahe. Viel besser geht es nicht: Die Spitze ist nicht nur an der Spitze, sie ist »spitze«.

> Wenige Gruppen von Führungskräften haben jemals so viele unterschiedliche Legitimationsprinzipien auf sich vereint, die trotz ihres augenfälligen Gegensatzes, wie Aristokratismus der Geburt und Meritokratismus des schulischen Erfolges oder wie Ideologie des »öffentlichen Dienstes« und der als Produktivitätsbegeisterung verkleidete Kult des Profits, miteinander zusammenwirken, um den neuen Führungskräften zu einer absoluten Gewißheit ihrer Legitimität zu verhelfen. (Ebd.: 407)

Diese Verschmelzung aller Prinzipien verleiht eine »Hyper-Legitimität«, die zum einen eine unangreifbare, weil fast ungreifbare Geld-, Macht-, Beziehungs- und Geistes-Aristokratie schafft; zum anderen werden die Grenzen zwischen den Feldern porös, weil diese neue Aristokratie sich – wie ein Fisch im Wasser – in allen Mikrokosmen und Universen der Gesellschaft, stets in führender Position, fröhlich tummelt.

Das Großbürgertum, diese Gesamtheit von fast nur aus Paris stammenden Geschlechtern von Bankiers, Industriellen, großen Staatsunternehmern und großbürgerlichen Amtsträgern, unter denen die Gesamtheit der ökonomischen und politischen Machtpositionen je nach »Berufungen« und Kooptationen und mit augenscheinlichen Diskontinuitäten in der Mechanik der Nachfolgen verteilt ist – der Sohn des Bankiers kann Professor an der juristischen Fakultät werden, während der Sohn des Medizinprofessors Staatsunternehmer werden kann –, scheint in allen Handlungsfeldern eine Macht auszuüben, die der Macht über das ökonomische Kapital und dessen Vermögen entspricht, das Finanzkapital zu mobilisieren. (Ebd.: 407 f.)

Angesichts von so viel überzeugender »Größe« scheint auch die gesellschaftliche Kritik zum Verstummen verurteilt zu sein.[87]

Auf jeden Fall konstatiert Bourdieu für Frankreich eine ähnliche Entwicklung, wie sie David Rothkopf (2008) in seiner Studie über *Die Super-Klasse* für die USA festgestellt hat: Der »Drehtür«-Effekt, der die Finanzelite von Wall Street beziehungsweise Goldman Sachs wie selbstverständlich zum Amt des Finanzministers prädestiniert, sorgt dafür, dass die Trennung zwischen Ökonomie und Politik mehr einer Fiktion ähnelt als der sozialen Wirklichkeit. In Frankreich ist dieser Drehtür-Effekt als »pantouflage« bekannt. Diesen Abbau der Grenzen zwischen Wirtschaft und Staat beziehungsweise deren Porösität, so kann man schon nach dem Studium

87 So kann man jedenfalls Bourdieus (2004a: 408, Fn. 69) Hinweis verstehen, dass diese einzigartige und sublime Form der Macht jede Kritik leicht als billiges Ressentiment entlarven kann, weil die dem Erfolg angeblich zugrunde liegende meritokratische Glaubenslehre nicht hinterfragt wird: »Da sie aus einem in moralische Empörung gegen die ›Profiteure‹, ›Spekulanten‹ und ›Ausbeuter‹ verwandelten Ressentiment besteht, ist die übliche Denunzierung der ›Großen‹, der ›Industrie- und Finanzmagnate‹, der ›Zweihundert Familien‹ eines der Lieblingsthemen der kleinbürgerlichen, der rechts- und linksextremen politischen Tradition und tritt bei der ersten Gelegenheit gegenüber dem, was sie denunziert, den Rückzug an, weil sie, blind gegenüber ihrer eigenen Wahrheit, selbst in ihren Gründen von dem beherrscht ist, was sie anklagt. Ist es denn sicher, dass die kollektive Empörung, die sich manchmal wie 1968 in den beherrschten Regionen des Machtfeldes gegen die meritokratischen Ansprüche der neuen Industrieführer und gegen die elitistische Begeisterung für die Kompetenz zum Ausdruck kommt, tatsächlich nichts mit der Wut enttäuschter Erben zu tun hat, die sich gegen eine zu ihrer Anerkennung unfähigen schulischen Institution richtet, oder mit der meritokratischen Entrüstung der Halter seltener Titel, die zu der Überzeugung gelangt sind, nicht den gerechten Preis für ihre Bourgeoisiediplome erhalten zu haben?«

der Entwicklung auf dem ökonomischen Feld feststellen, markiert einen Wandel in der Struktur des Machtfeldes.

Ähnliches gilt auch für das *Feld der kulturellen Produktion.* Bourdieu (2004a: 409-412, hier 410) beschreibt die neue Kulturproduktion tendenziell als Abkehr vom Ideal der handwerklich-schöpferischen Produktion etwa des Künstlers, Schriftstellers oder Wissenschaftlers hin zur kollektiven Großproduktion.

> Die Entstehung umfassender kollektiver Einheiten der Kulturproduktion (Forschungsorganisationen, Planungsbüros etc.) und Kulturverbreitung (Radio, Fernsehen, Kino, Presse, etc.) und der damit verbundene Niedergang der intellektuellen Handwerkerschaft zugunsten einer Arbeitnehmerschaft verändern die Beziehung des von nun an in einem hierarchischen Zusammenhang und eine rationalisierte Laufbahn eingegliederten Produzenten zu seiner Arbeit und seinen ästhetischen und politischen Stellungnahmen gleichermaßen.

Eng verbunden mit diesem Prozess der Expropriation der Kulturarbeiter von ihren Produktionsmitteln, wie das Marx genannt hätte, findet auch eine Neubewertung der *Unterarten des kulturellen Kapitals* statt. Die wichtigste Entwicklung besteht in dem sinkenden Distinktionswert *humanistischer Bildung*, wie sie vor allem die *École Normale Supérieure* anbietet. Wir hatten in dem Abschnitt über den Staatsadel im Bildungskapitel schon gesehen, dass die ENS stark an Gewicht gegenüber ENA und *Sciences Po* verloren hat. Neben den klassisch wissenschaftlich-technischen Fähigkeiten sind vor allem ökonomische und bürokratisch-politische Kompetenzen gefragt. Diese Verschiebung in der Gewichtung attraktiven Bildungskapitals hat ihrerseits Rückwirkungen auf die Kulturproduktion im engeren Sinn, wo klassische Kulturproduzenten auf so genannte Kulturmanager stoßen. Das hat drei gravierende Konsequenzen: Erstens versuchen die in den Kulturbereich vordringenden Halter ökonomischen Kapitals eine Neudefinition des kulturellen Kapitals durchzusetzen; zweitens machen Schulen wie die HEC oder die *Sciences Po* den Universitäten das Monopol der Titelverleihung streitig; drittens tritt an die Stelle des klassischen Kampfes zwischen Rechts- und Linksintellektuellen die Auseinandersetzung zwischen dem klassischen Intellektuellen und dem »Manager-Intellektuellen«. Der Strukturwandel des kulturellen Feldes besteht zum einen aus einer quantitativen Ausweitung des »Kulturbetriebs«

mitsamt einer neuen Spezies von »Kulturmanagern«, unter anderem als Folge der *Kulturalisierung der Ökonomie* zugunsten einer »Erlebnisgesellschaft« im Sinne von Gerhard Schulze (1992); zum anderen führt die *Ökonomisierung der Kultur* zu einer qualitativen Niveaureduktion, wie Bourdieu an der Kulturproduktion abliest,[88] die immer mehr die wirtschaftlich orientierte Großproduktion gegenüber der kulturell orientierten kleinen Produktion favorisiert.

Im Schlussteil »Die Staatsmacht und die Macht über den Staat« holt Bourdieu (2004a: 453-475) nochmals weit aus, um die Logik und Dynamik des *bürokratischen Feldes* als Teil von Staat und Machtfeld zu beschreiben. Er tut dies zum einen *historisch*, um die *Robe* beziehungsweise den Amtsadel und die Erfindung des Staates, also die Gleichursprünglichkeit von Akteur und Institution, nachzuzeichnen. Hier geht es ihm vor allem darum, dem Selbstverherrlichungsideal der Bürokratie als allgemeiner Klasse, wie er es bei Hegel und Weber angelegt sieht, mitsamt der Ideologie des öffentlichen Dienstes entschieden entgegenzutreten.

> Der Amtsadel – die zeitgenössischen Technokraten sind seine strukturellen Erben, und zuweilen auch seine Nachfahren – ist ein Korps, das sich geschaffen hat, indem es den Staat geschaffen hat, das, um sich zu konstruieren, den Staat konstruieren mußte, und das heißt unter anderem eine ganze politische Philosophie des »öffentlichen Dienstes« als Dienst für den Staat oder die Gemeinschaft der Bürger – und nicht, wie der alte Adel, allein für den König – und dieses Dienstes als einer »uneigennützigen«, an allgemeinen Zwecken orientierten Tätigkeit. (Ebd.: 463)

Zum anderen analysiert er *systematisch* den Ausbau der Legitimationswege, wie er das nennt, um die Stellung des Amtsadels im Machtfeld zu bestimmen und zugleich auch den Strukturwandel des Machtfeldes mitsamt seiner politischen Arbeits- und Herrschaftsteilung zu umreißen.

Historisch und systematisch gesehen, ist die Existenz einer »Dienstklasse« weder etwas Neues noch etwas Ungewöhnliches, sondern hat sich mit der Etablierung von Herrschaftsapparaten strukturell durchgesetzt. Kein Herrscher kommt ohne Verwaltungsstab aus, wie das Weber (1972a) bezeichnet hat, der ihn in

88 Das konnte Bourdieu (1999b) in einer Studie über das Verlagswesen in Frankreich auch empirisch zeigen, die er prompt als »une révolution conservatrice dans l'édition« charakterisiert.

der Ausübung seiner Herrschaft unterstützt. Georges Duby (1993) hat die Struktur der mittelalterlichen Herrschaft über die Stände-Triade charakterisiert: die drei Ordnungen von *laboratores*, dem arbeitenden Stand, von *bellatores*, dem kriegerischen Stand, und von *oratores*, dem betenden Stand. In der Neuzeit hat sich das Dual von Militär und Kirche eher verweltlicht, und an die Stelle der *oratores* sind die Juristen als Herrschaftsdiener getreten. Heute wiederum scheinen den Juristen die Ökonomen als Herrschaftsdiener beigesprungen zu sein. Es geht in dieser jurido-ökonomischen Liaison nicht mehr um Recht und Gerechtigkeit, sondern um Wirtschaft und Profitabilität.[89]

Bourdieu steht dem Amtsadel, der den Staat und das bürokratische Feld bevölkert, zutiefst ambivalent gegenüber. Einerseits lehnt er die Ideologie der Bürokratie als allgemeiner Klasse, die stets um das Gemeinwohl besorgt sei, ab. Andererseits kann er den Allgemeinheitsanspruch, den Sinn für Uneigennützigkeit, auch nicht einfach als bloße Ideologie abtun. Als Soziologe und Intellektueller steht er ganz in dieser Tradition der Aufklärung und des Universalismus. Das erklärt sein Schwanken zwischen Kritik und Anerkennung., Utopie und Hoffnung.

»Wie es wohl keine andere Führungsgruppe gibt, die so sehr durch Eigentums-, akademische und zuweilen auch Adelstitel abgesichert ist wie der hohe Staatsadel, so gibt es ebenso keine, die, vor allem was ihre Kompetenz und ihre Opferbereitschaft fürs Allgemeine angeht, so viele Zusicherungen machen muß wie sie.« Wer allgemeine und universalistische Prinzipien predigt, muss sie auch selbst beherzigen. Anderenfalls muss er sich nicht wundern, wenn er an den von ihm selbst verkündeten Prinzipien gemessen wird und für den Fall der registrierten Abweichung sich spontane Empörung breitmacht. »Wenn die Technokraten, Hegelianer, ohne es zu wissen, spontan die Privilegien der ›allgemeinen Klasse‹ für sich beanspruchen, sind sie gezwungen, sich aufs Allgemeine zu berufen, um ihre Herrschaft auszuüben, und können damit nicht umhin, an ihrem eigenen Anspruch gemessen zu werden und ihre Praxis Normen zu unterwerfen, die Anspruch auf Allgemeingültigkeit erheben.« Aber welche Rolle spielt dann der Amtsadel in »der

89 Oder wie der amerikanische Ökonom und Nobelpreisträger Joseph Stiglitz lakonisch festgestellt hat: »Wenn man die Spielregeln selbst bestimmt hat, braucht man keine Verschwörung mehr.« (Zit. nach Rothkopf 2008: 468).

Konkurrenz um die Erzeugung und Durchsetzung der Visions- und Divisionsprinzipien der sozialen Welt, die aus der beispiellosen Differenzierung des Machtfeldes resultieren und die Frage nach der Legitimation der verschiedenen Machtformen völlig neu stellen«? (Bourdieu 2004a: 467)

Wie entwickeln sich Akteur und Institution, Staatsadel und Machtfeld? Wie es scheint gegenläufig, denn der Staatsadel wird immer stärker an seinem Anspruch der Gemeinwohlorientierung und der Uneigennützigkeit gemessen, was zur Unitarisierung führt, während das Machtfeld sich differenziert, was die Pluralisierung fördert. Und doch wirkt Bourdieus Ausblick am Ende – überraschend genug – recht versöhnlich. Die Vervielfältigung autonomer Felder und die Differenzierung des Machtfeldes führen in seinen Augen zu einer Umstellung in der Art und Weise der politischen Arbeits- und Herrschaftsteilung, die er in Durkheim'schen Begriffen beschreibt:[90] von der mechanischen Solidarität zur organischen Solidarität. »Nicht mehr von Personen oder auch einzelnen Institutionen verkörpert, wird die Macht koextensiv mit der Struktur des Machtfeldes und realisiert und manifestiert sich nur mehr durch ein Ganzes von Feldern und Mächten, die durch eine genuin *organische Solidarität* verbunden, also verschieden und voneinander abhängig zugleich sind.« (Ebd.: 471) Das hat zur Folge, dass die gesellschaftlichen Prozesse über techokratische Mechanismen anonym und unsichtbar in Akteur-Institutionen-Netzwerken ablaufen.

An die Stelle der einfachen Beziehungen zwischen antagonistischen und komplementären Machtpaaren wie den *oratores* und *bellatores* treten komplexe Beziehungen zwischen Feldern, insbesondere die […] Beziehungen zwischen dem universitären und dem bürokratischen Feld, sowie die Beziehungen zwischen diesen beiden Feldern und dem ökonomischen oder dem politischen Feld, das heißt zwischen Universen, die, da sie alle Orte hochgradig verschleierter und auf Zensureffekten basierender Reprodukti-

90 Durkheim (1988) hatte in seinem Buch über die »Arbeitsteilung« zwischen mechanischer und organischer Solidarität unterschieden. *Mechanische* Solidarität beruht auf Ähnlichkeiten und schweißt die Mitglieder einer Gemeinschaft über ein gemeinsames Kollektivbewusstsein (»conscience collective«) zusammen. *Organische* Solidarität dagegen basiert auf Unterschieden und integriert die Mitglieder einer Gesellschaft über berufliche Arbeitsteilung, soziale Kooperation und funktionale Interdependenz.

onsmechanismen sind, die Interessen der Herrschenden, bei aller offiziellen Ablehnung jeder Form von erblicher Übertragung, dauerhaft zu wahren vermögen. (Ebd.: 472)

Die *organische Solidarität zwischen den Feldern* und die Differenzierung des Machtfeldes wird gekontert, abgemildert oder ergänzt – so klar ist Bourdieu in diesem Punkt nicht – durch die *mechanische Solidarität unter den Herrschenden*. Diese beruht auf gemeinsamen Interessen und Werten, man kennt sich, man trifft sich, man schätzt sich, und man möchte weiter herrschen. Das ist zumindest auf den ersten Blick einleuchtend: die mechanische Solidarität gilt für die Akteure und beruht auf einer Interaktionslogik der Lebenswelt; die organische Solidarität gilt für die Institutionen und gehorcht einer Systemlogik der Netzwerke. Das Bindeglied zwischen Lebenswelt- und Systemlogik, zwischen Akteur und Institution wird dann, wenig überraschend, das *soziale Kapital*. »Diese mit besonderen Risiken behaftete Form der Arbeitsteilung der Herrschaft verleiht allen Bindungen, welche die mit der Existenz einer Pluralität von Feldern und Hierarchisierungsprinzipien verbundenen Teilungen transzendieren, eine besondere Bedeutung.« (Ebd.: 474) Dazu gehören familiäre Bindungen, großbürgerliche Dynastien, Clubs und Salons, Komitees und Kommissionen und alle möglichen weiteren Quellen sozialen Kapitals.

Angesichts dieses komplexen Bildes von der Pluralität der Felder und des Machtfeldes hält Bourdieu die Frage nach der Einheit oder dem Zwiespalt innerhalb der herrschenden Klasse für verfehlt, denn die organische Solidarität ist ein Prinzip der Trennung wie der Vereinigung, so dass die Herrschaftsarbeit für die Akteure einen komplexeren *und* fragileren Charakter annimmt. Dennoch schließt Bourdieu (ebd.: 475) mit einem versöhnlichen Ausblick, denn für ihn steht fest, dass »durch diese Kämpfe zwischen den Herrschenden […] etwas von jenem Allgemeinen – Vernunft, Uneigennützigkeit, Gemeinsinn etc. –, das, aus den Kämpfen der Vergangenheit stammend, stets eine wirksame Sache in den Kämpfen der Gegenwart ist, Eingang in das Machtfeld findet«. Wie muss man sich diese wohltätige Entwicklung vorstellen? Seine These lautet (und damit reiht er sich am Ende doch in die gerade noch abgelehnte Tradition von Hegel und Durkheim ein), daß die Fortschritte in der Differenzierung der Gewalten ebenso viele Schutzvorrichtungen gegen die *Tyrannei* darstellen, wenn man diese, wie Pascal, als Übergriff einer Ordnung auf eine andere oder, präziser, als Einmischung der Mächte eines Feldes in die Funktionsweise eines anderen Feldes versteht. Und das nicht nur, weil die Beherrschten aus den Konflikten zwischen den Mächtigen, die, um in diesen Konflikten zu obsiegen, sehr oft auf ihre Unterstützung angewiesen sind, immer einen Gewinn ziehen können. Sondern auch weil eine der wichtigsten Waffen in diesen Kämpfen zwischen den Herrschenden die symbolische Verallgemeinerung der partikularen Interessen ist, die, selbst wenn sie zu Legitimations- und Mobilisierungszwecken vorgenommen wird, unweigerlich zum Fortschritt des Allgemeinen beiträgt. (Ebd.: 475)

Nach diesem Mechanismus der symbolischen Verallgemeinerung von partikularen Interessen etwa sind die Staatsbürgerrechte wie die Gleichheit vor dem Gesetz, das Wahlrecht, die Sozialversicherung und so fort etabliert worden. Stets galt das Muster: erst für einige wenige, dann für viele und am Ende für alle.[91] Wie wir im nächsten Kapitel sehen werden, bleibt von diesem Fortschrittsoptimismus in seiner Kritik als Intellektueller allerdings wenig übrig.

9.6 Fazit: Das politische Feld

Bourdieu unternimmt den Versuch, Politik neu zu denken, ohne politisch zu denken. Gerade weil er soziologisch, und das heißt: aus politikwissenschaftlicher Sicht unkonventionell, ja unbefangen moderne Politik neu konzeptualisiert, gelingen ihm überraschende Einsichten, die unser Verständnis von Demokratie nicht unangetastet lassen. Er studiert die Bedingungen der Möglichkeit eines politischen Habitus genauso wie die der Entstehung und Etablierung eines politischen Feldes. Die von uns nachgezeichneten vier Bereiche – Kultur und Politik, öffentliche Meinung und die Doxosophen, das politische Feld, der Staatsadel und das Machtfeld – bilden die materiale Basis für Bourdieus Einschätzung der Situation von Staat, Politik und Demokratie am Beginn des 21. Jahrhunderts. Was ihn umtreibt, ist die Sorge, dass unter dem Diktat der neoli-

91 Siehe dazu den Band von Mackert/Müller (2007) über *Moderne (Staats)Bürgerschaft.*

beralen Hegemonie und des Ökonomismus alle kollektiven Errungenschaften, die man im weitesten Sinn unter dem »öffentlichen Dienst« zusammenfassen könnte, zur Disposition stehen. Wo Staat war, soll Markt werden, wo Öffentlichkeit regierte, soll Privatheit herrschen, wo politisch und demokratisch abgestimmt wurde, soll ökonomisch und autokratisch entschieden werden von den Reichen und Mächtigen dieser Welt.

> Es gehört zum guten Ton, zu sagen, der französische Staat sei so etwas wie eine archaische Ausnahme. Das ist überhaupt nicht wahr. Der öffentliche Dienst, das öffentliche Transportwesen, die öffentlichen Krankenhäuser, die öffentlichen Schulen usw., all das ist eine ganz außergewöhnliche Kulturleistung, die schwer aufzubauen war. Um die Idee der »Öffentlichkeit« im Gegensatz zur »Privatheit« zu entwickeln, waren Generationen von Philosophen und Juristen notwendig. All das wird liquidiert, und damit hat es sich. Deshalb interveniert der Soziologe. Ich habe in meinem Leben nicht oft den Propheten gespielt, aber ich glaube, daß ich hier ohne großes Risiko Dinge verkünden kann, die ich vielleicht nicht selbst erleben werde: Wenn man zuläßt, daß dieser Prozeß der Zerstörung aller kollektiven Strukturen weitergeht – der Familie, der Verbände, des Staats –, wird dies unabsehbare Konsequenzen haben. (Bourdieu 2001b: 40)

Auch diese Feldanalyse liefert Bourdieu weitere materiale Belege für seine intellektuelle Kritik, wie wir im nächsten Kapitel sehen werden. Die Aufteilung in den Soziologen – analytisch, methodisch seriös und empirisch – und den Intellektuellen Bourdieu – radikal, ideologisch unseriös und polemisch – macht aus der Perspektive unserer Rekonstruktion gar keinen Sinn. Im Gegenteil: Diese Zweiteilung ist eine absurde Unterstellung, die, wohlwollend interpretiert, auf der mangelnden Kenntnis des Werkes beruhen mag. Vielmehr scheint das Muster eher darin zu bestehen, dass er in seinen soziologischen Analysen auf gesellschaftliche Probleme gravierender Natur gestoßen ist, die er dann im Feld der intellektuellen Kritik öffentlich thematisiert. Angesichts der tiefgreifenden Krise, in der sich Europa befindet, schlägt Bourdieu alles in allem einen bemerkenswert moderaten Ton an.

10. Die Intellektuellen und die Kritik

10.1 Einleitung

Wir hatten eingangs auf die bemerkenswerte Kontinuität in der soziologischen Theorie Pierre Bourdieus hingewiesen, der schon frühzeitig zu seiner Ökonomie der Praxis mit der Grundformel von Struktur, Habitus und Praxis findet und in der Folgezeit diese theoretische Perspektive in einer Vielzahl von empirischen Studien ausarbeitet und verfeinert, wobei dem Konzept des Feldes immer größere Aufmerksamkeit zuteil wird. Es gibt aber eine Diskontinuität, die nicht einfach zu erklären ist; sie betrifft sein Verhältnis zu den Intellektuellen und seine eigene Rolle als Intellektueller.[92] Seine Haltung ist von einer tiefen *Ambivalenz* geprägt, und dieser Zwiespalt verlässt ihn auch dann noch nicht, als er selbst schon aktiv in die sozialen und politischen Kämpfe der 1990er Jahre verstrickt ist. So zitiert Bourdieu (2003/2004: 166) einerseits zustimmend Karl

92 Bourdieus Überlegungen zum intellektuellen Feld und zur Rolle der Intellektuellen ziehen sich durch das ganze Werk, sind also breit gestreut. Seine eigene Konzeption findet sich in dem Band »Die Intellektuellen und die Macht« und hier vor allem in dem Text »Der Korporativismus des Universellen« (Bourdieu 1991a: 41-66), leicht abgewandelt wieder aufgenommen als Postskriptum in den *Regeln der Kunst* als »Für einen Korporatismus des Universellen« (ders. 1999a: 523-535). Ferner enthalten die folgenden Sammelbände kurze Stücke und Interviews, die seine kritische Haltung gegenüber den Intellektuellen zum Ausdruck bringen: *Satz und Gegensatz. Über die Verantwortung des Intellektuellen* (ders. 1989b), *Die verborgenen Mechanismen der Macht* (ders. 1992c) und *Soziologische Fragen* (ders. 1993a). Die materiale Basis seiner Auffassung bilden der *Homo academicus* (1988a), *Der Staatsadel* (2004a), *Die Regeln der Kunst* (1999a) und die *Meditationen* (2001a). Hilfreich sind auch »Für eine engagierte Wissenschaft« (ders. 2004b: 153-159) und Bourdieu/Wacquant (1996: 212-237), dort das Kapitel »Für eine Realpolitik der Vernunft«. Seine eigenen politischen Interventionen und Kritiken liegen gesammelt vor in *Gegenfeuer* (Bourdieu 2004b) und in den vierbändigen *Interventionen. 1961-2001* (Bourdieu 2003/2004). Seine Medienkritik findet sich in dem Band *Über das Fernsehen* (ders. 1998c). Die Literatur über die Intellektuellen füllt mittlerweile Bibliotheken. Hilfreich als Überblick sind Bering (2010) und Winock (2007), die Geschichte der französischen Intellektuellen beleuchtet Charle (1997) und deren Wirkungschancen generell Gilcher-Holtey (2007). Eine knappe zeitdiagnostische Bestandsaufnahme der Situation von Intellektuellen heute findet sich bei Müller (2012b).

Kraus: »Es gibt Intellektuelle, die die Welt in Frage stellen, aber es gibt sehr wenige Intellektuelle, die die intellektuelle Welt in Frage stellen.« Andererseits schwankt er selbst zwischen einer Infragestellung der intellektuellen Welt und einer intellektuellen Infragestellung der Welt hin und her.

Woher kommt diese Ambivalenz? Wie lässt sich erklären, dass man als Soziologe eine kritische, mentale Reserve gegenüber dieser prominenten Figur im öffentlichen Raum entwickelt und sich dann doch als Intellektueller vehement engagiert? Wie muss man sich diese Mischung aus kritischer Distanz und politischem Engagement erklären? Woher rührt diese Hassliebe?[93] Man kann die Figur des Intellektuellen – seine Rolle, Funktion, Vision und Mission – mit der *des Heiligen und dessen Ambivalenz* vergleichen, wie sie Émile Durkheim (1984: 61-68) fasst. Denn das Heilige zieht an, weil es Kraft, Energie und Herrlichkeit (das *mana*) verspricht, und es stößt ab, weil es Angst und Respekt einflößt. Diese Mischung aus Attraktion und Repulsion scheint auch die Hassliebe Bourdieus gegenüber dem Intellektuellen auszumachen.

Einerseits hält er die Rolle des kritischen Intellektuellen für absolut zentral und erteilt allen Unkenrufen über das »Ende des Intellektuellen« eine entschiedene Absage. Das ist der Aspekt der Attraktion. Aber gerade weil er die Rolle des Intellektuellen für so wichtig erachtet, muss dessen kritische Einmischung in Politik und Gesellschaft mit großer Ernsthaftigkeit und Verantwortung erfolgen. Deshalb sucht Bourdieus Soziologie der Intellektuellen, Bestimmungsgründe auszumachen, wie die Funktion des Intellektuellen heute auszuüben wäre, ohne in die Fallstricke des Intellektualismus zu geraten. Wir werden sehen, dass er sich theoretisch wie in der eigenen Praxis für einen Typus des *kollektiven Intellektuellen* einsetzt, was er den »Korporativismus des Universellen« nennt, der

93 Vgl. Bourdieus persönliches Bekenntnis in den *Meditationen*: »Ich war eigentlich nie ganz davon überzeugt, mit gutem Recht die Rolle eines Intellektuellen auszufüllen. Und ich habe stets versucht [...], meinem Denken alles auszutreiben, was, wie der philosophische Intellektualismus, mit diesem Status verbunden sein kann. Ich mag den Intellektuellen in mir nicht, und was immer in meinen Schriften antiintellektualistisch klingt, ist vor allem gegen das gerichtet, was mir trotz aller Mühe, die ich mir gebe, an Intellektualismus oder Intellektualistischem geblieben ist: etwa die für Intellektuelle so typische Schwierigkeit, wirklich zu akzeptieren, dass meine Freiheit Grenzen hat.« (Bourdieu 2001a: 15)

sich für eine »Realpolitik der Vernunft« engagiert. Diese Erkenntnisse aus seiner Soziologie der Intellektuellen versucht er auch in seiner eigenen intellektuellen Praxis umzusetzen, was naturgemäß nicht ganz leicht ist.

Andererseits meldet er scharfe Kritik an den so genannten *Medien-Intellektuellen* oder auch *negativen Intellektuellen* an, die gesellschaftliche Verantwortung mit individueller Prominenz und medialer Visibilität verwechseln. Das ist der Aspekt der Repulsion und scharfen Ablehnung. Ohne große Kompetenz oder ernsthafte wissenschaftliche Anstrengung, aber mit politischer Nonchalance und medialer Ausstrahlung verbreiten sie vermeintlich »kritische Wahrheiten«, die in Wirklichkeit von Vorurteilen jeder Art nur so strotzen und der Politik in die Hände spielen. So kritisiert Bourdieu (2004b: 118) zum Beispiel die Verantwortungslosigkeit von Bernard-Henri Lévys Berichten über die Massaker in Algerien aus dem Jahre 1998,[94] weil diese unter dem Deckmantel des Mitgefühls (einerseits für die Opfer, andererseits für den gewalttätigen Islamismus) »den als humanistische Empörung verschleierten Rassenhaß« bedienten. Zudem verliere er kein Wort über die Militärregierung, die seine Reise »begleitet« hat.

Dennoch wird der Veranstalter dieser etwas zweideutigen Unternehmung [gemeint ist Lévy, (HPM)], die eine absolute Antithese dessen darstellt, was den Intellektuellen ausmacht, nämlich die Freiheit gegenüber der Staatsmacht, die Kritik der hergebrachten Ideen, die Verwerfung simplifizierender Schwarz-Weiß-Schemata und die Rekonstruktion der anvisierten Probleme in ihrer ganzen Komplexität, von den Journalisten als Intellektueller reinsten Wassers verherrlicht.

Hier wird, im Sinne Max Webers, das »Opfer des Intellekts« gebracht. Genau diese Verwechslung von gesellschaftlicher Verantwortung mit individueller Selbstdarstellungssucht macht in Bourdieus Augen die Todsünde des Intellektuellen aus.

Wenn Bourdieu tatsächlich solch zwiespältige Gefühle hegte, warum hat er dann seinen Hut in den politischen Ring geworfen und sich selbst als unbequemer Intellektueller betätigt? Hat er da-

94 Bernard-Henri Lévy, geboren 1948, französischer Journalist und Mitbegründer der *Nouvelle Philosophie*, zu der u. a. auch André Glucksmann und Alain Finkielkraut gehören, wendet sich gegen eine angeblich vom Marxismus beherrschte französische Philosophie.

mit nicht den gleichen Fehler begangen und seine wissenschaftliche Reputation auf dem Altar intellektueller Prominenz geopfert? Um diese Fragen zu beantworten, muss man einen Blick zurück auf Bourdieus Werdegang und seine Idee einer kritischen Soziologie richten. Es ist meine These, dass Bourdieu zeit seines Lebens ein kritischer Intellektueller war, diese Rolle aber auf zwei verschiedene Weisen gespielt hat. Von den Anfängen seiner wissenschaftlichen Karriere in den 1950er Jahren bis zu Beginn der 1990er Jahre nimmt er diese Rolle wahr, indem er sich als kritischer Soziologe betätigt. Kritik heißt in dem Fall zweierlei: Professionalismus und Intellektualismus. Als *professioneller* Soziologe untersucht er in objektiver und wertfreier Absicht die Übergangsgesellschaft in Algerien, die ländliche Gesellschaft des Béarn, Bildung und Mobilität, Klassen und Lebensstile, die Welt der Universität und der *Grandes Écoles* sowie die Felder der kulturellen Produktion wie Museen, Fotografie und Literatur. Durch die Art und Weise der Problem- und Themenstellung, die theoretische und methodische Anlage der Arbeit und die breite Feldforschung liefert er ein umfassendes und informatives soziologisches Bild der untersuchten gesellschaftlichen Verhältnisse. Als *intellektueller* Soziologe klärt er über die Gewalt der kolonialen Übergangsgesellschaft auf, schildert im *Junggesellenball* die Vergeblichkeit für mittellose Jungbauern, eine Frau zu finden, entlarvt den »Mythos von der befreienden Schule« durch *Die Illusion der Chancengleichheit*, lotet die Tiefen und Untiefen des *Homo academicus* wie des *Staatsadels* aus und verfolgt das »Interesse an der Interesselosigkeit« in der Literatur. Bourdieu interveniert in Politik und Gesellschaft durch seine kritische Soziologie, die wissenschaftlich professionell und intellektuell entlarvend zugleich ist. Er betreibt also soziologische Aufklärung *und* Kritik im klassischen Sinne. Das heißt, er betätigt sich gleichsam als *latenter Intellektueller*, der sozialwissenschaftlich und *indirekt* in die Gesellschaft hineinwirkt durch seine kritische soziologische Arbeit und ihre aufwühlenden wie irritierenden Ergebnisse.

Er wird jedoch in dem Moment zum *manifesten Intellektuellen*, in dem er anfängt, in die politische und gesellschaftliche Welt mit Stellungnahmen zu aktuellen Entwicklungen und Ereignissen *direkt* zu intervenieren. Bourdieu (2004b: 17) gibt *Gegenfeuer* und legt seine »gelehrte Enthaltsamkeit« ab. Sicher: er teilt noch immer die »nicht unberechtigten Vorbehalte gegenüber den ›französischen Intellektuellen‹«. Ihm scheint es jetzt freilich »ein manchmal doch sehr bequemes Festhalten am Ideal weltanschaulicher Neutralität, das ich zwar durchaus nachvollziehen kann, dem ich mich selbst lange Zeit untergeordnet habe, das mir aber heute als Weltflucht im Namen der *Wertfreiheit* erscheint, als Versuchung, politischen Fragen ganz gezielt aus dem Weg zu gehen [...]«. Warum schlägt das »Ideal weltanschaulicher Neutralität«, dem er selbst so lange überzeugt gefolgt ist, plötzlich in eine Fessel um, die ihm »als Weltflucht im Namen der *Wertfreiheit*« erscheint? Was ist passiert?

Es ist die Erfahrung einer tiefgreifenden *Krise*, welche die Wertneutralität auf einmal als fadenscheinig eskapistische Wissenschaftlichkeit erscheinen lässt. Während 1989 mit den Revolutionen in Osteuropa große Hoffnungen auf Fortschritte von Demokratie und Freiheit in Europa aufkamen, wurde spätestens Mitte der 1990er Jahre klar, dass nicht die Demokratie, sondern der Kapitalismus auf breiter Front gesiegt hatte. Bourdieu (2004b: 18) gelangt zu der Überzeugung, »daß den europäischen Gesellschaften und mit ihnen, die ein gar nicht zu überschätzendes Erbe bewahrt haben, auch allen anderen weltweit ein furchtbarer Rückschritt droht«. Gegen diese gefährliche Regression begann er wild entschlossen einen politischen Kampf als überzeugter europäischer Intellektueller, der jedoch in der Soziologie kaum verstanden und noch weniger geschätzt wurde. Was war denn bloß plötzlich in Bourdieu gefahren, der sich zwar immer schon einer kritischen Soziologie verschrieben hatte, aber doch auf strikt sozialwissenschaftlicher, also werturteilsfreier Basis?

Bourdieu kämpft an mehreren Fronten, die sich ihm allesamt zu einer kritischen Gesellschafts- und Zeitdiagnose einer drohenden *Regression* und der Gefahr eines empfindlichen *Zivilisationsverlusts* verdichten.

Da ist zunächst seine *Ideologiekritik*, denn Bourdieu wendet sich ab Mitte der 1990er Jahre entschieden gegen die so genannte neoliberale Globalisierung, die er für die zentralen Übel unserer zeitgenössischen Welt verantwortlich macht.

Da ist sodann die klassische *Sozialkritik* der Soziologie an den gesellschaftlichen Leiden dieser Welt: *La Misère du monde*. Das *Elend der Welt*, so der deutsche Titel, behandelt in diesem Fall nicht die Ghettos und Favelas dieser Erde, sondern die Sorgen und Nöte der »kleinen Leute« in Frankreich. Knappheit, Diskriminierung, Unterdrückung, Ausgrenzung und Missachtung stehen hier im Mittelpunkt.

Da ist drittens seine *feministische Kritik* männlicher Herrschaft. Bourdieu hatte seit seinen frühen Studien in Algerien neben Kolonialismus und Klassenungleichheit stets auch die geschlechtliche Differenzierung betont. Angesichts der Kritik von Seiten des Feminismus an seiner Soziologie, er ordne den Gender-Aspekt stets dem Klassenaspekt unter, holt er Ende der 1980er Jahre zu einer weit ausgreifenden Analyse aus. Das Ergebnis ist *Die männliche Herrschaft* als Form symbolischer Gewalt.

Da ist viertens seine Verhältnisbestimmung von Politik und Medien, die ihm vollends zu einer scharfen *Medienkritik* gerät. Ursprünglich aus vielerlei Gründen ins Leben gerufen und von obrigkeitsstaatlichen Instanzen zensiert, dann aber in der Demokratie dazu gedacht, die Bildung der öffentlichen Meinung zu unterstützen, machen sich die Medien durch ihre Formate und Produktionsbedingungen anheischig, den politischen Betrieb selbst zu »kolonialisieren«. Die Folge sind Tendenzen zur »Telekratie«, wie der Tenor seiner Medienkritik lautet.

Schließlich gilt es, das Verhältnis von Intellektuellen und Politik selbst anzugehen. Was sind Intellektuelle? Gibt es sie noch? Wenn ja, wie lassen sie sich soziologisch charakterisieren? Bourdieu plädiert in seiner *intellektuellen Kritik* für einen »Korporativismus des Universellen«, der die Intellektuellen im intellektuellen Feld einen soll, und für eine »Realpolitik der Vernunft«, welche die zentralen Probleme unserer Zeit unverzerrt durch Lobbyisten und Interessenvertreter anspricht, kritisch analysiert und Vorschläge zur Reform unterbreitet.

Bourdieus Überlegungen, die den Übergang vom latenten zum manifesten Intellektuellen markieren, lassen sich demnach in *fünf Formen der Kritik* zusammenfassen, die im Folgenden der Reihe nach rekonstruiert werden:

1. *Ideologiekritik*: der Kampf gegen die neoliberale Form der Globalisierung und Europäisierung;

2. *Sozialkritik*: der Kampf gegen die gesellschaftlichen Leiden – *Das Elend der Welt*;

3. *Feministische Kritik:* der Kampf gegen die wichtigste Form symbolischer Gewalt – *Die männliche Herrschaft*;

4. *Medienkritik*: der Kampf gegen die Definitionsmacht der Medien – *Über das Fernsehen.*

5. *Intellektuelle Kritik*: der Kampf für die Autonomie des intellektuellen Feldes und die Intellektuellen. – »Der Korporativismus des Universellen« und die »Realpolitik der Vernunft«.

10.2 Ideologiekritik: Der Kampf gegen die neoliberale Globalisierung[95]

Bourdieus (2004b: 64-70) Kritik am Neoliberalismus ist hierzulande einem größeren Publikum durch einen Artikel in der Wochenzeitschrift *Die Zeit* im Jahre 1996 bekannt geworden, in dem er das »Modell Tietmeyer« analysierte. Hans Tietmeyer war damals Chef der Deutschen Bundesbank und hatte wieder einmal die ökonomischen Prinzipien zum Besten gegeben, die für die drei unerlässlichen »W« der westlichen Welt – Wachstum, Wohlstand, Wohlfahrt – Sorge tragen sollen: das Vertrauen der Finanzmärkte, die Kostenkontrolle der öffentlichen Haushalte, die Senkung des Steuer- und Abgabenniveaus, die Reform der sozialen Sicherungssysteme und die Flexibilisierung des Arbeitsmarktes.

Die großen Worte sind gesprochen, und ganz in der großen Tradition des deutschen Idealismus gibt uns Hans Tietmeyer ein wunderbares Beispiel für die euphemistische Rhetorik, die heute auf den Finanzmärkten hoch im Kurs steht, ein Euphemismus, der unverzichtbar ist, um dauerhaft das Vertrauen der Investoren zu gewinnen – und inzwischen wird man wohl verstanden haben, daß dieses Vertrauen das A und O eines jeden ökonomischen Systems, die Grundlage und das Endziel, das *telos* des künftigen Europas ist. (Ebd.: 66)

Bourdieu nimmt diese euphemistische Rhetorik auseinander und zeigt drei Dinge auf: 1. Der neoliberale Fatalismus scheint der le-

95 Die wichtigsten Texte aus *Gegenfeuer* (Bourdieu 2004b) sind »Der Mythos ›Globalisierung‹ und der europäische Nationalstaat« (50-63), »Das Modell Tietmeyer« (64-70), »Der Neoliberalismus. Eine Utopie grenzenloser Ausbeutung wird Realität« (120-130) sowie »Vereinheitliche und herrsche« (208-220). Aus den *Interventionen* (Bourdieu 2003/4c) gehören in diesen Kreis »Neoliberalismus als konservative Revolution« (140-146) und »Die neue globale Begrifflichkeit« (239-247).

gitime ideologische Nachfolger des Marxismus zu sein, einst der geistige Stützpfeiler des real existierenden Sozialismus. Beiden zugrunde liegt das fatale Syndrom des Ökonomismus, der nicht nur Wirtschaft und Gesellschaft radikal trennt, sondern die Gesellschaft der Wirtschaft und ihren ehernen Gesetzen unterordnet. »Erstaunlich ist allerdings«, so notiert Bourdieu (ebd.: 69),

> daß sich diese fatalistische Botschaft den Anstrich einer Befreiungsbotschaft gibt, und zwar indem sie sich einer Reihe lexikalischer Spielereien mit Begriffen wie Freiheit, Befreiung, Deregulierung etc. bedient, einer Reihe von Euphemismen und eines doppelbödigen Wortspiels – zum Beispiel mit dem Wort »Reform« – , das darauf abzielt, eine Restauration als Revolution zu präsentieren, entsprechend einer Logik, die die Logik jedweder konservativen Revolution ist.

2. Die Politik hat offenkundig nur die Wahl zwischen dem Vertrauen der Märkte und dem Vertrauen des Volkes. Da fast alle Regierungen der Logik der »drei W« folgen und die Finanzmärkte ungeduldiger sind als das Volk, entscheiden sie sich dafür, das Vertrauen der Investoren zu bedienen. 3. Diese fatale Wahl der Regierungen in Europa, zugunsten kurzfristiger Vorteile sich langfristige, dafür umso gravierendere Nachteile einzuhandeln, läuft auf eine Politik des Abgrunds hinaus. »Wenn man das Vertrauen der Finanzmärkte, das man um jeden Preis retten will, mit dem Mißtrauen der Bürger in Beziehung setzt, sieht man vielleicht besser, wo die Wurzel der Krankheit zu suchen ist.« Eine solche Politik muss am Ende zwangsläufig scheitern. »Für dieses Scheitern, zu dem die politische Blindheit einiger führt, werden wir alle zu zahlen haben.« (Ebd.: 70)

Damals traf Bourdieu mit seiner Intervention keineswegs auf ungeteilte Zustimmung. Im Gegenteil, seine Einlassungen wurden als rhetorische Übertreibungen und typisch soziologische Schwarzmalerei abgetan. Seitdem sich die westliche Welt spätestens ab 2008 in einem Zustand der *Dauerkrise* befindet, können seine Worte inzwischen als prophetisch gelten. Ein Blick auf das Ensemble seiner ideologiekritischen Interventionen zeigt, dass er stets drei Punkte hervorhebt: 1. Die *neoliberale Rhetorik*, eine euphemisierende Sprache, die mit dem *Newspeak* oder *Neusprech* Orwells vergleichbar ist.[96] (So wird ein Unternehmen, das massenhaft Arbeitskräfte ent-

96 »*Newspeak*« oder »Neusprech« nannte George Orwell in seinem dystopischen Roman *1984* die offiziell verordnete Sprache eines totalitären Überwachungsstaa-

lässt, porträtiert als jemand, der auf asketische Diät geht, um sich in diesem Prozess einer »Verschlankung« zu unterziehen.) 2. Den Strukturwandel des ökonomischen Feldes zu einem globalen ökonomischen Feld. 3. Die Effekte dieses Strukturwandels in Gestalt des Umbaus und Abbaus des Staates, der Flexibilisierung der Arbeitsmärkte, der Prekarisierung und Unsicherheit, der Individualisierung und der revitalisierenden Verbreitung der amerikanischen *self-help*-Idee.

Bourdieu hat sich stets für Sprache[97] und Rhetorik interessiert und die Macht- und Durchsetzungseffekte von Diskursen untersucht. Mit Loïc Wacquant hat er »Die neue globale Begrifflichkeit« analysiert, ganz so wie seinerzeit mit Luc Boltanski »Die Produktion der herrschenden Ideologie«. Diese neue globale Begrifflichkeit meint eine eigene Sprache und Worte, die global zirkulieren und aus dem Munde von Politikern, internationalen Funktionären, Medienintellektuellen und Journalisten immer wieder zu hören sind. Es ist aber auch die Sprache der internationalen Institutionen wie des Internationalen Währungsfonds, der Weltbank, der OECD oder der Europäischen Kommission. Sprache, Zirkulation und Dissemination sorgen dafür, dass die neoliberalen Ideen zum herrschenden Prinzip der Sichtweise und Einteilung der Welt werden. Die neoliberale Ideologie wird zur »Weltanschauung« wie zur »Lebensanschauung«. Zu diesem Wortschatz gehören die üblichen Kandidaten wie »Globalisierung«, »Flexibilisierung«, »*governance*«, »*employability*«, »*underclass*«, »Exklusion«, »*new economy*« usw. Dieses *Wörterbuch der Gemeinplätze*, einst von Flaubert für seine Zeit aufgestellt, hatten auch Bourdieu und Boltanski (2008) zusammengestellt, um die »Produktion der herrschenden Ideologie« nachzuzeichnen. Ebenso versuchen Bourdieu und Wacquant die Gemeinplätze des neoliberalen Diskurses in ihrer Bedeutung zu

tes, um »*crimethink*« auszumerzen und »*goodthink*« herzustellen. Die Ironie der Geschichte: Ging seinerzeit die totalitäre Bedrohung von einem sich sozialistisch gerierenden Staat aus, der den Individualismus ausradieren wollte, ist es heute umgekehrt. Die totalitäre Bedrohung geht von einer Marktideologie aus, die das »Soziale« zugunsten des Individualismus eliminieren will.

97 Grundlegend dazu *Was heißt sprechen?* (Bourdieu 1990 bzw. 1982b). Einer kritischen Sprachanalyse unterzieht Bourdieu (1988b) Heideggers Philosophie in *Die politische Ontologie Martin Heideggers*. Eine Bestandsaufnahme von Bourdieus Soziologie der Sprache gibt Hartmann (2006) und in handbuchartiger Kurzform Müller/Hartmann (2012).

entschlüsseln. Auf der Basis einer langen »Arbeit der Einprägung« (Bourdieu 2004b: 51) – die neoliberalen Diskurse reichen zurück bis zu den Arbeiten August von Hayeks und Milton Friedmans – sind diese Worte in den gesellschaftlichen Mainstream eingedrungen, gelten als natürlich und selbstverständlich, ohne dass jemand es für nötig hält, genauer zu prüfen, was sie eigentlich bedeuten. Sie sind »Gemeinplätze – im aristotelischen Sinn von Begriffen oder Behauptungen, mit denen man argumentiert, aber über die nicht argumentiert wird«. (Bourdieu 2003/2004: 240)

Diese vermeintlich »zeitlose Gültigkeit« lässt sich nur dann kritisch beleuchten, wenn man die historische Genese der heute vorherrschenden Gemeinplätze untersucht. Man wird dann feststellen, dass sie zu einer regelrechten »Umwertung der Werte« (Friedrich Nietzsche) führen. Was vormals als normal, natürlich, gut und richtig galt, etwa den Staat als Hüter des Gemeinwohls anzusehen, gilt jetzt als falsch, und der Staat erscheint nunmehr als unproduktive Zwangsanstalt. Bourdieu (2003/2004: 245 f.) und Wacquant verdeutlichen das am Begriffspaar von Staat und Markt, den beiden zentralen institutionellen Komplexen in der Machtfeldkonfiguration:

STAAT	MARKT
Zwang	Freiheit
geschlossen	offen
starr	flexibel
unbeweglich, erstarrt	dynamisch, beweglich
vergangen, überkommen	Zukunft, Erneuerung
Unbeweglichkeit, Archaismus	Wachstum
Gruppe, Kollektivismus	Individuum, Individualismus
Uniformität, Künstlichkeit	Verschiedenheit, Authentizität
autokratisch (totalitär)	demokratisch

Abb. 14: Staat und Markt

Diese pointierte Reihung von Gegensatzpaaren und ihre Wertung – Markt gut, Staat schlecht – mag übertrieben sein, aber die Tendenz stimmt – die gegenwärtige Wirtschaftswissenschaft ist im Zweifel immer für den Markt und gegen den Staat, das Gleiche gilt für Unternehmen, Unternehmer, Manager und viele Politiker und Journalisten. Wenn dann diese simplifizierte Erkenntnis »Mehr Markt, weniger Staat« auch noch ständig wiederholt wird, dann werden sich die Bevölkerungen gegen die »Verschlankung« von Unternehmen und Staaten kaum wehren, sondern diese »Fitnesskur« als unvermeidlich hinnehmen und vielleicht sogar akzeptieren, scheint sie doch in der Gegenwart das einzig richtige Mittel und der einzig vernünftige Weg in eine wirtschaftsfreundliche Zukunft zu sein.

Das Fazit von Bourdieu und Wacquant lautet folgerichtig: »Die Verbreitung dieser neuen globalen Begrifflichkeit – worin bemerkenswerterweise Begriffe wie ›Kapitalismus‹, ›Klasse‹, ›Ausbeutung‹, ›Herrschaft‹ und ›Ungleichheit‹ fehlen, die als angeblich überholt oder impertinent verworfen werden – ist das Ergebnis eines rein symbolischen Imperialismus.« (Bourdieu 2003/2004: 239)

Wir hatten bereits mehrfach darauf hingewiesen, dass in der theoretischen Perspektive Bourdieus soziale Phänomene stets zweifach vorkommen – als materielle und als symbolische Phänomene gemäß der Unterscheidung von sozialen und mentalen Strukturen. Dass die neoliberale Weltanschauung zur *communis opinio* wird, hängt auch damit zusammen, dass der symbolischen Realität immer mehr auch die soziale Realität zu entsprechen beginnt. In dem Maß, wie die neoliberale Ideologie Wirklichkeit wird, fangen (auch die negativ) betroffenen Akteure an, sich ihr »Schicksal« in und mittels dieser neoliberalen Rhetorik zu erklären: Die neoliberale Globalisierung ist Teil der wirtschaftlichen und sozialen Wirklichkeit geworden.

Bourdieu untersucht daher die Entstehung eines *globalen ökonomischen Feldes*, das vor allem im finanziellen Bereich dank der Deregulierung und Liberalisierung der Finanzmärkte und dank der Entwicklung neuer Informations- und Kommunikationstechniken bereits entstanden ist. »Globalization« oder – der französische Begriff – »mondialisation« wird im doppelten Sinn gebraucht: deskriptiv und performativ. In deskriptiver Hinsicht wird damit eine Wirtschaftspolitik bezeichnet, die durch ein Bündel politisch-rechtlicher Regelungen auf die Vereinheitlichung des ökonomischen Feldes abzielt. Gleichzeitig wird der performative Aspekt – die Leistungen der Globalisierung für die »drei W« – dazu genutzt, um dieser politischen Schöpfung auch Anerkennung und Legitimität zu verleihen. Diese Vereinheitlichung führt, in ökonomischer Sprache ausgedrückt, zum »*levelling of the playing field*«, also der Chancengleichheit auf dem Spielfeld, nur dass diese formale Gleichheit aller Marktteilnehmer den ohnehin schon starken Kräften zur Vorherrschaft verhilft. Indem die Märkte kleinerer oder schwächerer Länder geöffnet werden, sehen sie sich plötzlich mit der Konkurrenz des Weltmarktes konfrontiert, so dass die einheimischen Industrien aufgekauft werden oder untergehen. »Es ist bekannt, dass allgemein die formale Gleichheit in der realen Ungleichheit die Herrschenden begünstigt.« (Bourdieu et al. 2002: 230)

In Bourdieus Augen verkörpert dieses Modell der Globalisierung, das dem amerikanischen Modernisierungspfad folgt,

> die vollendetste Form des *Imperialismus des Universalen*, die darin besteht, dass eine Gesellschaft ihre eigene Besonderheit universalisiert, indem sie diese stillschweigend als allgemeingültiges Modell aufstellt (wie es lange die französische Gesellschaft getan hatte, die vermeintliche Verkörperung der Menschenrechte und des Erbes der Französischen Revolution, die wiederum, namentlich durch die marxistische Tradition, als Modell jeder möglichen Revolution hingestellt wurde).[98] (Ebd.: 230)

Die USA profitieren von der globalen Übernahme ihres Modells, weil sie auf dem Weltmarkt eine beherrschende Stellung in mehrfacher Hinsicht innehaben: 1. *Finanziell* durch den Dollar als Leitwährung, was ihnen eine fast grenzenlose Verschuldungspolitik gestattet, die vom Ausland mitfinanziert wird. 2. *Technologisch* und *ökonomisch* durch die führende Rolle in der Informations- und Kommunikationstechnik und durch die Dominanz der Wall Street.

98 Bourdieu geht noch einen Schritt weiter und sieht Parallelen zwischen Kapitalismus und Sozialismus. Die finale Gestalt des *utopischen Kapitalismus* besteht im Mythos der »Aktionärsdemokratie«, bei dem Kapital und Arbeit scheinbar harmonisch verschmelzen, weil auch Arbeitnehmer in den Genuss von Aktienbesitz kommen können. In seinen Augen sind daher die »USA das neue Vaterland des ›realisierten Sozialismus‹ […] (man sieht nebenbei, dass gewisse heute aufseiten Chicagos obsiegende Wahnvorstellungen nicht hinter den ausgefallenen Selbstberauschungen des ›wissenschaftlichen Sozialismus‹ zurückstehen, der sich an anderem Ort, zu anderer Zeit mit den bekannten Folgen entwickelt hatte).« (Bourdieu et al. 2002: 231)

3. *Politisch und militärisch* durch ihr Gewicht als Supermacht, was ihnen günstige *terms of trade*, also vorteilhafte Geschäftsbedingungen in vor allem bilateral ausgehandelten Verträgen mit anderen Ländern eröffnet. 4. *Kulturell und linguistisch* durch die Qualität der Spitzenuniversitäten und der Forschung, wie die vielen Nobelpreisträger zeigen, sowie durch die Macht der großen Rechtskanzleien und des Englischen als *lingua franca*. 5. *Symbolisch* in der Attraktivität eines Lebensstils, der über die Filmproduktion in Hollywood weltweit verbreitet und von der Jugend global nachgeahmt wird, was das Image ultimativer Modernität weiter nährt.

Hinzu kommen die Vorzüge des Doppelstandards, Wasser (Universalismus) zu predigen und Wein (Partikularismus) zu trinken. Die USA sind ein Vorreiter in der Rhetorik des Freihandels, aber auch ein Vorreiter im Protektionismus, sobald es um ihre eigenen Interessen geht.

> Während es sich allen Anschein eines Universalismus ohne Grenzen, einer Art von Ökumenismus gibt, die ihre Rechtfertigung in der universellen Verbreitung der Billig-Lebensstile der McDonald-, Jeans- und Coca-Cola-»Zivilisation« oder in der oft für ein Indiz »positiver *globalization*« gehaltenen »Homogenisierung des Rechts« findet, dient dieses »Gesellschaftsprojekt« den Herrschenden, d. h. den großen Investoren, die sich zwar über die Staaten erheben, aber dennoch auf die großen Staaten und besonders auf den politisch und militärisch mächtigsten, die USA, sowie auf die von ihnen kontrollierten großen internationalen Organisationen, die Weltbank, den Internationalen Währungsfonds (IWF), die Welthandelsorganisation (WTO), rechnen können, um sich günstige Bedingungen für die Durchführung ihrer ökonomischen Aktivitäten zu sichern. (Ebd.: 233)

Was sich zunächst wie ein typisch französischer Antiamerikanismus anhört, gegen den sich indes Bourdieu (2004b: 147) vehement wehrt, verweist im Grunde auf die kongeniale Konfiguration von Staat und Markt im Zeitalter der Globalisierung. Die weltweite Freiheit der Finanzmärkte und multinationalen Konzerne wird durch die Vereinigten Staaten gewährleistet und dadurch erst möglich: durch die Wall Street einerseits, durch amerikanische und internationale Weltkonzerne andererseits. Während Globalisierung häufig als munter und frei in Raum und Zeit flottierendes Ensemble von Strömen (an Kapital, Waren, Information, Wissen etc.) in globalen Netzwerken präsentiert wird, zeigt Bourdieu die doppelte Rolle der USA in diesem Spiel auf: Einerseits sind sie die *Profiteure* dieses Herrschaftsmodells, andererseits bilden sie seine *Garantiemacht*, und das wiederum in zweierlei Weise: Zum einen operieren die USA wie eine globale Zentralbank, von der Keynes einst vergeblich geträumt hatte, die den »*lender of last resort*« darstellt und so die Funktionsweise des gesamten Systems ermöglicht. Zum anderen gestattet ihre politische und militärische Macht das quasistaatliche Durchgriffsrecht auf internationalem Parkett, um die Einhaltung der Spielregeln des globalen Spiels zu garantieren. Es gibt nur eine Ausnahme, und das ist ausgerechnet der größte Handelspartner des Landes: China. Der Machtzuwachses dieses Reiches, das so tut, als ob es ein gewöhnlicher Nationalstaat wäre, lässt erwarten, dass es auf lange Sicht zu Problemen kommen wird. Auf jeden Fall sind die USA die Basis für den finanziellen, industriellen und informationellen Überbau der neoliberalen Globalisierung.

Welche *Konsequenzen* zeitigt dieses Modell der neoliberalen Globalisierung für den Rest der Welt und hier vor allem für Europa? Bourdieu (ebd.: 121 f.) sieht darin ein

> *Programm der planmäßigen Zerstörung der Kollektive* [...]. Denn der Weg zu einer neoliberalen Utopie des reinen und vollkommenen Marktes, wie ihn die Politik der Deregulierung der Finanzmärkte ermöglicht hat, vollzieht sich im Rahmen einer transformatorischen oder, um es beim Namen zu nennen, einer *destruktiven* Arbeit, die mit allen politischen Mitteln [...] versucht, sämtliche *kollektiven Strukturen in Frage zu stellen*, die der Logik des reinen Marktes irgendwelche Steine in den Weg legen können: den *Nationalstaat*, dessen Handlungsspielraum unaufhörlich schwindet; die *Lohngruppen*, ihre Einheitsentgelte und Beförderungsverfahren, deren Auflösung die Arbeiter immer stärker vereinzelt; *Verteidigungsgemeinschaften* der Arbeiterrechte, Gewerkschaften, Berufsverbände, Genossenschaften; selbst die *Familien*, denen mit der Ausbildung von altersabhängigen Märkten ein Teil ihrer Handhabe als Verbrauchsgemeinschaft entgleitet.

Das ist eine sehr starke These, die ein Stück weit so tut, als sei die Utopie des neoliberalen Kapitalismus ein *fait accompli* und bereits soziale Realität geworden. Sie entstammt eher *logischen* Fragestellungen wie »Was würde die vollends durchgesetzte Globalisierung für gesellschaftliche Konsequenzen haben?« als einer sorgfältigen empirischen Analyse der genannten Bereiche der Gesellschaft. Aber Bourdieu weist unter Rückgriff auf seine Arbeiten auf einige schon heute beobachtbare Trends und Tendenzen hin, da es sich hier ja um langfristige Transformationsprozesse handelt.

Der Übergang zum »Liberalismus« vollzieht sich unmerklich, wie die Kontinentaldrift, und er verstellt die Sicht auf seine langfristig so verheerenden Folgen, paradoxerweise unter Mithilfe jener Widerstände, die sie seit kurzem hervorrufen, Widerstände einer alten Ordnung, die immer mehr von ihren Rücklagen lebt, von einem bestimmten Habitus (bei den Krankenpflegern, den Sozialarbeitern), von den sozialen Kapitalreserven also, die einen ganzen Bereich der gegenwärtigen sozialen Ordnung davor bewahren, in Anomie zu fallen [...]. (Ebd.: 128)

Es seien nur drei betroffene Bereiche kurz beleuchtet: der Staat, der Wohnungsmarkt und die Flexibilisierung der Arbeit. Der *Staat*, als »Treuhänder[...] aller mit der Idee der *Öffentlichkeit* verbundenen universellen Werte«, ist in Bourdieus (ebd.: 127) Augen kein homogener Staatsapparat, sondern ein Kampf- und Spielfeld, auf dem sich die gesellschaftlichen Differenzierungs- und Konfliktlinien reproduzieren: Da gibt es zum einen den weltlichen und den reinen Pol in der *horizontalen* Dimension, was Bourdieu (ebd.: 23-32; Bourdieu et al. 1997: 209ff.) als »die rechte und linke Hand des Staates« bezeichnet; zum anderen gibt es die Unterscheidung zwischen Führung und Ausführung, von höherem und niederem Staatsadel in der *vertikalen* Dimension. Die linke Hand – das sind die kostenverursachenden Ministerien des öffentlichen Dienstes, die sich um Schulen, Krankenhäuser, Wohnungsbau und Fernsehen kümmern; die rechte Hand – das sind die Absolventen der *Grandes Écoles* im Finanzministerium, die den Rotstift ansetzen. Bourdieus (ebd.: 24) Eindruck ist, »daß die linke Hand des Staates das Gefühl hat, daß die rechte Hand nicht mehr weiß, oder schlimmer, nicht wirklich wissen will, was die linke Hand tut. Auf jeden Fall will sie den Preis dafür nicht bezahlen.« Der Konflikt entbrennt im Alltag zwischen Führung und Ausführung, zwischen denen, die anordnen, und denjenigen, die die Anordnungen »vor Ort« umsetzen müssen. »In vielen sozialen Bewegungen, die wir miterleben (und miterleben werden), kommt die Revolte des niederen Staatsadels gegen den hohen Staatsadel zum Ausdruck.« (Ebd.: 24)

Ein Beispiel für den Rückzug des Staates aus den Bereichen der Daseinsvorsorge ist der *Wohnungsmarkt*. Nach Bourdieus Auffassung geht ein Gutteil der sozialen Probleme in den Vororten der Großstädte auf eine neoliberale Wohnungspolitik zurück. Seit den 1970er Jahren ist eine Segregation zu beobachten, die auf der einen Seite vor allem Immigranten in den Wohnsilos konzentriert und auf der anderen Seite Arbeiter und Kleinbürger in ihre Einfamilienhäuser lenkt, deren Immobilienkredite ihnen für den Rest des Lebens große Belastungen auferlegen. Wie wir gesehen haben, entsprang diese Entwicklung nicht einem plötzlichen »Traum vom Eigenheim«, sondern war die Folge einer abgestimmten Politik von staatlicher Förderung, Banken und Baufirmen. Bourdieu wundert es nicht, dass sich unter dem Druck von Krise und Arbeitslosigkeit die Probleme in diesen Vororten konzentrieren und in Gewalt entladen.

Ein dritter Bereich betrifft den Strukturwandel der *Arbeit*. Die Umstellung auf flexible Arbeitsverhältnisse ändert das Regime der Erwerbstätigkeit und hat vermehrt befristete Arbeitsverträge, Leiharbeit, flexible Arbeitszeiten und individell ausgehandelte Arbeitsverträge zur Folge. Diese neuen Beschäftigungspolitiken sind unter dem Damoklesschwert stets drohender Arbeitslosigkeit erfolgreich, auch weil sie sich der »Komplizenschaft jener *prekarisierten Habitus*« (ebd.: 123) erfreuen, die keine andere Wahl lassen, als den angebotenen Beschäftigungsbedingungen zuzustimmen. Zur ständigen materiellen Unsicherheit gesellt sich zudem eine symbolische Unsicherheit bezüglich des Wertes der Person. Der entscheidende Differenzierungs- und Klassifikationsmaßstab heute ist das Bildungskapital, so dass die gesamte Gesellschaft einer Rangordnung nach Kompetenz und Intelligenz unterworfen wird. Gerade bei der Gruppe der Arbeiter geht das mit einem »Gefühl der *Unwürdigkeit*« (ebd.: 125) einher, löst Gefühle der Ohnmacht aus und führt bei einigen zu Militanz und schlimmstenfalls zu »faschistoidem Extremismus«.

Man sieht hier, wie die neoliberale Utopie zu einer Art fleischgewordener Höllenmaschine wird, deren Befehlen selbst die Herrschenden zu gehorchen haben – manchmal durchsetzt, wie bei George Soros und diesem oder jenem Vorstandsvorsitzenden eines Pensionsfonds, von einer gewissen Beunruhigung über die zerstörerischen Wirkungen ihrer eigenen Herrschaft oder von kompensatorischen Akten, der Spendenfreudigkeit eines Bill Gates etwa, die doch von einer Logik beseelt sind, welche sie dauernd aufzuheben suchen. (Ebd.: 125f.)

10.3 Sozialkritik: Das Elend der Welt

Als *La Misère du monde*, 1993 von Pierre Bourdieu und Abbé Pierre zusammen mit einem Team von Mitarbeitern herausgegeben, im Umfang von fast 1000 Seiten erschien, war es in Frankreich ein unmittelbarer Erfolg, wie 100 000 verkaufte Exemplare innerhalb eines Jahres demonstrieren. Offenkundig hatte dieses Werk den Nerv der Zeit getroffen, zumal es »eine ebenso einfühlsame wie skalpellscharfe Sozioanalyse der französischen Gegenwartsgesellschaft« vorlegte, wie Franz Schultheis (2005: 9) im Vorwort zur Studienausgabe bemerkt. Diese kollektive Arbeit vermittelt einen Eindruck von den Sorgen und Nöten der Leute in ihrem Alltag, von denen man gewöhnlich recht wenig erfährt, weil sie für die Sozialwissenschaften zu uninteressant und für die Medien zu unspektakulär sind. Und diese Lebensschicksale, in verständnisvoller Weise und mit der Absicht präsentiert, soziologisch zu verstehen, was die Interviewten zu Protokoll gegeben haben, lassen den Leser nicht unberührt.

Wie kann man *Sozialkritik in verstehender Absicht* üben? Wie fängt man die Sorgen und Nöte der Leute ein? Wie findet man etwas über ihre Existenzsorgen und Lebensschicksale heraus? Und wie kommt man ihrem Leiden und ihrer Lebensführung auf die Spur? Bourdieu et al. (1997: 13) bemühen Spinozas Grundsatz: »Nicht bemitleiden, nicht auslachen, nicht verabscheuen, sondern verstehen.« Sie versehen jeden Interviewtext mit einer Einleitung, in welche die soziologische Interpretation einfließt. Sie bemühen sich, Position und Positionierung unter Berücksichtigung aller Informationen und Beobachtungen herauszuarbeiten, sowie um die Einnahme eines der interviewten Person möglichst nahekommenden Standpunkts. »Der Analysierende ist in seinem Unternehmen der teilnehmenden Objektivierung nie erfolgreicher als dann, wenn es ihm gelingt, den gänzlich von seiner kritischen Reflexion durchdrungenen Konstruktionen den Anschein des Evidenten und Natürlichen, Selbstverständlichen, ja der naiven Unterwerfung unter das Gegebene zu verleihen.« (ebd.: 14)

Die gesellschaftlichen Leiden und das Leiden an der Gesellschaft, so ein berühmter Buchtitel von Hans-Peter Dreitzel (1973), lassen sich nicht auf einige zentrale Ergebnisse bringen, so divers und dissonant sind die Stimmen und Stimmungen der befragten Personen.

Bourdieu (2003/2004: 29) gibt in einem Interview zu Protokoll, dass das Leid sich zwar bei den Mittellosesten bündelt, aber »auf allen Ebenen der sozialen Welt« zu beobachten ist.

Die modernen Gesellschaften – und das ist eine ihrer Haupteigenschaften – haben sich in eine Vielzahl von Subräumen, voneinander unabhängigen sozialen Mikrokosmen ausdifferenziert. Jeder hat seine eigene Hierarchien, seine Herrschenden und Beherrschten. Man kann einem angesehenen Universum angehören, dort aber eine unscheinbare Position bekleiden, dieser im Orchester verlorene Musiker sein, der in Patrick Süskinds Stück *Der Kontrabass* gezeigt wird. Die relative Inferiorität derjenigen, die unter den Erfolgreichen die Unterlegenen, unter den Ersten die Letzten sind, ist das, was das Elend der Stellung definiert, das nicht auf das Elend der Lage zurückführbar, aber ebenso real und tief ist. Dieses relative Elend ist nicht relativierbar.

Gemeint sind etwa diejenigen, die Bourdieu et al. (1997: 527ff.) als die »intern Ausgegrenzten« bezeichnen. Es handelt sich um Schüler, die zwar gemäß der damals neuen Schulpolitik nach dem Motto »80% Abitur im Jahr 2000« länger in der Schule verweilen dürfen, deren Abschluss am Ende aber wenig zählt. Bourdieu und Patrick Champagne erblicken darin

einen der fundamentalsten Widersprüche der Sozialwelt in ihrem aktuellen Zustand: Besonders sichtbar im Funktionieren einer schulischen Einrichtung, die zweifelsfrei nie eine so bedeutende Rolle wie heute und dies für einen so bedeutenden Teil der Gesellschaft gespielt hat, besteht dieser Widerspruch in einer Gesellschaftsordnung, die immer mehr dazu tendiert, allen alles zu bieten, besonders was den Konsum materieller oder symbolischer oder gar politischer Güter angeht, dies allerdings in der fiktiven Gestalt des Scheins, des Trugbilds oder der Nachahmung, als ob darin das einzige Mittel läge, einigen wenigen den wirklichen und legitimen Besitz dieser Exklusivgüter vorzubehalten. (Ebd.: 533)

Da ist der engagierte Schulleiter in einem Problembezirk, der mehr als Polizist agieren muss, um »Ruhe und Ordnung« wiederherzustellen, denn als Pädagoge und Lehrer, der erzieht und Wissen vermittelt und an dieser Doppelbelastung zwischen Disziplinierungsmacht und Erziehungsautorität zu zerbrechen droht.

Da sind die alltäglichen Konfrontationen zwischen Franzosen und Ausländern wie im »Narzissenweg«, einer Siedlung, die nach der Schließung der Fabrik übrig geblieben ist, so wie auch die letzten sieben Franzosen inmitten einer neuen Nachbarschaft von Immigranten. Bemüht um Haltung und Toleranz, haben die Alteingesessenen doch große Probleme mit Lärm, Schlägereien, Beschädigungen und Verfall im Alltag, aber die »Exit«-Option bleibt ihnen verwehrt, weil die Mittel dazu fehlen und weil dieses umfunktionierte Fabrikumfeld schließlich ihre »Heimat« darstellt.

Da ist, um ein letztes Beispiel zu nennen, der gespaltene Habitus von Bauern im Béarn, die sich sehnlichst wünschen, dass ihre Söhne den Hof übernehmen, wobei sich dieser Wunsch materiell aber nicht rentiert.

> Und nie ist man der inneren Zerrissenheit und der Gespaltenheit des Habitus dieser zu Leibeigenen ihres eigenen Erbes gewordenen Erben so nah wie dann, wenn sie dazu gezwungen sind, sich die Frage nach der Weitergabe des Erbes zu stellen. Sie haben einen Erben, der nicht erben will (oder der ledig ist und seinerseits nicht weiter vererben kann), und müssen sich der Tatsache stellen, daß die Fortführung ihres Betriebs unmöglich ist – eines Betriebs, der unterm Strich niemals hätte existieren sollen. (Ebd.: 459 f.)

In den verschiedenen Porträts von Lebens- und Milieubildern kommen auch die gesellschaftlichen Entwicklungstendenzen zum Ausdruck, wie der Rückzug des Staates, die Verschärfung der Konkurrenz, die steigende Belastung durch den Arbeitsdruck und die materiellen Engpässe. Bourdieu und seine Forschungsgruppe schildern die alltäglichen Leiden und den Alltag des Leidens – Formen von Missständen, die gemeinhin unterhalb der Aufmerksamkeitsschwelle von Medien und Sozialwissenschaften bleiben. Zugleich suchen sie die gesellschaftliche Vermittlung dieser Leiden nachzuzeichnen, indem sie auf das Standardrepertoire der soziologischen Konzepte zurückgreifen.

10. 4 Feministische Kritik: Die männliche Herrschaft

Gegen Ende der 1980er Jahre unternimmt Bourdieu den kühnen Versuch, seinen Ansatz einer Ökonomie der Praxis auf das Geschlechterverhältnis anzuwenden. Einem Aufsatz (Bourdieu 1997c), der bereits den Kern seiner Vorstellungen enthält, schickt er eine längere Buchfassung (Bourdieu 2005a) hinterher. Zwei Anlässe scheinen ihn dazu bewogen zu haben: ein politischer und ein theoretischer. Seit den späten 1980er Jahren (Rademacher 2002) werden Stimmen laut, die das Ende des Feminismus proklamieren. Fortschritte in der Gleichstellung der Frau in der westlichen Welt in Bildung und Beruf zum einen, eine gewisse Ermüdung des feministischen Diskurses und der Geschlechterpolitik zum anderen scheinen das bevorstehende Aus der feministischen Sache anzudeuten. Das alarmiert Aktivistinnen und Wissenschaftlerinnen gleichermaßen.

> Aktivistinnen der Frauenbewegung beklagen, daß die jahrzehntelangen Anstrengungen, um Benachteiligungen und Diskriminierungen von Frauen abzubauen, kaum nennenswerte Erfolge gebracht hätten und die wenigen positiven Resultate nun vom *backlash* bedroht seien. Wissenschaftlerinnen, die sich, aus der politischen Bewegung kommend, für die Entwicklung von Frauenforschung/feministischer Theorie eingesetzt und für ihre Etablierung und Anerkennung im Wissenschaftsfeld gekämpft haben, konstatieren mehr oder weniger resignierend, dass das *Mainstream-Denken* kaum beeinflusst werden konnte. (Dölling/Krais 1997: 7)

Die Gefahr eines solchen Rückschritts alarmiert auch Pierre Bourdieu. Hinzu kommt in seinem Fall noch ein theoretischer Stachel. Die feministische Kritik hatte an seinem Ansatz moniert, dass er Geschlecht nur als abgeleitete Kategorie von Klasse gelten lasse und damit als fundamentale Achse gesellschaftlicher Differenzierung verfehle. Aktueller politischer Anlass und theoretischer Stachel bewegen Bourdieu dazu, auch diesen intellektuellen Kampf aufzunehmen. Er tut dies vor dem Hintergrund seines theoretischen Ansatzes und mit der Absicht, die »›phallonarzißtische‹ Kosmologie« (Bourdieu/Wacquant 1996: 208) zu dechiffrieren. Zwei Fragen liegen seinem Versuch zugrunde: 1. Warum gibt es die männliche Herrschaft schon so lange, obwohl die Menschheit seit den Urzeiten doch sehr unterschiedliche Gesellschaftsformationen durchgemacht hat (*Kontinuitätsfrage*)? 2. Vor dem Hintergrund der Ultrastabilität dieser Herrschaftsform stellt sich die Frage, wie man die männliche Herrschaft dennoch durchbrechen kann (*Wandlungsfrage*).

Ausgangspunkt seiner Überlegungen ist das Paradox der Doxa, also die für Bourdieu (wie für jeden Macht- und Konflikttheoretiker) immer wieder erstaunliche Tatsache, dass sich die bestehende Ordnung mit ihren Herrschaftsverhältnissen, ihren Rechten und Bevorzugungen, ihren Privilegien und Ungerechtigkeiten, von einigen historischen Zufällen abgesehen, letzten Endes mit solcher Mühelosigkeit erhält und daß die unerträglichsten Lebensbedingungen so häufig als akzeptabel und sogar natürlich erscheinen können. (Bourdieu 2005a: 7)

Wo immer das der Fall ist, so seine Vermutung, liegt *symbolische Gewalt* vor. »Es ist jene sanfte, für ihre Opfer unmerkliche, unsichtbare Gewalt, die im wesentlichen über die rein symbolischen Wege der Kommunikation und des Erkennens, oder genauer des Verkennens, des Anerkennens oder, äußerstenfalls, des Gefühls ausgeübt wird.« Zwei der prägnantesten Formen symbolischer Gewalt oder Herrschaft – Bourdieu benutzt diese Begriffe synonym – sind die Sprache und eben die männliche Herrschaft.

Bourdieu sucht seine beiden forschungsleitenden Fragen in drei Schritten zu beantworten. Zunächst entwickelt er ein Modell der symbolischen Herrschaft, seiner Funktionsweise und seiner Mechanismen. Sodann entwickelt er eine »Anamnese der verborgenen Konstanten« (ebd.: 97ff.) der männlichen Herrschaft, um die Kontinuitätsfrage zu beantworten. Schließlich diskutiert er »Konstanz und Wandel« (ebd.: 142ff.), um festzustellen, dass nur eine »symbolische Revolution« die Geschlechterverhältnisse aufbrechen könnte. Es bedarf also einer regelrechten »Umwertung der Werte« im Nietzsche'schen Sinne, um die Wandlungsfrage positiv zu beantworten.

In seiner Skizze des Modells männlicher Herrschaft folgt Bourdieu einem methodischen Kniff Émile Durkheims. Durkheim (1988) hatte in seiner Studie über *Die elementaren Formen des religiösen Lebens* die Kulte und Riten der australischen Arunta analysiert, um die ursprüngliche Religion in Reinkultur zu gewinnen. Genauso verfährt Bourdieu, denn er nutzt die Berber der Kabylei »als Instrument einer Sozioanalyse des androzentrischen Unbewußten« (ebd.: 14). Die abseits gelegene Kabylei steht ganz in der Tradition der mediterranen Kultur mit ihrem Komplex von Ehre und Scham; zugleich lassen sich Elemente dieser Tradition in unserer heutigen Kultur noch auffinden. Die Berber sind Bourdieus Arunta, denn auch für ihn sind die Untersuchungsgegenstände, die Sexualität und die Geschlechterordnung, in die traditionelle Sozialordnung eingebettet.

Durch die Konstituierung der Sexualität als solcher (die in der Erotik ihre Vollendung findet) ist uns der Sinn für die sexualisierte Kosmologie verlorengegangen, welche in einer geschlechtlichen Topologie des sozialisierten Körpers, seiner Regungen und seiner Bewegungen, die eine unmittelbare soziale Bedeutung haben, verwurzelt ist. So wird etwa die Bewegung nach oben, über ihre Assoziation mit der Erektion oder der oberen Position beim Geschlechtsakt, mit dem Männlichen identifiziert. Die für sich genommen willkürliche Einteilung der Dinge und der Aktivitäten (geschlechtlicher oder anderer) nach dem Gegensatz von männlich und weiblich erlangt ihre objektive und subjektive Notwendigkeit durch ihre Eingliederung in ein System homologer Gegensätze: hoch/tief, oben/unten, vorne/hinten, rechts/links, gerade/krumm (und hinterlistig), trocken/feucht, hart/weich, scharf/fade, hell/dunkel, draußen (öffentlich)/drinnen (privat) usf., die zum Teil Bewegungen des Körpers (nach oben/nach unten, hinaufsteigen/hinabsteigen, nach draußen/nach drinnen, hinaustreten/eintreten) entsprechen. (Ebd.: 17 f.)

Diese Klassifikationen oder Denkschemata, obgleich gesellschaftlicher Natur und zum Teil Produkt willkürlicher Konventionen, behandeln soziale Unterscheidungen als natürliche Unterschiede. Diese Verkehrung von Ursache und Wirkung produziert den Effekt der *Naturalisierung*. Aus sozialen Unterscheidungen werden natürliche Unterschiede. Und was vermeintlich in der Natur einer Sache liegt, ist nicht einfach zu ändern, denn es erscheint als »natürlich«, »normal« und »unvermeidlich«. Eine solche »Erfahrung faßt die soziale Welt und ihre willkürlichen Einteilungen, angefangen bei der gesellschaftlich konstruierten Einteilung in Geschlechter, als natürlich und evident auf und schließt aus diesem Grunde eine vollkommene Anerkennung von deren Legitimität ein.« (ebd.: 20) Es gibt Mann und Frau, das ist eine unumstößliche biologische Tatsache, an der es nichts zu deuteln gibt. Das hat zur Folge, dass auch die gesellschaftliche Konstruktion der Geschlechter wie eine »Naturtatsache« aussieht, die nicht zu ändern ist.

Die soziale Ordnung funktioniert wie eine gigantische symbolische Maschine zur Ratifizierung der männlichen Herrschaft, auf der sie gründet: Da ist die geschlechtliche Arbeitsteilung, die äußerst strikte Verteilung der Tätigkeiten, die einem der beiden Geschlechter nach Ort, Zeit und Mittel zugewiesen werden. Sodann die Struktur des sozialen Raumes mit dem Gegensatz zwischen dem Versammlungsort oder dem Markt, der den Männern vorbehalten ist, und dem den Frauen vorbehaltenen Haus, oder innerhalb des Hauses zwischen dem männlichen Bereich mit der Feuerstelle und dem weiblichen mit dem Stall, dem Wasser, den Pflanzen. Schließlich ist da die Struktur der Zeit, des Tages, des Agrarjahres oder des Lebenszyklus, mit den – männlichen – Zeitpunkten des Bruchs und den – weiblichen – langen Perioden der Schwangerschaft. (Ebd.: 21 f.)

Die gesellschaftliche Konstruktion der Körper, die Bourdieu im Rahmen der symbolischen Ordnung charakterisiert, demonstriert er auch an der Inkorporation der Herrschaft. Das *doing gender*, das »Machen von Mann und Frau«, zeigt sich in den Mustern von Virilität und Femininität. Der Phallus wird »zum Träger all der kollektiven Phantasien der Zeugungskraft« (ebd.: 25), das Sperma zum Symbol der Lebensfülle. Auch der Geschlechtsakt ist »nach dem Prinzip des Primats der Männlichkeit konzipiert« (ebd.: 35). Doch die Virilität hat auch ihre Schattenseiten, sie kann dem Mann zur Last werden. »Die *Männlichkeit*, verstanden als sexuelles und soziales Reproduktionsvermögen, aber auch als Bereitschaft zum Kampf und zur Ausübung von Gewalt (namentlich bei der Rache), ist vor allem eine *Bürde*.« (Ebd.: 92 f.) Der *vir*, der Mann, muss *virtus* oder Tugend, Tüchtigkeit und Tapferkeit beweisen, muss Mut zeigen und die Angst unterdrücken (was Bourdieu an den Initiationsriten illustriert), sonst ist er kein »richtiger« Mann. Dieses Bewährungsmodell erzeugt Anspannung und Spannungen im Leben des Mannes generell. Ganz anders dagegen sieht das Muster der Feminität aus. »Da die Frau als eine negative, einzig durch Mangel definierte Entität konstituiert ist, können auch ihre Tugenden nur aus einer doppelten Negation hervorgehen, nur verneinte oder überwundene Laster bzw. das geringere Übel sein.« (Ebd.: 51) Das Sozialisationsprogramm für Frauen vermittelt ihnen Schranken, Disziplin und Fügsamkeit und bereitet sie so auf ein untergeordnetes Leben an der Seite ihres Mannes vor.

Das Resultat dieser Inkorporation von Herrschaft sind zwei unterschiedliche *Habitus*.

Die für die gesellschaftliche Ordnung konstitutiven Einteilungen und, genauer, die zwischen den Geschlechtern instituierten sozialen Herrschafts- und Ausbeutungsverhältnisse prägen sich allmählich in zwei verschiedenen Klassen von Habitus ein. Und zwar in Gestalt gegensätzlicher und komplementärer körperlicher *hexis* und in Form von Auffassungs- und Einteilungsprinzipien – mit dem Effekt, daß alle Gegenstände der Welt und alle Praktiken nach Unterscheidungen klassifiziert werden, die sich auf den Gegensatz von männlich und weiblich zurückführen lassen. (ebd.: 56 f.)

Was sind die *verborgenen Konstanten* dieses so perfekt funktionierenden Modells männlicher Herrschaft? Bourdieus Anamnese (wie der Prozess der Wiederaneignung einer einstmals besessenen, dann aber verloren gegangenen Erkenntnis von Platon und Freud genannt wird) fördert zwei Konstanten zutage: die »Männlichkeit als Adel« und »das weibliche Sein als Wahrgenommensein«. Der Mechanismus des Adels bewirkt, dass eine Tätigkeit als wertvoller gilt, wenn ein Mann sie verrichtet. »Wie es der Unterschied zeigt, der den Koch von der Köchin, den Couturier von der Schneiderin trennt, müssen Männer nur bislang als weiblich geltende Aufgaben an sich reißen und sie außerhalb der Privatsphäre erfüllen, um sie zu adeln und zu verklären.« (Ebd.: 107) Umgekehrt scheinen Frauen nur für andere da zu sein, so dass sie weniger Subjekt denn Objekt sind.

Die männliche Herrschaft konstituiert die Frauen als symbolische Objekte, deren Sein (*esse*) ein Wahrgenommenwerden (*percipi*) ist. Das hat zur Folge, daß die Frauen in einen andauernden Zustand körperlicher Verunsicherung oder, besser, symbolischer Abhängigkeit versetzt werden: Sie existieren zuallererst für und durch die Blicke der anderen, d. h. als liebenswürdige, attraktive, verfügbare *Objekte*. (Ebd.: 117)

Was bei den Männern der *double standard* – was immer ein Mann tut, ist besser, weil es ein Mann tut –, ist bei den Frauen die *double-bind*-Situation im Zugang zur Macht. Verhält sich eine Frau wie ein Mann, um dem Objektschicksal zu entgehen, riskiert sie ihre Weiblichkeit. Handelt sie wie eine Frau, gilt sie als ungeeignet für eine einflussreiche Position.

Um die strukturelle Modellanalyse zu vertiefen und »die weibliche Sicht der männlichen Sicht« zu verstehen, rekurriert Bourdieu auf Virginia Woolfs Roman *To the Lighthouse*, der die Familie Ramsay porträtiert. Mr. Ramsay, der *pater familias*, kann wie ein archaischer König mit einem Wort alle Hoffnung zerstören, hier: die versprochene Segelpartie, auf die sich sein Sohn so gefreut hat und die laut väterlicher Prognose wegen schlechten Wetters ins Wasser fallen wird. Mrs. Ramsay ist die schöne und gütige Frau, die nicht nur ihren Sohn tröstet, sondern auch ihren Mann bei seinen Männerspielen tatkräftig unterstützt. Bourdieus Woolf-Interpretation zeigt sehr klar die asymmetrische, jedoch komplementäre Beziehungskonfiguration der Geschlechter in einer Beziehungs-, Ehe- und Familienkonstellation auf.

Da die auf Geschlechtsdifferenzierung gerichtete Sozialisation die Männer dazu bestimmt, Machtspiele zu lieben, und die Frauen dazu, die sie spielenden Männer zu lieben, ist das männliche Charisma zu einem Teil der Charme der Macht, der verführerische Reiz, den der Besitz der Macht von selbst auf die Körper ausübt, deren Triebe und Wünsche selbst politisch sozialisiert worden sind.

Das Geheimnis dieser reibungslosen Funktionsweise ist der Mechanismus der *Verkennung*, der den Beherrschten im »Idealfall« sogar ihre Ohnmacht als freudiges Schicksal zu erleben gestattet. »Die Verkennung kann zu jener Grenzform des *amor fati* führen, wie die Liebe zum Herrschenden und seiner Herrschaft, die *libido dominantis* (das Verlangen nach dem Herrschenden), sie darstellt, die den Verzicht, der eigenen *libido dominandi* (dem Verlangen zu herrschen) nachzugeben, impliziert.« (Bourdieu 2005a: 141)

Wie ist angesichts dieser überwältigenden *Konstanz* überhaupt ein *Wandel* denkbar und möglich? Was müsste passieren, um die männliche Herrschaft zu erschüttern? Auch im dritten Schritt der Bourdieu'schen Analyse überwiegen die Argumente für den Fortbestand dieser Herrschaftsform, da Staat, Kirche und Schule alle auf ihre Weise die androzentrische Sichtweise der sozialen Welt stets reproduzieren. Immerhin gibt es zarte Anzeichen des Wandels: Der Evidenzverlust der männlichen Herrschaft geht auf das Konto »der immensen kritischen Arbeit der feministischen Bewegung« (ebd.: 154). Tatsächlich hat sich die Situation der Frauen vor allem in den höheren Regionen des sozialen Raums spürbar verbessert. Der Zugang zu Bildung und Arbeitsmarkt ist geöffnet worden, wenn auch die strukturellen Abstände zwischen Männern und Frauen gleich geblieben sind. Bessere Verhütungstechniken, kleinere Familien, geringere Zeiten der Unterbrechung weiblicher Erwerbstätigkeit, wachsende Scheidungs- und sinkende Heiratsraten sind allesamt Anzeichen für einen sozialen Wandel im Verhältnis der Geschlechter.

Diese positiven Entwicklungen sollten allerdings nicht darüber hinwegtäuschen, dass die männliche Herrschaft im Großen und Ganzen fortbesteht, wenn auch nicht länger unangefochten:

Eine subversive politische Bewegung muß wirklich alle Herrschaftseffekte berücksichtigen, die über die objektive Komplizenschaft zwischen den (in den Männern wie den Frauen) inkorporierten Strukturen und den Strukturen der großen Institutionen ausgeübt werden, wo nicht nur die männliche Ordnung vollendet und reproduziert wird. (ebd.: 199)

Bourdieu erblickt in der Schwulen- und Lesbenbewegung Ansatzpunkte zum Aufbrechen der androzentrischen Sichtweise.

Es gibt nur einen »herrschaftsfreien Bereich« im Universum der männlichen Herrschaft. Das ist

»die verzauberte Insel« der Liebe [...], in der sich Wunder an Wunder reiht: das Wunder der Gewaltlosigkeit, das durch die Herstellung von Beziehungen ermöglicht wird, die auf völliger *Reziprozität* beruhen und Hingabe und Selbstüberantwortung erlauben; das der gegenseitigen Anerkennung, die es gestattet, sich, wie Sartre sagt, »in seinem Dasein gerechtfertigt«, gerade in seinen kontingentesten oder negativsten Besonderheiten angenommen zu fühlen, in und durch eine Art willkürlicher Verabsolutierung des Willkürlichen einer Begegnung (»weil er/sie es war, weil ich es war«); das der *Uneigennützigkeit*, welche von Instrumentalisierung freie Beziehungen ermöglicht, die auf dem Glück basieren, Glück zu schenken in dem Entzücken des anderen, besonders angesichts des Entzückens, das er hervorruft, unerschöpfliche Gründe des Entzückens zu finden. (Ebd.: 189f.)

Zumindest im erotischen Intimbereich, zumindest da, wo Liebe zwischen den Geschlechtern gelingt, tut sich die Chance des Abbaus von männlicher Herrschaft auf.

Bourdieus Attacke auf die männliche Herrschaft ist ein voller Verkaufs-, Medien- und Diskurserfolg. 70000 Exemplare der Erstauflage werden verkauft. Sämtliche französischen Medien berichten, das Thema steht nun auf der Agenda. In feministischen Kreisen fallen die Reaktionen zwiespältig (Thébaud 2005) aus. Einerseits ist man erfreut, dass ein Mann und prominenter Soziologe sich dieser Frage annimmt und damit die Frauen- und Geschlechterforschung in ihrer Bedeutung unterstreicht. Andererseits scheint das Werk ein Ausdruck dessen zu sein, was es selbst kritisiert. Es entsteht der Eindruck, dass erst mit Bourdieu ein Nachdenken über die Tiefenstrukturen männlicher Herrschaft einsetzt, das Feld feministischer Theoriebildung dagegen weitgehend irrelevant ist. Da Bourdieu sich auf die Literatur und damit den Forschungsstand auf diesem Feld nicht wirklich einlässt, gleichzeitig aber die Defizite des Feminismus kritisiert, wird seine Haltung als herablassend angesehen. Auch die inhaltliche Botschaft des Buches, die vermeintliche Unaufhebbarkeit männlicher Herrschaft, wird in

Frage gestellt. Bourdieus struktureller Fatalismus und Pessimismus tendiere dazu, die Stellung der Frauen in der westlichen Welt zu unterschätzen. Immerhin verfügten diese über ihren Körper, freien Zugang zu höherer Bildung ebenso wie zum Arbeitsmarkt, und sie müssen auch nicht befürchten, zwangsverheiratet zu werden.

Wechselt man von der genderpolitischen auf die soziologische Ebene, dann stellen sich zwei interessante Fragen, die eine analytisch, die andere methodisch. 1. Die Frage nach dem Verhältnis von Klasse und Geschlecht: Bourdieus Analyse der Kabylei zeigt die Konstitution eines männlichen und eines weiblichen Habitus auf. In welchem Verhältnis steht der Geschlechts- zum Klassenhabitus? In einem Interview mit Irene Dölling und Beate Krais ziert sich Bourdieu, um schließlich zuzugeben, dass er diese Frage nicht beantworten kann. »Es ist ein wenig so wie mit dem ›Angeborenen‹ und dem ›Erworbenen‹: Man kann wissenschaftlich nicht auseinanderhalten, was der Klasse und was dem gender zukommt.« (Bourdieu 1997c: 225) 2. Wie steht es um die empirische Basis seiner Studie über die männliche Herrschaft? Wie soll man die Verknüpfung von ethnologischer Studie, Literaturinterpretation und heutiger Situation verstehen? Bourdieu bedient sich Durkheims methodischen Kniffs, über das Studium der Kabylei die reinen, weil elementaren Formen einer Geschlechterordnung zu rekonstruieren. Auf diese Weise gewinnt er sein Modell symbolischer Herrschaft. Aber was hat dieses Modell mit der Realität der Geschlechterordnung *heute* zu tun? Wie genau wendet er es an? Welche Rolle spielt der Rückgriff auf Virginia Woolf? Was kann das viktorianische England beitragen, außer dass es Frauen wie »Mrs. Ramsay« gab, die sich rührend um Sohn und Ehemann gekümmert haben? Tatsächlich hat Bourdieu keine Studie über die aktuelle Situation von Frauen unternommen, die ein empirisches Widerlager zum Modell der Kabylei hätte abgeben können. Im Grunde macht er den gleichen analytischen Fehler wie Durkheim. So wie dieser glaubte, im Totemismus der Arunta die elementare Form der Religion gefunden und mit dem Begriffsapparat von Heiligem, Kult und Riten sämtliche religiösen Vorstellungen analysieren zu können, so hofft auch Bourdieu, mit der männlichen Herrschaft der Kabylen die zeitgenössische virile Dominanz erfassen zu können. Es stellt sich dabei aber ein gehöriges *Transformationsproblem*, denn ein Modell, das für einfache Gesellschaften Geltung zu beanspruchen vermag, muss nicht umstandslos auf die Analyse von modernen, komplexen Gesellschaften anwendbar sein. Was für den Stamm und die Ethnologie taugen mag, muss nicht für die Gesellschaft und die Soziologie zutreffen.

Trotz dieser Einwände dürfte es außer Frage stehen, dass *Die männliche Herrschaft* nicht nur die Geschlechterforschung angeregt, sondern auch der politischen Bewegung des Feminismus wieder Auftrieb gegeben hat. Das Forschungsprogramm zum Studium der geschlechtlichen Praktiken in Staat, Schule und Kirche unter einem Paradigma männlicher Herrschaft könnte nicht nur die permanente Konstruktions- und Rekonstruktionsarbeit der symbolischen Herrschaft aufdecken, sondern auch die Konstanten und Variablen in der Geschlechterkonstellation je nach Situation und Kontext genauer aufzeigen, als es Bourdieu mit seiner kleinen, aber feinen Studie möglich war.

10.5 Medienkritik: Über das Fernsehen

Bourdieus (1998c: 15) Intervention ins Mediensystem ist selbst ein medialer Coup, denn er spricht im Fernsehen über das Fernsehen, auch wenn ihm das Unterfangen nicht ganz geheuer zu sein scheint. »Eine etwas paradoxe Absicht, denn ich glaube nicht, daß man im Fernsehen viel sagen kann, zumal nicht über das Fernsehen.« Trotz dieses Vorbehalts hält er am 18. März 1996 zwei Kurse im Rahmen einer vom *Collège de France* produzierten Reihe ab, die von dem Privatsender Paris Première im Mai 1996 ausgestrahlt werden. Er möchte einem breiteren Publikum vor Augen führen, warum vom Fernsehen eine »große Gefahr für das politische und demokratische Leben« (ebd.: 9) ausgeht, indem er die Mechanismen seiner Funktionsweise vorführt. Diese Vorträge und einige weitere Arbeiten zum Journalismus und zu den Olympischen Spielen als Fernsehereignis nebst einem Nachwort zum Verhältnis von Journalismus und Politik werden noch im gleichen Jahr als Buch mit dem Titel *Über das Fernsehen* veröffentlicht.

Das Fernsehen ist ein Teil beziehungsweise ein Unterfeld des journalistischen Feldes, das einen Mikrokosmos ganz eigener Art und mit eigenen Gesetzen darstellt. Das journalistische Feld hat sich im 19. Jahrhundert um den Gegensatz zwischen zwei Polen etabliert: einerseits den Zeitungen, die Neuigkeiten und Sensationen anbieten; andererseits den Zeitungen, die sich um sorgfältige Analyse und Kommentare bemühen und sich einer fairen Berichterstattung verschrieben haben. Der erste, weltliche Pol erstrebt die Anerkennung durch die *Menge*, der zweite, reine Pol die Anerkennung durch die *internen Werte des Feldes*.

> Wie das literarische oder künstlerische Feld ist daher auch das journalistische Feld der Ort einer spezifischen, durchaus kulturellen Logik, die sich den Journalisten durch Zwänge und wechselseitige Kontrollen aufnötigt und deren Respektierung (bisweilen als Berufsethos bezeichnet) die Reputation beruflicher Ehrbarkeit einbringt. (Ebd.: 108)

Das journalistische Feld nimmt daher eine Zwischen- und Zwitterstellung ein zwischen der Kultur auf der einen, der Politik und Ökonomie auf der anderen Seite. Aber aufgrund ihres Feldstatus besitzen die Medien durchaus einen gewissen Grad an *Autonomie*. Die Autonomie einer Zeitung hängt davon ab, ob und inwieweit sie auf Anzeigenkunden oder auf staatliche Subventionen angewiesen ist. Je weniger das der Fall ist, desto geringer fällt die Wirksamkeit externer Pressionen aus. Die Autonomie eines Journalisten hängt von vier Faktoren ab (vgl. ebd.: 105 f.): 1. Vom Konzentrationsgrad der Presse: je kleiner die Anzahl von möglichen Arbeitgebern, desto größer seine Abhängigkeit und desto höher die Unsicherheit seines Arbeitsplatzes. 2. Von der Stellung seiner Zeitung im Raum der Presse – befindet sie sich näher am reinen oder am kommerziellen Pol? 3. Von seiner arbeitsrechtlichen Stellung (Angestellter, freier Mitarbeiter, Praktikant), die über sein Gehalt entscheidet sowie über die Anfälligkeit gegenüber Kommunikationswünschen von externen Auftraggebern. 4. Von seiner Chance und seiner Fähigkeit zur autonomen Recherche.

Folglich gibt es einige zentrale Eigenschaften des journalistischen Feldes (zu dem auch das Fernsehen gehört): 1. *Zeit – Konkurrenz – Sensation*: Wer mit dem leicht verderblichen Gut »Neuigkeiten« handelt, sieht sich einer großen Konkurrenz ausgesetzt, und diese Konkurrenz um den Kunden nimmt die Gestalt einer Konkurrenz um die besten Neuigkeiten an. Wer einen solchen *Scoop* genannten Coup landet – die sensationelle Neuigkeit, die rührende Geschichte, der Skandal –, hat die Nase im Rennen um Aktualität vorn. 2. *Tempo – Innovation – Amnesie*: Die journalistische Praxis steht daher unter dem »Gebot der Geschwindigkeit (oder Übereilung) und der permanenten Innovation«. Dieses Tempo setzt den Takt und Rhythmus für die journalistische Praxis.

> Diese Praxis verpflichtet nämlich dazu, ständig von der Hand in den Mund zu leben und zu denken und eine Nachricht auf ihre Aktualität hin zu bewerten (der »Aufmacher« bei den Fernsehnachrichten), und begünstigt damit eine Art permanenter Amnesie, die Kehrseite der Begeisterung für das Neue, und auch eine Neigung dazu, die Beurteilung von Produzenten und Produkten nach dem Gegensatzschema »neu – überholt« vorzunehmen. (Ebd.: 110)

3. *Wechselseitige Überwachung – Originalität – Uniformität*: Gerade weil alle Beteiligten den Sinn des Spiels teilen und nach dem *Scoop* als Inbegriff von Aktualität, Originalität und Spektakularität streben, beobachten sich Journalisten wechselseitig und permanent wie in einem Spiegelkabinett, um ja keinen neuen Trend oder eine neue Richtung zu verpassen, wenn der Wind der Meinungen sich dreht oder sich neue Themen, Probleme, Formate, Geschichten oder Skandale am öffentlichen Horizont abzeichnen. Was Erfolg verspricht, wird sofort hemmungslos nachgeahmt, mit der Folge, dass das eigene professionelle Selbstverständnis von medialer Vielfalt in der Realität von einem Angebot einheitlicher Meinungsbildung eingeholt wird. »[...] das Ringen um Exklusivität, das andernorts, in anderen Berufsfeldern Originalität, Einzigartigkeit hervorbringt, endet hier in Uniformierung und Banalisierung.« (Ebd.: 27) 4. *Intrusionseffekte*: Gerade weil das journalistische Feld seinem Anspruch nach zum kulturellen Feld gehört, in der Praxis aber einem starken Ökonomisierungsdruck unterliegt, bedroht es die Autonomie der anderen kulturellen Felder. Dies geschieht zum einen dadurch, dass kommerzielle Erfolgsstandards wie Marktanteile, Einschaltquoten oder Auflagen anfangen, auch die Kräfteverhältnisse in den übrigen Feldern zu bestimmen; zum anderen durch neue Figuren (wie etwa den Medienintellektuellen), die neue Bewertungsstandards und neue Formen der kulturellen Produktion durchsetzen.

Wie funktioniert das Fernsehen, und welche Mechanismen der Funktionsweise lassen sich ausmachen? Das Fernsehen als Leitmedium des journalistischen Feldes wird noch stärker als der Rest des journalistischen Feldes von drei Mechanismen regiert. 1. *Unterhal-*

tungsdruck: Als Massenmedium soll das Fernsehen möglichst viele Menschen erreichen und mit seinen Programmen beim Publikum »ankommen«. Das Programm besteht aus so genannten »Omnibusmeldungen«, also Nachrichten, welche die breite Masse ansprechen, und geeigneten Inhalten, die nicht spalten. Folglich sind Journalisten immer auf der Suche nach dem Außergewöhnlichen, dem Außeralltäglichen, dem Spektakulären und Überraschenden, um nicht zu langweilen. Selbst wenn keine Sensation ausgemacht werden konnte, müssen die Ereignisse dramatisch aufgeladen werden, um dem Leitstern der Sensation (*entertainment*, *infotainment*) gerecht zu werden. 2. *Fast thinking*: Redebeiträge müssen nach dem Gesetz von Abwechslung und Unterhaltung kurz, prägnant und einfach zu verstehen sein. Wer dieses Format als »Experte« zu bedienen vermag, wird häufiger nachgefragt als jemand, der wirklich kompetent ist, aber sich zum Beispiel nicht kurz fassen kann. In der Regel erlaubt es der Zeitdruck im Fernsehen nicht, auf die Entstehung, den Hintergrund oder die Lösungen eines Problems hinreichend einzugehen. Folglich besteht die Gefahr bei diesen verkürzten Darstellungen, dass die entsprechenden Sendungen zu einer Kommunikation ohne Inhalt degenerieren beziehungsweise eine Problematik regelrecht verzerrt wiedergeben. 3. *Zirkuläre Zirkulation der Nachricht*: Orientiert an der Einschaltquote und oft auf gleiche Informationsquellen zurückgreifend, bildet sich bei den Journalisten eine einheitliche Vorstellung vom Nachrichtenwert der Dinge. Diese einheitliche Sichtweise führt zur »Homogenisierung der Wichtigkeitshierarchien«. Berichtet ein Sender über ein Ereignis, werden alle anderen Sender mit hoher Wahrscheinlichkeit nachfolgen, schon aus Angst, etwas Wichtiges zu versäumen. »Um zu wissen, was man sagen wird, muß man wissen, was die anderen gesagt haben. Das ist einer der Mechanismen, die Homogenität unter den Produkten erzeugen.« (ebd.: 31)

Die allgemeinen Eigenschaften des journalistischen Feldes und die Besonderheiten des Fernsehens zeitigen drei Effekte, die Bourdieu als ernsthafte Gefahr für Gesellschaft und Demokratie kritisiert: den Zensur-, den Wirklichkeits- und den Entpolitisierungseffekt. Angesichts der einheitlichen Erfolgsstandards Aktualität, Sensation, Originalität und Unterhaltungswert wird die Themenwahl erheblich eingeschränkt. Ereignisse oder Entwicklungen, die sich nicht fernsehgerecht darstellen lassen, fallen unter den Tisch;

über vergleichsweise irrelevante Dinge, die aber die TV-Erfolgskriterien bedienen, wird dagegen exzessiv berichtet. Zu dieser quantitativen Einschränkung gesellt sich die qualitative Verzerrung der Berichterstattung. Das *fast thinking* verleitet zur Verkürzung und Verflachung von Sachverhalten, deren Vorgeschichte oder Hintergründe bleiben unausgeleuchtet. Dieser *Zensureffekt* hat zur Folge, dass Menschen, die sich nur über das Medium Fernsehen informieren, unvollständig und einseitig informiert werden.

Angesichts seiner Dominanz gewinnt das Fernsehen eine Position, die es zum Medium *par excellence* der Wirklichkeitskonstruktion macht. Das Verhältnis zwischen Realität und Medium verkehrt sich: Was nicht im Fernsehen gezeigt wird, ist nicht real. Und umgekehrt: Weil etwas im Fernsehen gezeigt wurde, muss es real sein. Bourdieu (ebd.: 27 f.) nennt das den »*effet du réel* [...], den Wirklichkeitseffekt: Es kann zeigen und dadurch erreichen, daß man glaubt, was man sieht. [...] Das Fernsehen entscheidet zunehmend darüber, wer und was sozial und politisch existiert.«

Der dritte Effekt – die *Entpolitisierung* – stellt sich durch die Art und Weise der Berichterstattung ein. Das Fernsehen reiht wahllos und ohne historische oder gesellschaftliche Einbettung eine schlechte Nachricht an die nächste, da für die Medien nur *schlechte* Nachrichten auch *good news* sind. Dieses Vorherrschen schlechter Nachrichten führt über vier subtile Mechanismen zu einer schleichenden Entpolitisierung der Zuschauer:

1. *Die sinnlose Tragödie der Geschichte*: Das Fernsehen produziert »eine Vorstellung von der Welt [...], in der Geschichte als absurde Serie von unverständlichen und unbeeinflußbaren Desastern erscheint.«

2. *Angst und Sicherheit*: »Diese von ethnischen Kriegen und rassistischem Haß, von Gewalt und Verbrechen überfüllte Welt ist derart unbegreiflich und angsteinflößend, daß man sich vor ihr nur zurückziehen und in Sicherheit bringen kann.«

3. *Entmobilisierung und Ressentimentbildung*: »Und das durch den Journalismus vermittelte Weltbild ist umso weniger geeignet, zu mobilisieren und zu politisieren, wenn es (wie dies im Zusammenhang mit Afrika oder dem *banlieu* oft geschieht) mit ethnozentrischer oder offen rassistischer Verachtung einhergeht – im Gegenteil: Es werden xenophobe Ängste geschürt, ganz wie der trügerische Eindruck, Verbrechen und Gewalt nähmen ständig zu,

die Beklemmungen und Phobien bestärkt, von denen sich das Sicherheitsdenken nährt.«

4. *Professionelle und Laien*: »Das Gefühl, die Welt, wie das Fernsehen sie zeigt, biete dem gewöhnlichen Sterblichen keine Handhabe, verbindet sich mit dem Eindruck, daß das politische Spiel ähnlich wie der Hochleistungssport mit seiner scharfen Trennung zwischen Praktizierenden und Zuschauern eine Sache für Profis ist, und bestärkt vor allem bei wenig Politisierten die fatalistische Ablehnung jedes Engagements, die natürlich der Konservierung der bestehenden Verhältnisse dient.« (ebd.: 139)

Dieser *Überwältigungseffekt* des Mediums macht vor allem den häufigen Fernsehkonsumenten unwiderstehlich klar: Unsere Welt ist sinnlos, sie ist ein Ort von Gewalt und Schrecken, und man kann ohnehin nichts am tragischen Lauf der Dinge ändern. Diese *Telekratie*, gespeist durch den wachsenden Einfluss »der direkten oder indirekten Herrschaft der kommerziellen Logik« (ebd.: 114), ist das wichtigste Organ der medialen Wirklichkeitskonstruktion der sozialen Welt, aber es ist ein Organ, das verwirrt statt orientiert, das irritiert, indem es informiert, das Realität definiert, indem es sie verzerrt oder ganz ausblendet. Ohne es kann man nichts oder wenig über die Welt erfahren, aber mit ihm lernt man nicht die Welt kennen, wie sie tatsächlich ist, sondern wie sie sich das Fernsehen nach seinen eigenen Bedürfnissen und nach ihrem Bilde formt. Das Fernsehen ist Gott, aber Gott spielt verrückt, weil er Geld verdienen muss.

Man kann sich leicht vorstellen, dass Bourdieus Kritik kaum auf begeisterte Zustimmung seitens der Fernsehmacher und Journalisten stoßen konnte. Hatten sie ihn und Abbé Pierre gerade noch für das Meisterwerk *Das Elend der Welt* in den Himmel gehoben, traf seine intellektuelle Kritik an der *»strukturelle[n] Korruptheit«* (ebd.: 21) der Medien bei den Betroffenen auf eisige Ablehnung, Häme und Gegenkritik. In der Tat zielt sie auf das Selbstverständnis des engagierten Journalisten: Denn so, wie der Soziologe wissenschaftliche Aufklärung über die Gesellschaft betreibt, so widmet sich auch der Journalist durch aktuelle Berichterstattung den gesellschaftlichen Verhältnissen. Nun zu erfahren, dass aufgrund eingebauter Mechanismen das Fernsehen strukturell eine »verkehrte Welt« präsentiert, welche Gesellschaft und Demokratie bedroht, konnte kaum auf Zustimmung stoßen. Bourdieu (ebd.: 129 f.) erklärt sich die »moralinschwere Empörung«, die auf der Verwechslung von Personen mit Strukturen beruhe, mit den

typischsten Eigenschaften des journalistischen Blicks (der sie noch vor kurzem für mein Buch *Das Elend der Welt* einnahm): die Neigung etwa, das Neue mit sogenannten »Enthüllungen« zu identifizieren, oder den Hang, den sichtbarsten Aspekt der sozialen Welt in den Vordergrund zu stellen, die Individuen nämlich, ihre Taten und vor allem ihre Untaten, und zwar in einer oft denunziatorischen, anklagenden Perspektive und auf Kosten jener unsichtbaren Strukturen und Mechanismen (hier derjenigen des journalistischen Feldes), die Handeln und Denken bestimmen und deren Kenntnis eher verständnisvolle Nachsicht fördert als empörte Verurteilung; oder auch die Tendenz, sich mehr für die (unterstellten) Schlußfolgerungen zu interessieren als für den Weg, auf dem man zu ihnen gelangt.

10.6 Intellektuelle Kritik: Die Intellektuellen und die Gesellschaft

Wie Bourdieus kritische Interventionen zeigen, befürchtet er als Resultat der neoliberalen Politik der Globalisierung die Realisierung eines Kapitalismus, der sämtliche kollektiven Instanzen zerstört. Er registriert die gesellschaftlichen Leiden, indem er das Leiden der »kleinen Leute« an der Gesellschaft protokolliert, und er konstatiert eine Art von Telekratie, die nicht nur die Perzeption und Apperzeption der sozialen Wirklichkeit steuert, sondern mit der Kontrolle der kommunikativen Produktions- und Verbreitungsinstrumente sich zunehmend auch die Funktion der kulturellen Konsekrationsmacht anzueignen beginnt.

Angesichts dieser Gefahrenherde sieht er einen großen Handlungsbedarf für die Intellektuellen. Aber welcher Typus von Intellektuellen mit welcher Rolle, Funktion, Mission und Vision? Und vor allem, *wie* sollten sich die Intellektuellen organisieren, um *was* zu erreichen? Um diese Fragen zu beantworten, sucht Bourdieu die Figur des Intellektuellen historisch und systematisch näher zu bestimmen, und das heißt gemäß seinem Ansatz, die Genese und Wirkungsweise des intellektuellen Feldes zu analysieren.

Der Anlass für seine Positionsbestimmung der Intellektuellen war ein Vortrag, den er am 29. Oktober 1989 an der Humboldt-

Universität zu Berlin gehalten hat. Der Zeitpunkt hätte nicht besser gewählt sein können. Noch ist die Mauer nicht gefallen, noch haben weder Ost- und Westdeutschland noch Ost- und Westeuropa die historisch einmalige Chance erhalten, sich zu (ver)einen und ein neues Kapitel in der Geschichte des Kontinents aufzuschlagen. Und doch liegt, dank »Perestroika« und »Glasnost«, sozialer Wandel in der Luft: »Im Osten erwacht die Geschichte.« (Bourdieu 1992b: 161-164; Bourdieu 2003/2004: 53-56)

Da sieht Bourdieu den Zeitpunkt gekommen, für eine »Internationale der Intellektuellen« und die Figur des »kollektiven Intellektuellen« einzutreten. Dass er diese Grenzüberschreitung ganz bewusst vollzieht, legt eine Stelle im Postskriptum seiner *Regeln der Kunst* nahe. Ihm geht es *expressis verbis* um »eine normative Stellungnahme«. »Sie baut auf der Überzeugung auf, dass es möglich ist, aus der Kenntnis der Logik des Funktionierens der kulturellen Produktionsfelder ein realistisches Programm für ein kollektives Handeln der Intellektuellen abzuleiten.« Dieses Programm ruht auf einem bestimmten Verständnis von Kultur.

> Ich wende mich hier an all diejenigen, die Kultur nicht als totes Erbe begreifen, dem man den obligaten Kult ritueller Verehrung entrichtet, und auch nicht als Herrschafts- und Distinktionsinstrument, als Bastion und Bastille, die man den von innen und außen drohenden Barbaren – für die neuen Verteidiger des Abendlandes heute oft dieselben – entgegenstemmt, sondern als Instrument einer Freiheit, die Freiheit voraussetzt, als *modus operandi*, der erlaubt, das *opus operatum* der geschlossenen, verdinglichten Kultur ständig zu überschreiten. (Bourdieu 1999a: 523f., im Original kursiv)

Die erste Aufgabe besteht daher zunächst darin, diese Figur des »kollektiven Intellektuellen« näher zu bestimmen, indem man den Begriff des Intellektuellen definiert. »Der Intellektuelle ist ein *bidimensionales* Wesen.« (Bourdieu 1991a: 42) Denn zum einen gehört er einem kulturellen Feld an, auf dem er seine Kompetenz in seiner Eigenschaft als Wissenschaftler, Schriftsteller, Maler oder bildender Künstler bereits bewiesen hat; zum anderen nimmt er auf der Basis genau dieser kulturellen Kompetenz eine kritische Intervention in die Politik vor. Seine kulturelle Kompetenz verleiht ihm zwar keine politische Kompetenz, sichert ihm aber die intellektuelle Autorität, sich kritisch einzumischen. Die politische Intervention der Intellektuellen im Namen des Universellen beruht auf der Legitimation durch seine spezifisch kulturelle Kompetenz.

Die Geschichte der Intellektuellen, so Bourdieu, wird meist rekonstruiert als ein Hin- und Herschwanken zwischen reiner Kultur und dem Rückzug in den Elfenbeinturm einerseits und dem politischen Engagement und der Präsenz auf der Agora andererseits. Auch wenn sich dieses Schwanken zwischen Reinheit und Engagement bzw. zwischen Kultur und Politik historisch immer wieder beobachten lässt, muss dieses Bild doch überwunden werden, um die Eigenart des Intellektuellen zu verstehen. Gerade aufgrund ihrer paradoxen Doppelgestalt, dem Standbein in der Kultur einerseits, dem Spielbein in der Politik andererseits, kommen die politischen Interventionen von Intellektuellen durch eine gezielte Grenzüberschreitung zustande.

> Émile Zolas »Ich klage an« und die zu seiner Unterstützung bestimmten Petitionen besitzen exemplarischen (paradigmatischen) Wert; denn hier macht sich die originär künstlerische und wissenschaftliche Autorität in politischen Interventionen neuen Typs geltend, die darauf abzielen, die beiden für die Identität des Intellektuellen konstitutiven, sie allererst begründenden Dimensionen in eins zur vollen Entfaltung zu bringen: die »Reinheit« und das »Engagement«; sie rufen eine *Politik der Reinheit* ins Leben, die die vollkommene Antithese zur Staatsraison bildet. (Ebd.: 44f.)

»Das Fundament dieser antipolitischen Politik« (ebd.: 45) ist die Existenz von unterschiedlichen Feldern und ihrer relativen Autonomie – vor allem den Feldern der kulturellen Produktion einerseits, dem politischen und ökonomischen Feld andererseits. Der Intellektuelle als grenzüberschreitende Figur entsteht nicht zufällig in dem Moment, als Ende des 19. Jahrhunderts eine relative Autonomie im Bereich von Kultur und Wissenschaft erreicht worden ist. Bourdieu (1999a) hat diese Entwicklung in den *Regeln der Kunst* am Beispiel des literarischen Feldes minutiös nachgezeichnet, wie wir oben gesehen haben. Als »beherrschter Herrschender« steht der Intellektuelle am Pol der Kultur und sieht sich dem Pol der weltlichen Mächte, den »herrschenden Herrschenden«, gegenübergestellt. Gerade weil er auf die weltlichen Würden wie Geld und Macht zugunsten uneigennütziger Werte wie Schönheit und Wahrheit verzichtet, wie sie in Kunst, Literatur oder Wissenschaft verfolgt werden, kann er sich – wie im Fall der Dreyfus-Affäre – anmaßen, gegen die geheiligten Werte der politischen Gemeinschaft wie Nationalismus, Patriotismus und Staatsräson zu verstoßen, um universelle Werte wie die Menschen- und Bürgerrechte einzufordern. Eine solche Grenzüberschreitung produziert häufig einen Skandal, der aber nötig ist, um die öffentliche Aufmerksamkeit auf den betreffenden Fall – hier die ungerechtfertigte Verurteilung von Hauptmann Dreyfus als angeblichem deutschen Spion – zu lenken und alle gesellschaftlichen Kräfte zu mobilisieren, die hier ebenfalls einen illegitimen Vorgang sehen.

Diese relative Autonomie der Felder der kulturellen Produktion ist eine historische Errungenschaft, die keineswegs in Stein gemeißelt ist. Im Gegenteil: »Die paradoxe Synthese von Gegensätzen, von Autonomie und politischem Engagement, die den Intellektuellen ausmacht« (Bourdieu 1991a: 46), stellt eine *labile Synthese* dar, die jederzeit wieder zerfallen kann. Dann hätte man wieder die gewöhnliche Gegenüberstellung von reinen Schriftstellern, Künstlern und Wissenschaftlern einerseits und den Politikern und Journalisten andererseits. Die meisten Diskussionen, die über den »Tod der Intellektuellen« oder das »Schweigen der Intellektuellen« geführt werden, haben die Auflösung der spannungsvollen Konstellation von Kultur und Politik vor Augen. Nicht so Bourdieu, der dazu auffordert, neben den *Invarianten* des Verhältnisses von intellektuellem und politisch-ökonomischem Feld auch über die nationalen *Variationen* im Verhältnis dieser Universen nachzudenken, die in seinen Augen für einen Großteil der Missverständnisse unter Intellektuellen verantwortlich sind.

> Wenn wir uns als Intellektuelle äußern, das heißt mit dem Ehrgeiz, universell Gültiges auszusprechen, spricht in jedem Augenblick auch das in der Erfahrung eines besonderen intellektuellen Feldes gelagerte historische Unbewußte aus uns. Ich glaube, wir haben nur dann eine gewisse Chance, zu einer echten Kommunikation zu gelangen, wenn wir die uns trennenden Spielarten des historischen Unbewußten, das heißt die jeweils spezifische Geschichte der intellektuellen Universen, deren Produkt unsere Wahrnehmungs- und Denkkategorien sind, objektivieren und meistern. (Bourdieu 1999a: 529 f.)

Um diese Arbeit zu leisten, die Aufklärung über das jeweils historisch Unbewusste einer nationalen Konstellation gibt, geht Bourdieu vom französischen intellektuellen Feld aus und untersucht die vorangegangenen Figuren der Intellektualität. In diesem Sinne grenzt er sich vom organischen Intellektuellen (Gramsci), vom totalen Intellektuellen (Sartre) und vom spezifischen Intellektuellen (Foucault) ab und gelangt zu seiner Vorstellung vom kollektiven Intellektuellen. Diese Figur scheint ihm auch am ehesten geeignet, die anstehenden Kämpfe in einem transnationalen Feld des intellektuellen Engagements zu leisten: der von Bourdieu propagierten »Internationale der Intellektuellen« und der »Realpolitik der Vernunft«.

Den Gegenpol zu Bourdieus autonomem Intellektuellen stellt Antonio Gramscis »organischer Intellektueller« dar, der gerade in der Diskussion des französischen Marxismus eine wichtige Rolle spielte. Gramsci (1980) hatte den Versuch gemacht aufzuzeigen, dass die jeweils herrschenden Klassen ihre eigene Schicht von Intellektuellen hervorbringt. Diese sind und betätigen sich als organische Intellektuelle, weil sie mit ihrer Klasse verwachsen, aber gerade dadurch fähig sind, die gesellschaftlichen Entwicklungsbedingungen zu artikulieren. Für Bourdieu ist der organische Intellektuelle der typische *»compagnon de route«*, der intellektuelle Weggefährte der Arbeiterklasse, der sich ganz in den Dienst von Klasse und Partei stellt. Historisch gesehen fiel das Ergebnis entsprechend aus:

> [V]iele Intellektuelle haben ihre Kompetenz dem Proletariat als Opfer dargebracht, sie ihm zu Füßen gelegt. Warum hat denn das Proletariat so viele Fehler gemacht? Entweder, weil Intellektuelle ihm ihre eigenen Vorstellungen aufgezwungen haben – utopische, idealistische usw. – oder, und das ist nur der umgekehrte Fehler, weil sie ihre Erkenntnisse, ihr Wissen, ihre Kompetenz in einer Art Schuldbewußtsein dem Proletariat als Opfergabe dargebracht haben. Sie machten sich freiwillig dümmer, als sie waren. Es gibt einen berühmten Ausspruch von Pascal, der sagte: Wenn ihr gläubig werden wollt, dann müßt ihr euch verdummen. Und viele gingen so auch in die KP. Man trat in einen Glauben ein, indem man sich dümmer machte. (Bourdieu 1991a: 19 f.)

Ähnlich distanziert – wenn auch aus ganz anderen Gründen – steht Bourdieu Sartres Vorstellung vom »totalen Intellektuellen« gegenüber.

> Was ich an Sartre am wenigsten schätze, das ist all das, was aus ihm nicht nur den »totalen Intellektuellen«, sondern auch den »idealen Intellektuellen«, die exemplarische Figur des Intellektuellen gemacht hat, und vor

allem sein unvergleichbarer Beitrag zur Ideologie des freien Intellektuellen, wofür ihm die ewige Anerkennung aller Intellektueller sicher ist. (Bourdieu 2003/2004a: 51)

Was macht das »Modell Sartre« aus? Da ist als erstes Element der Habitus des *normalien* zu nennen.

Reine Schöpfungen einer übermächtigen Bildungseinrichtung, die ihrer »Elite« unbedingte Anerkennung gewährte, die aus einem bloßen Wettbewerb für die Auslese von Lehrkräften (das Staatsexamen in Philosophie) einen intellektuellen Weihevorgang machte (man muß einmal lesen, wie Simone de Beauvoir von all dem in ihren Erinnerungen spricht), sahen sich diese Art Wunderkinder mit zwanzig Jahren per Dekret alle Rechte und Pflichten eines Genies verliehen. In einem ökonomisch und politisch so geschwächten, intellektuell aber immer selbstsicheren Frankreich konnten sie sich in aller Unschuld jener Mission verschreiben, die ihnen die Universität und eine ganze universitäre Tradition auftrug, beherrscht vom Glauben an ihre eigene Universalität: eine universelle Autorität des Geistes. (Bourdieu 2002: 32)

Auf der Basis eines solchen Gefühls der Auserwähltheit und als zweites Element entwirft Sartre als Künstler, Schriftsteller und Philosoph eine radikale Subjektphilosophie, den Existentialismus. Was auf den ersten Blick wie eine radikale, voluntaristische Ich-Ontologie auf den Spuren von Edmund Husserl und Martin Heidegger aussieht, wird von Sartre als Bruch mit der bürgerlichen Klasse inszeniert und macht diese Subjektphilosophie überraschend anschlussfähig für die kommunistische Partei und das Proletariat. Als drittes Element ergibt sich aus Habitus und Philosophie wie selbstverständlich eine totale intellektuelle Mission, um derentwillen man sich notfalls auch ohne professionelle Kompetenz zu sämtlichen politischen und gesellschaftlichen Problemen der Zeit äußert. Es sind vor allem diese Omnipräsenz und Omnipotenz, die Bourdieu regelrecht abstoßen, denn es grenzt in seinen Augen an intellektuellen Dilettantismus, wenn man seine politischen Interventionen nicht wenigstens mit einem Mindestmaß an professioneller Expertise versieht.[99]

99 Bourdieus Hassliebe zu den Intellektuellen scheint sich vor allem an Sartre zu entzünden, denn bei aller Kritik scheint immer wieder eine regelrechte Verehrung für diesen Intellektuellen durch, vor der selbst die Sozioanalyse haltzumachen hat: »Dennoch meine ich, dass dieser Mythos, und Sartre selbst, der in der

Da steht ihm Michel Foucaults (1978) Vorstellung des »spezifischen Intellektuellen« schon viel näher. Foucault hatte aus den Erfahrungen von 1968 den Schluss gezogen, dass das Sartre'sche Modell kein Beispiel mehr für einen zeitgenössischen Intellektuellen abgeben konnte. Statt für oder wider alles und jedes zu sein, erschien es ihm angeraten, dass auch der Intellektuelle die soziale Differenzierung und Spezialisierung der Gesellschaft akzeptiert und zum Ausgangspunkt seines eigenen Engagements macht. Im Grunde verknüpft Foucault die Rolle des Intellektuellen mit der Rolle des Professionellen. Man sollte also Arzt, Naturwissenschaftler, Ingenieur oder Jurist sein, wenn man sich im Bereich der »Mikrophysik der Macht« folgenreich und unter Umständen erfolgreich einzumischen versucht. Foucault etwa engagierte sich nach seiner Studie über das Gefängniswesen, *Überwachen und Strafen*, in der Bewegung »Groupes d'informations sur les prisons«, um die Öffentlichkeit über die Verhältnisse in den Gefängnissen aufzuklären.

Bei aller Wertschätzung – Bourdieu (2003/2004b: 74-78) schreibt einen bewegenden Nachruf auf Foucault in *Le Monde* – vermag er sich nicht mit dessen Vorstellung einer anderen Politik von Wahrheit und Macht zufrieden zu geben. Bourdieu geht es eben nicht in erster Linie um Diskurse und ihre Veränderung, die dann auch einen Wandlungseffekt auf die soziale Wirklichkeit haben, sondern als Soziologe, der in der Tradition der Aufklärung steht, stets auch um die soziale Wirklichkeit und deren folgenreiche Veränderung selbst.

Dennoch verknüpft Bourdieus Vorstellung vom kollektiven Intellektuellen den universellen Auftrag mit einer gehörigen Portion von Expertise, um jeglichem intellektuellen Dilettantismus und etwaigem Populismus vorzubeugen. Worin besteht die Vision und

glanzvollen Unschuld seiner Großherzigkeit gleichzeitig sein Schöpfer und seine Schöpfung war, meine also (aufgrund einer zweifellos ähnlichen Unschuld), dass dieser Mythos unter allen Umständen und gegen alles und jeden verteidigt werden muß, besonders aber vielleicht gegen die soziologistische Deutung einer soziologischen Beschreibung der intellektuellen Welt: Selbst wenn er für den größten aller Intellektuellen immer noch übergroß ist, bleibt dieser Mythos des Intellektuellen und seiner universellen Mission doch eine der Listen der historischen Vernunft, die gerade die Intellektuellen mit dem besten Gespür für die Gewinne der Universalität dazu bringt, im Namen von Antrieben, die wenig Universelles an sich haben, zum Fortschritt des Universellen beizutragen.« (Bourdieu 2002: 33)

Mission des kollektiven Intellektuellen? Wozu soll die Schaffung einer »Internationale der Intellektuellen« dienen? Ausgangspunkt ist auch hier die Bedrohung der Autonomie der kulturellen Felder, die von der gegenseitigen Durchdringung der Welt der Kunst und der des Geldes ausgeht. Von dieser Krisendiagnose der Ökonomisierung gehen auch die Verteidigungsanstrengungen »der Republik der Künstler, der Schriftsteller, der Wissenschaftler« (Bourdieu 1991a: 50) aus.

> Der Kampf um die Autonomie ist so, vor allem anderen, ein Kampf gegen die Institutionen und Akteure, die im Inneren des Feldes selbst die Abhängigkeit in Bezug auf die externen ökonomischen, politischen und religiösen Kräfte induzieren, gleichviel ob sie ihre Produktion kommerziellen Zwecken unterordnen oder, subtiler, wie die Essayisten, dem Gesetz des Erfolges opfern oder ob sie sich privilegierter Verbindungen zu externen Mächten (wie dem Staat oder der Partei, mit allen Formen des Schdanowismus) bedienen, um ihre Herrschaft im Schoße des Feldes zu errichten. (ebd.: 53 f.)

Es gilt also zu allererst die Autonomie wiederherzustellen und zu stärken gegen die heteronomen Einflüsse von innen und von außen. »Der heteronome Produzent, für den die Italiener das herrliche Wort *tuttologo* gefunden haben, spielt die Rolle des Trojanischen Pferdes, das den Markt, die Mode, den Staat, die Politik, den Journalismus in das Feld der Kulturproduktion Einzug halten läßt.« (Bourdieu 1999a: 533) Bourdieu macht konkret vier Kampfzonen aus: 1. Der *Staat*: Längst sind Wissenschaft und Kultur in den Einflussbereich von Kultur- oder Kultusministerien gerückt. Deshalb muss sich der Intellektuelle des Staates bedienen, um sich unabhängig von ihm zu machen. In Bourdieus Augen spielt der Beamtenstatus für Lehrer und Professoren eine entscheidende Rolle für die Unabhängigkeit potentieller Intellektueller. Im Umkehrschluss kann man hinzufügen, dass Maßnahmen wie Befristung, Projektförmigkeit von Stellen und Zielvereinbarungen für Professoren die Willfährigkeit für politisch-bürokratische Regelungsmuster der Wissenschaft erhöhen und jegliche Neigung zu intellektueller Intervention schon im Keim ersticken. 2. Die *Wirtschaft*: Je mehr Bildungseinrichtungen unter der Politik der knappen Kassen leiden, desto lauter wird der Ruf nach stärkerer Drittmittelfinanzierung. Das ist das Einfallstor für neue Formen von Mäzenatentum im Feld von Wirtschaft und Kultur oder für das Sponsoring universitärer Forschung durch Firmen. 3. Die *Kontrolle über die kulturellen Produktions- und Distributionsmittel* ist nicht mehr Sache von Künstlern, Schriftstellern oder Wissenschaftlern, sondern wird gern auch in die Regie von »Sachverständigen« aus Politik und Wirtschaft genommen. Auf diese Weise werden neue Normen etabliert, die mit der Zeit und meist unbewusst »zum universellen Maßstab intellektueller Vollendung« (Bourdieu 1991a: 55) erhoben werden. 4. Die *Konsekrationsmacht*: »Die größte Gefahr liegt aber zweifellos in der fortschreitenden Enteignung, der die Intellektuellen hinsichtlich ihrer Macht unterliegen, ihre Produktion selber, und zwar gemäß ihren eigenen Kriterien zu bewerten.« (Ebd.: 56) Hier kommt Bourdieu einmal mehr auf die journalistische Kritik zu sprechen, die sich anheischig macht, Intellektuelle und intellektuelle Produktionen gemäß ihren medialen Standards – Verständlichkeit, Aktualität und Neuigkeitswert – zu bewerten und mit dieser Bewertung sich die Konsekrationsmacht anzueignen.

Ein »kollektiver Intellektueller« fällt nicht vom Himmel, und so hat Bourdieu seinen Worten entsprechende Taten folgen lassen, um den »kollektiven Gesamtintellektuellen« in Europa mit zu erschaffen. Von den vielfältigen Aktivitäten, die er unermüdlich vorangetrieben hat, seien nur drei größere Bereiche intellektueller Intervention erwähnt: *Liber*, *Areser* und *Raisons d'agir*. *Liber* (was auf Deutsch sowohl »Buch« als auch »frei« bedeutet) startete Bourdieu im Oktober 1989 als Zeitungsbeilage der wichtigsten europäischen Tageszeitungen (wie der *FAZ* in Deutschland, *Le Monde* in Frankreich, dem *Times Literary Supplement* in England und *El Pais* in Spanien). Auf lange Sicht sollte so ein Informations- und Kommunikationsnetz entstehen, um Themen, Probleme, Konflikte und Kämpfe international zu koordinieren – eine Art *Facebook* für Intellektuelle wird (nur ohne die kommerziellen Hintergedanken des echten *Facebook*). Dieses faszinierende Projekt, das mit vielen Vorschusslorbeeren bedacht wurde und auf hohem Niveau begann, wurde schon bald aus Kostengründen eingestellt. *Liber* mutierte von einer Zeitungsbeilage zu einem Jahrbuch – in Bourdieus Diktion markierte das den Übergang von der großen Produktion zur kleinen Produktion, von dem großen gebildeten europäischen Publikum zu den Eingeweihten.

Areser, gemeint ist die »Association de Réflexion sur les Enseignements Supérieure et la Recherche«, wurde 1992 ins Leben gerufen, um die Welt der Bildung und Universität kritisch zu reflektieren. Zahlreiche Publikationen sind daraufhin in der Buchreihe *Raisons d'agir* erschienen, die sich allesamt um kritische Zeitdiagnosen auf professionell solider und intellektuell kühner Basis bemühten. So hat, um nur ein Beispiel zu nennen, Franz Schultheis (Schultheis et al. 2008) in *Humboldts Albtraum* den Versuch unternommen, die so genannte Bologna-Reform und ihre Folgen zu untersuchen.

Alle diese Formen und Formate kollektiver Intellektualität, die sich ganz klassisch auf das geschriebene und publizierte Wort stützen und sich an eine gesellschaftlich und politisch interessierte Öffentlichkeit richten, sollten in Bourdieus Augen aber auch eine Unterstützungsfunktion für die neuen sozialen Bewegungen übernehmen, wie sie in den 1990er Jahren entstanden. Tatsächlich, so seine Grundintention, soll der kollektive Intellektuelle dabei als Geburtshelfer und Berater für soziale Bewegungen dienen, ohne den Versuch zu machen, eine Führungsrolle in diesen Bewegungen selbst anzustreben.

10.7 Fazit: Soziologie und Intellektuelle

Versucht man ein Resümee zu ziehen, so fällt zuerst der ungeheure Aufwand auf, den Bourdieu zur Entwicklung kollektiver Instrumente intellektueller Intervention betrieben hat. Die Tatsache, dass die meisten dieser Initiativen auch heute noch engagiert weitergeführt werden, darf als Indiz dafür gelten, dass der intellektuelle Kampf und der Kampf des kollektiven Intellektuellen auch nach Bourdieus Tod fortgesetzt werden, obwohl der kluge Kopf dieser Bemühungen keinerlei persönliche Inspiration mehr zu geben vermag. Dennoch: Bei rechtem Licht betrachtet trägt Bourdieus Vorschlag für eine »Realpolitik der Vernunft«, für die er eine »Internationale der Intellektuellen« schaffen will, erstaunlich *defensive* und *minimal utopische* Züge. Bourdieus »intellektueller Kampf« und sein »Kampf für den kollektiven Intellektuellen« – sind sie am Ende viel Lärm um nichts?

Auf den ersten Blick könnte es den Anschein haben, aber das wäre ein grobes Missverständnis von Bourdieus Vision und Mission als Soziologe *und* Intellektueller. Das europäische Modell der Gesellschaft sah er in einer Krise, die einer Zivilisationskrise gleichkommt,[100] stehen doch alle historischen Errungenschaften auf dem Prüfstand, und sämtliche Kollektivinstanzen, die auf Gemeinsinn und Gemeinwohl hin ausgerichtet sind, drohen von der Gewalt eines globalen, neoliberal inspirierten Kapitalismus hinweggespült zu werden. Ganz im Geiste Émile Durkheims diagnostizierte Bourdieu eine *Krise der Anomie*, wenn die Menschen einer Gesellschaft auf den prekären Status von »individualisierten Individuen« zurückgestutzt werden, die hilf- und wehrlos den Kräften des »Marktes«, also den herrschenden Kräften dieser Welt ausgeliefert werden. Dieser »utopische Kapitalismus« droht nicht nur das Ende von Demokratie und Zivilgesellschaft heraufzubeschwören, wie sie nach dem Zweiten Weltkrieg in Westeuropa in einer Art von austariertem Kräfteparallelogramm zwischen Staat und Markt in Gestalt eines »gezähmten Kapitalismus« realisiert werden konnten. Vielmehr gerät der Staat als Hüter des Allgemeinwohls selbst in eine Krise in dem Maße, wie er zum Erfüllungsgehilfen der Finanzmärkte mutiert, und auch der staatsbürgerliche Status nebst seinen Bürgerrechten von Menschen als Gesellschaftsmitgliedern wird mehr und mehr erodiert. Es ist daher kein Zufall, dass Bourdieu Mitte der 1990er Jahre, als sein intellektuelles Engagement vehement einsetzt, anfängt, sich wissenschaftlich mit der Entstehung des Staates,[101] Fragen der Staatsräson, des öffentlichen Interesses und Allgemeinwohls zu beschäftigen. Auch diese Auseinandersetzung steht sowohl in enger geistiger Tradition zu Durkheims (1991) neokantianischer *Physik der Sitten und des Rechts* als auch zu Hegels (1972) *Grundlinien der Philosophie des Rechts*.[102]

100 Bourdieu hat sich nicht explizit mit dem Modell der europäischen Gesellschaft auseinandergesetzt, sondern Europa stets durch die universalistisch-nationale Brille des französischen Republikanismus betrachtet. Gleichwohl schwebt ihm gerade ein solches Modell von Gesellschaft vor, das auf sozialer Differenzierung und der Entstehung von relativ autonomen sozialen Feldern beruht. Zur theoretischen und empirischen Diskussion dieses Modells siehe Hettlage/Müller (2006), Müller (2007) und Eigmüller/Mau (2010).

101 Neben seinem *Staatsadel* sind seine Überlegungen zur Entstehung des bürokratischen Feldes (2004c?: 24-47), aber auch zum Staat selbst interessant. In der Reihe *Raisons d'agir* sind seine diesbezüglichen Vorlesungen am *Collège de France* unter dem Titel *Sur l'État* (Bourdieu 2012, dt.: *Über den Staat*, Bourdieu 2014).

102 Zu Durkheims Programm vgl. mein Nachwort in der deutschen Ausgabe: »Die Moralökologie moderner Gesellschaften« (Müller 1991). Es ist bemerkenswert,

Im Grunde genommen besteht Bourdieus größte Sorge darin, dass die Dynamik der »Höllenmaschine«, wie er den neoliberalen Kapitalismus in Anlehnung an Karl Polanyi bezeichnet, das Ensemble institutionell differenzierter und relativ autonomer Felder von innen heraus zerstört. Jedes Feld fungiert nach seinem autonomen Prinzip, aber gerade die Felder der kulturellen Produktion haben immer auch einen heteronomen, weltlichen Pol. Es ist diese relative Autonomie, die in den kulturellen Feldern die Realisierung der Eigenwerte (Schönheit, Wahrheit etc.) ermöglicht, aber auch gefährdet. Betrachtet man das Ensemble nicht differenzierungs- und feldtheoretisch, sondern machttheoretisch, dann kann man diese Ausdifferenzierung der sozialen Welt auch als Freiheitsgewinn gegenüber einer zentralisierten Herrschaft verstehen.[103]

> Jeder Fortschritt in der Differenzierung der Macht ist ein weiterer Schutzriegel dagegen, dass eine einzige und einseitige, auf der Konzentrierung aller Macht in den Händen einer einzigen Person (wie im Cäsaropapismus) oder einer einzigen Gruppe beruhende Hierarchie sich durchsetzt, und genereller ein Schutz gegen *Tyrannei*, verstanden als das Eindringen der mit einem der Felder verbundenen Macht in die Funktionsweise eines anderes Feldes. (Bourdieu 2001b: 131)

Genau das scheint aber jetzt der Fall zu sein durch die *Intrusionseffekte* (Bourdieu 1998b: 112-120), die von der Hegemonie des neoliberalen Kapitalismus ausgehen. »Man darf nie vergessen«, so warnt Bourdieu (Bourdieu/Wacquant 1996: 233), »daß die Institutionen der kulturellen Freiheit genauso soziale Errungenschaften sind wie die Sozialversicherung oder das Mindestgehalt.« Neue Kämpfe mit einer veränderten institutionellen Logik könnten diese Institutio-

wie sehr sich an dieser Stelle kritische Soziologie und Kritische Theorie einander annähern. Denn auch Axel Honneths (2011) Studie über *Das Recht auf Freiheit* sucht den Hegel'schen Rahmen der Rechtsphilosophie mit den Mitteln von Durkheims und Parsons' Soziologie auszufüllen, um »Gerechtigkeitstheorie als Gesellschaftsanalyse« zu betreiben.

103 Bourdieu gelangt an dieser Stelle in die Nähe von Michael Walzers (1983: 319) Theorie der *Spheres of Justice* mit seinem Motto: »Good fences make just societies.« Erst wenn die verschiedenen Sphären und Lebensbereiche einer Gesellschaft durch Zäune und Grenzen gegeneinander befestigt sind, können sie füreinander optimal da sein. Dringen dagegen Geld und Macht in die autonomen Sphären ein, ist es wegen der Käuflichkeit und der Herrschaftseffekte um die Gerechtigkeit geschehen.

nen der kulturellen Freiheit also auch wieder abschaffen. Das ist Bourdieus größte Befürchtung, denn die *Ökonomisierung* schlägt sich in den kulturellen Feldern als *Heteronomisierung* nieder.[104] Weltliche, heteronome Klassifikationskriterien ökonomischer und politischer Natur treten an die Stelle der autonomen Kriterien kultureller Art. Das ist der Grund, warum Bourdieu den intellektuellen Kampf vor allem als Kampf um die Autonomie aufnimmt.

»Der Korporativismus des Universellen« muss also erst einmal geschützt werden, indem man den Intellektuellen ihre wissenschaftliche, künstlerische und kritische Autonomie erhält beziehungsweise wiedergewinnt. Bourdieu sieht darin ein Grundgut im Sinne von John Rawls: »Autonomie ist nicht alles, aber ohne Autonomie ist alles nichts.« Ganz im Sinne seiner Feldlogik finden sich das intellektuelle und das wissenschaftliche Feld an dieser Stelle in einem Boot, wie Bourdieu persönlich bekennt:

> Ich bin ein absoluter, entschiedener, überzeugter Anwalt der wissenschaftlichen Autonomie. [...] Die Soziologie muß selber ihre Funktionen bestimmen. Manche Soziologen fühlen sich verpflichtet, ihre Existenzberechtigung nachzuweisen; sie meinen, sie müßten nützlich sein. Nützlich für wen oder was? Zuallererst muß die Soziologie ihre Autonomie behaupten; sie muß in der Frage ihrer Unabhängigkeit immer gleichbleibend empfindlich und wachsam sein. Das ist für sie die einzige Art, sich wahrhaft wissenschaftliche Werkzeuge zu geben und politische Wirksamkeit zu erlangen. Weil nämlich die einzige politische Wirksamkeit, die sie überhaupt haben kann, mit ihrer wissenschaftlichen Autorität im eigentlichen Sinne zusammenhängt, das heißt mit ihrer Autonomie. (Ebd.: 223 f.)

Was für die Soziologie gilt, gilt auch für das intellektuelle Feld. Je autonomer es ist, desto eher wird es seinem Anspruch eines reinen Pols gerecht, und desto gewisser wird es Effekte der Schönheit wie in der Kunst oder der Wahrheit wie in der Wissenschaft produzieren. Frei von weltlichen Mächten zu sein ist der Königsweg, um frei zu sein für die Gesellschaft. Das macht Bourdieus verbissenen

104 So auch Volkmann/Schimank (2006: 232): »Als *intrusion* (frz. Eindringen) lässt sich bei Bourdieu [...] eine Differenzierungsdynamik – genauer: *Ent*differenzierungsdynamik – bezeichnen, bei der in den kulturellen Feldern das externe, heteronome Hierarchisierungsprinzip mehr und mehr die Oberhand gewinnt und das interne, autonome Prinzip Gefahr läuft, seine dominante Stellung einzubüßen.«

wissenschaftlichen *und* intellektuellen Kampf für die Reinheit des kulturellen Pols und für die Autonomie wie für die Reflexivität verständlich.

Die Reflexivität ist kein *l'art pour l'art*. Eine reflexive Soziologie kann die Intellektuellen von ihren Illusionen befreien, und zuallererst von der Illusion, keine Illusionen zu haben, vor allem was sie selbst angeht, und sie kann zumindest dazu beitragen, ihnen jede passiv-unbewußte Beteiligung an der symbolischen Herrschaft schwerer zu machen. (Ebd.: 231)

Insoweit leistet eine kritische Soziologie wertvolle Schützenhilfe für den kritischen Intellektuellen, seine Möglichkeiten und Grenzen.

Ich denke, da alle großen Utopien gescheitert sind, sind die Intellektuellen endlich bereit, das zu machen, was sie können. Sie haben immer mehr machen wollen, als sie können, aber sie haben das, was sie hätten machen können, nicht getan. Wenn die Intellektuellen immer da wären, wo und wann es nötig ist, das wäre schon etwas. (Bourdieu 1991: 31)

Aber wie sieht es umgekehrt aus? Was leistet eine intellektuelle Betrachtung der Bourdieu'schen Soziologie? Sie hat, ähnlich wie im Fall der soziologischen Analyse der Intellektuellen, eine Art von Ernüchterungswirkung – Max Weber hätte wohl von »Entzauberung« gesprochen. Sartre hatte eine Subjektphilosophie entwickelt, die besonders offen für die Emanzipation des Einzelnen wie einer Klasse, des Proletariats etwa, ausfiel. Aber Bourdieu steht mit seiner Soziologie, einer »Philosophie ohne Subjekt«, eher in der Linie von Émile Durkheim bis Claude Lévi-Strauss, die die soziale Reproduktion stärker als den sozialen Wandel betont. Was und wozu, wie und warum kann denn eine Soziologie »befreien«, die ständig die Zwänge von Habitus und Feld herausstreicht, die soziale Reproduktion aufzeigt und trotz einzelner Züge von Subversion und Widerstand die Wahrscheinlichkeit der Kontinuität der sozialen Ordnung unterstreicht? Bourdieu scheint sich dieser vermeintlichen Antinomie in seinem Ansatz – hier der Determinismus und Fatalismus der Sozialwelt, dort das intellektuelle Programm des Widerstandes und der Befreiung – durchaus bewusst gewesen zu sein.

Wenn es stimmt, daß die Soziologie, und vielleicht besonders die von mir praktizierte, den Soziologismus als die Unterwerfung unter die ehernen Gesetze der Gesellschaft begünstigen kann (und zwar selbst dann, wenn sie genau entgegengesetzte Absichten verfolgt), dann denke ich, daß die von

Marx formulierte Alternative von Utopismus und Soziologismus einigermaßen trügerisch ist: Zwischen der soziologistischen Resignation und dem utopistischen Voluntarismus ist allemal Platz für einen vernunftgetragenen Utopismus, das heißt für einen politisch bewußten, rationalen Umgang mit jenen Grenzen der Freiheit, die einem von einer wirklichen Erkenntnis der sozialen Gesetze und vor allem ihrer *historischen* Geltungsbedingungen gesetzt werden. Die politische Aufgabe der Sozialwissenschaft ist es, zugleich dem unverantwortlichen Voluntarismus und dem fatalistischen Szientismus entgegenzutreten und daran zu arbeiten, einen rationalen Utopismus zu definieren, indem sie das Wissen um das Wahrscheinliche dazu benutzt, das Mögliche herbeizuführen. Ein solcher soziologischer, das heißt realistischer, Utopismus ist bei den Intellektuellen sehr wenig wahrscheinlich. Vermutlich weil er so kleinbürgerlich daherkommt und nicht radikal genug aussieht. Die Extreme haben immer mehr Chic, und die ästhetische Disposition des politischen Verhaltens zählt für die Intellektuellen nicht gerade wenig. (Bourdieu/Wacqant 1996: 232 f.)

Es ist dieser »rationale Utopismus«, der das soziologische Wissen um das *Wahrscheinliche* bereitstellt, um das gesellschaftlich und politisch *Mögliche* überhaupt sozial verwirklichen zu können, worin Bourdieu am Ende seine Vision und Mission einer kritischen Soziologie erblickt. Soziologie und kollektive Intellektualität arbeiten zusammen, und es ist diese Arbeitsteilung zwischen Sozialwissenschaft und intellektueller Intervention, die eine »Realpolitik der Vernunft« ermöglichen soll. Freilich sind die Spielräume zwischen Notwendigkeit und Freiheit, die Bourdieu ganz in der Tradition von Kant und Durkheim auslotet, eng begrenzt. Sicher:

Die Soziologie gibt uns eine kleine Chance, das Spiel zu verstehen, das wir spielen, und die Herrschaft sowohl der Mächte des Feldes abzuschwächen, in dem wir uns bewegen, als auch der inkorporierten gesellschaftlichen Mächte, die in unserem Inneren wirken. (Ebd.: 234)

Aber erst einmal gilt es, die gesellschaftlichen Zwänge in ihrer Notwendigkeit zu verstehen, bevor man auch nur daran denken kann, sie zu verändern. »Es ist eine Art und Weise, die Welt zwar nicht zu rechtfertigen, aber zu lernen, eine Menge Dinge zu akzeptieren, die anders inakzeptabel erscheinen würden.« (Ebd.: 234 f.) Diese Eigenlogik und dieses Eigengewicht der sozialen Welt gilt es in der Haltung des kritischen Soziologen wie des verantwortungsbewussten Intellektuellen anzuerkennen, will man nicht in eine radikale, aber folgenlose Kritik verfallen.

> Wenn es gut ist, daran zu erinnern, daß Geschlecht, Nation, ethnische Gruppe oder Rasse soziale Konstruktionen sind, so ist es doch naiv und also gefährlich, zu glauben und glauben zu machen, es genüge, diese gesellschaftlichen Artefakte in einer rein performativen Feier des »Widerstandes« zu »dekonstruieren«, um sie zu *destruieren*: Denn dies heißt verkennen, daß, obschon die Kategorisierung nach Geschlecht, Rasse oder Nation eine sexistische, rassistische, nationalistische »Erfindung« ist, sie doch in die Objektivität der Institutionen, das heißt der Dinge und der Körper, aufgeprägt wurde. Schon Max Weber wies darauf hin, daß nichts einer Bewegung – einer Arbeiterbewegung so gut wie einer anderen – so sehr schade wie Ziele, die in der Verkennung der wirklichen Beziehungen wurzeln. Jedenfalls darf man an der Realität eines Widerstands zweifeln, der vom Widerstand der »Realität« abstrahiert. (Bourdieu 2001a: 138)

Eine soziologische *und* intellektuell folgenreiche Kritik wird sich hingegen an dem wie auch immer bemessenen Spielraum zwischen Wahrscheinlichem und Möglichem orientieren, wenn die soziale Wirklichkeit Stück für Stück, dann aber folgenreich, weil erfolgreich transformiert werden soll. »Auf diese Weise eröffnet man die Möglichkeit, echte Orte der Freiheit zu bestimmen und eine Moral zu konstruieren, die bescheiden, praktisch und an den – meiner Meinung nach nicht sehr weiten – Grenzen der menschlichen Freiheit bemessen ist.« (Bourdieu/Wacquant 1996: 235).

Epilog: Aufgaben einer analytischen, empirischen und kritischen Soziologie

Was bleibt von Bourdieu? Welche Elemente und Momente aus seinem Werk werden sich der soziologischen Tradition einschreiben? Was kann man von ihm lernen?

Die letzte Frage ist leicht zu beantworten: Wir lernen in erster Linie, was es heißt, ein guter Soziologe zu sein. Bourdieu hat die Soziologie als Kampfsport charakterisiert,[105] als eine Wissenschaft, die irritiert, provoziert und die hinter die Kulissen der Gesellschaft blickt, um die geheimsten Grundlagen von Macht, Herrschaft und symbolischer Gewalt aufzudecken. Eine Soziologie, die gefällt, hätte in seinen Augen nicht nur ihr Ziel verfehlt, sondern wäre auch ein überflüssiges Unternehmen ohne wissenschaftlichen Wert. Gerade weil jeder Mensch ein Mitglied der Gesellschaft ist und sich insofern als Experte seiner natürlichen Lebenswelt fühlt, muss die Soziologie als Wissenschaft von der Gesellschaft mehr bieten als bloßes Alltagswissen. Zwar knüpft Bourdieus Soziologie an die alltäglichen Praktiken an, entwickelt zu deren Analyse jedoch ein ausgefeiltes analytisches, methodisches und empirisches Instrumentarium, mit dem man der sozialen Welt zu Leibe rücken kann.

Wer Soziologie im Geiste Bourdieus betreiben will, benötigt erstens profunde *Theoriekenntnisse*. Das schließt die Klassiker des Faches ebenso ein wie zeitgenössische Theorien und Theoreme. Es erfordert darüber hinaus eine enge Vertrautheit mit der Philosophie und politischen Theorie, denn zentrale Themen, Fragen und Probleme des menschlichen Zusammenlebens sind zum Teil sehr alt, und es ist einfach hilfreich, Konzeptualisierungen, Antworten und Problemlösungen der Klassiker zu kennen. Bourdieu betont immer wieder, dass es schon ein großer Gewinn wäre, wenn Sozialwissenschaftler die Sozialwissenschaften beherrschen würden. Dennoch erfordert das nicht unbedingt, sich zum Großtheoretiker zu mausern. Vielmehr genügt es zum soliden theoretischen Handwerk, sich einen analytischen Baukasten von Begriffen und

105 Es gibt auch einen Film mit diesem Titel (Bourdieu 2009b).

Theoremen zuzulegen, mit dessen Hilfe man die eigene Analyse vorantreiben kann.

Zweitens bedürfen Soziologen einer soliden *methodischen Ausbildung*, die nicht nur die Verfahren der empirischen Sozialforschung umfasst, sondern vor allem auch erkenntnistheoretische und methodologische Probleme und Fragen betrifft, damit die eigenen Studien nicht in die gröbsten Fallstricke einer positivistischen Analyse geraten. Die Anwendung der ausgereiftesten Methode der empirischen Sozialforschung nützt nichts oder führt bestenfalls zu empiristischen Artefakten, wenn man sich nicht über die Möglichkeiten und Grenzen der gewählten Methode im Klaren ist oder wenn zwischen analytischem Bezugsrahmen und Methode eine Kluft besteht. Bourdieu dringt nicht zuletzt deshalb immer wieder darauf, dass die Soziologie als *reflexive* Sozialwissenschaft betrieben werden muss, um sich stets selbst über ihren eigenen Standort in der Welt aufzuklären. Nur unter dem Vorbehalt dieser eigenen Reflexivität kann die Soziologie danach streben, jenen *focus imaginarius* (Kant), den »geometrischen Ort aller Perspektiven« (Leibniz). in einer Sozioanalyse der gesellschaftlichen Welt zu entdecken, den Hort der ehernen Mechanismen und »Gesetzmäßigkeiten der gesellschaftlichen Reproduktion« (Bourdieu 1985a: 57).

Drittens benötigt man Erfahrungs- und Wirklichkeitshunger, ein Wissen-Wollen, ja eine Leidenschaft für die verwickelten Verhältnisse der sozialen Welt, denn ohne diese Neu- und Wissbegier fehlt es an dem langen Atem für zeitraubende wie vielfältige *empirische Analyseformen*. Zur Sozioanalyse eines Feldes etwa muss man in dessen historische Genese und Anamnese einsteigen, was das methodische Rüstzeug des Historikers und intime Quellenkenntnis voraussetzt. Ferner bedarf es fast kriminalistischer Techniken und Fertigkeiten, um an möglichst alle verfügbaren Daten heranzukommen, welche die eigene Analyse benötigt. Schließlich braucht es analytische und methodische Phantasie, um heterogene Datenquellen so zu verknüpfen, dass sie in einer Feldanalyse zusammengespannt werden können.

Zu diesem analytischen und methodischen Rüstzeug muss aber viertens noch ein *kritischer Stachel* hinzukommen. Man benötigt vor allem ein genuines Problembewusstsein für das, was nicht nur soziologisch, sondern auch gesellschaftlich wichtig ist. Bourdieu hat dieses kritische und zeitdiagnostisch sensible Problembewusstsein durchaus besessen und damit seiner Soziologie nicht nur einen wissenschaftlich-professionellen Anstrich verliehen, sondern auch ein kritisch-intellektuelles Potential mitgegeben. In meinen Augen macht diese Kombination die anhaltende Attraktivität von Bourdieus Arbeiten aus.

Das Resultat ist ein Werk, das in seiner Vielschichtigkeit, Originalität und Kreativität seinesgleichen sucht. Seine wichtigsten Elemente und Leistungen bestehen *methodisch* in der relationalen Denkweise, *theoretisch* in der Raum- und Feldanalyse und *sachlich* in den umfassenden Klassenstudien, etwa *La Distinction* und seine brillante Feldanalyse *Les règles de l'art*, um nur zwei zentrale Studien aus der Fülle seiner empirischen Untersuchungen hervorzuheben. Bourdieu gehört damit sicherlich zu den wichtigsten Soziologen des 20. Jahrhunderts.

So ist Bourdieu schon zu Lebzeiten zum Klassiker wider Willen geworden; ausgerechnet er, der wie seine literarischen Vorbilder Baudelaire und Flaubert stets darauf achtete, bloß nicht klassifiziert zu werden. Denn wer klassifiziert ist, wird in eine Schublade gesteckt – »kritische Soziologie«, »genetischer Strukturalismus«, so einige der noch am wenigsten von Bourdieu zurückgewiesenen Label. Einmal klassifiziert, wird man rasch kanonisiert, und ist erst der Schritt zum Klassiker gemacht, kann man getrost vergessen werden. Man ist aus dem Spiel, obschon man sich noch mittendrin wähnt. Man hat Verdienste und verdient deshalb, aufs Altenteil abgeschoben zu werden. Nach der »kritischen Soziologie« kommt die »Soziologie der Kritik«. Der genetische Strukturalismus wird von der Wiederkehr des Subjekts abgelöst und durch eine phänomenologische Lebensweltanalyse »ohne« Gesellschaft ersetzt.[106] Bourdieu, dieser Klassifizierer unter den Klassifizierern, die nicht klassifiziert werden wollen, kannte sich in diesem Spiel von Position und Positionierung bestens aus.

Was wird am Ende von ihm bleiben? Wer mag das gegenwärtig zu sagen? Vielleicht ist es noch zu früh, um zu einem abschließenden Urteil zu gelangen. Am ehesten und vielleicht am eingängigsten ist das Bild eines *kämpferischen* Pierre Bourdieu, das im soziologischen

106 Es muss kurz nach Bourdieus Tod gewesen sein, als mich ein junger französischer Soziologe auf einer Podiumsdiskussion in Paris nach meinem Vortrag scharf zurechtwies: »Monsieur, man sagt nicht mehr Gesellschaft. Bourdieu ist tot!«

Gedächtnis haften bleiben wird. Ein Philosoph und Soziologe, ein Ethnologe und Empiriker, ein Methodologe und Feldforscher, ein Intellektueller und Kritiker, der mit unüberbietbarer Hartnäckigkeit und unermüdlicher Zielstrebigkeit einige zentrale Probleme moderner Gesellschaften immer wieder angeschnitten und in virtuoser Vielfalt von Themen, Methoden und Techniken in akribischer Kleinarbeit mitunter über Jahrzehnte hinweg untersucht hat. Man muss schon zu Goethe und dessen Zeit zurückkehren, um auf Produktionszeiten von 25 bis 30 Jahre für ein Werk zu kommen.

Zu diesem Bild des kämpferischen Pierre Bourdieu kommt das Bild des *konfliktorientierten Ordnungstheoretikers*, der unzeitgemäß und im Widerspruch zu den progressiven Zeiten von 1968, aber auch zu dem Modernisierungsoptimismus anglo-amerikanischer Prägung (die beide von stetem Wandel, permanenter Entwicklung und kreativer Evolution unseres Typus von Gesellschaften schwärmen) ganz bodenständig auf der »ewigen Wiederkehr des Gleichen«, der sozialen Reproduktion, beharrt. Bourdieu ist ein Ordnungstheoretiker, aber im Gegensatz zu Talcott Parsons, mit dem er dieses Ordnungsparadigma teilt, verficht er diese Position nicht in einem konsensustheoretischen Rahmen, sondern mit einem konflikttheoretischen Ansatz. Es gibt stets viel Kampf, Konkurrenz und Konflikt, aber diese »drei K« des konflikttheoretischen Paradigmas stehen nicht im Dienst der Revolution wie bei Marx, sondern sind die kriegerische Begleitmusik der Reproduktion und stehen für die langsame Reform der bestehenden sozialen Ordnung.[107]

Eine dritte Facette, die haften bleibt, ist das Bild des *Großtheoretikers wider Willen*, der mit einer Handvoll Begriffen die soziale Welt erklärt: Der soziale Raum, der die Positionen aufspannt und den Raum der Positionierungen vorgibt. Der Habitus als sozialisierte Persönlichkeit, der das Scharnier zwischen Struktur und Praxis bildet. Das Feld als Magnet-, Kampf- und Spielfeld, vor allem die Logik und Dynamik der Felder, der Kampf um die herrschenden Sicht- und Einteilungsprinzipien, aber auch der Kampf zwischen Etablierten und Außenseitern, zwischen Orthodoxie und Häresie, zwischen Alteingesessenen und Neuankömmlingen sowie der Kampf um die legitime symbolische Gewalt.

107 »Wenn wir wollen, daß alles bleibt, wie es ist, dann ist es nötig, daß alles sich ändert«, heißt es in Giuseppe Tomasi di Lampedusas Roman *Il gattopardo* (»Der Leopard«).

Eine vierte Facette, die sich aufdrängt, ist das Bild des *Feldforschers Bourdieu.* Sein literarisches Vorbild Flaubert hatte bekannt, am liebsten jedes Leben leben zu wollen. Diese omnivore biographische Obsession war diesem als Autor zumindest in der literarischen Phantasie und der Ausgestaltung seiner Romane vergönnt. Ganz ähnlich ging es Bourdieu, der auch am liebsten alle Lebensstile oder Weisen der Lebensführung am eigenen Leibe kennenlernen wollte. Welche Farbe oder Farblosigkeit, welchen Reiz oder welche Langeweile bietet ein Leben, ein Lebensstil oder eine Lebensführung? Wie steht es um die Spannung zwischen Freiheit und Notwendigkeit in der Lebensführung von verschiedenen Klassen und Klassenfraktionen? Bourdieu versucht, dieses Interesse an der Praxis und den Praktiken der Leute mit soziologischen Studien in den verschiedensten Bereichen und Feldanalysen zu befriedigen.

Das fünfte und letzte der vielen Gesichter von Pierre Bourdieu zeigt das Bild des *engagierten und enragierten Intellektuellen.* Den »Eskapismus der Wertfreiheit« überwindend, stürzt er sich mit einer Art »rationaler Wut« in das politische Getümmel, und obgleich der kollektive Intellektuelle mit dem Rüstzeug der Wissenschaft und dem verfügbaren professionellen Wissen den politischen Kampf aufnehmen soll, scheut er nicht davor zurück, mit geschulter Rücksichtslosigkeit zur Not auch auf die berühmte Marx'sche »Kritik im Handgemenge« zurückzugreifen,[108] wenn die Zeichen der Zeit es verlangen.

Vielleicht empfiehlt sich angesichts der multiperspektivischen Bildervielfalt, die Person und Werk Pierre Bourdieus bieten, noch einmal der Rückgriff auf Goethe. Im Februar 1832, kurz vor seinem Tod, beantwortet dieser in einem Tischgespräch mit Frédéric Soret die Frage, wie er denn sein Werk geschaffen habe, so: »Mon œuvre

108 So Marx (1978: 381) in seiner Einleitung zur *Kritik der Hegelschen Rechtsphilosophie*, die 1844 in den *Deutsch-Französischen Jahrbüchern* veröffentlicht wurde: »Die Kritik, die sich mit diesem Inhalt befaßt, ist die Kritik im *Handgemenge*, und im Handgemenge handelt es sich nicht darum, ob der Gegner ein edler, ebenbürtiger, ein *interessanter* Gegner ist, es handelt sich darum, ihn zu *treffen*.« Entscheidend ist der Druck, der ausgeübt wird. »Man muß den wirklichen Druck noch drückender machen, indem man ihm das Bewußtsein des Drucks hinzufügt, die Schmach noch schmachvoller, indem man sie publiziert.« Nur so kann die erzieherische Intention der Kritik ihre Wirkung entfalten. »Man muß das Volk vor sich selbst *erschrecken* lehren, um ihm *Courage* zu machen.«

est celle d'un être collectif et elle porte le nom de Goethe.«[109] Auch Bourdieus Werk ist ein kollektives Unternehmen, hervorgegangen aus dem französischen Wissenschaftsbetrieb und mit Hilfe einer Forschungsgruppe talentierter Sozialwissenschaftler, die oft jahrelang an gemeinsamen Fragestellungen und Projekten gearbeitet haben. Als er sein Plädoyer für den kollektiven Intellektuellen entwickelte, hatte er bestimmt diese dichte Arbeitsatmosphäre und bemerkenswerte Produktivität vor Augen. Wer ein großes Werk schaffen will, muss viele begeisterte Mitstreiter gewinnen – allein gelingt so etwas nicht. Das umfassende, labyrinthische Œuvre, das in den Jahrzehnten des gemeinsamen Schaffens zustande gekommen ist, erschließt sich selbst Bourdieu nicht recht[110] – und das, obwohl er genügend Anläufe zur Selbstverständigung unternommen hat. Die Vielfalt verdeckt die Einheit, aber genau diese Unabgeschlossenheit und Offenheit im Steinbruch des französischen Soziologen und Intellektuellen könnte den Reiz der Anschlussfähigkeit in Zukunft eher noch erhöhen. Klassiker ja, aber unvollendet. Bourdieus Werk eröffnet ein breitgefächertes analytisches, empirisches und kritisches Angebot. Es liegt an uns, es anzunehmen und konstruktiv weiterzuentwickeln.

109 Goethe (2003: 27) führte das Tischgespräch mit Rücksicht auf seinen Gast in Französisch: »Mein Werk ist das eines Kollektivwesens, und es trägt den Namen Goethe.«

110 So hofft Bourdieu (1989c: 8), dass der Leser »aus meinen Ausführungen, und sei es für kurze Momente, eine zusammenfassende Sicht meines Werkes zu gewinnen vermag, das, auf der Ablehnung des schulmäßig-akademischen Systematisierens begründet, sich so leicht nicht preisgibt – nicht einmal seinem Autor selbst«.

Literaturverzeichnis

Primärliteratur

Bourdieu, Pierre (1958): *Sociologie de l'Algérie.* Paris: Presses Universitaires de France.
- (1959): »Tartuffe ou le drame de la foi et de la mauvaise foi«, in: *Revue de la Méditerranée* 19, 453-458.
- (1966): »L'école conservatrice. Les inégalités devant l'école et devant la culture«, in: *Revue française de sociologie* 7, 325-347.
- (1971a): »Une interprétation de la théorie de la religion selon Max Weber«, in: *Revue française de sociologie* 12, 3-21.
- (1971b): »Genèse et structure du champ religieux«, in: *Revue française de sociologie* 12, 295-334.
- (1971c): »Le marché des biens symboliques«, in: *L'année sociologique* 22, 49-126.
- (1974): *Zur Soziologie der symbolischen Formen.* Frankfurt/M.: Suhrkamp.
- (1976): »Kulturelle Reproduktion und soziale Reproduktion«, in: Karl H. Hörning (Hrsg.): *Soziale Ungleichheit und Prozesse sozialer Schichtung.* Darmstadt/Neuwied: Luchterhand, 223-229.
- (1977): »Sur le pouvoir symbolique«, in: *Annales* 3, Mai-Juni, 405-411.
- (1979a): *La Distinction. Critique de jugement social.* Paris: Minuit.
- (1979b): *Entwurf einer Theorie der Praxis auf der ethnologischen Grundlage der kabylischen Gesellschaft.* Frankfurt/M.: Suhrkamp.
- (1980a): *Le sens pratique.* Paris: Minuit.
- (1980b): *Questions de sociologie.* Paris: Minuit.
- (1980c): »Le capital social«, in: *Actes de la recherche en sciences sociales* 31, Jan, 2-3.
- (1980d): »Die Erfindung des totalen Intellektuellen«, in: *Romanistische Zeitschrift für Literaturgeschichte* 4, 385-391.
- (1981): »La représentation politique. Éléments pour une théorie du champ politique«, in: *Actes de la recherche en sciences sociales* 36/37, 3-24.
- (1982a): *Die feinen Unterschiede. Kritik der gesellschaftlichen Urteilskraft.* Frankfurt/M.: Suhrkamp.
- (1982b): *Ce que parler veut dire. L'économie des échanges linguistiques.* Paris: Fayard.
- (1982c): »Erving Goffman, Discoverer of the Infinitely Small«, in: *Theory, Culture and Society* 2, 112-113.
- (1982d): »N'ayez pas peur de Max Weber«, in: *Libération* 2, Dez., 23.

– (1983a) »Ökonomisches Kapital, kulturelles Kapital, soziales Kapital«, in: Kreckel 1983: 183-198.
– (1983b): »The Philosophical Establishment«, in: Montefiore, Alan (Hrsg.): *Philosophy in France Today*. Cambridge: Cambridge University Press, 1-8.
– (1983c): »Les sciences sociales et la philosophie«, in: *Actes de la recherches en sciences sociales* 47-48, Juni, 25-26.
– (1984a): *Homo academicus*. Paris: Minuit.
– (1984b): »Consommation culturelle«, in: *Encyclopaedia Universalis*, Bd. 2, »Art«, 779-782.
– (1985a): *Sozialer Raum und Klassen. Leçon sur la leçon. Zwei Vorlesungen*. Frankfurt/M.: Suhrkamp.
– (1985b): »Vernunft ist eine historische Errungenschaft wie die Sozialversicherung«, Bernd Schwibs im Gespräch mit Pierre Bourdieu, in: *Neue Sammlung* 25, 376-394.
– (1985c): »Hit-Parade der französischen Intellektuellen«, in: *Neue Sammlung* 25, 403-416.
– (1985d): »Historische und soziale Voraussetzungen modernen Sports«, in: *Merkur* 39, 575-590.
– (1986a): »La force du droit«, in: *Actes de la recherche en sciences sociales* 64, 3-19.
– (1986b): »Delegation und politischer Fetischismus«, in: *Ästhetik und Kommunikation* 61/62, 184-195.
– (1987a): *Sozialer Sinn. Kritik der theoretischen Vernunft*. Frankfurt/M.: Suhrkamp.
– (1987b): *Choses dites*. Paris: Minuit.
– (1988a): *Homo academicus*. Frankfurt/M.: Suhrkamp.
– (1988b): *Die politische Ontologie Martin Heideggers*. Frankfurt/M.: Suhrkamp.
– (1989a): *La Noblesse d'État. Grandes écoles et esprit de corps*. Paris: Minuit.
– (1989b): *Satz und Gegensatz. Über die Verantwortung des Intellektuellen*. Berlin: Wagenbach.
– (1989c): »Antworten auf einige Einwände«, in: Klaus Eder (Hrsg.): *Klassenlage, Lebensstil und kulturelle Praxis*. Frankfurt/M.: Suhrkamp, 395-410.
– (1990): *Was heißt sprechen? Die Ökonomie des sprachlichen Tausches*. Wien: Braumüller.
– (1991a): *Die Intellektuellen und die Macht*. Hamburg: VSA.
– (1991b): »Inzwischen kenne ich alle Krankheiten der soziologischen Vernunft«, Pierre Bourdieu im Gespräch mit Beate Krais, in: Bourdieu/Chamboredon/Passeron 1991: 269-284.
– (1992a): *Les règles de l'art*. Paris: Seuil.

– (1992b): *Rede und Antwort*. Frankfurt/M.: Suhrkamp.
– (1992c): *Die verborgenen Mechanismen der Macht. Schriften zur Politik und Kultur* 1. Hamburg: VSA.
– (1993a): *Soziologische Fragen*. Frankfurt/M.: Suhrkamp.
– (1993b): *The Field of Cultural Production. Essays on Art and Literature*, hrsg. und eingeleitet von Randal Johnson. Cambridge: Polity Press.
– (1997a): *Méditations pascaliennes*. Paris: Seuil.
– (1997b): *Der Tote packt den Lebenden*. Schriften zur Politik und Kultur 2. Hamburg: VSA.
– (1997c): »Die männliche Herrschaft«, in: Dölling/Krais 1997: 153-217.
– (1998a): *Praktische Vernunft. Zur Theorie des Handelns*. Frankfurt/M.: Suhrkamp.
– (1998b): *Vom Gebrauch der Wissenschaft. Für eine klinische Soziologie des wissenschaftlichen Feldes*. Konstanz: UVK.
– (1998c): *Über das Fernsehen*. Frankfurt/M.: Suhrkamp.
– (1999a): *Die Regeln der Kunst. Genese und Struktur des literarischen Feldes*. Frankfurt/M.: Suhrkamp.
– (1999b): »Une révolution conservatrice dans l'édition«, in: *Actes de la recherche en sciences sociales* 128, 3-26.
– (2000a): *Les structures sociales de l'économie*. Paris: Seuil.
– (2000b): *Das religiöse Feld. Texte zur Ökonomie des Heilsgeschehens*. Konstanz: UVK.
– (2000c): *Die zwei Gesichter der Arbeit. Interdependenzen von Zeit- und Wirtschaftsstrukturen am Beispiel einer Ethnologie der algerischen Übergangsgesellschaft*. Konstanz: UVK.
– (2001a): *Meditationen. Zur Kritik der scholastischen Vernunft*. Frankfurt/M.: Suhrkamp.
– (2001b): *Das politische Feld. Zur Kritik der politischen Vernunft*. Konstanz: UVK.
– (2002): *Ein soziologischer Selbstversuch*. Frankfurt/M.: Suhrkamp.
– (2003): *In Algerien. Zeugnisse der Entwurzelung*, hrsg. v. Franz Schultheis u. Christine Frisinghelli. Graz: Camera Austria.
– (2003/2004): *Interventionen. 1961-2001*. 4 Bde. Hamburg: VSA.
– (2004a): *Der Staatsadel*. Konstanz: UVK.
– (2004b): *Gegenfeuer*. Konstanz: UVK.
– (2004c): *Schwierige Interdisziplinarität. Zum Verhältnis von Soziologie und Geschichtswissenschaft*, hrsg. v. Elke Ohnacker und Franz Schultheis. Münster: Westfälisches Dampfboot.
– (2005a): *Die männliche Herrschaft*. Frankfurt/M.: Suhrkamp.
– (2005b): »Principles of an Economic Anthropology«, in: Neil J. Smelser/ Richard Swedberg (Hrsg.): *Handbook of Economic Sociology*. Princeton: Princeton University Press, 75-89.

– (2006): »Das Recht und die Umgehung des Rechts«, in: Florian/Hillebrandt 2006: 19-42.
– (2008): *Junggesellenball. Studien zum Niedergang der bäuerlichen Gesellschaft*. Konstanz: UVK.
– (2009a): *Religion. Schriften zur Kultursoziologie* 5, hrsg. von Franz Schultheis und Stefan Egger. Konstanz: UVK.
– (2009b): *Soziologie ist ein Kampfsport – Pierre Bourdieu im Porträt*. Frankfurt/M.: Suhrkamp.
– (2010a): *Algerische Skizzen*. Hrsg. und mit einer Einleitung von Tanadit Yacine. Frankfurt/M.: Suhrkamp.
– (2010b): *Politik. Schriften zur Politischen Ökonomie* 2, hrsg. von Franz Schultheis und Stefan Egger. Konstanz: UVK.
– (2011): *Kunst und Kultur. Kunst und künstlerisches Feld. Schriften zur Kultursoziologie* 4. Konstanz: UVK.
– (2012): *Sur l'État. Cours au Collège de France (1989-1992)*. Paris: Seuil.
– (2014): *Über den Staat. Vorlesungen am Collège de France 1989-1992*. Frankfurt/M.: Suhrkamp.
Bourdieu, Pierre; Boltanski, Luc (2008): *La production de l'idéologie dominante*. Paris: Demopolis.
Bourdieu, Pierre; Boltanski, Luc; Castel, Robert; Chamboredon, Jean-Claude; Lagneau, Gérard; Schnapper, Dominique (1983): *Eine illegitime Kunst. Die sozialen Gebrauchsweisen der Photographie*. Frankfurt/M.: Suhrkamp.
Bourdieu, Pierre; Boltanski, Luc; Chamboredon, Jean-Claude (1963): *La Banque et ses clients. Éléments pour une sociologie de crédit*. Ms. Paris.
Bourdieu, Pierre; Chamboredon, Jean-Claude; Passeron, Jean-Claude (1991): *Soziologie als Beruf. Wissenschaftstheoretische Voraussetzungen soziologischer Erkenntnis*, hrsg. von Beate Krais. Berlin/New York: De Gruyter.
Bourdieu, Pierre; Chartier, Roger (2011): *Der Soziologe und der Historiker*. Wien: Turia + Kant.
Bourdieu, Pierre; Darbel, Alain (2006): *Die Liebe zur Kunst*. Konstanz: UVK.
Bourdieu, Pierre; Delsaut, Yvette (1975): »Die neuen Kleider der Bourgeoisie«, in: *Kursbuch* 42, 171-182.
Bourdieu, Pierre et al. (1981): *Titel und Stelle. Über die Reproduktion sozialer Macht*. Frankfurt/M.: Suhrkamp.
– (1997): *Das Elend der Welt. Zeugnisse und Diagnosen alltäglichen Leidens an der Gesellschaft*. Konstanz: UVK.
– (2002): *Der Einzige und sein Eigenheim*. Erw. Neuausgabe. Hamburg: VSA.
Bourdieu, Pierre; Haacke, Hans (1995): *Freier Austausch*. Frankfurt/M.: Fischer.

Bourdieu, Pierre; Passeron, Jean-Claude (1964): *Les Héritiers*. Paris: Minuit.
– (1970): *La reproduction*. Paris: Minuit.
– (1971): *Die Illusion der Chancengleichheit*. Stuttgart: Klett.
– (1973): *Theorie der symbolischen Gewalt*. Frankfurt/M.: Suhrkamp.
– (1981): »Soziologie und Philosophie in Frankreich seit 1945. Tod und Wiederauferstehung einer Philosophie ohne Subjekt«, in: Lepenies, Wolf (Hrsg.): *Geschichte der Soziologie*, Bd. 1-4. Frankfurt/M.: Suhrkamp. S. 496-551.
– (2007): *Die Erben. Studenten, Bildung und Kultur*. Konstanz: UVK.
Bourdieu, Pierre; Saint Martin, Monique de (1978): »Le patronat«, in: *Actes de la recherche en sciences sociales* 20/21, 2-82.
– (1982): »La sainte famille. L'épiscopat français dans le champ de pouvoir«, in: *Actes de la recherche en sciences sociales* 44-45, 2-53.
Bourdieu, Pierre; Wacquant, Loïc J. D. (1996): *Reflexive Anthropologie*. Frankfurt/M.: Suhrkamp.

Sekundärliteratur

Adkins, Lisa; Skeggs, Beverly (Hrsg.) (2005): *Feminism after Bourdieu*. Oxford: Blackwell.
Ahearne, Jeremy (2004): *Between cultural theory and policy. The cultural policy thinking of Pierre Bourdieu, Michel de Certeau and Regis Debray*. Coventry: Centre for Cultural Policy Studies.
Alexander, Jeffrey C. (1995): *Fin de Siècle Social Theory. Relativism, Reduction, and the Problem of Reason*. London-New York: Verso.
Alexander, Jeffrey C.; Giesen, Bernhard; Münch, Richard; Smelser, Neil J. (Hrsg.) (1987): *The Micro-Macro Link*. Berkeley: University of California Press.
Althusser, Louis (1968): *Für Marx*. Frankfurt/M.: Suhrkamp.
Appadurai, Arjun (Hrsg.) (1986): *The Social Life of Things. Commodities in Cultural Perspective*. Cambridge: Cambridge University Press.
Apple, Michael (Hrsg.) (1982): *Cultural and Economic Reproduction in Education*. Boston: Routledge & Kegan Paul.
Archer, Margaret S. (1982): *Culture and Agency*. Cambridge: Cambridge University Press.

Bandelji, Nina; Wherry, Frederick F. (Hrsg.) (2012): *The Cultural Wealth of Nations*. Stanford: Stanford University Press.
Baudelaire, Charles (1977): *Sämtliche Werke und Briefe in acht Bänden*, hrsg. von Friedhelm Kemp und Claude Pichois in Zusammenarbeit mit Wolfgang Dorst. München-Wien: Hanser.

Baudelot, Christian (2005): »Das Bildungswesen, ein neues wissenschaftliches Objekt, ein Feld neuer Kämpfe«, in: Colliot-Thélène 2005: 165-178.
Bechhofer, Frank; Elliott, Brian (Hrsg.) (1981): *The Petite Bourgeoisie*. London: Macmillan.
Beck, Ulrich (1983): »Jenseits von Klasse und Stand«, in: Kreckel 1983: 35-74.
– (1986): *Risikogesellschaft. Auf dem Weg in eine andere Moderne*. Frankfurt/M.: Suhrkamp.
Beck, Ulrich; Giddens, Anthony; Lash, Scott (1994): *Reflexive modernization. Politics, tradition and aesthetics in the modern social order*. Stanford: Stanford University Press.
Becker, Gary S. (1984): *Human Capital*. New York: Columbia University Press.
Becker, Rolf; Lauterbach, Wolfgang (Hrsg.) (2007): *Bildung als Privileg? Erklärungen und Befunde zu den Ursachen der Bildungsungleichheit*. Wiesbaden: VS.
Beckert, Jens (2012): »Die sittliche Einbettung der Wirtschaft. Von der Effizienz- und Differenzierungstheorie zu einer Theorie wirtschaftlicher Felder«, in: *Berliner Journal für Soziologie* 22, 2, 247-266.
Beckert, Jens; Zafirovsky, Milan (Hrsg.) (2006): *International Encyclopedia of Economic Sociology*. London – New York: Routledge.
Bell, Daniel (1975): *Die nachindustrielle Gesellschaft*. Frankfurt/M.-New York: Campus.
– (1976): *The Cultural Contradictions of Capitalism*. New York: Basic.
Bellah, Robert N. et al. (1985): *Habits of the Heart. Individualism and Commitment in American Life*. Berkeley – Los Angeles: University of California Press.
Bendix, Reinhard (Hrsg.) (1974): *Class, Status and Power*. New York – London: The Free Press.
Bennett, Tony; Savage, Mike; Silva, Elisabeth; Warde, Alan; Gayo-Cal, Modesto; Wright, David (2009): *Culture, Class, Distinction*. London – New York: Routledge.
Benson, Rodney; Neveu, Erik (2005): *Bourdieu and the journalistic field*. Cambridge: Polity Press.
Berger, Peter A. (1986): *Entstrukturierte Klassengesellschaft?* Opladen: Westdeutscher Verlag.
– (1987): »Klassen und Klassifikationen. Zur ›neuen Unübersichtlichkeit‹ in der soziologischen Ungleichheitsdiskussion«, in: *Kölner Zeitschrift für Soziologie und Sozialpsychologie* 39, 59-85.
Berger, Peter A.; Hitzler, Ronald (Hrsg.) (2010): *Individualisierungen*. Wiesbaden: VS.
Berger, Peter A.; Hradil, Stefan (Hrsg.) (1990): *Lebenslagen, Lebensläufe, Lebensstile. Sonderheft 7 der Sozialen Welt*. Göttingen: Schwartz.

Bering, Dietz (2010): *Die Epoche der Intellektuellen 1898-2001. Geburt, Begriff, Grabmal.* Berlin: Berlin University Press.

Berliner Journal für Soziologie (1991): Politisches Feld und symbolische Macht mit Beiträgen von Pierre Bourdieu, Patrick Champagne, Monique de Saint Martin, Michael Pialoux, Christian Courouge, Louis Pinto, Olaf Kretschmar sowie einem Interview mit Pierre Bourdieu von Effi Böhlke und einer Rezension von Harald Bluhm über Bourdieu et al., Soziologie als Beruf, Jg. 1, 481-584.

Berliner Journal für Soziologie (2004): Das literarische Feld mit Beiträgen u. a. von Gisèle Sapiro, Boris Gobille, Anna Boschetti und Ingrid Gilcher-Holtey, Jg. 14, 2, 155-232.

Bernhard, Stefan; Schmidt-Wellenburg, Christian (Hrsg.) (2012a): *Feldanalyse als Forschungsprogramm*, Bd. 1. *Der programmatische Kern.* Wiesbaden: Springer VS.

– (Hrsg.) (2012b): *Feldanalyse als Forschungsprogramm*, Bd. 2. *Gegenstandsbezogene Theoriebildung.* Wiesbaden: Springer VS.

– (2012c): »Feldanalyse als Forschungsprogramm«, in: Dies. 2012a: 27-54.

Bertram, Ernst (1918): *Nietzsche – Versuch einer Mythologie.* Berlin: Bondi.

Bevort, Antoin; Lallement, Michel (2006): *Le capital social.* Paris: Édition La Decouverte/M.A.U.S.S.

Bittlingmayer, Uwe H.; Eickelpasch, Rolf; Kastner, Jens; Rademacher, Claudia (Hrsg.) (2002): *Theorie als Kampf? Zur politischen Soziologie Pierre Bourdieus.* Opladen: Leske + Budrich.

Bismarck, Beatrice von; Kaufmann, Therese; Wuggenig, Ulf (Hrsg.) (2008): *Nach Bourdieu. Visualität, Kunst, Politik.* Wien: Turia + Kant.

Blasius, Jörg; Winkler, Joachim (1989): »Gibt es die ›feinen Unterschiede‹?«, in: *Kölner Zeitschrift für Soziologie und Sozialpsychologie* 41, 72-94.

Blasius, Jörg (2010): »Korrespondenzanalyse«, in: Christian Wolf; Henning Best (Hrsg.), *Handbuch der sozialwissenschaftlichen Datenanalyse.* Wiesbaden: VS Verlag für Sozialwissenschaften, 367-389

Bock, Hans Manfred (2009): »Von der Stellvertretung zur Selbstinszenierung. Medienintellektuelle in Frankreich«, in: Herbert Willems (Hrsg.), *Theatralisierung der Gesellschaft*, Bd. 2, *Medientheatralität und Medientheatralisierung.* Wiesbaden: VS Verlag, S. 81-100.

Böhlke, Effi; Rilling, Rainer (Hrsg.) (2007): *Bourdieu und die Linke. Politik – Ökonomie – Kultur.* Berlin: Dietz.

Bohn, Cornelia (1991): *Habitus und Kontext: Ein kritischer Beitrag zur Sozialtheorie Bourdieus.* Opladen: Westdeutscher Verlag.

Bohn, Cornelia; Hahn, Alois (1999): »Pierre Bourdieu«, in: Dirk Kaesler (Hrsg.), *Klassiker des soziologischen Denkens*, Bd. 2. München: C.H. Beck, 252-271.

Boltanski, Luc (1990): *Die Führungskräfte. Die Entstehung einer sozialen Gruppe.* Frankfurt/M./New York: Campus.

– (2008): *Rendre la réalité inacceptable*. Paris: Demopolis.

Boltanski, Luc; Chiapello, Ève (2003): *Der neue Geist des Kapitalismus*. Konstanz: UVK.

Boltanski, Luc; Thévenot, Laurent (2007): *Über die Rechtfertigung. Eine Soziologie der kritischen Urteilskraft*. Hamburg: Hamburger Edition.

Bongaerts, Gregor (2008): *Verdrängungen des Ökonomischen*. Bielefeld: transcript.

Boschetti, Anna (1985): *Sartre et »Les Temps Modernes«. Une entreprise intellectuelle*. Paris: Minuit.

Boudon, Raymond (1974): *Education, Opportunity, and Social Inequality. Changing Prospects in Western Society*. New York: Wiley.

Bouveresse, Jacques (1985): »Rules, Dispositions, and the Habitus«, in: Richard Shusterman (Hrsg.), *Bourdieu. A Critical Reader*. Oxford: Blackwell. S. 45-63.

– (2005): »Pierre Bourdieu: Wissenschaftler und Politiker – Pierre Bourdieu: scientist and politician«, in: Catherine Colliot-Thélène; Etienne François und Gunter Gebauer (Hrsg.), *Pierre Bourdieu. Deutsch-französische Perspektiven*. Frankfurt/M.: Suhrkamp. S. 299-329.

Bowles, Samuel; Gintis, Herbert (1977): *Schooling in Capitalist America*. New York: Basic.

Brose, Hans-Georg; Hildenbrand, Bruno (Hrsg.) (1988): *Vom Ende des Individuums zur Individualität ohne Ende*. Opladen: Leske + Budrich.

Brubaker, Rogers (1985): »Rethinking Classical Theory: the Sociological Vision of Pierre Bourdieu«, in: *Theory and Society* 14, 745-775.

Buchholz, Larissa (2008): »Feldtheorie und Globalisierung«, in: Bismarck et al. 2008: 211– 238.

Buck, Marc Fabian; Kabaum, Marcel (Hrsg.) (2013): *Ideen und Realitäten von Universitäten*. Frankfurt/M.: Peter Lang.

Bude, Heinz; Fischer, Joachim; Kauffmann, Bernd (Hrsg.) (2010): *Bürgerlichkeit ohne Bürgertum*. München: Fink.

Calhoun, Craig; LiPuma, Edward; Postone, Moishe (Hrsg.) (1993): *Bourdieu: Critical Perspectives*. Cambridge: Polity Press.

Camic, Charles (1986): »The matter of habit«, in: *American Journal of Sociology* 91, 1039-1087.

Cassirer, Ernst (2000): *Substanzbegriff und Funktionsbegriff*, in: Gesammelte Werke, Hamburger Ausgabe, hrsg. von Birgit Recki. Hamburg: Meiner.

Charle, Christoph (1997): *Vordenker der Moderne. Die Intellektuellen im 19. Jahrhundert*. Frankfurt/M.: Fischer.

Cicourel, Aaron (1993): Habitusaspekte im Entwicklungs- und Erwachsenenalter, in: Gebauer/Wulff 1993: 148 -173.

Cohen-Solal, Annie (1988): *Sartre 1905-1980*. Reinbek bei Hamburg: Rowohlt.
Coleman, Richard P.; Rainwater, Lee (1978): *Social Standing in America*. New York: Basic.
Collins, Randall (1977): *The Credential Society. A Historical Sociology of Education and Stratification*. New York/San Francisco/London: Academic Press.
Colliot-Thélène, Cathérine; François, Etienne; Gebauer, Gunter (Hrsg.) (2005): *Pierre Bourdieu. Deutsch-französische Perspektiven*. Frankfurt/M.: Suhrkamp.
Corino, Karl (Hrsg.) (1987): *Genie und Geld. Vom Auskommen deutscher Schriftsteller*. Nördlingen: Greno.

Dahrendorf, Ralf (1965): *Bildung ist Bürgerrecht*. Hamburg: Nannen.
– (1974): »Über den Ursprung der Ungleichheit unter den Menschen«, in: ders.: *Pfade aus Utopia. Zur Theorie und Methode der Soziologie*. München: Piper. S. 353-379
Dangschat, Jens; Blasius, Dirk (Hrsg.) (1994): *Lebensstile in den Städten*. Opladen: Leske+Budrich.
Delsaut, Yvette; Rivière, Marie-Christine (Hrsg.) (2009): *Bibliographie des travaux de Pierre Bourdieu*. Paris: Centre de sociologie européenne.
Derlien, Hans-Ulrich; Gerhardt, Uta; Scharpf, Fritz Wilhelm (Hrsg.) (1994): *Systemrationalität und Partialinteresse*. Festschrift für Renate Mayntz. Baden-Baden: Nomos.
Diaz-Bone, Rainer (2002): *Kulturwelt, Diskurs und Lebensstil. Eine diskurstheoretische Erweiterung der bourdieuschen Diskurstheorie*. Opladen: Leske+Budrich.
– (2006): »Wirtschaftssoziologische Perspektiven nach Bourdieu in Frankreich«, in: Florian/Hillebrandt 2006: 43-72.
– (2012): »Ökonomische Felder und Konventionen. Perspektiven für die transdisziplinäre Analyse der Wirtschaft«, in: Bernhard/Schmidt-Wellenburg 2012a: 99-119.
Dölling, Irene; Krais, Beate (Hrsg.) (1997): *Ein alltägliches Spiel. Geschlechterkonstruktionen in der sozialen Praxis*. Frankfurt/M.: Suhrkamp.
Dörner, Andreas; Vogt, Ludgera (1994): *Literatursoziologie. Literatur, Gesellschaft, Politische Kultur*. Opladen: Westdeutscher Verlag.
Dreitzel, Hans-Peter (1972): *Die gesellschaftlichen Leiden und das Leiden an der Gesellschaft*. Stuttgart: Enke.
Duby, Georges (1993): *Die drei Ordnungen. Das Weltbild des Feudalismus*. Frankfurt/M.: Suhrkamp.
Dumont, Louis (1970): *Homo hierarchicus*. Chicago: The University of Chicago Press.

Durkheim, Émile (1984): *Die elementaren Formen des religiösen Lebens.* Frankfurt/M.: Suhrkamp.
– (1988): *Über soziale Arbeitsteilung. Studie über die Organisation höherer Gesellschaften.* Frankfurt/M.: Suhrkamp.
– (1987): *Schriften zur Soziologie der Erkenntnis.* Hrsg. und mit einem Nachwort von Hans Joas. Frankfurt/M.: Suhrkamp.
– (1991): *Physik der Sitten und des Rechts. Vorlesungen zur Soziologie.* Hrsg. und mit einem Nachwort von Hans-Peter Müller. Frankfurt/M.: Suhrkamp.
Durkheim, Émile; Mauss, Marcel (1987): »Über einige primitive Formen von Klassifikation«, in: Durkheim, Émile: *Schriften zur Soziologie der Erkenntnis.* Frankfurt/M.: Suhrkamp. S. 169-256.

Ebrecht, Jörg; Hillebrandt, Frank (Hrsg.) (2002): *Bourdieus Theorie der Praxis. Erklärungskraft, Anwendung, Perspektiven.* Opladen: Westdeutscher Verlag.
Eder, Klaus (Hrsg.) (1989): *Klassenlage, Lebensstil und kulturelle Praxis.* Frankfurt/M.: Suhrkamp.
Egger, Stephan (2009): »Pierre Bourdieus Religionssoziologie. Eine werkbiographische Skizze«, in: Bourdieu 2009a: 257-278.
Egger, Stephan; Pfeuffer, Andreas; Schultheis, Franz (2000): »Religion, Soziologie und die Spuren Max Webers bei Pierre Bourdieu«, in: Bourdieu 2000b: 131-176.
Eickelpasch, Rolf (2002): »Parteiliche Unparteilichkeit. Paradoxien in der Begründung einer kritischen Soziologie bei Pierre Bourdieu«, in: Bittlingmayer et al. 2002: 49-60.
Eigmüller, Monika; Mau, Steffen (Hrsg.) (2010): *Gesellschaftstheorie und Europapolitik. Sozialwissenschaftliche Ansätze zur Europaforschung.* Wiesbaden: VS.
Elster, Jon (1981): »Snobs«, Rezension zu Pierre Bourdieus *La Distinction*, in: *London Review of Books*, 5.-8. November, 10-12.
Elias, Norbert (1987): *Die Gesellschaft der Individuen.* Frankfurt/M.: Suhrkamp.
– (2002): *Die höfische Gesellschaft.* Frankfurt/M.: Suhrkamp.
Encrevé, Pierre; Lagrave, Rose-Marie (2003): *Travailler avec Bourdieu.* Paris: Flammarion.
Enzensberger, Hans Magnus (1976): »Von der Unaufhaltsamkeit des Kleinbürgertums. Eine soziologische Grille«, in: *Kursbuch* 45, 1-8.

Flaubert, Gustave (1964): *Briefe*, üb. und hrsg. von Helmut Scheffel. Stuttgart: Henry Goerts.
– (2005): *Die Erziehung des Herzens. Geschichte eines jungen Mannes.* Zürich: Diogenes.

Fligstein, Neil; McAdam, Doug (2012): »Grundzüge einer allgemeinen Theorie strategischer Handlungsfelder«, in: Bernhard/Schmidt-Wellenburg 2012a: 57-98.

Florian, Michael; Hillebrandt, Frank (Hrsg.) (2006): *Pierre Bourdieu. Neue Perspektiven für die Soziologie der Wirtschaft*. Wiesbaden: VS.

Foucault, Michel (1978): *Dispositive der Macht. Über Sexualität, Wissen und Wahrheit*. Berlin: Merve.

Fowler, Bridget (1997): *Pierre Bourdieu and Cultural Theory*. London: Sage.

Frank, Robert H.; Cook, Philip J. (2010): *The winner-take-all-society. Why the few at the top get so much more than the rest of us*. Neuauflage. New York: Virgin.

Fritsch, Philippe (2001): »Einführung«, in: Pierre Bourdieu: *Das politische Feld. Zur Kritik der politischen Vernunft*. Konstanz: UVK, S. 7-27.

Fröhlich, Gerhard; Rehbein, Boike (Hrsg.) (2009): *Bourdieu-Handbuch. Leben – Werk – Wirkung*. Stuttgart: Metzler.

Fügen, Norbert (Hrsg.) (1968): *Wege der Literatursoziologie*. Neuwied/Berlin: Luchterhand.

Funke, G. (1974): »Hexis (habitus)«, in: *Historisches Wörterbuch der Philosophie*, Bd. 3, 1120-1123, hrsg. von Joachim Ritter. Basel: Schwabe und Co.

Gebauer, Gunter; Wulf, Christoph (Hrsg.) (1993): *Praxis und Ästhetik*. Frankfurt/M.: Suhrkamp.

Geiger, Theodor (1972): *Die soziale Schichtung des deutschen Volkes. Soziographischer Versuch auf statistischer Grundlage*. Darmstadt: Wissenschaftliche Buchgesellschaft.

Geißler, Rainer (1996): »Kein Abschied von Klasse und Schicht. Ideologische Gefahren der deutschen Sozialstrukturanalyse«, in: Kölner Zeitschrift für Soziologie und Sozialpsychologie 48, 319-338.

Gerhards, Jürgen (Hrsg.) (1997): *Soziologie der Kunst. Produzenten, Vermittler und Rezipienten*. Opladen: Westdeutscher Verlag.

Gerlach, Olaf; Kalmring, Stefan; Nowak, Andreas (Hrsg.) (2003): *Mit Marx ins 21. Jahrhundert. Zur Aktualität der Politischen Ökonomie*. Hamburg: VSA.

Giddens, Anthony (1973): *The Class Structure of the Advanced Societies*. London: Hutchinson.

– (1984): *The Constitution of Society. Outline of the Theory of Structuration*. Berkeley/Los Angeles: University of California Press.

Giddens, Anthony; Held, David (Hrsg.) (1982): *Classes, Power, and Conflict. Classical and Contemporary Debates*. London: Macmillan.

Gilcher, Holtey, Ingrid (2007): *Eingreifendes Denken. Die Wirkungschancen von Intellektuellen*. Weilerswist: Velbrück.

Goethe, Johann Wolfgang von (2003): *Faust*. 2 Bde., hrsg. von Albrecht Schöne. Frankfurt/M.: Insel.

Goffman, Erving (1969): *Wir alle spielen Theater. Die Selbstdarstellung im Alltag*. München: Piper.
Goffman, Erving (1977): *Rahmen-Analyse. Ein Versuch über die Organisation von Alltagserfahrungen*. Frankfurt/M.: Suhrkamp.
Godelier, Maurice (1973): *Ökonomische Anthropologie. Untersuchungen zum Begriff der sozialen Struktur primitiver Gesellschaften*. Reinbek bei Hamburg: Rowohlt.
Goebel, Eckart; Lämmert, Eberhard (Hrsg.) (2004): *»Für viele stehen, indem man für sich steht«. Formen literarischer Selbstbehauptung in der Moderne*. Berlin: Akademie.
Goldmann, Lucien (1952): *Le dieu caché. Étude sur la vision tragique dans les »Pensées« de Pascal et dans le théâtre de Racine*. Paris: Gallimard.
Gorz, André (1980): *Abschied vom Proletariat – Jenseits des Sozialismus*. Frankfurt/M.: Europäische Verlagsanstalt.
Gramsci, Antonio (1980): *Zu Politik, Geschichte und Kultur. Ausgewählte Schriften*. Frankfurt/M.: Röderberg.
Granovetter, Mark; Swedberg, Richard (Hrsg.) (2001): *The sociology of economic life*. Boulder: Westview Press.
Graw, Isabelle (2008): *Der große Preis. Kunst zwischen Markt und Celebrity-Kultur*. Köln: DuMont.
Grenfell, Michael; Kelly, Michael (Hrsg.) (1999): *Pierre Bourdieu: Language, Culture and Education. Theory into Practice*. Oxford: Peter Lang.
Grenfell, Michael; Hardy, Cheryll (Hrsg.) (2007): *Art Rules. Pierre Bourdieu and the Visual Arts*. Oxford/New York: Berg.
Gundolf, Friedrich (1911): *Shakespeare und der deutsche Geist*. Berlin: Georg Bondi.
– (1916): *Goethe*. Berlin: Georg Bondi.

Harrington, Austin (2004): *Art and Social Theory. Sociological Arguments in Aesthetics*. Cambridge: Polity Press.
Hartmann, Eddie (2006): *Praxeologie als Sprachkritik. Ein kritischer Beitrag zur Sprachsoziologie Pierre Bourdieus*. Frankfurt/M.: Lang.
– (2011): *Strategien des Gegenhandelns. Zur Soziodynamik symbolischer Kämpfe um Zugehörigkeit*. Konstanz: UVK.
Hartmann, Michael (2012): »Klassische Hochkultur und die Hobbys der deutschen Wirtschaftselite«, in: Tommek/Bogdal 2012: 41-46.
Hegel, Georg Wilhelm Friedrich (1972): *Grundlinien der Philosophie des Rechts*, hrsg. u. eingeleitet von Helmut Reichelt. Frankfurt/M. – Berlin – Wien: Ullstein.
Heim, Tino (2013): *Metamorphosen des Kapitals. Kapitalistische Vergesellschaftung und Perspektiven einer kritischen Sozialwissenschaft nach Marx, Foucault und Bourdieu*. Bielefeld: Transcript.

Heinich, Nathalie (2001): *La sociologie de l'art*. Paris: La Découverte.

Herkommer, Sebastian (2003): »Kapitalismus-Kritik bei Bourdieu«, in: Gerlach et al. 2003: 222-241.

Hettlage, Robert; Müller, Hans-Peter (Hrsg.) (2006): *Die europäische Gesellschaft*. Konstanz: UVK.

Hillier, Jean; Rooksby, Emma (Hrsg.) (2002): *Habitus. A Sense of Place*. Aldershot: Ashgate.

Hoffman, Stanley (1986): »Monsieur Taste«, Review of Pierre Bourdieu's *La Distinction*, in: *The New York Review of Books* 33, 6, April 16, 45-48.

Honegger, Claudia; Rychner, Marianne (Hrsg.) (1998): *Das Ende der Gemütlichkeit. Strukturelles Unglück und mentales Leid in der Schweiz*. Zürich: Limmat.

Honegger, Claudia; Neckel, Sighard; Magnin, Chantal (Hrsg.) (2010): *Strukturierte Verantwortungslosigkeit. Berichte aus der Bankenwelt*. Frankfurt/M.: Suhrkamp.

Honneth, Axel (1984): »Die zerrissene Welt der symbolischen Formen«, in: *Kölner Zeitschrift für Soziologie und Sozialpsychologie* 36, 147-164.

– (2011): *Das Recht der Freiheit. Grundriß einer demokratischen Sittlichkeit*. Frankfurt/M.: Suhrkamp.

Houellebecq, Michel (2012): *Karte und Gebiet*. Köln: DuMont.

Hradil, Stefan (1987): *Sozialstrukturanalyse in einer fortgeschrittenen Gesellschaft*. Opladen: Leske + Budrich.

– (Hrsg.) (2012): *Deutsche Verhältnisse. Eine Sozialkunde*. Bonn: Bundeszentrale für politische Bildung.

Janning, Frank (1991): *Pierre Bourdieus Theorie der Praxis: Analyse und Kritik der konzeptionellen Grundlegung einer praxeologischen Soziologie*. Opladen: Westdeutscher Verlag.

Joch, Markus; Wolf, Norbert Christian (Hrsg.) (2005): *Text und Feld. Bourdieu in der literaturwissenschaftlichen Praxis*. Tübingen: Niemeyer.

Jurich, Dirk (2006): *Staatssozialismus und gesellschaftliche Differenzierung. Eine empirische Studie*. Berlin: LIT.

Jurt, Joseph (1995): *Das literarische Feld. Das Konzept Pierre Bourdieus in Theorie und Praxis*. Darmstadt: Wissenschaftliche Buchgesellschaft.

– (2007): »Potentiale und Probleme der soziologischen Literaturkritik Bourdieus«, in: Böhlke/Rilling (2007), 205-226.

Kant, Immanuel (1983a): *Kritik der Urteilskraft und Schriften zur Naturphilosophie*, Band V. Werke in sechs Bänden, hg. von Wilhelm Weischedel. Darmstadt: Wissenschaftliche Buchgesellschaft.

– (1983b): Der Streit der Fakultäten, in: Ders., *Schriften zur Anthropologie, Geschichtsphilosophie, Politik und Pädagogik*. Band VI. Werke in sechs Bänden, hg. von Wilhelm Weischedel. Darmstadt: Wissenschaftliche Buchgesellschaft.

Karlauf, Thomas (2007): *Stefan George. Die Entdeckung des Charisma.* München: Blessing.

Kastner, Jens (2009): *Die ästhetische Disposition. Eine Einführung in Pierre Bourdieus Kunsttheorie.* Wien-Berlin: Turia + Kant.

– (2012): *Der Streit um den ästhetischen Blick.* Wien-Berlin: Turia + Kant.

Kieserling, André (2008): »Felder und Klassen. Pierre Bourdieus Theorie der modernen Gesellschaft«, in: *Zeitschrift für Soziologie* 37, 1, 3-24.

King, Martin Luther (1964): *Why we can't wait.* New York: New American Library.

Klinger, Cornelia (2003): »Ungleichheit in den Verhältnissen von Klasse, Rasse und Geschlecht«, in: Knapp/Wetterer 2003: 14-48.

Knapp, Gudrun-Axeli; Wetterer, Angelika (Hrsg.) (2003): *Achsen der Differenz.* Münster: Westfälisches Dampfboot.

Kneer, Georg (2004): »Differenzierung bei Luhmann und Bourdieu«, in: Nassehi/Nollmann 2004: 25-56.

König, René; Neidhardt, Friedhelm; Lepsius, M. Rainer (Hrsg.) (1986): *Kultur und Gesellschaft. René König, dem Begründer der Sonderhefte, zum 80. Geburtstag gewidmet.* Opladen: Westdeutscher Verlag.

Kopp, Manfred; Müller, Hans-Peter (1980): *Herrschaft und Legitimität in modernen Industriegesellschaften.* München: tuduv.

Kraemer, Klaus; Nessel, Sebastian (Hrsg.) (2012): *Entfesselte Finanzmärkte. Soziologische Analysen des modernen Kapitalismus.* Frankfurt/M.: New York.

Krais, Beate; Gebauer, Gunter (2002): *Habitus.* Bielefeld: transcript.

Kreckel, Reinhard (Hrsg.) (1983): *Soziale Ungleichheiten. Sonderband 2 der Sozialen Welt.* Göttingen: Schwartz.

– (1992): *Politische Soziologie der sozialen Ungleichheit.* Frankfurt/M./New York: Campus.

Kretschmar, Olaf (1991): »Sozialwissenschaftliche Feldtheorien«, in: *Berliner Journal für Soziologie* 1, 4, 567-579.

Lahire, Bernard (1999): *Le Travail sociologique de Pierre Bourdieu. Dettes et critiques.* Paris: La Découverte.

– (2004): *La culture des individus. Dissonances culturelles et distinctions de soi.* Paris: La Découverte.

– (2010): *Franz Kafka. Éléments pour une théorie de la création littéraire.* Paris: La Découverte.

Lamont, Michèle (1992): *Money, Morals, and Manners. The Culture of the French and American upper-middle class.* Chicago: University of Chicago Press.

– (2000): *The dignity of working men. Morality and the boundaries of race, class, and immigration.* Cambridge, Mass.: Harvard University Press.

Lane, Jeremy F. (2000): *Pierre Bourdieu. A Critical Introduction*. London: Pluto Press.
Lebaron, Frédéric (2000): *La croyance économique. Les économistes entre science et politique*. Paris: Seuil.
– (2009): *La crise de la croyance économique*. Broissieux: Éditions du Croquant.
– (2012): »Grundzüge einer geometrischen Formalisierung des Feldkonzepts«, in: Bernhard/Schmidt-Wellenburg 2012a: 123-150.
Lescourret, Marie-Anne (2008): *Pierre Bourdieu. Vers une économie du bonheur*. Paris: Flammarion.
Lévi-Strauss, Claude (1978): *Strukturale Anthropologie*. Band I. Frankfurt/M.: Suhrkamp.
Lewin, Kurt (1963): *Feldtheorie in den Sozialwissenschaften*. Bern – Stuttgart: Huber.
Liebau, Eckart (1987): *Gesellschaftliches Subjekt und Erziehung. Zur pädagogischen Bedeutung der Sozialisationstheorien von Pierre Bourdieu und Ulrich Oevermann*. Weinheim/München: Juventa.
Link, Jürgen; Link-Heer, Ursula (1980): *Literatursoziologisches Propädeutikum*. München: Fink.
Lovejoy, Arthur O. (1985): *Die große Kette der Wesen*. Frankfurt/M.: Suhrkamp.
Löffler, Sigrid (2012): »Wer bestimmt, was wir lesen? Der globalisierte Buchmarkt und die Bücherflut: Wie literarische Moden gemacht werden und welche Rolle die Literaturkritik dabei spielt«, in: Heribert Tommek und Klaus-Michael Bogdal (Hrsg.). *Transformationen des literarischen Feldes in der Gegenwart. Sozialstruktur – Medien-Ökonomien – Autorpositionen*. Söchtenau: Synchron, 101-117.
Lukács, Georg ([1916] 2000): *Die Theorie des Romans*. München: dtv.
– (1952): *Balzac und der französische Realismus*. Berlin: Aufbau.

Mackert, Jürgen (2006): »Die Macht des Neoliberalismus und das Schicksal des Staates. Kritische Anmerkungen zu Pierre Bourdieus zeitdiagnostischen Eingriffen«, in: Florian/Hillebrandt 2006: 197-220.
Mackert, Jürgen; Müller, Hans-Peter (Hrsg.) (2007): *Moderne (Staats)Bürgerschaft und die Debatten um die Citizenship Studies*. Wiesbaden: VS.
Martin, Jean Pierre (Hrsg.) (2010): *Bourdieu et la littérature*. Paris: Éditions Cécile Defaut.
Martin, John Levi (2003): »What is field theory?«, in: *American Journal of Sociology* 109, 1, 1-49.
Marx, Karl (1971): »Thesen über Feuerbach«, in: Hans-Joachim Lieber; Peter Furth (Hrsg.), *Karl Marx' frühe Schriften*. Band 2. Darmstadt: Wissenschaftliche Buchgesellschaft.

– (1974): *Das Kapital. Kritik der politischen Ökonomie. MEW*, Bd. 23. Berlin: Dietz.
– (1978): »Zur Kritik der Hegelschen Rechtsphilosophie. Einleitung«, in: *MEW*, Bd. 1, 378-391. Berlin: Dietz.
Mauger, Gérard (2005): »Über symbolische Gewalt«, in: Colliot-Thélène 2005: 208-230.
Mauss, Marcel (1968): *Die Gabe. Die Form und Funktion des Austausches in archaischen Gesellschaften*. Frankfurt/M.: Suhrkamp.
– (1974/1975): *Soziologie und Anthropologie*. 2 Bde. München: Beck.
Merton, Robert K. (1968): *Social Theory and Social Structure*. New York: The Free Press.
Mörth, Ingo; Fröhlich, Gerhard (1994): *Das symbolische Kapital der Lebensstile. Zur Kultursoziologie der Moderne nach Pierre Bourdieu*. Frankfurt/M.: Campus.
Müller, Hans-Peter (1983): *Wertkrise und Gesellschaftsreform. Émile Durkheims Schriften zur Politik*. Stuttgart: Enke.
– (1986): »Kultur, Geschmack und Distinktion. Grundzüge der Kultursoziologie Pierre Bourdieus«, in: Neidhardt, Friedhelm; Lepsius, M. Rainer; Weiß, Johannes (Hrsg.), *Kultur und Gesellschaft*. Opladen: Westdeutscher Verlag. S. 162-190.
– (1989): »Lebensstile – ein neues Paradigma der Differenzierungs- und Ungleichheitsforschung?«, in: *Kölner Zeitschrift für Soziologie und Sozialpsychologie* 41, 1, 53-71.
– (1992): *Sozialstruktur und Lebensstile. Der neuere theoretische Diskurs über soziale Ungleichheit*. Frankfurt/M.: Suhrkamp.
– (1993): »Gerhard Schulze. Die Erlebnisgesellschaft«, in: *Kölner Zeitschrift für Soziologie und Sozialpsychologie* 45, 4, 778-780.
– (1994): »Kultur und Gesellschaft. Auf dem Weg zu einer neuen Kultursoziologie?«, in: *Berliner Journal für Soziologie* 4, 135-156.
– (1996): »Das wissenschaftliche Kapital der Kultur. Neuere kultursoziologische Analysen«, in: *Berliner Journal für Soziologie* 6, 113-126.
– (1999): »Émile Durkheim (1858-1917)«, in: Dirk Kaesler (Hrsg.): *Klassiker der Soziologie*. Band 1. *Von Auguste Comte bis Norbert Elias*. München: C. H. Beck, 150-170.
– (2005): »Handeln und Struktur. Pierre Bourdieus Praxeologie«, in: Colliot-Thélène et al. 2005: 21 -42.
– (2007): *Max Weber. Eine Einführung in sein Werk*. Köln: Böhlau UTB.
– (2011): »Rationalität, Rationalisierung, Rationalismus. Von Weber zu Bourdieu?«, in: Andrea Maurer und Uwe Schimank (Hrsg.): *Die Rationalitäten des Sozialen*. Wiesbaden: VS, 43-64.
– (2012a): »Werte, Milieus und Lebensstile. Zum Kulturwandel unserer Gesellschaft.«, in: Hradil 2012: 189-212.

– (2012b): »Wozu (noch) Intellektuelle? Eine Bestandsaufnahme«, in: Sonderheft *Merkur. Deutsche Zeitschrift für europäisches Denken* 66, 760, Heft 09/10, 878-886.

– (2013): »Homo Academicus. Die Universität zwischen Bildungsanstalt und zentraler Verteilungsagentur von Lebenschancen«, in: Buck/Kabaum 2013: 107-128.

Müller, Hans-Peter; Hartmann, Eddie (2014): »Sprache in der Bourdieuschen Kultursoziologie«, in: Jäger, Ludwig; Holly, Werner; Krapp, Peter; Weber, Samuel (Hrsg.), *Sprache – Kultur – Kommunikation. Ein internationales Handbuch zu Linguistik als Kulturwissenschaft*. Berlin/New York: De Gruyter (im Erscheinen).

Müller, Hans-Peter; Sigmund, Steffen (Hrsg.) (2000): *Zeitgenössische amerikanische Soziologie*. Opladen: Leske+Budrich.

Müller, Hans-Peter; Sintomer, Yves (Hrsg.) (2006): *Pierre Bourdieu – théorie et pratique. Perspectives franco-allemandes*. Paris: La Découverte.

Müller, Hans-Peter; Weihrich, Margit (1991): *Lebensweise – Lebensführung – Lebensstile. Eine kommentierte Bibliographie*. Neubiberg: Universität der Bundeswehr München.

Nassehi, Armin; Nollmann, Gerd (Hrsg.) (2004): *Bourdieu und Luhmann. Ein Theorievergleich*. Frankfurt/M.: Suhrkamp.

Nietzsche, Friedrich (1988): *Also sprach Zarathustra*, in: *Kritische Studienausgabe*, Bd. 4. 2. Aufl. München: dtv.

Orwell, George (1984): *1984*. Frankfurt/M.: Ullstein.

Otte, Gunnar (2008): *Sozialstrukturanalysen mit Lebensstilen*. Wiesbaden: VS.

Peter, Lothar (2007): »Wissenschaftliche Autonomie und gesellschaftliche Parteilichkeit – Pierre Bourdieu als engagierter Intellektueller«, in: Böhlke/Rilling 2007: 17-42.

Peterson, Richard A. (Hrsg.) (1976): *The Production of Culture*. London: Sage.

Peterson, Richard A.; Kern, Roger M. (1996): »Changing Highbrow Taste. From Snob to Omnivore«, in: *American Sociological Review* 61, 5, 900-907.

Picht, Georg (1965): *Die deutsche Bildungskatastrophe. Analyse und Dokumentation*. 2. Aufl. München: dtv.

Pinto, Louis (2002): *Pierre Bourdieu et la théorie du monde social*. Paris: Seuil.

– (2007): »Was heißt es, ein linker Intellektueller zu sein? Reflexionen apropos Pierre Bourdieu«, in: Böhlke/Rilling 2007: 43-55.

Pinto, Louis; Sapiro, Gisèle; Champagne, Patrick (Hrsg.) (2004): *Pierre Bourdieu – Sociologue*. Paris: Fayard.
Pinto, Louis; Schultheis, Franz (Hrsg.) (1997): *Streifzüge durch das literarische Feld*. Konstanz: UVK.
Pommerehne, Werner W.; Frey, Bruno S. (1993): *Musen und Märkte. Ansätze einer Ökonomik der Kunst*. München: Vahlen.
Poulantzas, Nicos (1968): *Politische Macht und gesellschaftliche Klassen*. Frankfurt/M.: Fischer.

Rademacher, Claudia (2002): »Jenseits männlicher Herrschaft. Pierre Bourdieus Konzept einer Geschlechterpolitik«, in: Bittlingmayer et al. 2002: 145-158.
Rademacher, Claudia; Wiechens, Peter (2001): *Geschlecht – Ethnizität – Klasse. Zur sozialen Konstruktion von Hierarchie und Differenz*. Opladen: Leske+Budrich.
Raphael, Lutz (1991): »Forschungskonzepte für eine ›reflexive Soziologie‹. Anmerkungen zum Denk- und Arbeitsstil Pierre Bourdieus«, in: Stefan Müller-Doohm (Hrsg.): *Jenseits der Utopie. Theoriekritik der Gegenwart*. Frankfurt/M.: Suhrkamp. S. 236-266.
Raulff, Ulrich (2009): *Kreis ohne Meister. Stefan Georges Nachleben*. München: Beck.
Resch, Christine (2012): *Schöner Wohnen. Zur Kritik von Bourdieus »feinen Unterschieden«*. Münster: Westfälisches Dampfboot.
Robbins, Derek (1991): *The Work of Pierre Bourdieu: Recognizing Society*. Milton Keynes: Open University Press.
– (Hrsg.) (2000): *Pierre Bourdieu*. 4 Bände. London: Sage.
– (Hrsg.) (2005): *Pierre Bourdieu 2*. 4 Bände. London: Sage.
Rössel, Jörg (2005): *Plurale Sozialstrukturanalyse*. Wiesbaden: VS.
Rössel, Jörg; Otte, Gunnar (Hrsg.) (2011): *Lebensstilforschung. Sonderheft 51 der Kölner Zeitschrift für Soziologie und Sozialpsychologie*. Wiesbaden: VS.
Rothkopf, David (2008): *Die Super-Klasse. Die Welt der internationalen Machtelite*. München: Riemann.

Sapiro, Gisèle (2004): »Une liberté contrainte. La formation de la théorie de *l'habitus*«, in: Pinto et al 2004: 49-78.
– (2011): *La responsabilité de l'écrivain. Littérature, droit et morale en France (XIX - XXI siècle)*. Paris: Seuil.
Sapiro, Gisèle; Bustamante, Maurizio (2009): »Translation as a Measure of International Consecration. Mapping the World Distribution of Bourdieu's Books in Translation«, in: *Sociologica online*, Nr. 2-3.
Sartre, Jean-Paul (1993): *Das Sein und das Nichts*. Reinbek bei Hamburg: Rowohlt.

Schelsky, Helmut (1957): *Schule und Erziehung in der industriellen Gesellschaft.* Köln: Werkbund.

Schluchter, Wolfgang (1988): *Religion und Lebensführung. Studien zu Max Webers Kultur- und Werttheorie,* 2 Bde. Frankfurt/M.: Suhrkamp.

Schimank, Uwe (2009): »Die Moderne: eine funktional differenzierte kapitalistische Gesellschaft«, in: *Berliner Journal für Soziologie* 19, 3, 327-351.

Schmid, Michael (1982): *Theorie sozialen Wandels.* Opladen: Westdeutscher Verlag.

Schmidt, Robert; Woltersdorff, Volker (Hrsg.) (2008): *Symbolische Gewalt. Herrschaftsanalyse nach Bourdieu.* Konstanz: UVK.

Schmidt-Wellenburg, Christian (2012): »Managementberatung und der diskursive Wandel des Managementfeldes«, in: Bernhard/Schmidt-Wellenburg 2012b: 25-58.

Schroer, Markus (2004): »Zwischen Engagement und Distanzierung. Zeitdiagnose und Kritik bei Pierre Bourdieu und Niklas Luhmann«, in: Nassehi/Nollmann 2004: 233-270.

Schultheis, Franz (2005): »Vorwort zur Studienausgabe«, in: Bourdieu et al. 1997: 9-11.

– (2007): *Bourdieus Wege in die Soziologie.* Konstanz: UVK.

Schultheis, Franz; Schulz, Kristina (2005): *Gesellschaft mit begrenzter Haftung. Zumutungen und Leiden im deutschen Alltag.* Konstanz: UVK.

Schultheis, Franz; Cousin, Paul-Frantz; Roca di Escoda, Marta (Hrsg.) (2008): *Humboldts Albtraum. Der Bologna-Prozess und die Folgen.* Konstanz: UVK.

Schulze, Gerhard (1992): *Die Erlebnisgesellschaft.* Frankfurt/M. – New York: Campus.

Schumacher, Florian (2011): *Bourdieus Kunstsoziologie.* Konstanz: UVK.

Schwab, Adolf J. (2002): *Begriffswelt der Feldtheorie.* Berlin-New York: Springer.

Schwingel, Markus (1993): *Die Analytik der Kämpfe. Macht und Herrschaft in der Soziologie Bourdieus.* Hamburg: Argument.

– (1995): *Bourdieu zur Einführung.* Hamburg: Junius.

Schwinn, Thomas (1998): »Wertsphären, Lebensordnungen und Lebensführungen«, in: Agathe Bienfait und Gerhard Wagner (Hrsg.), *Verantwortliches Handeln in gesellschaftlichen Ordnungen.* Frankfurt/M.: Suhrkamp, 270-319.

– (Hrsg.) (2004): *Differenzierung und soziale Ungleichheit. Die zwei Soziologien und ihre Verknüpfung.* Frankfurt/M.: Humanities online.

Scott, W. Richard (1994): »Conceptualizing Organizational Fields. Linking Organizations and Societal Systems«, in: Derlien et al. 1994: 203-221.

Silbermann, Alphons (1981): *Einführung in die Literatursoziologie.* München: Oldenbourg.

Sintomer, Yves (2005): »Intellektuelle Kritik zwischen Korporatismus der Intellektuellen und Öffentlichkeit«, in: Colliot-Thélène 2005: 276-298.
Smelser, Neil J. (1997): *Problematics of Sociology*. Berkeley: University of California Press.
Smelser, Neil J.; Swedberg, Richard (2005): *Handbook of Economic Sociology*. Princeton: Princeton University Press.
Soeffner, Hans-Georg; Reichertz, Jo (Hrsg.) (1988): *Kultur und Alltag. Sonderband 6 der Sozialen Welt*. Göttingen: Schwartz.
Solga, Heike; Powell, Justin; Berger, Peter A. (Hrsg.) (2009): *Soziale Ungleichheit. Klassische Texte zur Sozialstrukturanalyse*. Frankfurt/M./New York: Campus.
Strecker, David (2012): *Logik der Kritik. Zum Ort der Kritik zwischen Theorie und Praxis*. Weilerswist: Velbrück.
Suber, Daniel; Schäfer, Hilmar; Prinz, Sophia (Hrsg.) (2011): *Pierre Bourdieu und die Kulturwissenschaften. Zur Aktualität eines undisziplinierten Denkens*. Konstanz: UVK.
Swartz, David L. (1997): *Culture and Power. The Sociology of Pierre Bourdieu*. Chicago: University of Chicago Press.
– (2012): »Grundzüge einer Feldanalyse der Politik nach Bourdieu«, in: Bernhard/Schmidt-Wellenburg 2012b: 163-194.
Swedberg, Richard (2012): »Bringing together the ideas of Adam Smith and Pierre Bourdieu«, in: Bandelji/Wherry 2012: 47-72.
Swidler, Ann (1986): »Culture in Action. Symbols and Strategies«, in: *American Sociological Review*, 51, 2, 273-286.

Tocqueville, Alexis de (1987): *Über die Demokratie in Amerika*, 2 Bde., Zürich: Manesse.
Tönnies, Ferdinand (1897): *Der Nietzsche-Kultus*. Leipzig: Reisland.
Tommek, Heribert; Bogdal, Klaus-Michael (Hrsg.) (2012): *Transformationen des literarischen Feldes in der Gegenwart: Sozialstruktur – Medien-Ökonomien – Autorpositionen*. Heidelberg: Synchron.
Turner, Bryan S. (1986): *Equality*. Chichester/London/New York: Tavistock.
– (1988): *Status*. Minneapolis: University of Minnesota Press.

Vandenberghe, Frédéric (1998): »›The Real is Relational‹: An Epistemological Analysis of Pierre Bourdieu's Generative Structuralism«, in: *Sociological Theory* 17, 1, 32-67.
Van Maanen, Hans (2009): *How to study art worlds. On the societal functioning of aesthetic values*. Amsterdam: Amsterdam University Press.
Veblen, Thorstein (1986): *Die Theorie der feinen Leute. Eine ökonomische Untersuchung der Institutionen*. Frankfurt/M.: Fischer.
Vester, Michael; Oertzen, Peter von; Geiling, Heiko; Hermann, Thomas;

Müller, Dagmar (2001): *Soziale Milieus im gesellschaftlichen Strukturwandel.* Frankfurt/M.: Suhrkamp.

Vetter, Hans-Rolf (Hrsg.) (1991): *Muster moderner Lebensführung.* München: DJI.

Viala, Alain (1985): *Naissance de l'écrivain. Sociologie de la littérature à l'âge classique.* Paris: Minuit.

Vogt, Ludgera (1994): *Ehre. Archaische Momente in der Moderne.* Frankfurt/M.: Suhrkamp.

Volkmann, Ute; Schimank, Uwe (2006): »Kapitalistische Gesellschaft: Denkfiguren bei Pierre Bourdieu«, in: Florian/Hillebrandt 2006: 221-242.

Wacquant, Loïc (2004): »Pointers on Pierre Bourdieu and Democratic Politics« In: *Constellations* 11, 1, 3-15.

Walzer, Michael (1983): *Spheres of Justice. A Defense of Pluralism and Equality.* New York: Basic.

Weber, Max (1972a): *Wirtschaft und Gesellschaft.* Tübingen: Mohr Siebeck.

– (1972b): *Gesammelte Aufsätze zur Religionssoziologie.* Tübingen: Mohr Siebeck.

Wegener, Bernd (1985): »Gibt es Sozialprestige?«, in: *Zeitschrift für Soziologie* 14, 3, 209-235.

Weymann, Ansgar (1989): *Handlungsspielräume. Untersuchungen zur Individualisierung und Institutionalisierung von Lebensläufen in der Moderne.* Stuttgart: Enke.

Winock, Michel (2007): *Das Jahrhundert der Intellektuellen.* Konstanz: UVK.

Wolf, Norbert Christian (2012): *Kakanien als Gesellschaftskonstruktion. Robert Musils Sozioanalyse des 20. Jahrhunderts.* Köln: Böhlau.

Wuggenig, Ulf (2011): »Vom Arbiträren zum Universellen. Die Soziologie der Kunst von Pierre Bourdieu«, in: Bourdieu 2011: 480-546.

Zahner, Nina Tessa (2006): *Die neuen Regeln der Kunst. Andy Warhol und der Umbau des Kunstbetriebs im 20. Jahrhundert.* Frankfurt/M. – New York: Campus.

Zapf, Wolfgang; Breuer, Sigrid; Hampel, Jürgen (1987): *Individualisierung und Sicherheit. Untersuchungen zur Lebensqualität in der Bundesrepublik Deutschland.* München: C. H. Beck.

Zeittafel

1930	Geboren am 1. August in Denguin (Département Pyrénées-Atlantiques)
1941-1947	Interner Schüler am Lycée Louis Barthou in Pau
1948-1951	Vorbereitungsklassen am Lycée Louis-le-Grand in Paris
1951-1954	Student an der École Normale Supérieure (Rue d'Ulm), Studium an der Philosophischen Fakultät der Sorbonne
1954	Agrégation
1954-1955	Philosophielehrer am Lycée in Moulins
1955-1958	Wehrdienst erst in Versailles, dann in Algerien
1958-1960	Assistent für Philosophie an der Philosophischen Fakultät der Universität in Algier
1960-1961	Assistent bei Raymond Aron an der Sorbonne
1961-1964	Maître de conférence (Akademischer Rat) an der Philosophischen Fakultät Lille
1964-2001	Directeur d'études an der École des Hautes Études en sciences sociales (EHESS) in Paris
1964-1984	Lehrauftrag an der École Normale Supérieure in Paris
1968	Gründung des Centre de Sociologie Européenne (CSE) an der EHESS
1970-1984	Direktor des Centre de Sociologie de l'Éducation et de la Culture (EHESS-CNRS)
1982-2001	Lehrstuhl für Soziologie am Collège de France
2002	Gestorben am 23. Januar in Paris

Herausgebertätigkeit

1964-1992	Buchreihe »Le sens commun« (Éditions de Minuit)
1975-2002	Zeitschrift »Actes de la recherche en sciences sociales«
1989-1998	Bücherzeitschrift »Liber«
1996-2002	Buchreihe »Raisons d'agir«
1997-2002	Buchreihe »Liber« (Éditions du Seuil)

Auszeichnungen und Preise

1993	Goldmedaille des CNRS (als erster Soziologe)
1996	Erving Goffman Prize der Universität von Kalifornien in Berkeley
1997	Ernst-Bloch-Preis der Stadt Ludwigshafen

2000	Huxley Memorial Medal
2001	Korrespondierendes Mitglied der Britischen Akademie

Ehrendoktorwürden

1985	Freie Universität Berlin
1996	Johann Wolfgang Goethe-Universität Frankfurt am Main
1996	Universität Athen
1998	Universität Ioensuu (Finnland)

Abbildungsverzeichnis

Namenregister

Sachregister

Pierre Bourdieu
im Suhrkamp Verlag

Algerische Skizzen. Übersetzt von Andreas Pfeuffer, Achim Russer, Bernd Schwibs u. a. 523 Seiten. Gebunden

Ein soziologischer Selbstversuch. Übersetzt von Stephan Egger. Mit einem Nachwort von Franz Schultheis. es 2311. 151 Seiten

Entwurf einer Theorie der Praxis. Übersetzt von Cordula Pialoux und Bernd Schwibs. Mit Abbildungen. stw 291. 493 Seiten

Die feinen Unterschiede. Kritik der gesellschaftlichen Urteilskraft. Übersetzt von Bernd Schwibs und Achim Russer. Gebunden und stw 658. 910 Seiten

Homo academicus. Übersetzt von Bernd Schwibs. Gebunden, kartoniert und stw 1002. 455 Seiten

Die männliche Herrschaft. Übersetzt von Jürgen Bolder. 211 Seiten. Gebunden

Meditationen. Zur Kritik der scholastischen Vernunft. Übersetzt von Achim Russer. Gebunden und stw 1695. 335 Seiten

Praktische Vernunft. Zur Theorie des Handelns. Übersetzt von Hella Beister. es 1985. 226 Seiten

Rede und Antwort. Übersetzt von Bernd Schwibs. es 1547. 237 Seiten

Reflexive Anthropologie. Mit Loïc J. D. Wacquant. Übersetzt von Hella Beister. stw 1793. 351 Seiten

NF 147/1/10.15

Die Regeln der Kunst. Genese und Struktur des literarischen Feldes. Übersetzt von Bernd Schwibs und Achim Russer. stw 1539. 552 Seiten

Sozialer Sinn. Kritik der theoretischen Vernunft. Übersetzt von Günther Seib. stw 1066. 503 Seiten

Soziologische Fragen. Übersetzt von Hella Beister und Bernd Schwibs. es 1872. 256 Seiten

Über den Staat. Vorlesungen am Collège de France 1989-1992. Übersetzt von Horst Brühmann und Petra Willim. 722 Seiten. Gebunden

Zur Soziologie der symbolischen Formen. Übersetzt von Wolfgang Fietkau. stw 107. 201 Seiten

Schriften

Band 7: Politik. Schriften zur Politischen Ökonomie 2. Herausgegeben von Franz Schultheis und Stephan Egger. Übersetzt von Roswitha Schmid, Hella Beister, Eva Kessler, Achim Russer und Bernd Schwibs. stw 2056. 374 Seiten

Band 12.1: Kunst und Kultur. Zur Ökonomie symbolischer Güter. Schriften zur Kultursoziologie 4. Herausgegeben von Franz Schultheis und Stephan Egger. Übersetzt von Hella Beister. stw 2106. 256 Seiten

Band 12.2: Kunst und Kultur. Kunst und künstlerisches Feld. Schriften zur Kultursoziologie 4. Herausgegeben von Franz Schultheis und Stephan Egger. Übersetzt von Michael Tillmann, Bernd Schwibs, Hella Beister, Wolfgang Fietkau und Bernhard Dieckmann. stw 2126. 546 Seiten

NF 147/2/10.15

Band 12.3: Kunst und Kultur. Kultur und kulturelle Praxis. Schriften zur Kultursoziologie 4. Herausgegeben von Franz Schultheis und Stephan Egger. Übersetzt von Bernd Schwibs, Achim Russer, Udo Rennert, Michael Tillmann und Hella Beister. stw 2146. 684 Seiten

Band 13: Religion. Schriften zur Kultursoziologie 5. Herausgegeben von Franz Schultheis und Stephan Egger. Übersetzt von Andreas Pfeuffer, Hella Beister und Bernd Schwibs. stw 1975. 278 Seiten

Zu Pierre Bourdieu

Bourdieu und Luhmann. Ein Theorienvergleich. Herausgegeben von Armin Nassehi und Gerd Nollmann. stw 1696. 350 Seiten

Pierre Bourdieu: Deutsch-französische Perspektiven. Herausgegeben von Catherine Colliot-Thélène, Etienne François und Gunter Gebauer. stw 1752. 329 Seiten

Hans-Peter Müller. Pierre Bourdieu. Eine systematische Einführung. stw 2110. 372 Seiten

Soziologie ist ein Kampfsport. Pierre Bourdieu im Portrait. Von Pierre Carles. fes 5. DVD, OmU, 140 min.

NF 147/3/10.15

Soziologie und Ökonomie im Suhrkamp Verlag Eine Auswahl

Dirk Baecker
- Organisation und Management. Aufsätze. stw 1614. 352 Seiten
- Die Form des Unternehmens. stw 1453. 288 Seiten
- Organisation als System. Aufsätze. stw 1434. 377 Seiten

Ulrich Bröckling. Das unternehmerische Selbst. Soziologie einer Subjektivierungsform. stw 1832. 327 Seiten

Exklusion. Die Debatte über die »Überflüssigen«. Herausgegeben von Heinz Bude und Andreas Willisch. stw 1819. 335 Seiten

Paschen von Flotow. Geld, Wirtschaft und Gesellschaft. Georg Simmels Philosophie des Geldes. stw 1144. 168 Seiten

Eva Illouz
- Gefühle in Zeiten des Kapitalismus. Adorno-Vorlesungen 2004. Aus dem Englischen von Michael Hartmann. stw 1857. 170 Seiten
- Der Konsum der Romantik. Liebe und die kulturellen Widersprüche des Kapitalismus. Aus dem Englischen von Andreas Wirthensohn. Mit einem Vorwort von Axel Honneth. stw 1858. 352 Seiten

Georg Simmel. Philosophie des Geldes. stw 806. 787 Seiten

Urs Stäheli. Spektakuläre Spekulation. Das Populäre der Ökonomie. stw 1810. 401 Seiten

NF 163/1/4.08

Nico Stehr

- Die Moralisierung der Märkte. Eine Gesellschaftstheorie. stw 1831. 379 Seiten
- Wissen und Wirtschaften. Die gesellschaftlichen Grundlagen der modernen Ökonomie. stw 1507. 451 Seiten

Hartmut Winkler. Diskursökonomie. Versuch über die innere Ökonomie der Medien. stw 1683. 258 Seiten

NF 163/2/4.08

›Kulturwissenschaft‹ im Suhrkamp Verlag Eine Auswahl

Mieke Bal. Kulturanalyse. Herausgegeben von Thomas Fechner-Smarsly und Sonja Neef. Übersetzt von Joachim Schulte. Mit zahlreichen Abbildungen. 372 Seiten. Gebunden

Michail M. Bachtin. Rabelais und seine Welt. Volkskultur als Gegenkultur. Übersetzt von Gabriele Leupold. Herausgegeben und Vorwort von Renate Lachmann. stw 1187. 546 Seiten

Roland Barthes
- Fragmente einer Sprache der Liebe. Übersetzt von Hans-Horst Henschen. st 1586. 279 Seiten
- Die helle Kammer. Bemerkungen zur Photographie. Übersetzt von Dietrich Leube. Mit zahlreichen Abbildungen. st 1642. 138 Seiten
- Die Körnung der Stimme. es 2278. 416 Seiten
- Mythen des Alltags. Übersetzt von Helmut Scheffel. es 92. 152 Seiten

Karl Heinz Bohrer. Plötzlichkeit. Zum Augenblick des ästhetischen Scheins. es 1058. 261 Seiten

Jonathan Crary. Aufmerksamkeit. Wahrnehmung und moderne Kultur. Übersetzt von Heinz Jatho. Mit zahlreichen Abbildungen. 408 Seiten. Gebunden

Ute Daniel. Kompendium Kulturgeschichte. Theorien, Praxis, Schlüsselworte. stw 1523. 476 Seiten.

NF 141/1/6.03

Norbert Elias. Über den Prozeß der Zivilisation. Soziogenetische und psychogenetische Untersuchungen. Zwei Bände.
- Band 1. Wandlungen des Verhaltens in den weltlichen Oberschichten des Abendlandes. stw 158. 334 Seiten
- Band 2. Wandlungen der Gesellschaft. Entwurf zu einer Theorie der Zivilisation. stw 159. 492 Seiten

Norbert Elias/Eric Dunning. Sport und Spannung im Prozeß der Zivilisation. (Gesammelte Schriften. Band 7. Herausgegeben im Auftrag der Norbert Elias Stichting, Amsterdam, von Reinhard Blomert, Heike Hammer, Johan Heilbron, Annette Treibel und Nico Wilterdink.) Übersetzt von Detlef Bremecke, Wilhelm Hopf und Reinhardt Peter Nippert. Bearbeitet von Reinhard Blomert. 528 Seiten. Leinen

Michael Giesecke
- Sinnenwandel, Sprachwandel, Kulturwandel. Studien zur Vorgeschichte der Informationsgesellschaft. stw 997. 374 Seiten
- Von den Mythen der Buchkultur zu den Visionen der Informationsgesellschaft. Mit CD-Rom. stw 1543. 464 Seiten

Ernst H. Gombrich/Julian Hochberg/Max Black. Kunst, Wahrnehmung, Wirklichkeit. Übersetzt von Max Looser. es 860. 156 Seiten

Jack Goody. Die Logik der Schrift und die Organisation von Gesellschaft. Übersetzt von Uwe Opolka. 323 Seiten. Gebunden

Jack Goody (Hg.). Literalität in traditionellen Gesellschaften. Übersetzt von Friedhelm Herboth und Thomas Lindquist. 502 Seiten. Leinen

NF 141/2/6.03

Jack Goody/Ian Watt/Kathleen Gough. Entstehung und Folgen der Schriftkultur. Übersetzt von Friedhelm Herboth. Einleitung Heinz Schlaffer. stw 600. 161 Seiten

Hans Ulrich Gumbrecht. 1926. Ein Jahr am Rand der Zeit. Übersetzt von Joachim Schulte. 514 Seiten. Gebunden

Hans-Ulrich Gumbrecht/Ursula Link-Heer (Hg.) Epochenschwellen und Epochenstrukturen im Diskurs der Literatur- und Sprachhistorie. stw 486. 536 Seiten

André Leroi-Gourhan. Hand und Wort. Die Evolution von Technik, Sprache und Kunst. Übersetzt von Michael Bischoff. Mit 153 Zeichnungen des Autors. stw 700. 532 Seiten

Claude Lévi-Strauss
- Strukturale Anthropologie I. Übersetzt von Hans Naumann. Mit Bildtafeln. stw 226. 453 Seiten
- Strukturale Anthropologie II. Übersetzt von Eva Moldenhauer u.a. stw 1006. 426 Seiten.

Rudolf Maresch/Niels Werber (Hg.). Raum – Wissen – Macht. stw 1603. 309 Seiten

Winfried Menninghaus. Ekel. Theorie und Geschichte einer starken Empfindung. 592 Seiten. Gebunden

Robert Pfaller. Die Illusionen der anderen. Das Lustprinzip in der Kultur. es 2279. 352 Seiten

K. Ludwig Pfeiffer. Das Mediale und das Imaginäre. Dimensionen kulturanthropologischer Medientheorie.
624 Seiten. Gebunden

NF 141/3/6.03

Philipp Sarasin. Reizbare Maschinen. Eine Geschichte des Körpers 1765-1914. stw 1524. 512 Seiten

Philipp Sarasin/Jakob Tanner (Hg.). Physiologie und industrielle Gesellschaft. Studien zur Verwissenschaftlichung des Körpers im 19. und 20. Jahrhundert. stw 1343. 529 Seiten

Thomas Schlich/Claudia Wiesemann (Hg.). Hirntod. Zur Kulturgeschichte der Todesfeststellung. stw 1525. 352 Seiten

Georg Simmel
- Philosophie des Geldes. (Gesamtausgabe Band 6). Leinen und stw 806. 787 Seiten
- Hauptprobleme der Philosophie. Philosophische Kultur. Leinen und stw 814. 530 Seiten

Michael Tomasello. Die kulturelle Entwicklung des menschlichen Denkens. Zur Evolution der Kognition. Übersetzt von Jürgen Schröder. 288 Seiten. Gebunden

Robert Weimann (Hg.). Ränder der Moderne. Repräsentation und Alterität im (post)kolonialen Diskurs. stw 1311. 356 Seiten

Alfred North Whitehead
- Kulturelle Symbolisierung. Herausgegeben und übersetzt von Rolf Lachmann. stw 1497. 147 Seiten
- Denkweisen. Herausgegeben und übersetzt von Stascha Rohmer. stw 1532. 208 Seiten

NF 141/4/6.03